SAGGI

Luciano Anceschi

LE POETICHE
DEL NOVECENTO
IN ITALIA

Studio di fenomenologia
e storia delle poetiche

*Nuova edizione accresciuta
e aggiornata*

a cura di Lucio Vetri

Marsilio Editori

© 1990 BY MARSILIO EDITORI® S.P.A. IN VENEZIA

ISBN 88-317-5197-2

Prima edizione: marzo 1990

INDICE

PREFAZIONE

Credo che ci sia qualche cosa di vero se si dice che io ho scritto un solo libro: dall'*Autonomia* (1936) a *Che cosa è la poesia?* (1981) al tentativo di sintesi *Gli specchi della poesia* (1989). Il tema che si ripete in un discorso continuo e che continuamente si riprende è quello della poesia e della critica, una estetica della poesia e della critica nelle loro strutture e istituzioni; il metodo è quello della nuova fenomenologia critica; l'intenzione quella di uscire dai discorsi astratti della poesia, da un discorso più attento alle sue proprie interne coerenze teoriche che alla realtà dell'esperienza vissuta, vivente e protesa a vivere quale la poesia stessa nella sua millenaria e mobilissima realtà ci offre. Il presente volume può essere inteso — anche per la sua interna organizzazione — come un capitolo di questo libro unico, di questo sforzo di garantire la teoria attraverso l'esperienza diretta della poesia e, nello stesso tempo, di ordinare, senza vincolarla, l'esperienza diretta della poesia in un organismo comprensivo.

L'intento generale del lavoro qui proposto consiste appunto nel tentare i lineamenti di una storia delle poetiche del Novecento secondo un trattamento per cui la storia non appaia dogmatica, pregiudicata, forzata secondo un *senso* prestabilito, anzi sia tale da offrire il proprio senso *attraverso le cose*, e perciò attenta a quei *rilievi strutturali*, garantiti volta a volta da precisi *referenti di situazione* che ci avvicinano il più possibile alla singolarità autentica dei significati negli orizzonti particolari interessati. Nello stesso tempo, tale storia vuole essere non astratta, non irrelata, anzi aperta ad un ampio movimento di relazioni organiche, e in particolare a quelle — al cui risalto si è data qualche cura — delle poetiche del *Novecento* con quelle della «fine del secolo».

Storia delle *poetiche*, e delle poetiche del *Novecento*. Quanto alla nozione di Novecento, va detto subito che con tale indice qui s'intende circoscrivere il periodo 1905-1945, quello, d'altronde, che, per quanto riguarda il nostro paese, vien anche posto sotto il nome di «lirica del Novecento»; quanto alle poetiche, alle poetiche di quegli anni, basti qui preliminarmente considerare come carattere del tempo sia stato un veloce, acuto, e sempre produttivo succedersi delle *artes* in una inquietudine senza limiti. Molte, successive e contemporanee, le poetiche; non si trattò, per altro, di una varietà discontinua, stravagante, insensata come a tutta prima può apparire. Anzi, a guardar bene, tale varietà porta in sé un *senso* comprensivo dei suoi vari aspetti particolari; tale *senso* si colloca in un punto d'incontro tra ciò che diciamo «poesia» e ciò che diciamo «cultura»; infine, tale punto d'incontro può anche esser trovato nel rilievo delle relazioni in cui si muove l'ordine degli *istituti letterari* — dico, per esempio, l'*analogia allusiva* o l'*emblematica oggettiva* — che percorre e coordina — di ciò appunto tra l'altro si argomenta nello studio — con sufficiente coerenza e secondo talune direzioni costanti il movimento della poesia.

Per quel che riguarda i risultati storici e le conclusioni teoriche della ricerca si vedano al loro luogo. In ogni modo, se è vero che l'indagine appare tutta contesta di *rilievi strutturali* intesi a far emergere, volta a volta, nei loro significati, vari *sistemi di poetica* che hanno agito nel secolo con i loro principi, ideali, precetti, converrà qualche specifica indicazione di metodo. Prima di tutto, a sgombrare certi equivoci, alcune considerazioni per via negativa. E, cioè: (A) i procedimenti dei rilievi di poetica *non* van confusi con i procedimenti della critica di poesia. Tra le due attività ci son rapporti anche stretti, ma esse sono orientate per diversi scopi. I rilievi si propongono il riconoscimento dell'infinito prodursi, muoversi, connettersi, distinguersi, e anche trionfare e decadere dei sistemi di poetica, del loro mutare, volta a volta, secondo le diverse situazioni di cultura in cui si significano; la critica di poesia tende, invece, a fondare un criterio di valutazione che operativamente garantisca il giudizio in rapporto ad una particolare situazione di cultura, ad un definito orizzonte di scelta. In secondo luogo (B), il procedimento dei rilievi implica un rifiuto preliminare: il rifiuto di quei Modelli Estetici Generalissimi che si presentano come Assoluti e Definitivi, ed esigono il confronto con tutte le idee estetiche particolari, giungendo facilmente per esse ad una denunzia di *deficit*. Siffatto procedimento, pressoché di rigore nella nostra cultura, non solo rischia di concorrere con altre remore a soffocare la ricchezza, la varietà, la molteplicità delle tendenze, dei movimenti, delle correnti, ma porta anche ad una maniera di riduzione incomprensiva, ad una storiografia parziale. E conviene poi far conto di tutta una critica, ricca di motivazioni teoriche, al riconoscimento di universale validità che tali Modelli esigono; non ignorando, invece, il diritto che essi hanno ad una ricerca della loro effettiva «portata» ideale. In terzo luogo (C), anche se i due piani possono nel fatto esser distinti con un nitido taglio, lo studio delle Poetiche implica procedimenti *diversi* da quello delle Estetiche. Le estetiche che si presentano come filosofiche assumono il loro pieno significato entro un orizzonte d'intenzione teorico-sistematica, tendono al limite ad un sistema in cui il senso della esteticità — anche se riconosciuto in una sua particolare maniera di autonomia — deve essere oltrepassato per essere inteso: e, di fatto, esso è comprensibile solo entro i referenti del Sistema particolare in cui si significa. In qualche modo, dunque, dipende dal Sistema. Pertanto, appare illegittimo un rilievo dei principi estetici che non sia nello stesso tempo anche rilievo delle altre forme in cui si articola il sistema. Le poetiche, invece, hanno un loro significato entro un orizzonte prammatico; ed è caratteristico che esse in generale, qualunque sia il tipo del loro orientamento, tendono a convogliare tutti gli aspetti della realtà per modo che essi si ordinino a render l'arte sempre più consapevole di sé e del suo fare nella situazione in cui si trova. Se le Estetiche portano in qualche modo il senso dell'arte *entro* un sistema, le Poetiche coordinano un sistema per i fini dell'arte.

E, dunque, i rilievi strutturali dei sistemi di poetica? Tali rilievi, come si è visto, non si riducono ai procedimenti della *critica di poesia* (A); e neppure accettano di essere eseguiti per rapporto e paragone con *Modelli Assoluti* specifici (B); per struttura, poi, son distinti nettamente dai modi che si usano nei rilievi dei principi delle *estetiche filosofiche* (C). In realtà, essi si esercitano secondo operazioni complesse e delicate in cui ha il suo peso l'intervento della sensibilità intellettuale di chi fa il rilievo. In questi casi, giova molto l'esempio, il lavoro in comune. Ora, proprio nel loro allargarsi da Carducci ad Ungaretti, a Montale, le *Poetiche del Novecento* mostrano diversi esempi di metodo secondo diverse occasioni convenienti a rilevare, penetrandole, le strutture di un pensiero articolato intorno all'idea di poesia. I *rilievi*. Se è vero che si riconosce una poetica in quel tipo di riflessione interna all'arte in cui una diretta esperienza si riflette in *istituzioni* che sono ordinate o possono essere ordinate secondo una definita (anche se implicita, talora) *nozione dell'arte*, ebbene l'impegno è di far emergere i principi, gli ideali, i precetti che essa propone. I rilievi sono appunto i procedimenti che si esercitano per tale còmpito, e si esercitano, caso per caso, in diversi modi: o considerando i trattati e l'opera critica del poeta in rapporto al fare; o traendo questi principi da affermazioni o allusioni della poesia; infine, esplicitando un'idea di poetica dai modi stessi in cui la poesia in quanto poesia si presenta organizzata. In ogni caso, il discorso delle poetiche vuole sempre esser *tradotto in termini operativi*; e proprio qui se l'operatività non sia, come non può essere, azione irrelata ed astratta, proprio qui si chiariscono, da un lato, taluni aspetti del rapporto tra *poesia* e *cultura*, mentre, d'altro canto, si definiscono in generale i limiti entro cui le *istituzioni* possono contribuire alle scelte espressive. Proprio questo ordine — troppo dimenticato — degli istituti offre il tessuto (e si vedano le *Conclusioni*) in cui in modo liberissimo s'intrecciano tali difficili trame.

Lo studio appare diviso in quattro parti: una *prima parte* riguarda quel periodo che si usa ormai nel linguaggio critico indicare con «fine del secolo» nel suo aspetto di stretto condizionamento positivista tra l'*ars* carducciana e l'immaturo simbolismo protestatario degli *Scapigliati*; una *seconda parte* studia ciò che, con un senso particolare, indichiamo come l'*irrazionalismo* della «fine del secolo», quando tenta di farsi a suo modo *positivo*, di offrire una norma di vita e di conoscenza, nelle figure emergenti del Pascoli e del D'Annunzio, e in particolare nelle loro dottrine poetiche. La *terza*, e più ampia, *parte*, infine, esamina quelle che propriamente diciamo le poetiche — della poesia letteraria — del Novecento, dai «crepuscolari» agli «ermetici», da Gozzano ai *Lirici Nuovi*. Da ultimo, una *Premessa* su ciò che potremmo dire la disfatta e il riscatto delle poetiche nel pensiero del nostro secolo in Italia, e alcune *Conclusioni* sui risultati storici, e soprattutto dottrinali (specie sul significato delle istituzioni e sulla tecnica dei rilievi) indicano il senso fenomenologico dell'indagine qui tentata, e proposta.

Il libro, con l'odierna uscita nei «Saggi» della Marsilio, giunge alla sua quinta edizione. E vale forse ricordare che la prima, apparsa nel 1962 presso Marzorati, rielaborava ampiamente e sotto vari aspetti — sia per la dichiarazione di alcune prospettive teoriche sia per certi chiarimenti e svolgimenti nella trattazione storiografica — uno studio steso negli anni 1959-61 e preparato per contribuire a *Momenti e problemi di storia dell'estetica* (Milano, 1961, vol. IV, pp. 1581-1732); e varrà pure ricordare che la quarta edizione, pubblicata da Paravia nel 1972, apparve in gran parte rifatta negli apparati.

Nei molti anni trascorsi dalla prima edizione, le tematiche che si riferiscono ai movimenti letterari (si pensi alla Scapigliatura e al Futurismo), a personalità e figure nuovamente emergenti (si pensi, per esempio, a Lucini), e anche a taluni problemi (come quello delle istituzioni letterarie) si sono precisate, arricchite, e modificate sia proseguendo nella prospettiva indicata nelle *Poetiche*, sia sollecitate da altre prospettive metodologiche. Ma gli sviluppi della ricerca son stati tali, sembra, da non alterare i lineamenti generali; considerare nel testo certi problemi, comportava una alterazione dei rapporti interni e degli equilibri del discorso senza vera necessità; e così le note e la bibliografia ancora aggiornata rispetto alla precedente edizione bastano ad indicare i nuovi contributi specifici. Per quel che riguarda le prospettive dottrinali, alcune delle indicazioni delle *Poetiche* si sono sviluppate teoricamente in modo organico nelle *Istituzioni della poesia* (1968, 1982), ne *Il caos, il metodo* (1981), nelle *Cinque lezioni sulle istituzioni letterarie* (1989); d'altro canto, per quel che riguarda i sistemi, direi che si va sempre meglio definendo nella continuità, nelle variazioni e nelle strutture una linea di cultura letteraria che muove dagli *Scapigliati* e giunge fino ai *Novissimi* con un ampliarsi della nostra comprensione delle esperienze letterarie del secolo nelle loro relazioni e nei loro significati. E forse ci sarà qualcuno che riprenderà il discorso qui cominciato, quanto alle poetiche, dagli Scapigliati agli ermetici, appunto allargandolo fino ai Novissimi e a tutto quel che è venuto dopo di loro. Lucio Vetri qui ne dà una traccia che speriamo muova proposte e intenzioni interpretative a tutta prima meno visibili e che certe procedure aiutano a scoprire.

Il libro, accennavo, è un capitolo di un discorso continuato per molti anni, ed è articolato in una problematica europea, tale, per altro, da non perder mai di vista il contributo che, volta a volta, può esser stato dato da chi ha operato in situazioni difficili come quelle date nel nostro paese negli anni interessati, anche vincendo le remore di una diffusa vocazione dogmatica. Il libro è, vuole essere anche una testimonianza di una esperienza morale convissuta con taluni modi di letture per una ermeneutica che consenta rilievi di aspetti singolari e penetranti di solito meno consueti al discorso letterario e speculativo. Popper ha detto una volta che bisogna accontentarsi di innamorarsi di un problema, di vivere maritalmente con il problema stesso e di seguirlo in tutti i suoi movimenti, le sue inquietudini, e le sue trasformazioni; Wittgenstein, in un suo luogo, ha avvertito che il filosofo è come il disegnatore che vuole cogliere tutte le connessioni possibili del progetto che sta delineando. Seguire con amore un problema, in modo da aprire il discorso sulla realtà di tutte le relazioni possibili... Forse con il nostro lavoro, con tutto il nostro lavoro, si è tentato qualche cosa di simile; e l'augurio è, tra l'altro, che la ricerca possa continuare anche per le vie più libere e particolari secondo direzioni volta a volta convenienti, suggerite dalle cose, da quelle «cose» di cui noi viviamo; e che tutto ciò sia opera di autori diversi, ma capaci di esser sollecitati da stimoli precisi, ben determinati nella loro struttura logica, e attivi.

La presente, quinta edizione ripropone lo studio in un testo riveduto ma sostanzialmente inalterato, mentre il corredo delle note risulta notevolmente arricchito e presenta un diverso assetto. Il lavoro di revisione, con le integrazioni e gli aggiornamenti segnalati nelle note tra parentesi quadra, si deve a Lucio Vetri, che si è anche cimentato nel disegnare una schematica mappa delle poetiche del Secondo Novecento e ha curato la bibliografia critica generale con cui si conclude il volume.

Il libro fu ed è nuovamente dedicato ai miei carissimi amici emiliani. Ringrazio Lucio Vetri per la competente collaborazione, e l'editore Marsilio per la sollecita, cordiale accoglienza.

L.A.

Bologna, gennaio 1990.

LE POETICHE DEL NOVECENTO IN ITALIA

DISFATTA E RISCATTO DELLE POETICHE

1. A proposito del Novecento, e con riferimento tanto alla cultura letteraria quanto a quella artistica dell'Europa, è stato una volta non senza intenzione osservato che si tratta di un secolo in cui le *idee della forma* appaiono spesso ad un livello più stimolante e più attivo della *forma delle idee*, e cioè i risultati della poetica figurano per qualità e forza superiori ai risultati dell'arte[1]. Il paradosso è forse ingegnoso, certo discutibile; giova, per altro, a suggerire quale autorità abbiano assunto le poetiche nel nostro discorso critico. Per quale motivo o insieme di motivi? Indubbiamente è cosa singolare e degna di considerazione il risalto che queste strutture hanno avuto nella cultura letteraria ed estetica dei nostri anni; e va anche tenuto presente come esse in tutte le arti e in tutti i paesi si siano succedute le une alle altre con velocissimo movimento, meno provvisoriamente per altro di quel che possa apparire ad un osservatore frettoloso e teoricamente pregiudicato. Comunque sia, si tratta di un fatto che si è verificato in tutta Europa, e specie in Francia; in Italia esso si è determinato in un ambiente di cultura particolare (il rinnovamento idealistico) che gli ha dato una curvatura particolare, con forme e orientamenti necessariamente diversi da quelli degli altri paesi. E, insomma, prima di affrontare direttamente il rilievo delle poetiche fondamentali della lirica del Novecento nel nostro paese, oltre a

---

[1] [Stanno bene a documentarlo: per la narrativa e per la musica, le ricerche che U. Eco ha condotto intorno all'*Opera aperta* (Milano, Bompiani, 1962, 1971); per le arti figurative, da «Cézanne ai surrealisti», l'antologia di A. Pozzi e P. Vandelli, *Le poetiche delle arti figurative del Novecento* (Torino, Paravia, 1977); per l'architettura, l'antologia di L. Toccafondi, *Le forme sorgono* (*ivi*, 1979). Si veda anche l'agile volumetto *Le poetiche delle avanguardie*, a cura di L. Bonesio, Bologna, Zanichelli, 1980].

qualche chiarimento dottrinale sulla natura e sul significato delle poetiche in generale (A), converrà anche qualche considerazione sulla possibilità e sui limiti che una situazione di cultura e di pensiero estetico quale si ebbe nel nostro paese nei primi anni del secolo aveva di giungere ad una comprensione e ad un riconoscimento dei diritti di sovranità delle poetiche (B); occorrerà, infine, (C) uno sguardo, sia pure sommario, alle correnti di pensiero estetico e poetico della nostra «fine del secolo», come necessaria premessa agli sviluppi seguenti.

2. (A). La purificazione del sistema della ragione nella filosofia moderna è giunta a tal punto di consapevolezza che il concetto stesso di sistema ha cambiato il significato. Di fatto, rispetto ai sistemi tradizionali (che si dicono «chiusi») parliamo ormai di «sistema aperto». Per altro, i sistemi che diciamo «chiusi» tentano di unificare il reale intorno ad un principio, ad una obiettività concettuale univoca ed immutabile che ne costituisce l'asse unitario capace di fondare un ordine di valori assoluti ai quali in ogni caso l'esperienza deve essere commisurata. Tali sistemi, per altro, sono molti, e molte le prospettive universali che presumono di risolvere, ognuna di esse definitivamente, la problematica generale del reale. A chiarire il senso di tale molteplicità non giovarono certo né il concetto catastrofico di «progresso» nella particolare accezione dei positivisti, né quello di «svolgimento concreto» degli idealisti: essi, anzi, aggiunsero nuovi sistemi a quelli esistenti e, con riferimento a ciò che abbiamo detto «sistema chiuso», della stessa natura. La nuova sistematica («aperta») critica tali obiettività concettuali, e tali principi generalissimi nella loro pretesa di valere come assolutamente universali ed eterni, e, considerando il loro continuo variare, mentre li considera come assunzioni universalizzanti di aspetti parziali, storicamente emergenti, dell'esperienza, tende anche alla organica integrazione di tali aspetti parziali secondo l'idea di Husserl che «il tutto infinito nell'infinità del suo fluire è diretto verso l'unità di un senso, ma non certo in modo che noi possiamo afferrarlo e comprenderlo pienamente» [2]; infine, aspira a ordinarli in una sistematica non dogmatica.

3. Un atteggiamento fenomenologico di questo genere si dichiara evidentemente molto consentaneo, disponibile, fruttuoso per le

---

[2] E. Husserl, *Die Krisis der europäischen Wissenschaften und die transzendentale Phänomenologie*, Den Haag, 1954, p. 173 [trad. it. *La crisi delle scienze europee e la fenomenologia trascendentale*, Milano, Il Saggiatore, 1975 [4], p. 196].

ricerche d'estetica. E, prima di tutto, si determina come crisi dell'autorità teorica delle estetiche sistematiche: da questo angolo, tali estetiche vengono interpretate quali assunzioni universalizzanti di sintesi storico-speculative parziali, come tali necessarie e legittime, ma non totalmente esaustive, incapaci, comunque, di risolvere tutto il senso della realtà estetica nella sua complessità e nella sua imprevedibilità. D'altra parte, una speculazione siffatta si determina anche come nuova impostazione, e per così dire, riabilitazione delle poetiche, che vengono intese quali sintesi dottrinali di natura particolare (e vedremo quale) disposte a formulare e a sistemare precetti, norme, ideali generalissimi dell'arte per rapporto ad una definita situazione storica ed estetica dell'arte stessa nel suo farsi. L'interesse per le poetiche si accentua. E se si aggiunga poi che, in modi nuovi e davvero inconsueti, l'artista appare nel secolo tale da aspirare ad una piena consapevolezza di se stesso nel proprio fare con una sorta di lucida, responsabile evidenza, così che egli considera come un *monstrum* l'artista spontaneo che «opera come la natura», ecco porsi un altro problema: quello dei rapporti tra poetica e poesia. Si pensi, di fatto, a Paul Valéry, a quel che dice, in un suo scritto, della *situation* di Baudelaire, e sempre di quella sua propria [3]; o, in altro modo, a T. S. Eliot, al senso di consapevolezza storica del suo «correlativo oggettivo», come procedimento [4] che, in modi diversi, ha servito a Pound, a lui stesso, Eliot, e ad altri poeti che si trovarono nella stessa situazione o nello sviluppo della stessa situazione. E si veda come, in questi casi, la formazione dei principi della poetica accompagni nel modo più attento lo svolgimento delle forme dell'arte del poeta, e, viceversa, il movimento delle forme condizioni il chiarimento e lo sviluppo di quei principi come tali. Nata con la poesia, la *poetica* (e la parola sarà qui usata sempre in questa accezione) rappresenta la riflessione che gli artisti e i poeti esercitano sul loro fare indicandone i sistemi tecnici, le norme operative, le moralità, gli ideali. Come quella delle filosofie dogmatiche, anche tale riflessione pretende di

[3] Si veda P. Valéry, *Situation de Baudelaire* (1930), in *Variété, Œuvres*, vol. I, Paris, Bibliothèque de la Pléiade, 1959, pp. 598-613 [trad. it. in *Varietà*, a cura di S. Agosti, Milano, Rizzoli, 1971, pp. 221-38].

[4] Si veda T. S. Eliot, *The Sacred Wood. Essays on Poetry and Criticism*, London, Methuen, 1920; trad. it. di L. Anceschi, *Il bosco sacro. Saggi di poesia e critica*, Milano, Mursia, 1971 (ma già Milano, Muggiani, 1946); [si veda, qui, lo scritto *Questioni per l'Amleto*, a p. 135: «La sola maniera di esprimere l'emozione nella forma dell'arte sta nel trovare una "obiettività correlativa": in altre parole, una serie di oggetti, una situazione, una catena d'eventi, che sarà la formula di quella emozione *particolare*; cosicché, quando sian dati i fatti esterni, che devon concludersi in una esperienza sensibile, l'emozione sia immediatamente richiamata»].

presentarsi sempre come universale, assoluta, esclusiva, ma siffatto modo di sentire corrisponde al tono di necessaria assolutezza ed esclusività proprie all'azione, al gesto di scelta, ogni volta che si fa. Si ha l'illusione di risolvere per sempre e in ogni caso tutta la problematica, in realtà si risolve una problematica parziale, ben legata alle condizioni in cui la decisione si determina. Si tratta, comunque, per quanto riguarda le poetiche, di una riflessione di tipo pragmatico, volta a ordinare e a significare i mezzi del fare, che può avere diversi caratteri secondo le prospettive storico-estetiche in cui si dà e che può svolgersi su diversi piani secondo diversi toni: precettistico, normativo, idealizzante... In ogni caso, essa rappresenta uno sforzo intenzionato verso la poesia, e sia che si manifesti esplicitamente in una trattatistica, sia che si nasconda con affermazioni particolari nel discorso stesso della poesia, sia, infine, che si debba trarre come esplicitazione di un implicito dalla forma che si presenta nella sua irreparabile definitività, essa giova a istituire quel rapporto poetica-poesia che ci porta all'interno, e come nel segreto della gestazione stessa poetica. È vero: possiamo leggere i *Canti* di Leopardi senza tener conto della meditazione sulla poesia consegnata giorno per giorno nello *Zibaldone*, ma penetriamo molto più a fondo nella invenzione di quella poesia se scopriamo il sistema di intenzioni su cui il poeta lavorò, e che a suo modo lo esaltava. Ogni poetica pretende di essere l'unica poetica, e le poetiche sono infinite. Proprio questo intende e giustifica la nostra fenomenologia che, mentre riconosce in ciascuna di esse poetiche l'universalizzarsi di un aspetto particolare storicamente determinante dell'attività artistica, vede nella ricca molteplicità delle determinazioni di poetica un processo organico di significazione unitaria aperto all'infinito nello sforzo di intenderne sempre e in ogni caso l'impegno umano e l'umana responsabilità.

4. (B). Quale valutazione si fece delle poetiche nei primi anni del Novecento nel nostro paese? Nel trapasso dall'impostazione positivista e dall'impulso carducciano ai nuovi sistemi idealistici (Croce e Gentile) e alle nuove inquietudini della letteratura e dell'arte, la situazione della cultura estetica in quegli anni è descritta, non senza certi accenti d'autobiografia, e pure con evidenza e precisione grande, da Renato Serra, nel suo scritto *Per un catalogo* (1910). Sono brevi pagine in una prosa di larghi e lievi moti saggistici tra la memoria e la critica, ondeggiante, poi, tra le manie dell'inquieto bibliofilo, tra le esigenze dello studioso nuovo attento alle nuove ragioni, e la sapienza del letterato che celava il crescere lento della sua angoscia di

uomo nuovo tra le pieghe di una scrittura tenera insieme ed esatta...
Ecco: il discorso muove da una riflessione un po' divagata sul primo
catalogo laterziano della collana degli «Scrittori d'Italia», progettata
e diretta da Benedetto Croce, e a poco a poco si allarga ad un confronto tra due maestri, l'uno la cui lezione si va come allontanando,
il Carducci, l'altro che viene come incalzando con una lezione diversa, operosa, e tutta intellettuale. Quante volte fu fatto questo confronto! Ma come nessuno, in brevi tratti, il Serra riesce a suggerire
tutte le variazioni che quel «cambiamento di indirizzi», quel «progresso e sviluppi nuovi della cultura» portò con sé in quegli anni. E
si veda come il Carducci a poco a poco si stagli dallo sfondo positivista e materialista della cultura del tempo («Marx [...] e quanto più
Labriola, Turati [...] Engels, Spencer, Lombroso e Taine, poi, e
Nordau [...]»), e ne esca la figura di un maestro che è soprattutto
«uomo del mestiere», «lettore», lettore che legge «i classici per imparare la lezione dell'arte».

Spesso non sa criticare; ma sa leggere, sempre. Il punto di vista da cui
egli muove verso un libro è il più giusto. Poiché non è quello dello storico
o del descrittore di inventari o del definitore di giudizi; ma è quello proprio
dell'uomo dell'arte [5].

Il Croce è, invece, altra cosa. In lui, il filosofo è come sbocciato
dal giovane erudito; e si è dichiarato uomo di aperta volontà di comprensione, e dai larghi interessi, di natura intellettuale e problematica, riflessa e categoriale. Così il Serra. E se, con il Carducci, aveva
ancora predominio la *poetica*, con il Croce lo ebbe e con impeto
nuovo, l'*estetica*. Il primo muove, di fatto, dalle ragioni della poesia,
e vuol stabilire come, con quali mezzi, e seguendo quali mire si rag-
giungano certi risultati espressivi, il secondo muove dalle ragioni
della teoria, e idealisticamente vuole intendere soprattutto il luogo
teorico dell'arte nella vita dello spirito, e da questa teoria generale
trae i criteri per la critica, per il giudizio estetico.

5. Le poetiche. Le estetiche. Chiunque frequenti nello stesso
tempo gli studi di filosofia e quelli di letteratura, e soprattutto s'interessi al rilievo dei loro rapporti, e in particolare alle questioni che
vanno sotto il nome di questioni estetiche, o di filosofia e scienza

---

[5] [R. Serra, *Per un catalogo* (1910), in *Scritti*, a cura di G. De Robertis e A. Grilli, vol. I, Firenze, Le Monnier, 1958², pp. 81, 85, 96].

estetica, o semplicemente di estetica, sa bene come spesso letterati e filosofi assumano di fronte ad esse due atteggiamenti opposti. Non senza un gesto difensivo, di fastidio, e non senza una disposizione di oscuro sospetto verso un sapere che sembra voler imporre uno schema astratto alla variata, concreta, vivente esperienza di chi « è *nella cosa*», letterati, poeti, artisti ai sistemi dei filosofi, alle loro concettualizzazioni logiche, alle assolutizzazioni *a priori* dell'attività estetica preferiscono contrapporre le loro *artes*, le loro poetiche, nate da una precisa e circostanziata realtà particolare vissuta che tocca direttamente i motivi e i modi del loro fare; e a queste dan forza di assolutezza e di esclusività, una pronuncia piena e vera. Per contro, forte della sua visione sistematica, concettuale, logica, il filosofo tradizionale tende a svalutare le poetiche, che qualifica come «empiriche», in quanto non raggiungono appunto l'universalità del concetto logico, e ne riduce il còmpito alla pura classificazione. Una situazione di questo genere si determinò nel nostro paese nei primi anni del secolo. Serra lo aveva visto con chiara coscienza. Carducci e Croce, appunto. E, intorno al ricordo del primo i superstiti di una «religione delle lettere» che si trasformò e s'assottigliò, poi, per altri innesti e apporti, intorno al secondo i nuovi ed intellettuali critici filosofi. Ma se i letterati rischiarono talvolta di esigere una autonomia pericolosamente irrelata e impoverita, il rischio dei filosofi fu altra volta di sovrapporre uno schema astratto e generalissimo al vario determinarsi delle opinioni e delle correnti e alla formulazione libera dei criteri che sorgono dalla realtà stessa dell'arte, così da lasciarsi spesso sfuggire il senso intimo degli eventi, non senza spesso ignorarli, o addirittura ostacolarli.

6. Nel pensiero del Croce e del Gentile la nozione di poetica fruì di una interpretazione particolarmente negativa e screditante. Dice il Croce:

La scienza, la vera scienza, che non è intuizione ma *concetto*, non individualità ma universalità, non può essere se non scienza dello spirito, ossia di ciò che la realtà ha di universale: Filosofia[6].

Ed il Gentile:

E questa è l'estetica filosofica. Quella appunto di cui qui s'è voluto dare

---

[6] B. Croce, *Estetica come scienza dell'espressione e linguistica generale* (1902), Bari, Laterza, 1965[11], Parte prima, III, p. 35.

un saggio. Il quale, s'intende, s'indirizza propriamente agli studiosi di filosofia. Ma, non solo per l'argomento, bensì anche pel metodo con cui l'argomento vi è trattato, devo pur ammettere che un certo interesse lo ha anche
per i critici, che amano l'arte [...] e per gli stessi artisti [...] [7].

Tanto per Croce che per Gentile il pensiero che nasce dalla
riflessione che l'artista fa sul proprio fare è, per sua natura, empirico,
imperfetto, non universale, e sarà più o meno apprezzabile quanto
più o meno si avvicinerà al concetto filosofico. Così di Leopardi
si dirà:

Un senso assai profondo della poesia, del suo eterno carattere classico e
insieme sentimentale, onde la «lirica» appariva la sua pura e vera forma, era
nel Leopardi, i cui pensieri [...] [8].

E si veda quel che il Croce, nel saggio *Inizio, periodi, e caratteri
della storia dell'Estetica* [9], dice a proposito della fondazione da parte
dei Greci e dei Romani della poetica come scienza pratica ed empirica, e perciò non filosofica, collegata con la mancanza di una «vera»
filosofia dell'arte presso quegli antichi. Così anche quando, come nei
due scritti *Per una poetica moderna* [10] e *La Poetica empirica* [11], vuol
approfondire il significato della nozione e riconoscerle un compito e
un luogo nella critica, la qualifica svalutante di «empiricità» resta
sempre connessa nel filosofo all'idea di poetica. Certo, l'arte, con il
riconoscimento della sua autonomia, salva se stessa dalla metafisica
«morte» hegeliana; invece, in questa prospettiva, il pensiero dell'arte
– e in particolare quello che (precettistico, normativo, e idealizzante) si eleva dall'esperienza stessa del fare artistico – annulla tutti i
piani e i gradi della propria realtà nell'unica forma della verità scientifica, e cioè del concetto universale e filosofico dell'arte, come momento intuitivo e insieme espressivo della vita dello spirito.

7. La rivalutazione delle poetiche – che ebbe il suo momento di
riconoscimento teorico nel 1936 – si determinò per tre vie: *a)* attraverso la forza spontanea e straordinariamente ricca di prospettive

[7] G. Gentile, *La filosofia dell'arte*, Firenze, Sansoni, 1937, p. 353.
[8] B. Croce, *Estetica...*, cit., pp. 398-9.
[9] B. Croce, *Inizio, periodi, e caratteri della storia dell'Estetica* (1916), in *Breviario di estetica* (1946 [4]), Bari, Laterza, 1966 [15], p. 103.
[10] B. Croce, *Per una poetica moderna* (1922), in *Nuovi saggi di estetica*, Bari, Laterza,
1948 [3], pp. 315-28.
[11] B. Croce, *La Poetica empirica*, in *La poesia*, Bari, Laterza, 1936, pp. 154-9.

della riflessione interna all'arte e alla letteratura contemporanee che se, da un lato, avvertirono come schematica e riduttiva la riflessione filosofica quale in quel momento si manifestava nel nostro paese, e cercarono di garantirsi un fondamento di legittima esistenza con l'urtare contro impostazioni dottrinali troppo rigide, e tentar di spezzarle, d'altro canto, ristabilirono e anzi costituirono con energia in nuove forme (come vedremo) e con diversa consapevolezza le istituzioni letterarie e artistiche; in secondo luogo, *b)* all'interno della logica idealistica, con le revisioni che ne fecero il Russo e il Binni, due critici che seppero vedere nelle poetiche lo «storicizzabile della poesia»; infine, *c)* nelle ricerche di una fenomenologia critica che intese le poetiche come un tipo particolare di riflessione prammatica, di riflessione interna alla vita dell'arte, e nell'ambito di una rivalutazione del pensiero prammatico in generale, avvertì le poetiche come momenti parziali e necessari di una visione organica e integrata dell'esteticità artistica e poetica. Se cerchiamo un immediato e rapido controllo di queste affermazioni, troviamo subito che, per quanto riguarda la prima via (*a*), il nostro secolo, nella molteplicità delle sue prospettive artistiche e letterarie, nella varietà dei suoi orizzonti dottrinali e programmatici, ha dichiarato una produttività inesausta di sistemi poetici, ed è giunto così ad una consapevolezza in questo senso davvero significativa.

Rimanendo, di fatto, solo nell'ambito delle correnti e dei movimenti della poesia del nostro paese nella prima metà del secolo (e si pensi allo svolgimento di idee che va dai «crepuscolari» ai «futuristi», dai «vociani» ai «rondisti», agli «ermetici» con le infinite variazioni di gruppo e di personalità) si vedrà subito come le singole proposte dottrinali mostrino una energica volontà di venir riconosciute e accettate nella positività attiva della loro individualità ideale, con la continua protesta – che giunge talora fino ad atteggiamenti di rifiuto della filosofia – contro l'univocità di un «concetto» teorico dell'arte che non le comprende, che, anzi, le condanna; ed in questa incomprensione, in questa condanna esse avvertirono oscuramente una impostazione riduttiva e costrittiva, un limite, non so che dogmatico vincolo.

Anche critici di formazione idealistica (*b*) intesero la necessità di porsi nuovamente il problema delle poetiche. Si tratta di Luigi Russo e di Walter Binni. La parola «poetica» si trova frequente nel lessico critico del primo, e appare nel titolo di una operetta assai importante – anche dottrinalmente – del secondo, che fu suo discepolo: *La poetica del decadentismo italiano* (1936). Nell'esame del linguaggio criti-

co del Russo la nozione di «poetica» assume in generale il significato
di «irregolare filosofia» dell'artista, cioè:

> [...] la sua esperienza tecnica di poeta poetante, la sua *ars dictandi*, la sua
> *eloquentia* di polemista, tutta quella mitologia sentimentale e ideale che, nel
> Carducci, come in ogni altro poeta, è sempre la leva di forza, che o illude,
> o aiuta, o spinge alla creazione.

Così si legge nel bel saggio sul *Carducci critico* [12] (1935). Ma la
teorizzazione − necessaria per accordare un interesse così nuovo con
i principi di quella estetica idealistica entro i quali il Russo vivacemente si muoveva − è già del 1926 nel saggio sulla *Critica letteraria
italiana e la poetica del Rinascimento* [13].

Ed ecco: la distinzione tra *poesia* e *poetica* appare di fatto qui
analoga alla distinzione tra *poesia* e *struttura*, e attraverso questa nozione di *struttura*, presto si allarga ad una indicazione di sfondo di
cultura poetica o solo di cultura di un movimento, di un secolo, di
una civiltà: la «poetica del Rinascimento» o la «poetica dei tempi
nuovi». Così la nozione di poetica (in questo costrutto idealistico) si
pone come utile nesso integrativo tra poesia e cultura. Ciò vide con
chiarezza il Binni; secondo cui la poetica

> è la poesia di un poeta vista come «ars», lo sfondo culturale animato dalle
> preferenze personali del poeta, è il meccanismo inerente al fare poetico, è
> la psicologia del poeta tradotta in termini letterari, è il poeta trasformato in
> maestro, quella certa maniera storicizzabile e suscettibile di formare scuola
> che si trova sublimata nell'attuazione personale dell'artista, è un gusto che
> ha radice in un'ispirazione naturale e che si complica su se stesso. Poetica è
> anche scelta ed imposizione di contenuto [...].

E, dunque:

> La poetica può diventare così, da un lato, una precettistica e, dall'altro,
> spianarsi nel paesaggio sentimentale del poeta. Si intenda perciò l'estensio-
> ne della parola e la sua efficacia come espediente di lavoro e di storicizza-
> mento dei poeti in un'epoca spirituale.

Infatti l'utilità critica degli studi di poetica non si avverte soltanto all'e-

---

[12] L. Russo, *Carducci critico* (1935), in *Carducci senza retorica*, Bari, Laterza, 1957, p. 7
[anche in *La critica letteraria contemporanea,* vol. I, Firenze, Sansoni, 1977⁵, pp. 3-27 (la cit. a
p. 7)].
[13] L. Russo, *La critica letteraria italiana e la poetica del Rinascimento* (1926), in *Problemi
di metodo critico*, Bari, Laterza, 1929, 1950², pp. 100-25.

same interno della relazione tra poesia e poetica: vale agli effetti di una storia letteraria in quanto indica, entro i limiti della personalità, il gusto di un'epoca, le tendenze di un periodo letterario. Si può dire anzi che non si fa mai storia di poesia, ma di poetica [14].

Benché ancora nei limiti di un dichiarato «espediente di lavoro», la proposta era importante, rivelava, dall'interno di un sistema, un'esigenza. Ma non si ricadeva − con questa proposta − nelle difficoltà della nozione romantica di «mondo morale del poeta»? E, d'altro canto, come si saldava nel sistema questa nuova proposta? Per sfuggire a queste dubbiezze, e per riuscire ad una comprensione anche teorica delle poetiche fuori dalle chiusure dogmatiche e dalle soluzioni pregiudicate era necessaria una nuova, radicale impostazione. Fu quella, appunto, della fenomenologia.

8. L'inquietudine del pensiero dei letterati, dei poeti, degli artisti esigeva un orizzonte speculativo in cui le poetiche fossero comprese nella pienezza del loro significato; l'irregolarità sistematica in cui tanto inevitabilmente quanto fruttuosamente erano caduti i critici di formazione idealistica nel loro rendersi conto del problema mostrava le difficoltà cui andava incontro il nuovo idealismo in questo particolare ordine di ricerche. La nuova prospettiva fenomenologica sfuggì a queste difficoltà, anzi offrì un modo aperto, articolato, e non pregiudicato di porre la questione. Mi riferisco qui a quella dottrina dell'arte di cui Antonio Banfi nel nostro paese indicò il metodo con una fruttuosa progettazione.

In un pensiero per cui l'idea di Ragione si configura non già come quella di Sostanza universale che possiede al suo interno tutti i contenuti del sapere, ma sì come il principio di correlazione, la linea d'integrazione che garantisce la legittimità delle varie forme e delle diverse direzioni della cultura, la filosofia si fa fenomenologia della cultura, e l'estetica fenomenologia dell'arte:

La razionalità della filosofia è tanto poco l'imposizione di uno schema astratto e parziale alla realtà, che è anzi la legge di risoluzione integrativa di tutti gli schemi astratti e parziali, dialetticità estrema della coscienza, insomma, che permette all'esperienza di rivelarsi e farsi valere in tutta la sua viva molteplicità.

---

[14] W. Binni, *La poetica del decadentismo italiano*, Firenze, Sansoni, 1936, pp. 1 e 2 [*ivi*, 1988[7], pp. 3 e 4].

si legge nel saggio sui *Problemi di una estetica filosofica* [15].

Pertanto, una estetica filosofica non si propone di definire «che cosa è l'arte?», o di istituire una ontologia estetica *a priori*, non intende suggerire il modello ideale definitivo al fare poetico o ritrovare la struttura eterna di un «momento spirituale». Tutte queste posizioni appaiono teoreticamente impure: esse sono in qualche modo e per diverse suggestioni e pressioni soggette ad una sorta di curvatura pragmatica. Invece, una estetica filosofica si propone di ricercare il suo processo di risoluzione:

in un puro punto di vista teorico, un punto di vista cioè che, indipendente dal presupposto valutativo in generale, permetta di cogliere la realtà estetica nell'infinita varietà dei suoi piani, dei suoi elementi, dei suoi significati, secondo la legge che domina il dinamismo dei loro rapporti, e costituisce il principio di unità e di continuità della vita spirituale estetica.

Una impostazione metodologica così fatta è per indole antinormativa e antidogmatica; il pensiero si fa rilievo delle strutture in cui la realtà estetica vive, si articola, si organizza e si pone in relazione con gli altri aspetti della realtà; e si fa consapevolezza interna di una situazione di cultura che, come quella in cui viviamo, nel rifuggire dalle ampie e definitive sintesi sistematiche, anzi continuamente istituendo e continuamente dissolvendo al proprio interno le strutture di orientamento obiettivo, mette continuamente in luce certi aspetti nuovi, correlazioni impreviste, esigenze e valori difformi. Così il Banfi; e sembra, questo, atteggiamento particolarmente adatto ad intendere il veloce movimento della riflessione poetica ed artistica, la continua trasformazione delle poetiche del nostro secolo in uno svolgimento assai più coerente di quel che, a tutta prima, possa apparire. Tanto più che la fenomenologia – in tale accezione del termine – è stata sempre estremamente attenta al rilievo dei processi interni di riflessione della poesia con una indagine organica che risale dai processi elementari di *riflessione prammatica* (precettistica, normativa, idealizzante) nata dall'interno della vita dell'arte con la volontà di prescrivere precetti, norme, valori ideali; di *riflessione analitica, sto-*

[15] Saggio pubblicato sulla rivista «La Cultura» nel 1932 e poi raccolto nel volume *I problemi di una estetica filosofica*, a cura di L. Anceschi, Milano-Firenze, Parenti, 1961. I brani citati si leggono alle pp. 5 e 10-11 [qui pure si legge, sotto il titolo *Problemi e principi fondamentali di una estetica filosofica*, l'intervento di Banfi al Congresso di Parigi del 1937 più avanti ricordato: il brano citato alle pp. 215-6. Entrambi questi scritti, assieme a tutti gli altri studi banfiani di estetica, sono ora raccolti in A. Banfi, *Opere*, vol. v, a cura di E. Mattioli e G. Scaramuzza, Reggio Emilia, Istituto Antonio Banfi, 1988].

rica, critica fino a quella impostazione veramente e puramente teoretica che è propria di una filosofia degna del nome e che ha per presupposto la totalità dell'esperienza estetica nella ricchezza infinita dei suoi aspetti, dei suoi piani, dei suoi rapporti, dei suoi valori. Un orientamento siffatto non può svalutare – è ovvio – il pensiero pragmatico, un pensiero in cui la conoscenza è orientata in funzione del fare; anzi, sciolti i principi di tale prospettiva dalla loro limitazione dogmatica e dall'isolamento irrelato in cui li colloca la loro pretesa di assolutezza, di essi si serve come materia del proprio sapere: ed è materia assai ricca e complessa. Alla molteplicità delle direzioni, delle scuole, dei movimenti, delle correnti corrisponde una altrettanto ricca varietà di proposte, di ideali, di modelli, di programmi, di istituti e, insomma, una inesausta maniera di riflessione. Si tratta appunto delle poetiche. E se esse risolvono con le loro indicazioni dottrinali situazioni particolari e determinate, la riflessione puramente e universalmente teoretica le purifica, le libera, e le giustifica in sé. In ogni modo se talune estetiche che si presentano come filosofiche per l'insorgere di motivi pragmatici possono convertirsi per certi aspetti in poetiche, assai più difficile si è che le poetiche possano aspirare a convertirsi a quelle ragioni teoretiche che sono proprie di una pura e autentica comprensione filosofica.

L'estetica filosofica nel senso sopra indicato, lungi dall'escludere, giustifica risolve ed integra teoreticamente le forme di riflessione estetica spontanea. Giustifica la riflessione pragmatica come coscienza che accompagna, sostiene e sollecita la vita artistica al suo interno stesso, ma risolve la concezione dogmatica di un sistema di valori assoluti e di un suo fondamento metafisico nell'idea di una legge trascendentale in cui si fonda con la vita dell'arte la tensione e il processo della sua realtà e dei suoi valori.

Queste parole si leggono nel contributo che il Banfi ha dato agli atti del Secondo Congresso di Estetica del 1937; e certo secondo i modi di questo indirizzo dottrinale, e in una incessante revisione interna dei principi fondamentali su cui esso si istituisce, si determinarono analisi particolari, rilievi di strutture dottrinali, e ricerche storiografiche nuove. È un fertile ordine di ricerche che tuttora prosegue [16].

---

[16] In questo ordine di ricerche si colloca anche il mio studio su *Autonomia ed eteronomia dell'arte*. Scritto in una prima stesura tra il 1930 e il 1933 con il titolo *Idea di poesia pura, storia e teoria di un problema estetico*, il libro riveduto e in parte riscritto tra il 1933 e il 1936 apparve con il titolo definitivo a Firenze, presso Sansoni, nel 1936 e, presso Vallecchi, nel 1959 [ora, Milano, Garzanti, 1976 [3]].

9. Il problema delle poetiche fu proposto nella nostra cultura e nel nostro secolo secondo altre prospettive dottrinali, e, per esempio, nel pensiero di Ugo Spirito, di Galvano Della Volpe, di Luigi Pareyson, che portarono al problema da diversi angoli attenzioni diversamente illuminanti. Nel suo modo assai acuto di avvertire la crisi dell'idealismo Ugo Spirito distingue due modi fondamentali di concepire l'estetica: il modo «filosofico» e quello «empirico». L'estetica empirica si pone sul piano delle scienze particolari e della loro logica e presuppone il suo dato come un dato evidente dell'esperienza comune, dogmaticamente assunta:

come per la fisica o la chimica competente a porre e a risolvere i singoli problemi è soltanto il fisico o il chimico, così, per l'estetica empiricamente intesa, unico competente deve ritenersi chi viva del particolare mondo dell'arte e in esso si specializzi o come artista o come critico d'arte.

E, dunque, la scienza estetica è la riflessione stessa dei poeti e dei critici. La posizione dell'estetica filosofica implica un atteggiamento affatto diverso. In essa l'arte vuole non esser più

concepita alla stregua di un qualsiasi contenuto particolare, oggetto di una qualsiasi scienza specializzata: l'arte, al contrario, è sollevata al piano degli universali, la cui scienza è data appunto e solo dalla filosofia [...] [17].

E il proposito è il rilievo speculativo dell'assoluto estetico e la sua definizione concettuale: «Ogni altro problema diventa un semplice corollario», e, dunque, la scienza estetica si dissolve nella filosofia, la storia dell'estetica nella storia della filosofia. Come autonoma, l'estetica, la scienza estetica vive propriamente solo nella forma empirica, e già nella *Vita come arte* lo Spirito avvertiva come non sia possibile un criterio filosofico per la distinzione tra arte e non arte; tale criterio può essere solo empirico, storico, stabilito volta a volta con metodi empirici, attraverso definizioni empiriche, in virtù di giudizi di valore che non superano l'immediatezza della realtà in cui si attuano in quel mondo della molteplicità... E, dunque, nell'impossibilità di una scienza estetica filosofica e metafisica prendono rilievo le poetiche, espressioni particolari di realtà determinate e storicamente definite.
Movendo da una prospettiva tutta diversa, e cioè dalle prospettive di un marxismo rivissuto in rapporto alla esperienza della nuova

---

[17] U. Spirito, *La mia prospettiva estetica*, nel vol. collettivo dallo stesso titolo, Brescia, Morcelliana, 1953, pp. 183, 184; *La vita come arte*, Firenze, Sansoni, 1941.

cultura, anche il Della Volpe giunge ad una considerazione delle poetiche come rivalutazione del molteplice e del discreto che in lui prende particolare colorazione per la vivacità della sua polemica contro l'indistinto e l'indiscreto romantico-idealistico e le sue ascendenze platoniche:

[...] la repugnanza alla Rettorica, cioè alle regole varie della poesia, è connaturata nel seguace del platonismo e idealismo estetico e inevitabile: è la repugnanza invincibile per l'aspetto *vario*, o del *molteplice* o diverso, della esperienza artistica, da parte di chi vuol cogliere le cose dell'arte nella «universalità» loro ossia *unità* più *pura* e astratta, sacrificando ogni *distinzione* perché «empirica»; ma ogni «distinzione» degna del nome lo è necessariamente in qualche modo, se la esperienza, appunto, o realtà, anche l'artistica, *consiste* non solo per la sua unità, o per essere un uni-verso, ma altresì per il suo essere diversa varia (o molteplice!).

Si legge appunto in *Poetica del Cinquecento* [18] in una volontà di restituzione dell'arte alla sua ricchezza e alla sua molteplicità istituita sulle distinzioni proprie alla tecnica e all'intelletto.

Sempre con una singolare attenzione alla infinita ricchezza delle forme e delle idee dell'arte, il problema delle poetiche si propone anche al Pareyson, e si vedano le pagine che, sotto il titolo *Estetica e Poetiche*, nella sua *Estetica* [19] egli dedica a questo problema con chiarissima evidenza in modo coerente con la sua teoria generale della «formatività». Così egli avverte che, nella storia della civiltà,

l'arte ha assunto di volta in volta diverso valore e diverso significato: vista ora come inseparabile dalle manifestazioni della vita politica e religiosa, ora come valore assoluto di per sé, indipendentemente da preoccupazioni d'altro genere, e da coltivare in un'incontaminata purezza; vista ora [...].

Le poetiche sono infinite, nella varietà degli ideali e dei programmi di diverse civiltà, movimenti, e personalità, e necessarie in ogni caso a «fare e a leggere arte» e hanno, dunque, carattere «operativo», e da questa indole traggono la loro legittimità nella infinita proposta di modelli e di canoni, di ideali e di precetti:

[...] dal punto di vista estetico le poetiche devono esser considerate tutte egualmente legittime. Vi saranno poetiche che prescrivono all'arte il compi-

---

[18] G. Della Volpe, *Poetica del Cinquecento*, Bari, Laterza, 1954, pp. 15-6 [ora in *Opere*, a cura di I. Ambrogio, vol. v, Roma, Editori Riuniti, 1973, p. 109].
[19] L. Pareyson, *Estetica* (1954), Bologna, Zanichelli, 1960[2], le citazioni che seguono alle pp. 271, 273, 275-6 [ora, Milano, Bompiani, 1988[4]].

to di «raffigurare» la realtà [...]; altre per cui l'arte deve «trasfigurare» la realtà [...] altre che invitano gli artisti a «deformare» la realtà [...]. Ora, che l'artista raffiguri [...] l'importante è che «formi». All'arte è bensí necessaria una poetica che, nel suo concreto esercizio, operosamente animi e sorregga la formazione dell'opera [...].

Cosí il Pareyson; e non è il caso qui di discutere, parte per parte, queste diverse opinioni, che, per altro, nonostante la diversità di generale ispirazione speculativa, hanno (come si è visto) alcuni connotati comuni. Quel che importa, qui, sembra, dopo aver dato i lineamenti fondamentali di un processo di acquisita consapevolezza, è sottolineare, da un lato, come vi sia una convergenza di alcuni movimenti speculativi tra i più influenti del secolo nel nostro paese nel riconoscimento della legittimità e necessità delle poetiche; dall'altro, come il tema delle poetiche sia uno dei motivi di ricerca più avvertiti, originali, ed autentici e, nello stesso tempo, più seducenti di un pensiero estetico che non voglia proporsi come norma, modello e ideale dell'arte, in modo definitivo ed esclusivo; di un pensiero, invece, che voglia proporsi come comprensione concreta e piena della vita dell'arte nella sua ricchezza e varietà di manifestazioni, di significati, di proposte [20].

[20] A proposito del discorso sulle poetiche si veda, ora: L. Pareyson, *I problemi dell'estetica*, Milano, Marzorati, 1966, in particolare alla p. 19 (riprende in parte *Compito dell'estetica*, in «Rivista di Estetica», a. v, n. 2, 1960, pp. 173-89; a proposito della distinzione filosofica tra *estetica* e *poetica*, sul significato delle poetiche, sulla legittimità delle poetiche, sul modo con cui un filosofo può trattare le poetiche, si veda tutto il saggio, e in particolare: p. 177; pp. 181 ss.; pp. 185 ss.); W. Binni, *Poetica, critica, e storia letteraria*, Bari, Laterza, 1963, 1971 [5] (si veda anche, con lo stesso titolo, il saggio nella «Rassegna della letteratura italiana», n. 1, 1960, sui rapporti tra poetica, storia e personalità, pp. 5-8; su estetica e poetica, p. 5; sullo sviluppo degli studi di poetica, pp. 6-7; idea della poetica, p. 8; utilità poetiche per l'esercizio della critica letteraria, p. 9; e tutto il saggio che termina con una acuta raffigurazione di ciò che il Binni intende per «critico»; nell'edizione del 1963 lo scritto appare molto «ampliato e arricchito», ma non sposta sostanzialmente i termini del discorso); G. Della Volpe, *Critica del gusto*, Milano, Feltrinelli, 1966 (III ed. riveduta e accresciuta), *passim*, e per la poetica del «realismo socialista», pp. 215 ss. [ora in *Opere*, vol. VI, cit.]. Nella citata raccolta degli scritti di estetica di A. Banfi, che, sotto il titolo *I problemi di una estetica filosofica*, ho ordinato per l'editore Parenti, appare anche un inedito (datato tra il 1923 e il 1935) sulla questione delle poetiche a mio avviso assai importante: *La riflessione e la problematica dell'arte* [ora in *Opere*, vol. V, cit.]. (Altre indicazioni si possono leggere nella *Bibliografia*, qui, alla fine del volume).

PARTE PRIMA

LE POETICHE DELLA «FINE DEL SECOLO»

I

POESIA E SCIENZA

1. Se nella *Premessa* si son studiati l'indole e il significato delle poetiche e la storia della condanna e del progressivo riscatto teorico delle poetiche stesse nel nostro paese e nel nostro secolo (vedi pp. 3-17), ora gioverà dare uno sguardo, sia pure sommario, alle correnti di cultura poetica e critica della «fine del secolo» nel nostro paese. Il rilievo delle strutture dottrinali di tali correnti è, di fatto, la necessaria premessa e come la condizione inevitabile – sia nel senso della continuità che in quello della reazione e della rottura – degli sviluppi seguenti, che più propriamente diciamo del Novecento: non si può in nessun caso parlare di un Novecento irrelato e astrattamente avulso dalla «fine del secolo»; e, d'altro canto, le strutture di dottrina poetica di questa situazione storica, all'indagine diretta, si son rivelate più complesse, forse, certo pronte a mostrare, se convenientemente sollecitate, un proiettarsi verso il tempo seguente assai più attivo di quel che, all'inizio della ricerca, fosse lecito prevedere. In ogni modo, entro i limiti in cui è possibile operare una distinzione, il discorso riguarda qui le diverse dottrine sulla poesia che si determinarono operativamente nella cultura letteraria, non quelle, a sondarle forse altrettanto feconde, del romanzo, del teatro, e delle arti figurative, o della musica; né riguarda direttamente le estetiche filosofiche, di cui l'Italia in quegli anni (a differenza della Germania) fu davvero avara. Il nostro proposito è lo studio delle poetiche della poesia del Novecento; e qui ne diamo le premesse. La «fine del secolo» è segnata dal fatto che in essa forti personalità, grandeggiando, un poco oscurarono il fertile terreno dei minori, che fu trascurato dagli studi; gioverà certo, per tanto, una lettura *nuovamente sollecitata* delle poetiche di Carducci, Pascoli, D'Annunzio, ma non giove-

rà meno (la ricerca è incominciata) richiamare alla memoria tanti autori che rimasero un poco nell'ombra; è anzi molto probabile che quanto più si approfondiranno tali particolari ricerche, tanto più si chiariranno i rapporti tra la «fine del secolo» e il Novecento.

2. La poetica della «fine del secolo» è condizionata dalla profonda e penetrante azione esercitata nella cultura del nostro paese dalla più influente dottrina critica che sia uscita dalle inquietudini del Risorgimento. È facile intendere che ci riferiamo al De Sanctis [1]; ed è anche facile ricordare che la «fine del secolo» non fu nello spirito desanctisiano, reagì anzi al De Sanctis, e non senza polemica, proprio nel senso realista e scientista che egli stesso aveva preveduto. Quel tempo, infatti, fu positivista nelle ragioni speculative, si fece marxista con il Labriola, accordò positivismo e classicismo nella poetica carducciana, che riscattò in diversa figura l'*ars* tradizionale, e, infine, con il Pascoli e il D'Annunzio, o intrecciò il positivismo con le inquietudini critiche, e, come si suol dire, «decadenti» di un nuovo irrazionalismo, o addirittura, in esse lo dissolse. Nel saggio, già citato, *Per un catalogo* il Serra ha descritto quegli anni nell'aria dei suoi partecipati studi bolognesi. L'attenzione al De Sanctis ebbe, si sa, nuovo vigore, ed esemplare, solo con il Croce [2], poi. Comunque, con una citazione illustre, ecco la dottrina desanctisiana della forma poetica:

Se nel vestibolo dell'arte volete una statua, metteteci la forma e in quella mirate e studiate, da quella sia il principio. Innanzi alla forma ci sta quello che era innanzi alla creazione: il caos. Certo il caos è qualche cosa di rispettabile, e la sua storia è molto interessante: la scienza non ha detto l'ultima parola su questo mondo anteriore di elementi in fermentazione. Anche l'arte ha il suo mondo anteriore; anche l'arte ha la sua geologia, nata pur ieri e appena abbozzata, scienza *sui generis*, che non è critica, né estetica. *Apparisce l'estetica quando apparisce la forma,* nella quale quel mondo è calato, fuso, dimenticato e perduto. *La forma è sé medesima, come l'individuo è se stesso,* e non ci è teoria tanto distruttiva dell'arte quanto quel continuo riempirci gli orecchi del bello, manifestazione, veste, luce, velo del vero o dell'idea. Il mondo estetico non è parvenza, ma è sostanza, anzi è esso la so-

---

[1] [Le *Opere complete* del De Sanctis sono pubblicate dall'editore Einaudi di Torino, sotto la direzione di C. Muscetta. Dal 1951 al 1975 sono usciti 21 volumi. In particolare: il *Saggio critico sul Petrarca*, a cura di N. Gallo, con *Introduzione* di N. Sapegno, occupa il vol. VI (1952, 1964); la *Storia della letteratura italiana*, a cura di N. Gallo, con *Introduzione* di N. Sapegno e una nota di C. Muscetta, occupa i voll. VIII-IX (1958, 1966), ma è leggibile anche in ed. economica (*ivi*, 1975, 2 voll.). Per i *Saggi critici*, si veda l'ed. curata da L. Russo, Bari, Laterza, 1953].

[2] [Per i numerosi scritti che il Croce dedicò al De Sanctis si veda G. Savarese, *Croce e De Sanctis*, in «La Rassegna della letteratura italiana», n. 1-2, 1967, pp. 158-74].

stanza, il vivente; i suoi criteri, la sua ragione di esistere non è in altro che in questo solo motto: Io vivo.

Così il De Sanctis nella famosa e tanto citata *Introduzione* al *Saggio critico sul Petrarca*[3]; e, dunque, la *forma*, la *forma vivente* è per lui il principio cardinale di una poetica in cui, evidentemente, tra l'apertura romantica e gli impulsi risorgimentali si inseriscono i primi fermenti realistici. C'è una forza straordinaria di pensare, vivere, anticipare il tempo. Comunque, il De Sanctis non ha, non vuole, e non può avere un chiuso e compiuto sistema filosofico come allora s'intendeva; si giova, invece, di una aperta e mobile sistematica critica indirizzata soprattutto al giudizio della letteratura. Entro questo orizzonte, la forma è l'arte, e non evidentemente l'*ars* classicistica, o la «lingua» del Puoti: l'arte è qui una attività dello spirito umano, un «processo interiore» eterno ed autonomo; e forse converrà sottolinearne (senza gravare troppo la mano) i connotati tanto spesso richiamati di «vivente», di «organico». La forma è di fatto fantasia creatrice che unifica e ordina, armonizza e vivifica, ed ha in sé la propria verità e il proprio fine; e, per tanto, non è diretta espressione del sentimento, della passione, delle emozioni, da un lato, dall'altro, si distingue bene dalla morale, dalla scienza, dalla storia, dalla conoscenza concettuale e filosofica, e non è idealistico «velo dell'idea», e neppure «imitazione» realistica. Tutto ciò è contenuto: e l'arte appare, al limite, unità immediata di contenuto e forma, mondo organico e vivente dell'artista, dove la forma è per altro ciò che dà qualità e valore, ciò che esalta questo contenuto eventuale nella imparagonabile individualità concreta dell'opera e dei suoi personaggi, «unità immediata e organica», in cui «è il segreto della vita»; e, dunque:

non è già un artificio tecnico, qualche cosa di soprapposto, ma è lo stesso fantasma come si presenta al suo spirito, armonia perfetta tra la parola, la frase, il verso, il giro del periodo e i movimenti interiori, le qualità dell'ingegno, la disposizione dell'animo in questo o quel momento[4].

Se la forma è questa forza individuante, l'«allegoria muore dove la poesia nasce»: allegoria, simbolismo, figure rettoriche non sono forme artisticamente efficaci e positive: l'arte è geniale creazione d'individualità viventi, e, in ogni caso, quel che conta è l'esito, non

---

[3] [F. De Sanctis, *La critica del Petrarca*, in *Saggio critico sul Petrarca*, cit., pp. 34-5].
[4] [*Ivi*, p. 113].

23

l'intenzione, il proposito. Da scrittore che sente ancora vivo il romanticismo, il De Sanctis avverte anche una sorta di parallelismo tra i progressi della letteratura e quelli della storia politica e civile: è un moralista che agisce attraverso la critica letteraria, che fa critica della vita, e così in lui la ricostruzione del «mondo» individuale del poeta non manca di associarsi spesso a riflessioni sulla società e sulla storia dell'uomo. Egli ha così anche avvertito quale tempo doveva seguire al suo, e diverso:

> Il secolo sorto con tendenze ontologiche e ideali avea posto esso medesimo il principio della sua dissoluzione: l'idea vivente, calata nel reale. Nel suo cammino il senso del reale si va sempre più sviluppando, e le scienze positive prendono il di sopra, cacciando di nido tutte le costruzioni ideali e sistematiche [5].

Così gli italiani uscivano dalle inquiete speranze del Risorgimento, da quelle speculazioni del pensiero e da quelle forme dell'arte in cui si erano riconosciute le generazioni impegnate soprattutto nella unificazione del paese; e così si preparava lo sforzo della rinnovata borghesia nazionale per distendersi in un assetto economico, politico e morale più moderno e coerente al tempo, e più stabile.

3. Il movimento nuovo non nacque, e non poteva nascere nel nostro paese che, se, da un lato, si trovava in un tempo di scarsa energia speculativa, e tardo nella partecipazione attiva alla invenzione delle forme nuove della cultura e dell'arte d'Europa, dall'altro, era, per indole tradizionale, scarsamente aperto ad un modo di riflessione di tipo scientista o di nuovo e diverso illuminismo. Intanto, ancor prima che il De Sanctis scrivesse la sua *Storia,* era uscita in Francia quella *Philosophie de l'Art* [6] del Taine che divenne poi famosa, e che, nell'ambito del positivismo, rappresenta uno dei più operanti tentativi di sistemazione dottrinale del problema dell'arte. Siamo alle soglie di anni in cui, come dice il Thibaudet, «le tétrasyllabe "Taine-et-Renan" rendait dans la langue des lettres un son indivisibile comme "Tarn-et-Garonne"». Con questo gesto leggero il critico evoca tutto un ambiente e un tempo di cultura di Francia che ebbe grande influenza sulla cultura del mondo. La seconda metà dell'Ottocento fu ovunque positivista anche e soprattutto per la grande in-

---

[5] [F. De Sanctis, *Storia della letteratura italiana*, cit.,vol. IX, tomo II, cap. XX, § 27, p. 972].
[6] H. Taine, *Philosophie de l'Art*, Paris, 1865. La sigla PA indica la *première partie* – dottrinale – dello scritto. La traduzione dei testi è nostra. L'edizione seguita è la Hachette, 1863 [6].

fluenza culturale della Francia. In ogni modo, figure emergenti per diversi motivi tra gli uomini della loro generazione, Taine e Renan furono i maestri di diverse generazioni francesi, e non solo francesi, si sa. Converrà, dunque, fermarci sulla *Philosophie de l'Art* sia per la sua esemplare tipicità che per la sua forza espansiva. E c'è da supporre che il libro sia già abbastanza lontano perché noi possiamo leggerlo senza curvature e deformazioni polemiche.

Con un tono di eloquenza vagamente enfatica nella sicurezza un po' cieca circa la forza umanamente redentrice della ragione scientifica, la prosa del vecchio libro ha per noi oggi un'attrattiva particolare proprio a motivo del suo essere assolutamente fuori moda. Per altro, una osservazione stilistica ci servirà opportunamente come introduzione al rilievo delle strutture fondamentali di questo pensiero. Mi riferisco qui al ripetuto, ripetutissimo *tic* espressivo per cui l'arte è paragonata alla pianta, il mondo dell'arte al mondo floreale, il nuovo metodo critico alla botanica:

Vorrei rendervi sensibile per via di un paragone l'effetto che la condizione dei costumi e dello spirito ha sulle arti. Quando, partendo da un paese meridionale, risalite verso il Nord, voi vi accorgete che, entrando a un punto in una zona, si inizia una specie particolare di coltura e una particolare specie di piante: dapprima l'aloe e gli aranci; un poco dopo, l'ulivo e la vigna; poi, la quercia e l'avena; più innanzi ancora, l'abete; infine, i muschi e i licheni. Ogni zona ha la sua coltura e la sua vegetazione particolare; e tutte cominciano dove comincia la zona e finiscono dove la zona finisce, e tutte e due le son legate. Essa è la loro condizione di esistenza, e con la sua presenza o assenza le fa apparire e scomparire. Ora che cosa è una zona se non una certa temperatura, un certo grado di calore e di umidità, in altre parole un certo numero di circostanze dominanti, analoghe nel loro genere a quelle che noi or ora dicevamo la condizione generale dello spirito e dei costumi? (PA, I, 1).

Così Taine, e più innanzi, nello stesso luogo, paragonerà la nuova estetica ad una «botanica»; subito dopo (I, 2) vedrà le opere d'arte collocate nelle raccolte e nelle biblioteche come «piante negli erbari» e «animali nel museo»; in altro luogo (II, 1) continua dichiaratamente il paragone tra l'opera d'arte e la pianta per mostrare che, come ci sono condizioni favorevoli e condizioni sfavorevoli allo sviluppo delle piante, così ci sono condizioni favorevoli e condizioni sfavorevoli allo sviluppo delle opere d'arte, per cui si determina una sorta di meccanica scelta dei talenti: «c'est par un méchanisme de cette sorte...», con un lusso prolungatissimo di metafore coerenti e come sistematiche (II, 2-3); ancora (II, 4), parlando delle epoche storiche dell'arte, Taine osserva che ciascuna di esse ha la sua arte o il suo genere di arte, o, addirittura, una «végétation distincte» estetica, che riflette i caratteri del tempo e della nazione, e noi vi vediamo nascere fiori diversi... Un anticipo letterario di scrittura «floreale»? Non mi dilungo più oltre nell'elenco: l'immagine, ora comparendo ora nascondendosi, sembra percorrere tutto il libro, e non a caso. Si vuol dire che si tratta di una tipica − e in questo senso assai rivelatrice − «immagine speculativa» che, con i suoi movimenti, segue tutti i movimenti del concetto di cui si fa corpo. E, per tanto, qui, se si tenga presente che cosa per «scienza» intendeva il secolo, in primo luogo essa vuol richiamare il principio che l'estetica, fattasi essa stessa scienza, vuol procedere con i metodi delle scienze naturali. In secondo luogo, vuol suggerire l'idea di una organicità (scientifica) della vita dell'arte. Nell'intento di riconoscere tale organicità, ecco un principio non formale di metodo:

L'avvio a questo metodo consiste nel riconoscere che *un'opera d'arte non è isolata*, e, per conseguenza, nel cercare *l'insieme da cui dipende e che lo spiega*. (PA, I, 1).

L'opera d'arte non è isolata, vive in un insieme di relazioni, su diversi piani: e, primo, ogni opera singola vive in rapporto all'opera complessiva di un artista; secondo, l'artista vive in una scuola o famiglia di artisti dello stesso paese e dello stesso tempo; terzo, la scuola e la famiglia vivono in un mondo che li circonda e il cui «gusto è loro conforme», «perché lo stato dei costumi e dello spirito è lo stesso per il pubblico e per gli artisti». Anzi, è proprio qui la causa determinante dei fatti estetici:

L'ambiente, cioè la condizione dei costumi e dello spirito, *determina* la specie delle opere d'arte, non sopportando se non quelle che sono conformi ed eliminandone le altre specie, con una serie di ostacoli frapposti, e di attacchi rinnovati ad ogni passo del loro sviluppo. (PA, I, 4).

L'organicità della vita dell'arte è, nel Taine, vista da un angolo scientista e determinista: ogni opera d'arte vive in un intreccio di relazioni necessarie, ma la relazione fondamentale che determina tutte le altre relazioni, la *causa*, è la condizione dello spirito e dei costumi, nelle sue fondamentali strutture di *tempo, ambiente, razza*; e, dunque, in queste positivistiche accezioni, l'arte dipende dalla situazione storico-culturale in cui l'artista viene a trovarsi. In conclusione, se l'organicità artistica appare nel De Sanctis limitata idealisticamente e romanticamente all'opera, all'artista, al mondo morale dell'artista, e, così, all'attività della fantasia, e il rapporto con la storia politica e civile si risolve in una sorta di parallelismo, quella del Taine si apre a una ricchezza di relazioni che coinvolgono tutto il mondo che sta intorno all'arte. Ma tale senso di organicità è limitato dalla particolare nozione intellettualistica di «sapere scientifico» che fu proprio del secolo, dall'indole deterministica della scienza del tempo, e, infine, dal tipo di organicità fondata su una univocità di relazioni, non aperta al libero e reciproco fondarsi delle relazioni tra di loro. Aggiungo, in ogni modo, qui un altro aspetto interessante del pensiero dell'arte nel Taine. Il suo modo di vedere è un modo, come si direbbe oggi, *non-essenzialista* di parlare dell'esteticità, un modo disposto alla massima apertura. Devo però aggiungere che il Taine, se sfuggiva ad una chiusura metafisica, cadeva poi in una chiusura programmatica. Come quando parla della poetica realista del caratteristico tanto vicina ad alcune forme dell'arte dei suoi contemporanei. A questo proposito egli dice:

Noi lasciamo da parte la parola *essenza* che è tecnica, e noi diremo semplicemente che l'arte ha per fine di manifestare il carattere capitale, qualche qualità saliente e notevole, un punto di vista importante, un modo di essere principale dell'oggetto. (PA, I, 5).

Con questo finalismo naturalistico del «caratteristico» il Taine istituiva certo i modi di una poetica tipica dei suoi anni, ma, nello stesso tempo, irrigidendola come una dottrina definitiva e valida per sempre, rischiava di precludersi quella larga volontà di comprensione per la varietà delle forme e delle idee storiche dell'arte, che anima così vivacemente le prospettive della sua ricerca.

4. Si è indugiato a lungo sul pensiero del Taine per dare un esempio tipico di estetica positivistica; e, d'altra parte, converrà pure tenere presente che il Taine ebbe grande influenza anche in Italia, e per vie diverse, sulla dottrina estetica e critica del tempo. Gli esempi potrebbero essere molteplici, e di varia natura; ma nessuno forse così vivo come una testimonianza diretta che ci restituisce tutta una atmosfera. Si rileggano di fatto, certe osservazioni di Renato Serra nel saggio già citato *Per un catalogo*, là dove (p. 85) egli parla dei suoi primi anni di formazione:

Frattanto m'ero succhiato Marx, che mi legava un po' i denti, e quanto più Labriola, Turati, Laforgue, Engels, Spencer e Lombroso avevo potuto [...]. Come arrivassi un bel giorno a studiar lettere per il tramite della filosofia positivista e della critica storica, uso *Giornale storico*, o scientifica, uso Taine, o anche, Dio mi perdoni, Nordau, come entrassi un poco a malincuore nella scuola del Carducci [...].

La cultura nuova era, dunque, o positivista o marxista; e si pensi al Labriola, che vedremo, e alla «scuola storica». Tale, comunque, in diversi modi, realista o scientista, fu l'ambiente in cui si formarono Renato Serra, e quanti giovani d'allora, prima di giungere alla lezione del Carducci.

La «scuola storica» dunque. Essa ebbe grande influenza nel secolo, nel nostro paese; operò attraverso il «Giornale storico»; e si istituì nell'àmbito della mentalità positivista, proprio per l'ispirazione strettamente scientifica della ricerca; per il suo considerare l'arte come epifenomeno, come fatto, come documento storico; per la sua tendenza a ridurre gli elementi soggettivi nella ricerca. Dice il Rajna parlando del testo critico: «La differenza tra l'età nostra e la passata sta nel rigore del metodo. Si è sostituita la logica riflessione e la precisione scientifica ad un procedere intuitivo; la *macchina alla mano libera*. Così avviene che possano offrire un lavoro soddisfacente anche artefici mediocri. Badiam bene tuttavia. Non perciò divien superfluo l'ingegno. La macchina è di tal natura che se, a chicchessia dà modo di far meglio assai di quel che farebbe abbandonato a se stesso, solo quando sia usata da operai intelligentissimi ed espertissimi produce per intero gli effetti suoi».
Studiosi come il Rajna, il D'Ancona, il D'Ovidio, il Del Lungo, lo Zumbini... fecero in questo senso ricerche diverse, e talora esemplari, e, nei limiti consentiti dalla concezione intellettualistica e deterministica della scienza del tempo e degli strumenti di cui si servirono, proposero un «nuovo gusto storiografico» (G. Getto[7]): quel che importava era la tecnica della trascrizione dei testi, la ricerca dei codici inediti, il rilievo delle fonti, e ciò implicava conoscenza delle lingue e delle storie dei popoli nei particolari più minuti, erudizione generale e specifica, mentalità scientifica. Un po' meccanicamente, ma con sterminata dottrina, cercarono le «fonti» della poesia; prepararono testi critici: pochi, rispetto al lavoro di altre nazioni, ma tali

---

[7] [Si veda, ora, G. Getto, *Storia delle storie letterarie*, Firenze, Sansoni, 1987[3]].

che in essi «la qualità compensa la quantità» (Parodi); accettarono dalla tradizione i «generi letterari» e le «forme metriche», anzi, irrigidendo dogmaticamente il loro concetto, fecero dei generi e delle forme come degli ideali dell'arte, delle strutture eterne della poesia, che si pongono nello stesso tempo anche come criteri necessari ed insostituibili di distinzione e paradigmi e modelli di valutazione; infine, diedero impulso agli studi di filologia romanza. Certe speranze romantiche prendevano, così, forma di scienza[8].

Nella sua forma idealmente più rigorosa e coerente il nuovo metodo tendeva ad intendere l'arte come fatto e dato, a veder la critica come una sorta di letteraria archeologia, e ad ignorare l'arte come fare, l'artista come autore vivo, innovatore, inventore. La scienza oggi seguirebbe molto probabilmente diverso comportamento; ma l'orizzonte scientifico in cui s'inseriva l'intenzione della nuova dottrina si definiva entro quei limiti. Fu poi così in ogni caso? La lezione del De Sanctis agiva ancora con forti suggestioni; il Carducci era contemporaneo e attivamente partecipe; e, infine, la tradizione degli studi del nostro paese tendeva a mitigare certe astratte asprezze. Per rimanere nell'ambito − che è il nostro qui − della dottrina, lo Zumbini[9], che fu caro al De Sanctis, pur nel candore di certa sua fede critica, e nelle incertezze teoriche sue, segna, per altro, l'esempio di una volontà d'integrazione e di equilibrio. Egli è, in ogni suo luogo, settatore dei diritti della scienza nella critica letteraria; per altro, i suoi *Studi di letteratura italiana* sono dedicati allo Spaventa e al De Sanctis, quasi a segnare la continuità da una definita tradizione speculativa. Ebbene, proprio in questi *Studi* si trova, con qualche modifica rispetto al testo originario, il famoso saggio sulle *Lezioni di letteratura italiana del prof. Settembrini, e la critica italiana* (1868), che reca un programma di rinnovamento degli studi letterari nel nostro paese. Gli argomenti, di cui lo Zumbini si serve per combattere l'eteronomia estetica di talune correnti critiche del pensiero del Risorgimento − Settembrini, Gioberti... − eteronomia che, come egli avvertiva, deforma la storia e non comprende le opere della poesia, sono sviluppo della dottrina del De Sanctis, del principio della autonomia formale dell'arte. Ma il De Sanctis «rende sì dell'arte una ragione intrinseca, ma non intera», e va integrato con la lezione nuova del rigore scientifico, che vede, anzi tutto, nell'esattezza del particolare storico, nel·

---

[8] Si veda, per esempio, P. Rajna, *Le fonti dell'Orlando Furioso*, Firenze, Sansoni, 1876, 1900[2].
[9] B. Zumbini, *Studi di letteratura italiana*, Firenze, Le Monnier, 1894, 1906[2].

parlare solo di ciò che è scientificamente accertato, nella garanzia dei procedimenti positivi prima di tutto una sorta di impegno morale: non bisogna per nessuna ragione falsificare il dato. E non giova dividere «l'arte dalla scienza», dalla «scienza dell'uomo e del mondo» [10]; la *Divina Commedia* è in questo senso un ideale modello di visione poetica in cui anche la scienza vive e si esalta. La relazione arte e scienza vista così nel concreto dell'opera darà integrale pienezza – così lo Zumbini – al formalismo desanctisiano.

Al di fuori di ogni interpretazione polemica si dirà oggi che la scuola storica ebbe il merito di sottolineare alcuni procedimenti che, pur mutandosi e raffinandosi con il mutar del tempo, sono strumentalmente preliminari ad ogni ricerca critica; e se sembrò talora adorare, come si dice, un altare il cui dio era morto, mise anche in luce il problema organico della vita dell'opera *prima* e *dopo* l'opera: il problema delle «fonti» e quello del «testo critico» (e si pensi agli sviluppi che ne diedero il Parodi, il Barbi, il Pasquali...). Quanto alla situazione, essa portò innanzi la volontà degli studi in un momento in cui il paese, considerando finite le sue inquietudini e i suoi tumulti, tendeva ad un tempo di distensione e di recupero. E si legga ancora nello Zumbini:

> Comprenderemo così che anche per la critica è oramai finito il periodo della rivoluzione, che alcuni, tra cui il sommo Settembrini, vorrebbero continuare con maggior lena; comprenderemo anzi che il continuarlo, anche con i fini più generosi, sarebbe un tornare indietro, un rifare inopportunamente ed ingloriosamente quello che già opportunamente e gloriosamente è stato fatto dai nostri padri, e un trasandare insieme con nostro danno e scorno ciò che abbiamo il dovere di fare noi medesimi [11].

5. Il Carducci, è cosa nota, come teorico dell'arte e della critica, non è comprensibile per certi suoi aspetti costitutivi, se non nell'ambito di quella cultura, di quel pensiero positivista di cui abbiamo fin qui descritto le strutture fondamentali. Ma l'umanista che conosceva profondamente la tradizione letteraria del nostro paese, e che, pur in polemica, risentiva ancora vivamente in sé gli impulsi della recente tradizione romantica, da un lato, dall'altro, il poeta che si accompagnava in lui al critico e allo storico, corressero, e qualche volta spezzarono, quei rigidi schemi, quella maniera un po' fredda e meccanica di guardare le cose della poesia.

[10] [*Ivi*, pp. 231, 249, 243].
[11] [*Ivi*, pp. 252-3].

Quanto al Carducci critico, esistono diverse tradizioni di interpretazioni, che forse giovano a metterne in luce aspetti particolari. E,
prima di tutto, vi è un'immagine che, può darsi, si è fatta oggi, nella
sua astrattezza, convenzionale, ma che certo fu, a suo tempo, feconda e operante. Si tratta della figura che ci viene tramandata da coloro
che furono suoi diretti scolari nello studio bolognese; «l'uomo della
mia religione» di Serra [12] e il «nostro Carducci» di Valgimigli [13] e
cioè l'immagine del maestro di quella «religione delle lettere» che è
sentimento di una *perennis humanitas* della poesia, del legame che
unisce con un «non so che di divino» tutti gli iniziati dai Greci in
poi, tutti coloro che conoscono il segreto della parola e dell'arte di
leggere da uomo del mestiere: così il Serra, e il Valgimigli, poi, e
un'ombra ne resta viva nel De Robertis, nel Lugli... E ci fu chi vide
il Carducci in opposizione al De Sanctis, come colui che meglio rappresenta la critica storico-erudita, e cioè la scuola storica, rispetto a
colui che pose le basi della critica storico-filosofica, cioè della scuola
estetica. In questo caso, dovunque secondo il diverso orizzonte del
referente si collocasse il segno positivo, queste opposizioni e contrapposizioni furono irrigidimenti e riduzioni che si determinarono
in una particolare situazione polemica della cultura: la figura del
Carducci critico – lo avvertì già il Croce – non si esaurisce affatto in
quella del maestro della scuola storica.

Il Croce, nella rivendicazione e nuova fondazione filosofica che
egli diede del metodo desanctisiano, prese, come era nel suo stile, un
atteggiamento resoluto e tagliente: e fu in un saggio del 1909: *Il Carducci pensatore e critico* [14]. Come si è detto prima, il Carducci nella
sua attività di critico apparve al Croce come uno studioso che, per
varie ragioni, esce dal quadro della «scuola storica»: non cadeva nel
«vizio di una arida ed ispida erudizione»; si proponeva «una comprensione dell'arte in quanto tale»; non si affidò ciecamente alla
meccanica delle «fonti» e alla ricerca esteriore degli «influssi». Il
Croce se ne considerò la «amorosa feconda opera» negli studi letterari, sempre di salda e sicura informazione, di raro buon gusto, e di
pronta intelligenza della forma, gli negò per altro la profondità e il
rigore della critica perché lo avvertì privo di una sicura teoria estetica, di una coerente «filosofia dell'arte». Anzi, in quest'ordine, di-

---

[12] R. Serra, *Per un catalogo*, in *Scritti*, vol. I, cit., pp. 93 ss.
[13] M. Valgimigli, *Uomini e scrittori del mio tempo*, Firenze, Sansoni, 1943, pp. 3 ss. e pp.
313 ss.
[14] B. Croce, *Il Carducci pensatore e critico* (1909), in *La letteratura della nuova Italia*, II,
Bari, Laterza, 1914, pp. 60 ss.

scusse perfino l'originalità della riflessione del Carducci: a suo avviso questi mutuava una del resto incerta e contraddittoria teoria della forma proprio dall'«aborrito De Sanctis»; infine, il Croce considerò la critica del Carducci come qualcosa che integra e arricchisce la figura del poeta. Insomma, diede l'immagine di un Carducci critico-poeta dotto e umanista, fornito degli strumenti della ricerca più accurata, ma privo dei sostegni concettuali necessari ad una universale visione della poesia.

Più innanzi nel tempo, nel citato saggio, vivace e tutto acuto, sul *Carducci critico* (1935), il Russo rivendicava al Carducci il diritto ad una coerenza diversa da quella della sistematica filosofica. La coerenza del Carducci era quella che ha il suo «termine primo e ultimo» nella «poetica stessa dell'artista», per cui «l'opera del critico è la rifrazione stessa degli ideali, degli interessi del poeta [...]». Così il Carducci si fa «critico del linguaggio poetico» nel senso di un'idea per cui «senza *il linguaggio storico della poesia* non può nascere mai, vera, nuova poesia».

Infine: «critico-lettore che sa guardare la poesia con l'occhio dell'uomo del mestiere», «maestro della scuola storica», «critico poeta e umanista privo dei sostegni della filosofia», «critico per rapporto ad una poetica» che lo faceva studioso del linguaggio storico della poesia, di gusto insieme anti-prosastico e anti-decadente... queste immagini del Carducci critico ci vengono consegnate dalla tradizione e sono tutte immagini vere. Vere, ma parziali; vere, ma tali da irrigidire secondo una prospettiva particolare (la «religione delle lettere», o la polemica tra la scuola «storica» e la scuola «estetica», o, con il Croce, il sistema estetico del nuovo idealismo, anche, con il Russo, nelle sùe crisi interne...) un mondo complesso e ricco. Come spiraglio per entrarvi, sembra a questo punto conveniente tentare il rilievo dell'idea della forma nella poetica del Carducci; vedere l'intendimento con cui egli pensò – della forma – l'autonomia e il condizionamento; e, infine, suggerire il suo modo di avvertirne dottrinalmente il processo di nascita, svolgimento, usura, decadenza.

6. Una comprensione non pregiudicata della dottrina della «forma» nel Carducci implica un preciso richiamo al referente storico, al referente di cultura che la riguarda [15]. L'insegnamento del Carducci

---

[15] Le sigle O e P indicano rispettivamente le *Opere* e le *Lettere* del Carducci nella edizione nazionale [rispettivamente in 30 voll. (Bologna, Zanichelli, 1935-40) e in 22 voll. (*ivi*, 1938-68). Utili antologie carducciane sono le seguenti: *Prose e poesie*, a cura di G. Getto e G. Davi-

si situa infatti in un momento storico particolare della cultura critica, e cioè, *dopo*, per così dire, il De Sanctis, e nel concludersi della fase prolungatamente «romantica» del Risorgimento nazionale, e quindi nell'urgenza di una problematica nuova che egli avvertì prima di altri. Si tratta di un tempo di distensione, di volontà fattiva, di impegno filologico, di solidità di ricerca; e di fatto, fin dal 1859, nel chiarire il compito della critica per l'educazione del popolo, e, nello stesso tempo, nel proporre, sia pure ancora per linee molto generali, il piano di un lavoro che sarà suo e dei suoi coetanei, egli scrisse:

E questo potrebbesi fare con una serie di scritture critiche pubblicate periodicamente nelle principali città d'Italia. Nelle quali scritture la critica dovrebbe essere più pratica che teoretica, più sperimentale che astratta; mirando più a un utile vero che a sfoggio di dottrine ambiziose; procedendo non con le scuole, né con le parti ma con la nazione; profonda e larga ma particolareggiata e minuta [...] Sia comprensiva; e si abbracci per una parte alla storia, per l'altra alla filosofia: incominci dalle istituzioni elementari per terminare nella filosofia storica, incominci dalla filologia dichiaratrice per terminare nella comparata. (O, v, 323-4).

L'ideale romantico di una letteratura educatrice del popolo qui si fa scienza; e il tradizionale filologismo umanistico qui si rinnova per una sorta di precoce vocazione positivista. Il proposito poi si irrobustirà, si amplierà, ma non sarà abbandonato mai. In questa atmosfera sarà facile intendere la negazione, la irrisione che il Carducci spesso fece dei movimenti d'ispirazione («una delle tante ciarlatanerie») della forma:

Quella che i più credono o chiamano troppo facilmente ispirazione bisogna farla passare per il travaglio delle fredde ricerche e tra il lavoro degli istrumenti critici a provar s'ella dura. Quella che gli accademici chiamavano eleganza e i pseudoestetici dicono forma [...]. (O, xxv, 404-5).

Vi è un concetto pseudoestetico (da rifiutare) della *forma*; ma vi è anche un concetto pedantesco, esteriore:

Ciò che nel mestiere del verseggiare italiano dicesi con neologismo pedantesco la forma — un che di postumo al concetto, per lo più, un che di appiccicato, tra la posa e la smorfia [...]. (O, xxviii, 229).

co Bonino, Firenze, Sansoni, 1965; *Poesie e prose scelte*, a cura di M. Fubini e R. Ceserani, Firenze, La Nuova Italia, 1968; *Poesie*, a cura di G. Bàrberi Squarotti, Milano, Garzanti, 1978].

Non la forma, ornamento e dilettazione, dunque (e, in questo senso, il contesto del discorso sulle *Liriche* della Vivanti è pienamente coerente in tutto il movimento dei suoi significati), di certa tradizione estenuata; non la forma della critica estetica, quale la intese il De Sanctis; non la forma-ispirazione. E quale è, dunque, questo concetto di forma, questa idea che pure ha tanta importanza nella critica e nella poetica carducciana? Quale ne è, anzi, se ve ne è uno mai, il motivo centrale? Si è detto che, in quest'ordine, a proposito della forma e dello stile, sono di fatto assai simili nella dizione dei due autori; ma il significato che traversa e vivifica le parole è davvero lo stesso?

La «sostanza», la materia, cioè, l'argomento, che in fondo non altro che codesto è la «sostanza» del Signor Rovani, in arte non ha valore per sé, ma l'acquista tutto dal lavoro dell'artista. Mettete in versi o in prosa quante volete novità storiche, filosofiche, estetiche, politiche, sociali; se non sapete disegnarle, rilevarle, atteggiarle in quel punto e in quella mossa che è quella e non altra [...]. (O, xx, 348).

La frase si trova nel saggio *A proposito di alcuni giudizi su Alessandro Manzoni* (1873) e letta nel contesto polemico in cui è pronunziata svela il suo esatto significato: si trattava, infatti, per il Carducci, di richiamare lettori, letterati, scrittori alla responsabilità dello scrivere, alla elaborazione e alla cura della elocuzione, a certe ragioni anche di decadenza. La frase si trova infatti contesa in un tessuto logico in cui il motivo prevalente è la condanna della nozione estetica di taluni manzoniani che identifica il contenuto, l'«argomento» con la *sostanza* dell'arte. È dubbio, nonostante certe analogie di locuzione, che questa frase possa essere nel Carducci d'ispirazione desanctisiana. La forma è qui il lavoro dell'artista. E, in ogni caso, non si tratta qui di richiamare il Carducci ad un modo di concepire la forma il cui schema filosofico si determinò solo quand'egli era già vecchio, declinante; qui si tratta di vedere la coerenza interna delle strutture di cui si giovò; e, dunque, resta chiara, e, nel riconoscimento che egli come scrittore aveva diritto di ricorrere alle figure che gli sembravano opportune, coerente l'espressione che si legge in *Arte e poesia* (1866):

se la poesia ha da essere arte, ciò che dicesi forma è e ha da essere della poesia almeno tre quarti. Un poeta che trascuri la forma non è un poeta: è uno che ha in grandissima stima se stesso e in assai basso concetto il prossimo suo. (O, xxiii, 364).

E si aggiunga quel che nel 1864 scriveva all'amico Tribolati:

io in poesia cerco anzi tutto la forma e il colorito: adoro la forma come *ria-bilitazione* [...] della materia [...]. (L, IV, 35).

Egli intese la forma, dunque, come tensione aperta tra *argomen-to, materia* ed *espressione letteraria*, come una maniera di trattare, di organizzare la parola in modo efficace, vivo: non basta l'affetto, egli dirà in un suo luogo (L, IX, 74), a far poesia:

Ora dunque, raccogliendo, non basta né l'affetto né la lingua poetica né la facilità colorita del verseggiare, se la lingua poetica e il colorito verseggia-re non sono forma di imagini viventi, determinate, passeggianti, se l'affetto non è trasformato elaborato personeggiato in fantasmi.

E altrove (L, VIII, 142) al Fanti:

idealizzare il naturale, sta bene, ma sempre con *forme* determinate, corpo-ree, *vive* [...].

Forma d'immagini viventi, e, addirittura, *forma viva*. Sembra il De Sanctis, e non è. Il Carducci intese la forma come tensione tra materia ed espressione; come elaborazione guidata da certi consigli, da certi accorgimenti, se non proprio da certi cànoni. Dietro di lui, vi è tutta la tradizione di una categoria estetica, appunto l'*ars* della tradizione umanistica, l'*ars* della tradizione rettorica in cui sono mo-tivi fondamentali un impegno di lavoro e di istituzionalità; anzi le istituzioni disdette dal soggettivismo romantico-idealista si ristabili-scono e si rinsaldano nell'oggettivismo positivista. Ed è di questa *ars* che il Carducci, con accento tutto animato, in una lettera già citata a Lina Piva (L, IX, 74) difende l'autonomia: non bastan gli affetti, il ca-lore, la ricchezza delle rime e delle metafore, non bastano i sermo-ni... ci vuol la *forma viva*; e non la sostituiranno né la morale, né al-tro:

Mettete quanta morale avete, e la religione per giunta, metteteci la mo-narchia e la democrazia, l'anarchia, Dio e il Diavolo

metteteci tutte le «intenzioni e le tendenze» che volete, dice in *Pari-niana*, tutto sarà inutile senza l'esito della forma; e con più evidenza, in un passo ancora di *A proposito di alcuni giudizi su Alessandro Manzoni*, dirà:

35

Del resto, io penso e credo, forse più chiaramente e fermamente di certi manzoniani, che il giudizio circa un'opera d'arte non deve essere sottomesso al giudizio dei sentimenti e dei principi o filosofici o politici che possono averla informata, non deve essere preoccupato dalla disamina di ciò che l'autore abbia fatto o voluto o inteso in più o in meno, più in un senso che in un altro, nelle grandi questioni che agitarono e agitano il secolo nostro e la nostra nazione. L'artista non è obbligato a fare dell'opera sua né un apologo né una tesi dimostrativa o di filosofia o di politica o di estetica; e il critico letterario non deve né esigerla né voler provarla tale. (O, xx, 341).

L'autonomia che qui il Carducci difende è quella dell'arte come *forma viva* e *lavoro efficace*, nel senso che, abbiamo visto, era suo: essa riguarda la distinzione dell'attività della poesia riguardo alle altre attività dell'uomo (morale, scienza, politica...). Ma la forma e con essa il linguaggio poetico sono invece, per altro verso, condizionate dalla «storia», dai «fattori storici» (e qui il Taine agisce con forza), dalle vicende politiche e civili della nazione, dal suo *état des mœurs*. E va anche detto che il Carducci spesso riesce a guardarsi dal cadere − a ciò si opponeva spesso naturalmente il suo temperamento d'artista − nelle forme di quel determinismo del tutto passivo e meccanico in cui egli stesso talora, e tanti suoi contemporanei, si appesantivano. In ogni modo, le forme e il linguaggio della poesia sono continuamente «modificati» dalla realtà sociale e storica, e così vivono, si svolgono, maturano, decadono.

L'arte è una continua modificazione; e, quando nell'elaborazione collettiva del sensó artistico d'una o più generazioni una forma è maturata alla perfezione suprema, un'altra sùbito se ne svolge; e il termine primo e l'ultimo di quello svolgersi e di quel maturare corrispondono per lo più ai cicli delle rivoluzioni politiche e sociali [...]. (O, xx, 308).

Una decadenza, una morte che possono sottilmente insinuarsi anche nel presente più attivo; e, a questo proposito, con commozione si legge (come si legge con commozione una lettera inviata nel 1902, con gli auguri per la prima edizione dell'*Estetica*, a Benedetto Croce) una lettera del Carducci al Marradi, con una prospettiva aperta senza illusioni sull'orizzonte futuro della poesia. Dice il Carducci:

Prenda l'arte come una religione, non la sacrifichi mai, non dico alla vanità o all'interesse (che non è il caso con Lei), ma all'aure del giorno. Cerchi dentro di sé [...] Lasci per un pezzo di leggere il Guerrini e me. Ritorni ai grandi antichi, ai greci, studi gl'inglesi e i tedeschi, che sono poeti oggi molto più di noi; molto più veri poeti, massime gl'inglesi: li studi in confronto ai greci e ai nostri antichi. E poi trovi anche Lei qualche cosa di nuovo. Perchè il passato, anche di quattro o cinque anni fa, è chiuso. (L, XII, 204).

La lettera è del 1880; l'opera del Carducci è in pieno fervore; e vogliamo leggerla vicino a quella, a Lina Piva ancora, sul suo modo di far lezione? Essa è davvero rivelatrice, e ci suggerisce certo Carducci segreto:

Ma, cara, delle mie lezioni su' classici non scrivo che la sola parte filologica, i raffronti, le citazioni, le opinioni dei vari commentatori, le interpretazioni nuove, le nuove e varie lezioni ecc.; per la parte *estetica* e per la *critica superiore*, mi lascio andare a dire improvviso. Io credo che le mie lezioni su testi o del Petrarca o di Dante, sarebbero, se raccolte, le cose mie migliori; e pure son tutti pensieri che van perduti [...]. (L, IX, 37).

In conclusione, non vi è dubbio che la riflessione del Carducci sull'arte è la riflessione di un poeta, una *poetica*, e non un'*estetica*. E se è vero che ora è molto mutato il nostro giudizio sulla relazione tra *estetica* e *poetica*, e la parola *poetica* non porta più in sé alcun genere di condanna o di degradazione, va anche detto che si tratta, poi, di una poetica in cui, per la particolare indole dell'autore, si articolano molti motivi contemporanei. L'esame della dottrina della forma mostra sotto un aspetto particolare il loro intreccio. Di fatto, la nozione di *forma* implica nel Carducci il rilievo di una tensione sempre aperta tra argomento o concetto ed espressione; anche l'autonomia dell'arte è qui autonomia della forma, autonomia di quel tipico lavoro di elaborazione della parola per cui l'arte si distingue dalle altre attività dell'uomo, infine, la storia delle forme appare qui, per quanto si riferisce alla poesia, storia della lingua poetica, ha la consapevolezza di muoversi portando dentro di sé le ragioni remote dell'*ars* tradizionale e il nuovo sentire di passare «tra il travaglio delle fredde ricerche e tra il lavoro degli strumenti critici», e infine appar condizionata dai «fattori» che condizionano positivisticamente ogni processo storico-estetico. E, dunque, il De Sanctis? La somiglianza di taluni costrutti espressivi riferiti alla dottrina dell'arte tra il testo del De Sanctis e quello del Carducci non è determinante, perché nei due sistemi essi acquistano diversissimi sensi; ma neanche è casuale: sarà il segno o la traccia o l'ombra di una lettura vera, e della forza con cui il De Sanctis così poco amato poneva i problemi al suo lettore. In realtà, il significato che si ricava dai due contesti ha referenti nozionali e storici diversi. Prima di tutto, l'uno vede l'arte come un *ri-*

sultato (De Sanctis), l'altro come un *fare* (Carducci). E poi si badi come l'uno porti in sé tutti i problemi della critica romantico-risorgimentale del nostro paese, e li porti al massimo della consapevolezza: che fu l'idea di una *forma vivente* in cui l'identità di forma e contenuto tende, al limite e senza residui, a farsi immediata; di qui uscirà poi l'*intuizione* del Croce. L'altro vive in un momento in cui il prolungato romanticismo del Risorgimento del nostro paese lascia il luogo ad un positivismo che spesso ne ricupera i problemi e li ripropone in forma «scientifica» alla cultura di un paese che, dopo tante astrazioni metafisiche e proposte idealistiche, vuol distendersi in un tempo di assestamento, di lavoro minuto, attento, di positività. In questo senso si intende il giudizio del Carducci sul De Sanctis:

un gran valentuomo, ma pieno di preoccupazioni e di pregiudizi (pregiudizi, intendiamoci, filosofici, estetici, critici ecc., che sono i peggio, perché più abbracciati e seguitati) e un po' in difetto, se male non m'appongo, di quella sicurezza procedente da una esercitata e matura cognizione dei fatti e dei documenti storici tecnici e artistici, onde bisogna dominare la serie delle idee e lo svolgimento delle forme, chi voglia discorrere d'una letteratura non per trastullo accademico (O, XX, 110).

Giudizio coerente a tutto il sistema di riferimenti in cui vive il pensiero critico carducciano: e che per tanto qui trova i motivi della sua validità. Così il Carducci avverte in sé tutte le ragioni del tempo che fu suo, le riscatta, le esalta in sé, e anche le travalica.

Così la sua idea di *forma viva* o meglio di *forma di immagini viventi* implica di fatto una riscoperta dell'*ars* tradizionale che acquista nuovo colore nel passare attraverso quella dottrina positivista che negli anni agiva con tanta autorità. C'è anche da supporre che qui si accordino tutte le immagini che del Carducci critico e maestro di letteratura ci sono state tramandate dai discepoli, dagli storici, dai critici, e anche quelle del «filologo» e del «critico superiore», da cui per vie difficili e meno evidenti e per rari e imprevisti innesti dovevano uscire tanti esperti e anche sottili lettori di poi.

7. Qualunque giudizio da parte di diverse scuole, ideologie, movimenti morali ed estetici si voglia dare intorno agli anni che stiamo descrivendo, essi ebbero per segni caratteristici il progetto di un lavoro disteso, prudente, legato ai fatti, tecnicamente apprezzabile, e tale da evitare incontrollabili slanci metafisici. Il paese voleva chiarire e consolidare le acquisizioni un po' tumultuose del Risorgimento, scegliere tra esse, operare con precisione e con calma; e certo con-

vennero a ciò la diffusione della filosofia positivista, il rigore del metodo storico negli studi letterari, una poetica per molti aspetti in accordo con tali esigenze. Il De Sanctis, nel suo chiaro avvertimento di un passaggio naturale a modi di pensiero «realistici» e «positivi», in una famosa pagina della *Storia* aveva visto giusto. Anzi, di questo processo ora occorre indicare un altro aspetto: i primi accenni, i primi tentativi di estetica marxista. Di fatto, con il nuovo quadro unitario della vita economica e con lo sviluppo dell'industrialismo, ecco tardivamente diffondersi anche nel nostro paese la dottrina marxista. Si trattò in generale di un marxismo che vive in ambiente positivista, e che con il positivismo mostra una stretta convergenza non senza contaminazioni dottrinali. Si pensi qui al Labriola, che ne fu il maggiore esponente. Quando costui si avventurò in giudizi letterari non fu certo di mano felice, o leggera; non volle mai di proposito dare una riflessione sistematica intorno al mondo estetico o artistico; e il suo pensiero in questo campo è espresso senza ordine secondo suggestioni particolari, e frammentariamente. Per altro, il Labriola non può essere ignorato in un tentativo di delineazione della storia delle «poetiche» della «fine del secolo»: inserendosi nello stile dell'epoca, egli vi porta di fatto un tono nuovo che corrisponde a nuove intenzioni di cultura. D'altro canto, il suo frammentismo è teoricamente giustificato, tanto che, legando con un filo di coerenza dottrinale le sue considerazioni sparse, si delinea con sufficiente tipicità un orizzonte interpretativo irriducibile ad altri modelli interpretativi del tempo, e che d'altro canto ebbe notevole risonanza e significato. Di fatto, il Labriola s'inserì vigorosamente nella tradizione speculativa del nostro paese, reagì ai facili e limitanti platonismi dei Mamiani e dei Bonatelli, e, proveniente dalla scuola meridionale di ispirazione hegeliana, rovesciò la dottrina dello Spaventa con un gesto analogo a quello che la Sinistra hegeliana ebbe verso Hegel: egli propose di fatto una teoria della *praxis* in cui si trovò in accordo col marxismo, e formulò un modo di vedere filosofico per cui i processi speculativi muovono dalla *vita al pensiero, dal lavoro che è conoscere operando, al conoscere come astratta teoria*; l'elemento economico si fa fondamentale nella vita della cultura; arte, religione, morale sono «soprastrutture» dell'economia. Di conseguenza, Labriola nega che le così dette «attività spirituali» (tra cui l'arte) abbiano una loro autonomia; nega che se ne possa fare teoria specifica, o che si possa dare al loro problema risposta ontologica; suggerisce di aprire la considerazione dell'arte e della poesia alla nuova prospettiva delle relazioni sociologiche; e, infine, considera conseguentemente il modo di vedere dell'artista inferiore a quello del filosofo e dello scienziato, limitato, e forse destinato a scomparire di fronte alla vittoriosa insurrezione della tecnica. Siamo veramente nel clima degli anni, in una delle sue componenti più tipiche, e qui il Labriola sembra accordare motivi marxisti e motivi positivisti per la istituzione di una sociologia, a cui il problema dell'arte appare secondario. Dice in un suo luogo il Labriola:

> Si capisce quanto sia comodo l'avere a mano, nel manuale, la somma delle notizie su ciò che chiamiamo letteratura francese, per esempio, dalla *Chanson de Roland* ai romanzi del signor Zola: ma dall'una cosa all'altra, non corre soltanto il cronologico millennio, né da una cosa all'altra intercede soltanto il semplice variare della facoltà poetica; perché anzi c'è di mezzo tutto il tramutarsi di tutti i rapporti della convivenza in tutti i suoi principali aspetti, e in rispetto a cotesti sociali tramutamenti le manifestazioni letterarie non sono che relativi indici, sedimenti specifici, e casi particolari [16].

La poesia e l'arte come *indici* storici e *sedimenti* sociali. L'accento è posto nettamente sulla sociologia; e l'arte e la poesia non si spiegano già come autonome attività spirituali, svolgimenti storici e soggettivi di uno «spirito artistico autonomo» (per questa via si ricadrebbe nelle condannate «metafisiche»), bensì con il principio che gli uomini nello sviluppare continuamente la produzione, i commerci, i rapporti economici sviluppano anche e trasformano i loro pensieri, i prodotti del loro pensiero; e, dunque, l'arte e la poesia s'intendono solo per rapporto alla relazione fondamentale arte-economia, arte-lavoro umano. Comunque, se (come risulta dalle lettere al Croce) il Labriola rifiutò ogni idea di trattazione sistematica del problema estetico, non fu a caso, come si vede, ma per precise motivazioni connesse all'ordine stesso sistematico della sua prospettiva: negazione delle metafisiche, condanna della pura esteticità, considerazione dell'arte come storicamente condizionata, contingente, impossibile a definire come una attività per sé, destinata forse a finire; e, infine, per uno stile, per un gusto di vita che vuol essere stile, gusto di scienziato. L'arte come *indice* e *sedimento* sociale; ma la visione dell'artista appare, comunque, al Labriola *inadeguata*, insufficiente rispetto a quella della scienza e della filosofia. Il modo con cui l'arti-

---

[16] [A. Labriola, *Discorrendo di socialismo e di filosofia* (1898), in *La concezione materialistica della storia*, a cura e con un'introduzione di E. Garin, Roma-Bari, Laterza, 1976⁵, pp. 259-60].

sta guarda il mondo è intuitivo, attento alle apparenze, agli «apici visibili» della vita della società secondo certe angolazioni e certe riduzioni, ed è privo, inoltre, di quella consapevolezza teorica e storica, di quella piena capacità di giustificare che sono, invece, proprie della scienza. L'arte (che ha sempre del mito, e perciò è connessa con la religione) è anzi ingannevole compenso della nostra ignoranza, sostituzione mitica al sapere quando il sapere manca, attività ritardante, che con i suoi inganni resiste al progresso; nella vita moderna essa ora va cedendo il posto alla tecnica, e, in un certo senso, *muore* nella scienza, nella filosofia [17].

La consapevolezza del De Sanctis nei mutamenti e negli svolgimenti del suo pensiero; e poi il positivismo, la scuola storica, il Carducci, infine il Labriola: ecco, nella sua varia tensione tra autonomia ed eteronomia dell'arte, nel suo travaglio tra determinismo e libertà estetica, ecco la poetica razionalistica a sfondo progressista e ottimista in cui visse il pensiero estetico nella fine del secolo. Non è l'unico aspetto di questo tempo. La «fine del secolo» ha altri aspetti più inquieti e più turbati, in cui qualche volta affiorano i motivi che poi portarono, da un lato, alla critica della scienza che si attuò nel nuovo idealismo, dall'altro a quel sentimento di sfiducia, di risentita stanchezza, di rinunzia, e, se vogliamo, di angoscia che presto prenderà il campo e segnerà un tempo della poesia e della cultura. Bastano, forse, questi accenni perché si intenda come una storia dello svolgimento delle *poetiche* implichi spesso dei riferimenti alle *estetiche*. Benché da qualcuno sia stato tentato, uno studio separato di questi due tipi di riflessione rivela una maniera grossolanamente realistica di servirsi delle nozioni, e insieme un modo di vedere parziale. Spes-

---

[17] Il tema della *decadenza*, o, addirittura, della *morte* dell'arte per mano, diciamo così, della nuova *scienza* è assai diffuso in quegli anni. Vi si intrecciano motivi hegeliani, marxisti, positivisti; e presto diventa un luogo comune della critica e anche della riflessione filosofica e morale fino a divenirlo nella conversazione quotidiana. Si veda anche il Graf, nella seconda sezione di questo studio, e le sue varie indicazioni successive a questo proposito. Ora, giova sottolineare talune considerazioni in *Letteratura dell'avvenire* (1891). In questo scritto, pubblicato sulla «Nuova Antologia», egli discute la questione dall'angolo stesso del positivismo, movendo dalla dottrina della evoluzione che, tra le nuove e progressive, gli pare la «sintesi scientifica e filosofica più compiuta e più alta»; e, richiamandosi direttamente al testo dello Spencer, osserva che anche la fantasia, come tutte le attività dell'uomo, si affina, si rafforza, e si complica nella naturale maniera dei processi evolutivi: «La vivezza, la copia e l'agilità della fantasia crescono in ragion diretta del moltiplicarsi dei concetti e delle immagini nello spirito, della facilità con cui essi s'associano e si dissociano [...]», e così certamente la forza fantastica della idealizzazione non mancherà – dice il Graf – di assecondare il progresso, di accompagnarlo con nuove suggestioni poetiche [si legga, ora, lo scritto *Letteratura dell'avvenire* in A. Graf, *Foscolo, Manzoni, Leopardi*, Torino, Loescher, 1955, pp. 337-54 (le citazioni alle pp. 340 e 342)].

so le estetiche filosofiche inclinano a trasformarsi in poetiche, e come tali agiscono; in ogni caso si tratta di riflessioni di diverso tipo, ma tali che operano su uno stesso campo. Infine, le connessioni tra estetiche e poetiche sono varie e ricche, e in un vivo ambiente di cultura si rivelano anche nelle attive sollecitazioni reciproche.

II

PROTESTA E RIFUGIO NELL'«IRRAZIONALE»

1. Le poetiche della «fine del secolo» non esauriscono il loro orizzonte dottrinale e morale nella prospettiva – che abbiamo or ora descritta – di fiducia nella Ragione, come certezza positiva in un «avvenire migliore» della società, come progresso dell'uomo attraverso la scienza. In realtà, ad esse contemporanee, vivono e si manifestano operative disposizioni di poetica di indole e struttura profondamente diversa, quando non opposta. Certo Carducci con la sua sicura epica borghese e gli Scapigliati con la loro sterile protesta respirano la stessa aria, son condizionati pressoché dalla stessa realtà della cultura; solo la risposta che essi dànno alla situazione è diversa. In modo un po' sommario, ma forse efficace, si può dire che ad una *fiducia nel razionale* che istituisce e limita la forma si sostituisce un *rifugio nell'irrazionale*, che fonda tutt'altre scelte formali; ed è chiaro che con il termine «razionale» qui si intende il «referente» di un modo di vedere in cui la Ragione si presenta come impersonale scientificità, generico progressismo, speranza nella macchina fino al punto di giungere talora alla affermazione che la poesia è una attività resa vana dalla scienza, un tempo chiuso e finito nel passato dell'uomo. L'affermazione dell'irrazionale significò – anche per coloro che non seppero uscirne – l'insofferenza verso quelle «Blossen Tatsachenwissenschaften» che, come dice Husserl nella *Krisis* (K., I. § 2), «machen blossen Tatsachenmenschen». Di fatto, a parte ogni considerazione e valutazione estetica e ogni particolare e più diretta e immediata giustificazione storica, questi poeti collaborarono a mettere in luce – nei loro modi diversi – la «riduzione» compiuta nell'interpretare l'uomo da un tipo di razionalismo che, nelle forme sempre ritornanti dello scientismo e del positivismo, esclude dogmaticamen-

te tanti e così rilevanti aspetti di quell'uomo che appunto intende interpretare. La poetica fu, dunque, in questo caso, una protesta contro la filosofia del secolo: e così, dalla poetica della originalità che diventò poetica della stravaganza negli Scapigliati e si manifestò in un continuo, sincero, e spesso pagato *nella* vita e *con* la vita, rifiuto dell'ambiente e della sua moralità, su su fino alla poetica del «fanciullino», del «mistero» nel Pascoli, e alla esaltazione smisurata dell'irrazionale («volontà, voluttà, orgoglio, istinto») nel D'Annunzio è tutta una serie – non necessariamente continua e legata, comunque significativa – di sforzi per correggere un orizzonte ideale della società impoverito e ridotto; e se il proposito evidente, e anche un poco indiscriminato e forzato, di scambiar tra loro *vita* e *arte*, nel senso di una vita che si fa arte e insieme di un'arte che si fa vita, ha un senso generale, sembra davvero che tale senso sia questo, e non altro: testimoniare con la forza simbolica del gesto che un modo di vivere esteticamente intensificato può assumere il significato di una denuncia della irriducibilità dell'uomo a taluni schemi limitanti, della sua impossibilità di accettarli, della sua sofferenza nel viverli. Tale denunzia fu proposta ovviamente in diversi modi e secondo diversi caratteri nella diversità della situazione storica e personale dei movimenti e degli scrittori in quegli anni; ed è indubbio che in essi movimenti e scrittori si impersonano immaginosamente strutture di cultura che hanno la loro conferma in altri aspetti della civiltà del tempo. E non penso solo allo scoppio di filosofia irrazionalista che si ebbe nella fine del secolo e che già fermentava negli anni che stiamo descrivendo.

2. Con un carattere di protesta esplicito, dichiarato, e testimoniato da molti autori non solo con le affermazioni letterarie, ma proprio con lo stesso comportamento del loro vivere quotidiano la così detta «Scapigliatura» [1] è, nel nostro paese, il primo di quei movimen-

---

[1] [Per la indicazione completa e dettagliata delle opere (in versi, in prosa e saggistiche) degli esponenti della Scapigliatura si vedano – ad integrazione di quanto segnalato nelle note successive – gli apparati che corredano le seguenti antologie: *Antologia della lirica italiana dell'Ottocento*, a cura di G. Petrocchi e F. Ulivi, Roma, Colombo, 1947; *Racconti lombardi dell'ultimo '800*, a cura di G. Ferrata e E. Colombo, Milano, Bompiani, 1949; *Racconti della Scapigliatura piemontese*, a cura di G. Contini, *ivi*, 1953; *Poeti minori del secondo Ottocento*, a cura di A. Romanò, Parma, Guanda, 1955; *I poeti minori dell'Ottocento*, a cura di E. Janni, Milano, Rizzoli, 1955-1958; *Poeti minori dell'Ottocento*, a cura di L. Baldacci, vol. I, Milano, Ricciardi, 1958, e vol. II (in collab. con G. Innamorati), *ivi*, 1963; *Le poetiche dell'Ottocento*, a cura di G. Pullini, Padova, Liviana, 1959; *Poeti minori dell'Ottocento*, a cura di G. Petronio, Torino, UTET, 1959; *Racconti della Scapigliatura milanese*, a cura di V. Spinazzola, Milano,

ti che noi diciamo contemporanei, e altri direbbe «decadenti». Il movimento si estende dalla poesia alla pittura e alla musica, le «tre arti sorelle», come le dice il Rovani nella *Introduzione* alla raccolta dei saggi intitolati, appunto, *Tre Arti* (1874), e in essa una insofferenza alle grettezze e alle strettoie della morale borghese, una insoddisfazione della filosofia del tempo, anche una sorta di stanchezza per i limiti della realtà culturale italiana sollecitarono un richiamo a modi poetici e a dottrine letterarie già altrove sperimentate, al recupero di esperienze romantiche forestiere, da cui per tante ragioni il nostro paese era rimasto escluso. Non si può certo, a proposito della Scapigliatura, parlare di movimento organizzato, o, comunque, in qualche modo, preordinato. Per la stessa indole degli uomini cui il nome si riferisce e per l'ordine delle idee che essi professarono, con la nozione di «Scapigliatura» si indica solo un convergere di libere personalità in alcuni motivi comuni di poetica, per altro, con una compattezza tanto salda quanto spontanea. È un convergere di amicizie intorno soprattutto ad alcune comuni insofferenze. E, in questo senso, qualunque sia stato il risultato della poesia che ci hanno lasciato e della cultura poetica e morale che ci hanno proposto, essi rappresentano una particolare scelta ideale, il cui significato sta tutto nell'aver avvertito, in un ambiente poco sensibile a sollecitazioni siffatte, e per altro ancor tutto pieno degli entusiasmi e degli orgogli risorgimentali, la realtà di una crisi, che, altrove, da tempo, era stata avvertita ovviamente con intensità e profondità maggiore e con forza più meditata, non certo con minore sincerità e aderenza. Non diedero, vedremo, né una risposta, né una soluzione; ma va subito considerato che, in ogni caso, dell'uomo non conta solo ciò che è risolto, ma anche – e spesso è molto indicativo – ciò che resta irrisolto e aperto; non solo ciò che offre l'idea pratica che decide dell'azione, ma anche la descrizione degli stati indecisi e irresoluti; infine, non solo ciò che dell'uomo celebra la gloria, ma anche ciò che ne sottolinea la miseria.

Club del Libro, 1959[2]; *Narratori dell'Ottocento e del primo Novecento*, vol. I, a cura di A. Borlenghi, Milano-Napoli, Ricciardi, 1961; *Poeti della Scapigliatura*, a cura di N. Bonifazi e M. Petrucciani, Urbino, Argalia, 1962; *Poeti minori dell'Ottocento italiano*, a cura di F. Ulivi, Milano, Vallardi, 1963; *Lirici della Scapigliatura*, a cura di G. Finzi, Milano, Mondadori, 1965; *Parnaso italiano. Ottocento*, a cura di C. Muscetta e E. Sormani, 2 voll., Torino, Einaudi, 1966; *Secondo Ottocento*, a cura di L. Baldacci, Bologna, Zanichelli, 1969; *Narratori settentrionali dell'Ottocento*, a cura di F. Portinari, Torino, UTET, 1970; M. Dell'Aquila, *L'esperienza lirica della Scapigliatura*, Bari 1972; *La Scapigliatura*, a cura di E. Gioanola, Torino, Marietti, 1975; *Poesia italiana. L'Ottocento*, a cura di M. Cucchi, Milano, Garzanti, 1978; L. Bolzoni-M. Tedeschi, *Dalla Scapigliatura al verismo*, Bari, Laterza, 1985].

Rovani, Tarchetti, Camerana, Praga, Arrigo Boito, e, anche, per certi aspetti, Camillo Boito: questi nordici tentarono di esprimere il loro sentimento critico in un modo di trattare la letteratura inconsueto nel nostro paese. Né decoro, né divertimento, né gioco, e neppure accademia, l'arte fu per essi un esercizio in cui l'esistenza si consumava continuamente, ogni giorno un poco, in un'ansia esasperata e senza speranza: e si parlò, allora, dell'arte, come «sentimento naturale, intimo, *viscerale*» dell'uomo. È molto facile, a proposito degli Scapigliati, richiamare motivi di *bohème* o la sregolatezza dei maledetti; in realtà gli scapigliati non ebbero gli incentivi dell'entusiasmo romantico, né lo scavo in profondità, in profondità metafisiche, che fu dei «maledetti»: la loro crisi, irrisolta e involta in se stessa, si impaludò inerte, passiva, in una situazione di ambiguità accettata: essi condannavano il loro modo di essere e di vivere e con esso quello della società da cui provenivano, ma non trovavano nessun altro modo possibile, nessun altro valore, nessun altro senso. La poesia fu lo sfogo di questa condizione irrisolta, di questa denuncia di sé senza riscatto; e per esprimersi cercò strade nuove, non ancora usate e significate, e guardò a momenti di poetica europea non ancora sperimentati nel nostro paese: da un Baudelaire intravvisto nei termini ridotti di questa crisi ad un Heine di ironia minore... In realtà, chi preparò gli strumenti, e, per così dire, gli ideali operativi che servirono a questa ricerca fu un autore in cui la crisi – con la sua affettuosa e un po' impettita enfasi il Dossi lo celebrò come «genio letterario completamente sano»[2] – fu meno evidente che in altri, vogliam dire il Rovani[3]. E non tanto il teorico molto semplificato del romanzo storico quanto il critico che riprese la sua dottrina della «affinità delle arti» da suggestioni romantiche e parnassiane; e con questa dottrina preparò anche un sistema in cui i cosiddetti «scapigliati» si riconobbero, e modularono le loro estenuazioni e stanchezze:

Seguendo la storia del pensiero e del progressivo incivilimento è del più alto interesse osservare il simultaneo cammino delle Tre Arti sorelle: l'arte della parola, la plastica e la fonica... Dappertutto dove la civiltà è penetrata e dove continua il suo corso, noi vediamo svolgersi le fasi del pensiero sotto

---

[2] [Si veda C. Dossi, *Rovaniana*, 2 voll., a cura di G. Nicodemi, Milano, Libreria Vinciana, 1946].

[3] [Si veda: G. Rovani, *Le tre arti*, Milano 1874; *Storia delle lettere e delle arti in Italia giusta le reciproche loro corrispondenze, ordinata nelle vite e nei ritratti degli uomini illustri dal secolo XIII fino ai nostri giorni*, voll. 4, Milano, Borroni e Scotti, 1855, '56, '57 e '58].

la triplice manifestazione. La poesia, alimentata dalle meditazioni dei filosofi, e preparata dagli avvenimenti della storia, trova il concetto primo, e vestita di forme ora sublimi ora leggiadre, ma quasi sempre inaccessibile ai
volghi, non manterrebbe la fiamma che alla schiera più rara della umanità,
se la fonica per via dei sensi non recasse l'annunzio del trovato della poesia
a tutti i mortali...

La poesia ha il primato, trova il «concetto primo», ma gli scambi
tra le varie arti son continui: in Inghilterra la poesia assorbe gran
parte della forza delle due sorelle; in Germania l'accordo non si raggiunge che tardi; in Italia vi è un «antico connubio», e poesia, pittura, e musica si muovono di concerto. In ogni caso, «mettere l'arte
propria sulla via delle arti sorelle» è gran merito [4]. La poesia vorrà
essere *poesia pittorica* e *poesia musicale*, e la pittura *pittura poetica* [5]:
e si pensi ora alla pittura scapigliata del tempo [6]; si pensi al Praga,
pittore e poeta [7]... Non amavano le composizioni macchinose e complesse; e, perciò, anche se se ne servirono qua e là, anche se talora,

---

[4] [Le citazioni che precedono sono tratte da G. Rovani, *Le tre arti*, cit., pp. 21, 23,
40, 42].
[5] La dottrina della corrispondenza delle arti è certo alla base di un coerente discorso istituzionale sulla Scapigliatura. Numerose osservazioni sparse si trovano sul tema, negli scritti
che il Rovani diede alla «Gazzetta di Milano» nel 1854; la teorizzazione, quale apparirà poi
nella prefazione alle *Tre Arti* del 1874, è già nella *Introduzione* alla *Storia delle lettere e delle
arti in Italia...* del 1855; e prosegue, senza variazioni sensibili, in scritti seguenti. La data del
'54-55 è importante per due motivi: primo, per stabilire quali autori francesi e in genere romantici il Rovani poté conoscere; dall'altro, per testimoniare della influenza del Rovani sulla
Scapigliatura in questo senso. In realtà, la teoria non fu elaborata a cose fatte; anzi essa è veramente alle origini della Scapigliatura. Sviluppi e interpretazioni particolari della dottrina si troveranno poi in Boito, in Praga, e pressoché in tutti gli Scapigliati fino al Dossi che, tra l'altro,
in una sua *Nota Azzurra* ne parla come di una dottrina che darà ancora grandi frutti. Non si
tratta, qui, di dare un giudizio di valore; e certo il Rovani dissolve spesso certe sue intuizioni
in un chiacchierio prolungato, diffuso, ed impertinente. Ma la sua lezione, la sua conversazione, il suo continuo dialogare furono per i suoi giovani amici cosa stimolante; essi parlano di
lui con un entusiasmo che a noi oggi può parere eccessivo, ma che aveva certamente le sue ragioni. Si è da tempo distrutto il mito di Rovani; ora sarebbe il caso di spiegarlo, di chiarirne le
ragioni. Concludendo, la dottrina rovaniana della *corrispondenza delle arti* è alle origini della
Scapigliatura; fu teorizzata e tenuta anche per regola di vita dai giovani amici dello scrittore;
si prolungò fino al Dossi (e anche fino al Lucini) in forme diverse. Tutto il discorso, che tien
conto degli apprezzamenti della critica migliore dal Nardi al Mariani, merita di esser ripreso.
Ma si tenga anche presente che il nostro è discorso istituzionale e di poetica, e non di critica
o storia della letteratura.
[6] [Sull'argomento si vedano: S. Pagani, *La pittura lombarda della Scapigliatura*, Milano
1955; A. Brizio-L. Caramel, *Catalogo della Mostra della Scapigliatura*, Milano 1966; G. Preva-
dal, *Pittura lombarda dal Romanticismo alla Scapigliatura*, Milano 1967].
[7] Di E. Praga si veda *Poesie*, a cura di M. Petrucciani, Bari, Laterza, 1969. Questo volume – indicato successivamente con PP – riunisce le raccolte: *Tavolozza* (1862), *Penombre*
(1864), *Fiabe e leggende* (1867), *Trasparenze* (1878). Si veda anche: E. Praga, *«Tavolozza» e
«Penombre»*, a cura di A. Romanò, Bologna, Cappelli, 1963. [Si veda, ora, anche l'importante
raccolta delle *Opere*, a cura di G. Catalano, Napoli, Rossi, 1969].

con il Praga, lo riconobbero «padre di tutti noi» (*A Victor Hugo* in *Penombre*), non amarono Hugo; di cui, del resto, diceva il Rovani che «abusa e smarrisce l'ingegno nelle intemperanze proprie di un'arte che minaccia cader briaca» [8].

Altri, come Arrigo Boito [9] vagheggiando la musica, penserà a un'arte «eterea»,

> Che forse in cielo ha norma,
> Franca dai rudi vincoli
> Del metro e della forma,
> Piena dell'Ideale
> Che mi fa batter l'ale
> E che seguir non so.

(Dualismo, 1863)

E si veda anche questa poesia *A Emilio Praga* (1866):

> Siam tristi, Emilio, e da ogni salute
>   Messi in bando ambidue.
> Io numerando vò le mie cadute,
>   Tu numeri le tue.
>
> Precipitiam nel sonno e nel dolore
>   Ogni giorno più smorti,
> Fameliche su noi volano l'ore
>   Qual su due nuovi morti.
>
> E intanto il vulgo intuona per le piazze
>   La fanfara dell'ire,
> Ed urla a noi fra le risate pazze:
>   «Arte dell'avvenire!».
>
> E ridiamo noi pur colla baldoria
>   Che ci beffa e trascina,
> Voltando il segno della nostra gloria
>   In motto da berlina.
>
> Tali noi siam ed anco il refrigerio
>   Ci abbandona del canto.
> E ne strugge perenne un desiderio
>   Sempre nuovo ed affranto.

---

[8] G. Rovani, *Le tre arti*, cit., p. 94.
[9] Si veda: A. Boito, *Tutti gli scritti*, a cura di P. Nardi, Milano, Mondadori, 1942. Tale

Or sul suolo piombiam verso il fatale
    Peso che a' pesi è somma,
Or balziamo nel ciel dell'Ideale,
    Vuote palle di gomma.

*

Sono stanco, languente, ho già percorso
    Assai la vita rea,
Ho già sentito assai quel doppio morso
    Del Vero e dell'Idea.

Ho perduti i miei sogni ad uno ad uno
    Com'oboli di cieco;
Né un sogno d'oro, ahimé! né un sogno bruno
    Oggi non ho più meco.

E come il bruco che rifà la seta
    Colle smunte fibrille,
Rifeci il voto a una mia forte mèta
    E cento volte e mille.

Carmi! poemi! liriche! ballate!
    Drammi! odi! canzoni!...
Vanità! Vanità! glorie sognate!
    Perdute illusioni!

Non parliamone più; quelle rimorte
    Poniam larve in oblio...
I miei pensier vanno verso la morte
    Come l'acqua al pendio,

E se scendo le alture, a notte folta,
    Solo, nella caligine,
L'anima mia già crede esser travolta
    Dall'eterna vertigine.

E questa, poi, *A Giovanni Camerana* (1865):

Il tizzo acceso fin che arde fuma;
Simile, o mesto amico, al nostro cuore
    Che in pianto si consuma
    Fin che arde l'amore.

edizione sarà indicata successivamente con la sigla TS. [Ora si può vedere l'agile scelta che offre il volume *Opere*, a cura di M. Lavagetto, con note di E. Chierici, Milano, Garzanti, 1979].

Lascia dunque che s'alzi e che s'esali
Questa nube di duol cotanto intenso;
   Essa abbrucia i tuoi mali
    Come grani d'incenso.

Sii te in te stesso al par d'un vaso sacro
D'olocausto, di fede e di speranza;
   Vedi, il fumo pare acro,
    Ma il turibolo danza.

Non ispegner per tema o per ristoro
Quell'incendio divin che ti fa egro,
   Non far che il carbon d'oro
    Si muti in carbon negro.

Anzi affronta gli spasmi ed il martirio,
Cerca nell'ansia del tormento occulto
   Dopo il duol del sospiro
    L'estasi del singulto;

Troverai qualche vero. È la tempesta
Esultazione a chi non sa temerla,
   E sulla duna resta
    Dopo l'onda, la perla.

Piangi, medita e vivi; un dì lontano
Quando sarai del tuo futuro in vetta,
   Questo fiero uragano
    Ti parrà nuvoletta.

e ancora:

Oggi volli per te cantar la vita;
Ma la dolce canzon sul metro mio
   Torna fioca e smarrita
    Per troppo lungo oblìo.

Torva è la Musa. Per l'Italia nostra
Corre levando impetüosi gridi
   Una pallida giostra
    Di poeti suicidi [10].

---

[10] E si ricordi del Praga in *Manzoni*, da *Trasparenze* (PP, 309): «Noi vaghiam nell'Ignoto. I figli siamo / del Dubbio (oh i grandi estinti!), / siamo i reietti, i fuggiti da Adamo, / dal ciel,

Alzan le pugna e mostrano a trofeo
Dell'Arte loro un verme ed un aborto,
   E giuocano al paleo
   Colle teste da morto.

Io pur fra i primi di codesta razza
Urlo il canto anatemico e macabro,
   Poi, con rivolta pazza,
   Atteggio a fischi il labro.

Praga cerca nel buio una bestemmia
Sublime e strana! e intanto muor sui rami
   La sua ricca vendemmia
   Di sogni e di ricami.

Dio ci aiuti, o Giovanni, egli ci diede
Stretto orizzonte e sconfinate l'ali;
   Ci diè povera fede
   Ed immensi ideali.

E il mondo ancor più sterile, o fratello,
Ci fa quel vol di poesia stupendo,
   E non trovando il Bello
   Ci abbranchiamo all'Orrendo.

Dio ci aiuti! Su te sparga l'ulivo,
Sparga la pace e le benedizioni,
   Sii sulla terra un vivo
   Felice in mezzo i buoni.

A me calma più piena e più profonda:
Quella che splende nell'orbita d'una
   Pupilla moribonda,
   Mite alba di luna.

o, infine, un accento tipico, anche per non so che alterazione o forzatura della voce:

---

dal fango vinti! / – E cantiamo una squallida canzone [...]»; Camerana, in un testo del 1866, dirà che i nuovi poeti sono una «stirpe fosca e malata» (*Ad Arrigo Boito*) – in proposito si veda, più innanzi, alla nota n. 14. La tematica comune e le comuni usanze di linguaggio fino alla ripetizione di certe parole-chiave è fatto culturalmente molto significativo, che condiziona la poesia.

E sogno un'Arte reproba
Che smaga il mio pensiero
Dietro le basse imagini
D'un ver che mente al Vero
E in aspro carme immerso
Sulle mie labbra il verso
Bestemmïando vien.

(Dualismo)

L'arte è stata nel passato vanità e illusione; il sogno romantico è finito; ovunque, insensatezza, malattia, oscuri segni di morte. Solo un'*arte reproba* e una *torva musa* potranno cogliere davvero il senso di una condizione dell'uomo in cui la fiducia positivista appare affatto perduta, e la figura del mondo rovesciata. La realtà è che – se vogliamo stabilire i referenti – l'impulso vien davvero da una sorta di senso di insoddisfazione morale delle ragioni filosofiche del tempo, da una consapevole, e in qualche modo caricata, forzata situazione di miseria, da un rifiuto senza recuperi. Si cerca una particolare maniera di trattare il simbolo, una *tecnica* che sia conoscenza, modo di percepire una zona della vita ancora non scoperta. Si tratta di una tecnica in parte mutuata dalle tecniche romantiche, ma private di ogni alone metafisico, di ogni ideale pietà, ridotte anzi entro la misura di uno squallore pressoché inerte: essa opera solo attraverso simboli oggettivi che non aprono la nostra conoscenza né all'*Ideale* né al *Vero*, ma sì a *qualche vero* stanco e deietto, o addirittura *a un ver che mente al Vero*: e *teschi, vermi, spettri, aborti...* sono i segni di una realtà che, per così dire, si restringe entro un orizzonte di vuoto, di desolazione, di farneticante rifiuto. Così quel mondo, che alla speranza positiva appariva garantito da leggi che possono esser piegate per farle collaborare alla umana redenzione, appare al suo interno tessuto di corruzione, di malattia, di putrefazione, e il suo gesto è l'inerzia. Infine, nella riduzione di certa simbologia romantica; nel rigetto delle metafisiche simboliste; nella condanna del naturalismo che appariva legato alla filosofia della scienza, la tecnica della poesia si determina come scelta di oggetti tipici ad esprimere una particolare condizione dell'uomo, e come modo di caricare questi oggetti di senso. La poesia dell'*Ideale* e del *Vero* si fa una lontana, irraggiungibile memoria di una integrità perduta.

Intanto, *urla il canto anatemico e macabro*, e, insieme, *il verso bestemmiando vien*. Pertanto, nel Boito critico, invece delle considerazioni abbastanza ovvie sulle differenze tra *formula* e *forma*[11] o degli aspetti abbastanza generici di certa sua poetica del melodramma, gioverà invece sottolineare, da un lato, la figurazione dell'artista come colui che è o

[...] dovrebbe essere pieno di larve, *larvarum plenus*, un uomo invaso da un grande morbo dell'anima, da una *lues deifica:* l'ispirazione[12];

dall'altro, i motivi della dottrina del melodramma, come forma in cui le varie arti aspirano a collaborare tra loro.

Questa, nelle sue linee generalissime, la poetica degli Scapigliati. Sebbene con un'energia meno organizzata, Praga, che chiamò se stesso «reprobo poeta»[13], vi dà il suo contributo. Egli pensa ad una poesia che scambia il suo linguaggio con quello della pittura; e certo sono motivi che anche il Simbolismo, ma fondandoli entro il sistema delle corrispondenze, e con altra forza – una forza che servì alla poesia di tutto il mondo –, avvertiva in quegli anni. È una poetica, invece, quella del Praga che sta tra il bozzetto macabro e il bozzetto idillico, e non è lontana da certa ispirazione dei pittori lombardi di quegli anni. Così vicino a *Suicidio* (in *Tavolozza*) e a *Vendetta postuma* (in *Penombre*), con una sua caratteristica simbologia:

> Quando sarai nel freddo monumento
>   immobile e stecchita,
>   se ti resta nel cranio un sentimento
>   di questa vita,
>
> Ripenserai l'alcova e il letticciuolo
>   dei nostri lunghi amori,
>   quand'io portava al tuo dolce lenzuolo
>   carezze e fiori.

---

[11] A. Boito, *Tutti gli scritti*, cit., pp. 1107, 1080.

[12] *Ivi*, p. 1251. Dell'ispirazione, nello stesso luogo, Boito dirà che deve essere «lunga, meditata, scandagliata, pesata, sciente, eroica, infaticabile, austerissima». Quanto alla poetica del melodramma, essa si articola in quattro punti fondamentali: «1) Completa obliterazione della formula; 2) Creazione della forma; 3) Attuazione del più ampio sviluppo tonale e ritmico possibile, oggi; 4) Suprema incarnazione del dramma» (TS, 1107). Ancora intorno all'ispirazione si veda il Praga in *Alla Musa*: «[...] Svaniron le larve, / e il sogno sparve»; e il Betteloni nel *Verso*: «Pullula il mio cervello / un popolo di larve...»; e, infine, il Tarchetti, nelle *Note a Vincenzo D*: «La testa! Ho in essa non so che turbinio...» con quel che segue.

[13] Da *Monasterium* (in *Penombre*): «[...] io, reprobo poeta, / di messale sdegnoso e d'ostensorio [...]» (PP, 136).

Ripenserai la fiammella turchina
    che ci brillava accanto;
    e quella fiala che alla tua bocchina
    piaceva tanto!

Ripenserai la tua foga omicida,
    e gli immensi abbandoni;
    ripenserai le forsennate grida,
    e le canzoni;

Ripenserai le lagrime delire,
    e i giuramenti a Dio,
    o bugiarda, di vivere e morire
    pel genio mio!

E allora sentirai l'onda dei vermi
    salir nel tenebrore,
    e colla gioia di affamati infermi
    morderti il cuore.

(Vendetta postuma)

si leggerà con ben altri simboli e ben altro tono *Alla Musa*, III (in *Trasparenze*):

E or già comincia ad esser bianco il crine,
    e più spessa sul core
    cade la neve... − Svanirono le larve,
    il sogno sparve.

Quante stoltezze in questa vita grama,
    quanto, quanto dolore!
    E come tutto è fumo, e la mestizia
    e la letizia!

Candida, tu, consolatrice e il biondo
    crin d'un fanciullo al mondo
    restate a me; la sorella e la madre
    son lungi, − e lungi è il padre!

Pur versi il soffio creatore a questo
    ingegno infermo,
    angelo tutelar dì e notte chino
    sul mio destino!

Tu ancor mi adduci, solitario e mesto,
 alla chiesetta, all'ermo
 del colle, alle fontane, ai boschi queti,
 sacri ai poeti.

Mi affacci ancora ai burroni sognanti
 elfi, gnomi e giganti;
 mi insegni il blando linguaggio dei fiori
 e i miti dei colori.

Leghi il mio spirto al carro di Boote
 con sottil filo d'oro;
 mi fai pensoso davanti allo stagno,
 immobil lagno!

Tutto che in terra fulge o soffre od ama,
 nell'onta o nel decoro,
 tu mi assimili, o Musa, e me ne fai
 e ditirambi e lai!

Amo, per Te, la bellezza gentile
 del sesso femminile:
 amo, per Te, la pulce insidiosa,
 e il moscherin che su un verso si posa.

Amo la casa mia, penso al deserto,
 all'oasi ed ai ghiacciai...
 Ho ancor sogni bizzarri alle mie notti...
 e crudi e cotti.

I crudi sono quelli che non sono;
 gli altri, o Musa, li sai!...
 Oh! come fumo è tutto, e la letizia
 e la mestizia!

Candida, tu, consolatrice, e il biondo
 crin di un fanciullo, al mondo
 restate a me... La sorella e la madre
 son lungi — e lungi è il padre!

Poesia-pittura. Poesia-musica. Gli Scapigliati avvertirono la necessità di una continua sperimentazione linguistica e metrica per
uscir dalle forme consuete e trovar modi adatti a scioglier nel verso
un male senza guarigione. Proprio Praga aveva detto in *Preludio*
(1864) a *Penombre*:

> Noi siamo i figli dei padri ammalati;
>   aquile al tempo di mutar le piume,
>   svolazziam muti, attoniti, affamati,
>   sull'agonia di un nume.
>
> [...]
> O nemico lettor, canto la Noia,
>   l'eredità del dubbio e dell'ignoto,
>
> [...]
> [...] canto una misera canzone,
>   ma canto il vero!

e anche di sé, senza pietà:

> Sul cranio mio,
> Tomba ove giace estinto un giovanetto
>
> $\qquad\qquad\qquad\qquad$ (*Elevazione*, in *Penombre*)

Infine, con versi che è forse difficile gustare per noi, ma molto indicativi (con le «vuote palle di gomma» di Boito):

> Quanti uomini non vidi, al bruco simili,
>   non so perché comparsi
>   non so perché scomparsi...
>   dall'Ignoto nel Vuoto!
>
> $\qquad\qquad\qquad\qquad$ (*Il Bruco*, in *Trasparenze*, 1873)

e il discorso corre in modi di sciolta apparenza, liberi spesso da forme auliche, con un gusto di inflessioni prosastiche, anche pensatamente scadenti, e una tensione spesso velleitaria, per rendere, con una ironia talora aneddotica, tutti i simboli di un mondo fermo e irrisolto fino alla putrefazione: il consueto, o il volgare, e anche il grottesco, l'orrido.

Nell'idillio pittorico con un eccesso di sentimento del Praga all'improvviso s'inseriscono, come a rompere un gesto troppo dolce, sghignazzi, e segni di malattie inguaribili, e simboli orridi, e tombe oscure... È una forma minore — e qualche volta grottesca — del realismo tradizionale ai lombardi; o, se vogliamo sfuggire a certe difficoltà della nozione su cui indugiava già il Dossi, di quella che oggi diremmo «poetica degli oggetti», con una carica di intensità simbolica in cui troppo spesso si sospetta non so che forzatura. La poesia come pittura. La poesia come musica. Non senza inflessioni e gesti affini ad un contemporaneo Verlaine, il Camerana [14] dirà:

Cerco la strofa che sia fosca e queta
Come il lago incassato entro la neve;
Ier vidi il lago, ed era il cielo greve,
Tetra la sponda e bianca la pineta.
Cerco la strofa che sia cupa e queta.

L'acqua pareva d'ombra, e riflettea
Gli spetri capovolti delle piante.
Tutto era spetro; – delle cose sante
L'alito per la triste aura fremea.
Cerco la santa strofa e l'alta idea.

Cerco la vaga strofa, indefinita
Come una lenta linea di montagna
Quando incombe la nebbia, e la campagna
Piange dell'anno la fuggente vita;
Cerco la grigia strofa indefinita,

La indefinita strofa orizzontale,
In cui si volga, con cadenza blanda,
Come sui mesti orizzonti, in Olanda,
Dei pensosi mulini a vento l'ale,
Il fascinante sogno sepolcrale.

[14] Il testo del Camerana che, nella prima edizione di questo studio, venne citato da *Poesie*, Milano, Garzanti, 1956, a cura del Flora, viene ora dato nella edizione del Finzi, *Poesie*, Torino, Einaudi, 1968. La nuova edizione del Camerana si è giovata di un controllo sui manoscritti che ha consentito al Finzi di dare un diverso ordine ai testi e di presentare alcuni testi inediti o non ancora raccolti in volume. Tale edizione viene successivamente indicata con F. Nel Camerana si troveranno gli stessi slanci, le stesse delusioni senza recuperi, e perfino le stesse possibilità espressive della immaginazione che sono propri degli scapigliati. Quanto all'idea dell'arte, eccone le interne variazioni tra disperate chiusure ed improvvise speranze, immotivate speranze: se, nel 1865, in *A Emilio Praga*, il Camerana scrive: «– Non han sorrisi / Gli accenti miei, ma son del ver gli accenti–», nel 1866 dice (o in qualche modo conferma) *Ad Arrigo Boito* che i nuovi poeti sono una «Stirpe fosca e malata», il cui «mite inno si volse / In urlo di paura [...]» (F, 84), per poi nel 1869 trovarsi a sognare una poesia che sia «giovane» e «libera» e «proclami l'impero / del giusto e del vero» non senza accenti concitati di fiducia politica e morale; e ancora nel 1886, ecco la ricerca della «strofa fosca e queta»... Quanto al modo di organizzare le immagini, un comune tessuto di figure e di simboli sottostà ad ogni colorazione individuale, ma la colorazione individuale è incomprensibile nel suo senso profondo se non ci si renda conto di quel comune tessuto. Vi è – tra i due aspetti –una relazione attiva, reciproca. E si veda, p.e.,: «Ed io ripenso / Le precoci sepolte, e guardo i rami / Atteggiati da scheletro / Nel grigio umido e denso [...]» (F, 118); e poi tutta l'indicativa *Valperga* (F, 25), tutto il libro nei suoi movimenti interni così insistiti, monotoni, ben connessi ad una precisa situazione storica di vita della poesia.

La strofa *indefinita, grigia, cupa* per un *fascinante sogno sepolcrale* di nebbie e spettri... Ebbene, come spesso accade a siffatte disposizioni stilistiche ed etiche, realismo, oggettivismo, poesia-pittura, poesia-musica, sperimentazione linguistica e metrica, non senza certo gusto di inflessioni dialettali si intrecciano in un gioco complesso; e si pensi infine ai risultati che in prosa diede il Dossi [15].

Tra i poeti, Tarchetti [16], pur esemplare quanto a simbologia e *topoi*, nella dissociazione angosciata che vi sottintende:

> Amore ho in petto. Inospite
> Landa attraverso io solo.
> Bianca è la notte: irrorano
> Le pie rugiade il suolo...
> Io vado, e ignoro il termine
> Del mio cammin qual sia:
> Vado solingo, e lagrimo
> Per la deserta via.

(Disjecta, XIV)

o anche

> Sognai. L'orrido sogno ho in mente impresso
> in un avel calati eram per gioco...
> Scende il coperchio immane a poco a poco,
> Ci chiude. Eternità siede sovr'esso.

(Disjecta, VIII)

aggiunge anche non so che ombra, che memoria della tradizione, che gesto appena accennato di scrittura illustre, e come un'eco, talora, di modi leopardiani stanchi e disfatti. In ogni caso, atteggiamento tipicamente «scapigliato» nel suo «caricare» certi accenti romantici, nel

---

[15] [L'opera completa di C. Dossi è pubblicata in cinque voll. dall'editore Treves (Milano, 1910-1912). Tale edizione, che presenta interventi bio-bibliografici di L. Primo Levi e G.P. Lucini, non raccoglie né le *Note azzurre* né la *Rovaniana*. Un'edizione più recente di tutta l'opera narrativa è stata curata da C. Linati nella collana «Romanzi e racconti dell'Ottocento» (Milano, Garzanti, 1944). In questo vol., a cura di G. Nicodemi, compare per la prima volta la *Rovaniana*. Delle *Note azzurre*, dopo una remota prima edizione parziale (Milano, Treves, 1912), è disponibile una scelta molto ampia a cura di D. Isella (Milano, Adelphi, 1964, 1988²). A cura dello stesso Isella, ma anche di M. Guglielminetti, E. Ronconi e A. Arbasino si hanno edizioni più recenti di altre opere dossiane].

[16] I.U. Tarchetti, *Disjecta*, Bologna, Zanichelli, 1879; si veda ora l'edizione di *Tutte le opere*, a cura di E. Ghidetti, 2 voll., Bologna, Cappelli, 1967 (qui, la raccolta, alle pp. 445-76 del vol. II). Su questa edizione sono stati riprodotti i testi.

Tarchetti, sotto forme di tenero idillio, subito si svelano paesaggi ci-
miteriali, e morti grottesche o disperate, e teschi, e scheletri, e sogni
oscuri e orrendamente incredibili:

> Quando bacio il tuo labbro profumato,
> Cara fanciulla, non posso obbliare
> Che un bianco teschio v'è sotto celato.
> Quando a me stringo il tuo corpo vezzoso,
> Obbliar non poss'io, cara fanciulla,
> Che vi è sotto uno scheletro nascoso.
> E nell'orrenda visione assorto,
> Dovunque o tocchi o baci, o la man posi...
> Sento sporger le fredde ossa di un morto!

(Memento!)

Questi «scapigliati», questi nordici che avevano il loro centro a
Milano, e si sentivano un po' vagamente europei, formarono – e il
discorso, riferito alla prosa narrativa, vale per certi aspetti anche per
la poesia – una sorta di «avanguardia post-romantica», come dice
acutamente il Contini; e cercarono

l'eccezione lirica a un mondo preordinato tanto nello spregiudicato esame
d'una vita «inferiore», quanto in una evasione fatalmente magica [17].

Nei limiti che furono consentiti alla consapevolezza poetica della
«fine del secolo» nel nostro paese, in una accezione letteraria nettamente «lombarda», la così detta Scapigliatura (qualunque sia stato
l'esito della poesia), nonostante il gran peso che la frenava, non manca di fatto di una sua ricchezza di fermenti e di inquietudini. Segnò
una crisi morale altrove avvertita più profondamente ma non meno
autenticamente; si propose di portare nella nostra cultura poetica
esperienze altrove già vissute, e, per tanto, aprì alcune tematiche del-
l'arte letteraria. Va anche detto che fu la prima sperimentazione nel
nostro paese del dissociarsi della vita della poesia dalla vita della società in una civiltà industriale... Non ebbe – e ne soffrì – nello sfondo culturale in cui si trovò ad operare una salda e unita tradizione
che la giustificasse. Ma anche protese verso il futuro alcuni motivi di
poetica, di sistema poetico. Il Dossi, certo; ma, per la poesia, converrà a suo tempo fermarci sul Lucini. Egli fa da raccordo, talora assai

---

[17] [G. Contini, *Introduzione* a *Racconti della Scapigliatura piemontese*, Milano, Bompiani,
1953, p. 7].

vivo e singolare, tra la Scapigliatura, appunto, e ciò che intendiamo quando diciamo «lirica del Novecento».

3. La Scapigliatura rappresentò una situazione di cultura poetica, che ebbe, come è chiaro, dei limiti provinciali, e fu affatto passiva rispetto ai centri di cultura artistica nei quali effettivamente si istituivano in quegli anni i grandi sistemi del secolo: passiva e ritardata, se pur con un accento particolare, e, a suo modo, vivace. In questo senso il rapporto che si pone nella pittura tra Scapigliati e Impressionisti non è certo diverso da quel che si pone nella poesia tra Scapigliati e Simbolisti: in tutti e due i casi si trattò spesso negli Scapigliati di un fraintendimento ritardatamente romantico di esigenze nuove in un ambiente ristretto e restrittivo senza fruttuose risonanze e movimenti. Di fatto, se molte esperienze romantiche erano mancate all'Italia, mancava anche al nostro paese quel saldo fondamento che è dato da una persistente e consolidata tradizione unitaria. Tutta la cultura poetica del nostro paese è travagliata in quegli anni da queste interne difficoltà. E se la Scapigliatura fu lombarda, e milanese il Bettini, altrove la realtà non fu diversa; in taluni casi, anzi, perché più solitaria, anche più nuda e indicativa: il Graf a Torino, Vittorio Betteloni a Verona, Domenico Gnoli (in quanto Giulio Orsini) a Roma e quanti altri rappresentano diverse maniere di reagire in ambienti diversi ad un intrico così pieno di impacci. E, prima di tutto, in costoro si avverte in ogni caso un comune motivo, anche se diversamente orientato: quella poetica dell'irrazionale, come sentimento dell'insufficienza di ciò che in quegli anni positivi si qualificava in generale con il referente di «razionale». Il Graf[18] ne è tipico esempio; si direbbe anzi che egli abbia vissuto questa esperienza nelle sue contraddizioni in un modo affatto significativo. In realtà egli mostra un volto duplice: per un lato, nella sua prolusione *Dello spirito poetico de' tempi nostri* (1877) e nel discorso universitario sulla *Crisi letteraria* (1888) egli sembra accedere a motivi propri dello scientismo, dall'altro nella sua poesia, o meglio nella sua poetica in atto, e specie in *Medusa* (1873-1889) egli sembra operare secondo i modi della poetica dell'irrazionale. Il suo scientismo: la «crisi letteraria» – egli dice nel suo discorso – consiste in ciò che la naturale vocazione della letteratura a va-

---

[18] [Si veda A. Graf, *Poesie*, a cura di F. Neri, con prefazione di V. Cian, Torino, Chiantore, 1922. Vi si trovano riuniti i sei volumi di liriche pubblicati dal Graf tra il 1880 e il 1906, restandone escluso solo il giovanile *Poesie e Novelle*, Roma 1875. Per lo più non si danno – fatte salve le eccezioni che segnaleremo a suo luogo – ristampe recenti delle numerose prose critiche e narrative, per le quali occorre dunque risalire alle edizioni originarie].

riare i propri sistemi e i propri moduli ha preso nei nuovi tempi un moto rapidissimo e incontrollato, fino a giungere, dopo il romanticismo, alle

bande irregolari dei *decadenti,* dei *simbolisti,* degli *impressionisti,* dei *deliquescenti,* chiamati ad essere, forse, i trionfatori di domani... [Costoro] affermano che la poesia deve avere un senso recondito, anzi più sensi reconditi, nascosti l'un dietro l'altro, e che solo gl'iniziati sono in grado di scoprire e d'intendere [...] È la demenza della poesia, se pur non è una solenne canzonatura [19].

Un'«anarchia che reca dentro di sé la crisi»: non più regole, modelli, tradizioni, scuole, ma ingiustificati e capricciosi mutamenti, un cozzare disordinato di tendenze, e, d'altro canto, un sempre più accentuato svanire dei *confini che le arti avevano posto tra loro* [20]. Il motivo di ciò sta in un mutamento radicale dell'«ambiente intellettuale e morale»: il trionfo della democrazia ha, di fatto, mutato la posizione sociale dello scrittore, imposto nuove scelte tematiche, e portato nella cultura una condizione di continua instabilità. Così il Graf; e sembra il discorso di un classicista di gusto tradizionale che sia nello stesso tempo un buon scolaro del Taine; tanto più che a tutto questo marasma e disordine unico rimedio sembra esser proprio la «scienza», la cui penetrante e potente azione rifà lo spirito e rifarà la letteratura; anzi, contro coloro che pensano alla scienza e alla democrazia come condizioni che, uccidendo il mito, uccideranno la poesia, si afferma che vi può esser poesia senza mito; che anzi «la natura può ap-

---

[19] [A. Graf, *Crisi letteraria,* Torino, Loescher, 1888, pp. 7, 16].

[20] E si veda anche il saggio *Preraffaelliti, Simbolisti, ed Esteti,* pubblicato nella «Nuova Antologia» nel 1897 (e lo si legga anche in *Foscolo, Leopardi, Manzoni,* Torino, Chiantore, 1924). Il Graf avverte i motivi di una generale reazione «alla scienza positiva» e al «positivismo filosofico» (p. 304) in nome di un nuovo concetto idealistico. Tale reazione sta già nelle possibilità interne dello stesso positivismo, quando esso riconosce «la impotenza propria in cospetto dell'inconoscibile» (p. 305). Pertanto, per molti motivi, anche morali, sociali, politici, «rinasce il pungente senso del mistero» (p. 304), un rinnovato sentimento dell'individualità (p. 305), e, per così dire, una *rinascenza dell'anima* (p. 305). In quest'ambito, si giustifica in letteratura la reazione al naturalismo e al realismo; e di questa opposizione sono esempi appunto il *preraffaellitismo,* il *simbolismo,* e l'*estetismo.* Si tratta di reazione resoluta; e se, in generale, i principi tra cui muove la vita della nostra letteratura appaiono al Graf due: *realismo* e *idealismo,* sarà reazione in senso *idealistico.* Con dei limiti, per altro molto gravi: il preraffaellitismo si figura (con la limitatezza della sua visione letteraria e morale) «breve passeggiero ringorgo» (p. 312), mentre il simbolismo, considerata la sua astrattezza, oscurità, asocialità nella confusione tra *musica* e *poesia,* gli par cosa «di piccol pregio, quanto al presente, e di scarsa promessa, quanto all'avvenire» (p. 334); e in generale tutti soffrono di quel male dell'*estetismo* che «ha segregato l'arte della realtà e della vita, l'ha rituffata in un nuovo bizantinismo, e l'ha distolta dal più vero suo fine» (pp. 344-5). Così il Graf.

parirci poetica anche senza rivoltarsi nel mito», mentre molte verità della scienza «sono in sommo grado suggestive». Si tratta di trovare un nuovo assestamento, un nuovo equilibrio: tra scienza e arte non vi è antagonismo: se «la scienza è idea, l'arte è immagine», e se la fantasia del poeta è pure necessaria allo scienziato, d'altro canto, nel rigore della scienza l'arte e la poesia ritroveranno un motivo di saldezza e di stabilità[21].

Una poesia strettamente connessa con la scienza...

È un tema, questo, dei rapporti tra *poesia* e *scienza* su cui il Graf ritorna spesso da diversi angoli: già se ne trova cenno nella prolusione del 1877 *Dello spirito poetico de' nostri tempi* in cui si afferma la possibilità di un infinito riscatto lirico delle scoperte scientifiche che offrono nuove prospettive alla invenzione poetica, e poi nella *Prefazione* (1879) al *Prometeo nella poesia*, dove la poesia si fa una sorta di *religio* del miscredente, e nella *Crisi*, dove l'argomento è preso di fronte; infine, in *Letteratura dell'avvenire* (1891) dove ci si serve degli argomenti stessi dell'evoluzionismo per combattere logicamente la tesi che la scienza ucciderà la poesia: come le altre attività umane, nell'evolversi, anche la fantasia si affina e si arricchisce e tende anzi a farsi intimità, liricità, per i fini di una letteratura «più larga e più libera»[22].

---

[21] A. Graf, *Crisi letteraria*, cit., alle pp. 8, 31, 32, 33.

[22] Nella prolusione *Dello spirito poetico de' nostri tempi*, considerato come tutta la storia umana sia un «dilibramento continuo ed irresistibile» (p. 4) nel variare degli equilibri delle varie e diverse energie dello spirito umano, il Graf osserva come anche la poesia «la più mobile e fluida delle nostre facoltà» (ivi) continuamente muti e si trasformi col mutare di «quel particolar modo d'intuire, di sentire e di giudicare che si genera dallo incontrarsi e dal compenetrarsi della fantasia nostra con le immagini delle cose» (p. 5). Di fatto, ogni età ha un proprio spirito poetico (p. 6), e la nostra ha il suo segno in una «lotta fra la intuizione scientifica, o come dicono positiva delle cose, e la intuizione ideale e poetica» (pp. 7-8), e qui si troverà il segno della nostra poesia. Non si conceda alle ipotesi di *morte della poesia*. Si pensa che la poesia debba morire per mano della scienza, che la chiarezza e la logicità della scienza distruggeranno il mistero essenziale alla poesia; ma la poesia non è stata, non è, e non sarà mai assoluta, ha forme sempre diverse, e non vien mutandosi in modi così veloci da non riuscire quasi «a stabilmente configurarsi»; comunque: «[...] non parmi che sia buona ragione a questo dubbio; né posso indurmi a credere che la poesia s'apparecchi a morire in quella appunto che tutta la viene *penetrando un maraviglioso spirito di novità* [...]. Gli è vero; la poesia s'è ritratta dalla vita, e lo spirito della scienza pari ad una crescente marea la vien tutto intorno premendo; *ma ella si raccoglie come in una cittadella nel cuore*, e *rincacciata* da una parte dalla ragione, rientra dall'altra, e in novo connubio si associa alle idee ed alla speculazione, e colora di sé i grandi e immortali problemi dello spirito. E poiché io sono entrato in questo argomento, e poiché si fa oggidì un gran discorrere della guerra che lo spirito scientifico muove allo spirito poetico, e da molti si dubita che questo non abbia finalmente a rimaner sopraffatto, lasciate che alquanto io mi fermi, a fare alcune considerazioni» (pp. 10-11). E cioè: «Certo in principio, e in tesi generale, la *scienza nuoce alla poesia. Quando noi ci siam formati nello spirito la nozione scientifica*

Qui risuonano accenti assai frequenti in quegli anni; sarebbe facile far richiami ai vari accenti di questo tema nella cultura poetica francese da Baudelaire a Flaubert, a Zola. In ogni caso non senza

di una cosa, non possiamo più senza ripugnanza riceverne la nozion poetica; così vuole la propria natura dell'anima nostra, dove le rappresentazioni contrastanti tendono a sopraffarsi reciprocamente e a sopprimersi. *Ora la poesia vive in gran parte di mistero*, ella ha bisogno d'una certa oscurità e di una certa dubbiezza, perché la fantasia non si esercita liberamente se non sulle cose dubbie ed oscure; ell'ha bisogno del mito, perché *nel mito integra idealmente e fantasticamente le cose*, e perché senza *integrazione ideale e fantastica non v'è poesia*. Voi sentite che io accenno qui al vizio fondamentale di quello che oggi si chiama il *realismo* [...] (È questo – nei testi citati nella nota – l'unico corsivo dell'autore) [...] tra la scienza e la poesia è un originale antagonismo e una viva guerra, e continua. *Se non che non è guerra così cruda e mortale come generalmente si stima. Le vaste e grandi idee sono spesso di loro natura poetiche, e però son poetiche molte tra le grandi verità della scienza. Inoltre un oggetto perfettamente chiarito dalla scienza, se cessa di essere poetico per se stesso, può tuttavia entrare in una qualche relazione poetica e* rimaner pertanto nel dominio della poesia. Reco un esempio. Gli è gran tempo che gli uomini non veggon più nella luna la vergine Diana» (pp. 11-12)... Anzi: «son più e più anni trascorsi che la scienza ce l'ha mostrata agli sguardi *nudo e squallido pianeta, privo d'aria e di vita, cenere e scoria di un mondo combusto*. E pur non di meno la poesia non l'ha abbandonata ancora [...] Certo, presa in sé, la nozione mitica e antica era più poetica della positiva e moderna; ma pur tuttavia anco questa *è atta a produrre in noi quella commozione che la poesia intende a produrre, quando noi ci facciamo a paragonare quel morto pianeta a questo vivo in cui abbiam stanza, e a cui serbano i tempi la medesima sorte; quando vivamente ci rappresentiamo allo spirito il contrasto di quella luce serena, di quella luce alla cui idea noi irresistibilmente colleghiamo l'idea della vita, e di quell'eterno e mortale silenzio; quando poniamo in intima relazione gli aspetti e le qualità di esse con le vicende della vita nostra, con la dubbiezza di noi medesimi [...]»* (pp. 12-13). (E si pensi qui all'uso frequente del correlato *luna* nella tecnica immaginativa del Graf, e al suo senso fondamentalmente negativo; o, anche, per esempio, al Boito di *A Giovanni Camerana: A me calma più piena e più profonda: / quella che splende nell'orbita d'una / pupilla moribonda, / mite alba di luna*; alla *Ballata alla Luna* di Praga in *Tavolozza* o, meglio ancora, in *Penombre, Ancora un canto alla luna*, o *L'hai tu veduto, pensierosa luna*... di *Domus - Mundus*; o, infine, del Bettini: *La luna piena è un freddo pulito diamante*).

Ecco, il Graf qui non affronta il problema dei rapporti tra *poesia e scienza* nel suo senso radicale e teorico; lo tenterà nella *Crisi*; qui si limita a mettere in luce le possibilità di forza poetica delle idee generali, anche delle idee scientifiche; e la disponibilità della scienza come apertura di una infinità inattesa di nuove relazioni immaginative. In altro luogo, e cioè nella *Prefazione* (1879) a *Prometeo nella poesia*, egli dirà che la poesia nuova nasce anche dalla particolare situazione morale determinata negli uomini dagli sviluppi della scienza: essa è una sorta di *religio* del miscredente; nella *Crisi* (1888) offrirà l'idea di una scienza che fonda il criterio del rigore della letteratura; infine, in *Letteratura dell'avvenire* (1891), egli si servirà dei testi stessi dello Spencer per dimostrare l'infondatezza scientifica del pregiudizio della *morte dell'arte* nel pensiero positivista. In ogni caso, la poesia nuova è e sarà *poesia lirica*. L'uomo moderno guarda a se stesso, crede solo se stesso (vedi la citata *Prefazione* a *Prometeo*); non vi è più tragedia, né epica; resta, breve e acuto (*Dello spirito poetico*, p. 10) solo il *genere lirico*, immediata effusione dell'anima, *capacità di riordinare gli elementi della realtà in una configurazione affettiva e intensa*. Perdute tutte le fedi, l'uomo si raccoglie «come una rocca in se stesso», «chi discrede ogni cosa, crede nella propria persona» (*Prefazione*, cit.) così la poesia vien sempre più «restringendosi al cuore» (*ivi*, pp. V-XII), e di un poeta, il Cena, in una recensione nella «Nuova Antologia» (1899), il Graf dirà che per lui la poesia era veramente «la forma dell'esser suo, l'esplicazione della sua vita». La poesia come rifugio del miscredente, sua *religio*, sua «rocca» appunto; ma anche tale che solo in essa l'uomo moderno «trova il suo simile», e nello stesso tempo, «esaltazione, accrescimento di vita», come si legge in *Sofismi di Leone Tolstoi in fatto d'arte e di critica* (1899), con la molteplicità e varietà di aspetti che sono suoi, «tutta strani impacci e oscuri grovigli logici e secondo varie prospettive il Graf tenta una «difesa della poesia» che sottintende gli stessi argomenti dello scientismo, per altro mutati di segno. Ma la poetica diagnostica del discorso sulla *Crisi letteraria* non ha rapporto, è tutt'altra cosa dalla poetica della poesia del Graf, della poesia quale il Graf veniva contemporaneamente scrivendo. Qui si ha, invece, una poetica dell'irrazionale; e di fatto, per questo lato, se Graf fu un solitario, non fu certo un isolato: egli entra nei modi di quel discorso di poesia della «fine del secolo» di cui s'è cominciato a descrivere il movimento. In realtà in lui una vaga suggestione di modelli romantici germanici si rivestì di modi di decorazione *liberty* in un sentire (per dirla con un critico congeniale di una generazione appena più giovane del poeta) il cui tono fondamentale appare «l'angoscia del nulla, senza illusioni, e quasi senza umanità». E si ricordi *Primavera* (in *Medusa*):

> [...]
> Esultate, esultate al dolce orezzo,
> Ché a voi s'addice e a vostra età fiorita,
> Obblivïosa di una certa sorte:
>
> Non a me, cui dà noja e fa ribrezzo
> Questo rigoglio di novella vita
> Intesa solo a preparar la morte.
> [...]

Ed ecco, come avviamento alla sua poetica, il *Prologo*:

> Di notte circonfusa,
>   Di spavento ripiena,
> Gorgo vota d'amor, muta sirena,
>   O Medusa, o Medusa!
>
> Tu per tutto diffusa,
>   Nell'alto, nel profondo,
> Spirito universal, faccia del mondo,
>   O Medusa, o Medusa!

piena di germi e di possibile», «tanto più piena quanto più viva e più grande». O, come si legge in *Letteratura dell'avvenire* (1891) «letteratura sempre più varia e molteplice che esprimerà tutto lo spirito e tutta la vita», e «che dovrà prendere la sua materia da per tutto», realtà, inoltre, che, sempre, in certa misura «diviene» anzi, nella continua collaborazione degli infiniti lettori, si fa «infinita». Così taluni motivi di origine romantica e simbolista tendono ad inserirsi in un orizzonte positivisticamente qualificato, e ne ricevono una particolare colorazione, o limitazione dogmatica. Tale particolare situazione rappresenta un aspetto non secondario della cultura del tempo. I saggi di Graf apparvero spesso nella «Nuova Antologia».

Tu nel mio petto inchiusa,
 Tu nel mio cor sepolta,
Tu, bieca, a tutti i miei pensieri avvolta,
 O Medusa, o Medusa!

O mia lugubre Musa,
 Implacabile Erinni,
Tu dal mio labbro fai proromper gl'inni
 Venenati, o Medusa!

I versi, o tetra Empusa,
 Tu m'annodi coi serpi,
E la vita mi suggi, e il cor mi scerpi,
 O Medusa, o Medusa!

Una tetra simbologia che non manca di esser confermata, poi, nell'*Epilogo*:

O mia lugubre musa,
 Frangi la bruna cetra:
Il mio povero cor fatto è di pietra,
 O Medusa, o Medusa!

Qualunque giudizio si faccia sul risultato della poesia – che qui non è in questione – nei versi del Graf, e soprattutto nell'opera più significativa *Medusa*, si troverà tutto l'armamentario dei simboli negativi tipici del *revival* romantico della «fine del secolo» italiana: la «bieca Medusa», i «veleni», le «tombe», gli «scheletri», i «teschi», la «torva luna», la «notte», gli «inferni»... È un campionario che si può registrare, per così dire, ad apertura di pagina, e che prende significato in contesti come «dall'alto – la torva luna illumina il deserto», «ti sia propizio il sole, ed il veleno», o, come in *Mare interno*: «Città sommerse, inabissate prore, / Inutili tesor buttati al fondo, / Tutta una infinità di cose morte».

Una situazione morale assolutamente caratteristica, che ha talune affinità – e può solo talora apparire più forzata – con quella degli Scapigliati; e insieme un sollecitare, e quasi provocare, proprio per l'indole altrimenti ineffabile dei loro contenuti connotativi, emozioni che si rivelan solo attraverso simboli. Assai diversi di tono, vogliamo ricordare ora il Betteloni e il Bettini? In essi, e soprattutto nel Betteloni[23], per dirla con gli strutturalisti, i contenuti connotativi tendono, al limite, ad identificarsi con i contenuti denotativi: e così una discorsività affettuosa di veneto muove appena le parole in una pronuncia di leggera ironia quotidiana non senza, qua e là, qualche affiorare di moduli classicistici, che sollevano in modo inatteso il contesto stilistico in un tono vagamente illustre... C'è in Betteloni una poetica del «vero», delle «cose»; e si potrebbe pensare, e qualcuno ha pensato, al Betteloni come a una sorta di equivalente lirico della poetica del «romanzo verista», per lo meno un'accezione affine a quella del così detto «verismo milanese». Il Betteloni stesso, in una lettera del 1860, dichiarava: «per piacere in letteratura bisogna essere *veri*», e la frase prendeva significato nel contesto anche per il fatto che vi si consideravano come «passato» la «favola» e la «finzione» letteraria. Ebbene, dopo molti anni, nella *Prefazione* (1902) a *Crisantemi*, il poeta confermava: «E lo dico subito: poeta verista cominciai, e poeta verista finisco»[24]. Anzi proprio per via di questo «verismo», egli si sentiva in accordo con il tempo, come scriverà in una lettera del 1868, nel proposito di fare un'arte democratica, borghese, positiva. Parlò sempre di verismo. Ma la nozione che senso aveva nel suo discorso? Pare che essa abbia avuto un senso ben diverso da quello con cui veniva pronunziata in quegli anni da romanzieri e da critici. Fermiamoci ad alcune considerazioni della sua *ars*. Nel 1868 egli formula una proposta per cui:

> Tutte le cose possono essere fonte di vera poesia; non c'è bisogno di andarla a cercare nelle azioni più grandi, nei fatti più generosi degli uomini; dalle piccole circostanze della vita giornaliera possono scaturire torrenti di gentile e passionata poesia [...] Resta tuttavia sempre vero che la forma più idonea ad estrinsecare questa speciale maniera di vedere [...] dev'essere la più naturale e la più semplice: tanto che possa parere che in nessun'altra migliore e più naturale guisa si potessero esprimere quei medesimi concetti anche in prosa, e parlando quasi domesticamente[25].

E del suo stile dice: «è così naturale, così ovvio, così spoglio d'ogni ricercatezza che sembrerà generalmente una cosa detestabile»[26].

Sembra che questa proposta non sia altro che lo svolgimento di

---

[23] V. Betteloni, *Opere complete*, a cura di M. Bonfantini, 4 voll., Milano, Mondadori, 1946-1955. L'edizione sarà indicata con B.

[24] B, I, 443.

[25] B, IV, 434, 435.

[26] B, IV, 431.

una intuizione assai vivace che si trova in una lettera del 1867, per cui convien far

versi piccini, nudi, senza pompa, nascondervi i momenti più solenni del nostro cuore, le sue più fini aspirazioni, mi pare un'arte squisita: io ne vado pazzo. Io vorrei tutto semplice, tutto piano, tutto breve, senza orpello, senza grande *toilette*. Io amo il nudo [27].

In realtà questa poetica non è (come credeva di essere) né verista, né positivista: Betteloni era un uomo del suo tempo e voleva una poesia del suo tempo, liberata da tante macchine storiche e memorie, ma anche sciolta da quelle che egli considerava le «bizzarrie e demenze» degli innovatori, dei simbolisti. Egli avvertiva il sistema di questa poesia in un *modo particolare di vedere*, che si esprime in un *parlare quasi domesticamente*, in un accendersi delle cose semplici e naturali, del cuore e delle aspirazioni nella *luce del vero*. Si rilegga – tutta – la prefazione a *Crisantemi* e si vedrà come, per Betteloni, l'idea del verismo non sia che questo problema della poesia nuova, che l'esigenza di un'adeguazione dello stile alla situazione mutata dell'uomo, e la volontà di una poesia «nata con l'intuizione dei "nuovi tempi"», anche se, nello stesso tempo, «imparata fin da ragazzo sui classici»: la scoperta, infine, di una poesia delle piccole cose, niente affatto ancora intrise di lagrime crepuscolari, tali invece che si faccian cogliere in una improvvisa «luce ideale». Così questa poetica appar tale da poter esser collocata insieme a quelle che abbiam detto *poetiche dell'irrazionale*; in essa gli accenti scientisti sono solo una patina superficiale: e difatti, il «vero» di Betteloni non è quello della scienza: è un gesto di «gentilezza» che circonda le cose, gli oggetti particolari, le «piccole circostanze della vita giornaliera», un sentimento di affettuosità che le scalda e le avviva. Le «piccole cose» della poetica di Betteloni formano ancora un universo nei suoi limiti pacato, disteso, sicuro; ben presto anche in questo minimo mondo di realtà quotidiana si mostreranno i segni della nuova inquietudine [28].

---

[27] B, IV, 431.

[28] È ben vero il giudizio di Bonfantini che la poesia del Betteloni, per cui negli anni giovanili il poeta si sentiva vicino al Praga, e magari si prospettava il proposito di una nuova scuola «borghese» con Praga, Boito, Zendrini..., si fece sempre più rigida: *dalle posizioni originarie (e originali) così vive e così audacemente innovatrici*, ROMANTICO-VERISTE, *essa si trasferì gradatamente agli schemi tradizionali e generici di un* CLASSICISMO-REALISTA. Ma non manca un tono comune. Betteloni aspirava ad un gesto «borghese», sano, disteso: e qui è la sua fedeltà, la sua continuità. Anche se non lo fu di fatto, avrebbe voluto essere razionale, positivo; si pensi alla immagine che egli ebbe e volle dare di sé: «nessuna sovraeccitazione del cervello», «mente,

Discorso analogo si potrebbe fare a proposito del milanese Pompeo Bettini [29] «socialista idillico» e traduttore del *Manifesto dei Comunisti*. Con una sapienza letteraria molto nascosta egli raggiunge risultati di estrema semplicità, operando una sorta di affabile riduzione da modelli più turgidi, più robusti:

> Poiché ridi al destino
> che ti porta lontano,
> va per il tuo cammino,
> non toccarmi la mano.
> La più leggera brezza
> porta anche l'onde a spiaggia;
> quand'una vi si spezza
> un'altra là viaggia.

(*Primi versi*, XI)

Ed ecco la poetica dell'idillio del Bettini, la giustificazione dei suoi modi dimessi e attenuati, non senza una loro luce discreta pur nella trattenuta disperazione:

> È così che contemplo questo bel ciel d'estate.
> Non son triste, ma volli punire il mio desir:
> colla mano sul cuore, colle ciglia calate
> ho pensato al futuro, ho pensato al morir.
> Io non tento di piangere, so che il raggio del sole
> scioglie nelle mie lagrime i suoi sette color;
> so che il sol ride sempre, anche se il destin vuole
> ch'io presto chiuda gli occhi che vi bevon l'amor.
> So che la terra ignora cosa le nasce in grembo
> e protegge le vite che senza duol creò;
> essa tien le radici delle piante se il nembo
> scoppia, e ancor vi si attacca se il nembo le strappò.

forse mediocre, ma sanissima e lucida» (B, I, 440 ss.), uno, poi, che non s'atteggia a critico o maestro, anzi uno che tutta la vita «non ha fatto altro che leggere», un lettore, un buongustaio, un dilettante; si ricordi il suo ideale di prosa: «la lingua [*formata*] sui classici, lo stile sui francesi» (B, III, 79) (e per francesi intendeva soprattutto gli illuministi, e ricordava Voltaire, Diderot, Rousseau...); e si veda (in B, III, 13 ss.) lo scritto sulla *Chiarezza dello scrivere* (1901), come meditata naturalezza e probità della letteratura, con la condanna della «maniera di scrivere ricercata e assai poco naturale, usata, tranne pochissime eccezioni (il Machiavelli, il Cellini) da tutti i nostri autori fino al Manzoni»; e in questa luce s'intenda il suo rifiuto dei simbolisti; e il suo aspro, fulmineo, sicurissimo giudizio negativo sul D'Annunzio...

[29] P. Bettini, *Le poesie*, a cura e con introduzione di B. Croce, Bari, Laterza, 1942. E ora si veda: P. Bettini, *Poesie e prose*, a cura di F. Ulivi, Bologna, Cappelli, 1970, con apparati utili e accuratissimi.

So che nei mari azzurri, nella campagna verde,
nel biancheggiare stanco delle grandi città,
l'opera dei mortali è un rumor che si perde
e che poco ne giunge alle future età.
Poiché so di morire la mia scienza è compita:
nulla è per me il futuro e nulla quel che fu.
Quale speranza debbo domandare alla vita?
Quale mortal bellezza posso amare qua giú?

(*Primi versi*, XXIV)

Il Betteloni e il Bettini non mancano di preparare la «poetica delle cose» verso il suo destino crepuscolare. Preparano strumenti, tecniche, modi di organizzare la parola, risorse letterarie, non senza qualche intenzione morale. Intanto il romano Gnoli, poi ringiovanito in Giulio Orsini[30], insieme ad altri poeti della ritardata «Scuola romana», distendeva le aspre inquietudini dei tempi della nuova poesia in un «assillo – della cura quotidiana degli uomini», e in un contatto vivo e diretto con la natura. Ma, non senza qualche ombra di gioco, in *Apriamo i vetri!* egli sembra, alla fine, presentire ben altri ardimenti:

Giace anemica la Musa
sul giaciglio de' vecchi metri.
A noi, giovani, apriamo i vetri,
rinnoviamo l'aria chiusa!

L'antico spirito? È morto.
Entro al sudario della storia
sta nel mausoleo della gloria:
e Lazzaro solo è risorto.

Pace alle cose sepolte!
e tu pure sei morto: il vento
dell'arte non gonfia due volte
la tua vela, o Rinascimento;

il vento ch'or le chiome carezza
fumanti delle vaporiere,
le chiome lunghe e nere
della novella giovinezza.

---

[30] G. Orsini (D. Gnoli), *Poesie edite ed inedite*, Torino-Roma, Soc. Tip. Ed. Naz., 1907; *Fra terra ed astri*, Roma-Torino, Roux e Viarengo, 1903; *I poeti della scuola romana*, Bari, Laterza, 1913.

O padri, voi foste voi.
Sia benedetta la vostra
memoria! A noi figli or la nostra
vita: noi vogliamo esser noi!

Sul ritmo del nostro core i canti
modular, se la gioia trabocchi,
vogliamo piangere co' nostri occhi
le amarezze de' nostri pianti.

Apriamo, o giovani, è l'ora!
Entri la freschezza pura
della palpitante natura,
entrino i brividi dell'aurora

nella chiusa stanza. Oltre i monti
son altri monti, oltre i piani
son altri piani, e più lontani
cerchi di più larghi orizzonti.

Che voci nuove dall'infinita
vastità de' nembi e degli azzurri?
Lïuteggiano nuovi susurri
dalle profondità della vita,

dalle profondità selvose?
Al pigolìo de' nidi risponde
il tremolìo delle fronde,
il fremito delle cose.

Col lume del grande occhio nero,
del grande occhio fascinatore,
ci attira oltre gli spazî, oltre l'ore
la fatalità del mistero.

Osserva giustamente il Baldacci [31] che gli scritti letterari di Gnoli
«hanno scarsa attinenza con la sua poesia», e soprattutto con il suo
significato nella cultura poetica contemporanea; anche la prefazione
alla antologia della «scuola romana» [32] ha solo il pregio di un ricordo

---

[31] [L. Baldacci (a cura di), *Poeti minori dell'Ottocento*, vol. I, Milano-Napoli, Ricciardi, 1958, p. 1196].

[32] Nello scritto introduttivo (p. 20) alla raccolta dei *Poeti della scuola romana*, Gnoli osserva che l'apparente uniformità di tali poeti più che in «qualità positive» consiste nell'escludere «certe influenze romantiche», per cui non si poteva «parlare di Byron e di Victor Hugo,

letterario talora vivido con ritratti di qualche sicurezza di mano e figure; qualche cosa di utile si legge nello scritto introduttivo (1903) a *Fra terra ed astri*[33]; resta il fatto che il primo «a varcare» veramente «la soglia del secolo» fu proprio questo «vecchio», che portò qualche tono diverso dal Pascoli e dal D'Annunzio ormai dominanti; e che, da ultimo, non senza qualche verità, si avvicinò alla moralità e al gusto dei Crepuscolari.

4. Forse è inutile continuare nella descrizione minuziosa e particolare delle varie forme di consapevolezza poetica in cui la fine del secolo si qualificò. Se pure vi possono essere variazioni e sfumature, il quadro è abbastanza esauriente e chiaro. Le poetiche della «fine del secolo» si muovono tra una fiducia nella Ragione e un rifugio nell'Irrazionale nel senso che s'è visto; ma si muovono anche tra un tentativo di recupero della tradizione in una sorta di restaurazione classicistica sullo sfondo di una cultura scientista, e fu l'impegno del Carducci e dei suoi; e un tentativo di riscoperta della modernità in un tardo recupero romantico nell'esperienza della crisi dell'uomo nello scientismo, e sembra davvero che qui gli Scapigliati abbiano operato con una consapevolezza più acuta che non tutti gli altri movimenti e personalità. Il fatto è che nella seconda metà dell'Ottocento l'illustre tradizione italiana che ancora risuonava viva nell'opera del Foscolo e del Leopardi sembra – tutti gli studiosi con diversi accenti son d'accordo su questo punto – sembra essersi fatta per così dire lontana, e come esaurita. L'Italia dell'Unità doveva porre un nuovo segno davanti all'idea di tradizione, rielaborarla nel nuovo sentire della nazione che si veniva facendo, e, infine, darle un nuovo senso, una nuova intenzione, e anche nuove e coerenti istituzioni letterarie. D'altro canto bisognava recuperare tutto un tempo perduto: il tempo della modernità più profonda e segreta; e i passi che altre nazioni avevan compiuto nei secoli dovevan esser fatti rapidamente, e come d'un tratto. Difatti, tradizione e novità si condizionano reciprocamente. Una tradizione salda e sicura di sé è la prima condizione di una novità consistente, di un rinnovamento continuo e organi-

---

né della ballata fantastica, e neppure de' nuovi metri del Manzoni e del Berchet».

[33] Pur tra osservazioni genericissime, vi si legge: «Una sola ragione può giustificare la produzione nuova [di poesia], cioè l'essersi formata una nuova coscienza poetica che domandi l'alimento di una poesia più consentanea al presente suo essere. Ogni nuova poesia deve, dunque, esprimere una nuova coscienza, o un aspetto di essa, in quanto differisce da quello delle età passate». Quanto alla «individualità» del poeta, essa «deve muoversi e girare dentro l'anima poetica del tempo nuovo, come girano l'una dentro l'altra due palle cinesi».

co di esatta misura; e come le altre nazioni avevano tradizioni unitarie consolidate, il nuovo vi appariva vividamente attivo e significante. In Italia tutto ciò era in crisi; e se si vuole altra riprova della travagliata situazione si badi al rinnovamento del linguaggio poetico. In modo necessariamente un po' schematico, ma tuttavia assai indicativo, è stato detto che nella fine del secolo: «Rispetto al linguaggio e a qualsiasi altro atto formale, due sono le componenti che reciprocamente si aiutano o si intralciano (fondendosi solo in qualche raro esempio)... Nella prima predomina un carattere di *fedeltà al decoro letterario dell'alta tradizione italiana*; l'altra, per contro, si fonda sul *bisogno di un rinnovamento in senso realistico*, bisogno particolarmente avvertito in una età di intensi rivolgimenti storici e politici». L'osservazione testimonia di un duplice disagio: della *tradizione* (ridotta al *decoro*) e del *rinnovamento* (piuttosto *bisogno* che *risultato*), e tale considerazione attraverso i rilievi fatti nella lingua poetica non è che un altro aspetto del duplice disagio che abbiamo indicato nei rilievi intorno alla dottrina letteraria. Il limite di queste poetiche fu di esser nate in un ambiente tutto incerto, e, in un certo senso, indeterminato; così rispetto alle culture contemporanee d'Europa furono passive, e non attive; accettarono e rielaborarono, ma non contribuirono al movimento delle idee; infine, furono illeggibili fuori di un contesto storico minore, in cui solo avevano un significato. Sono i caratteri tipici di ciò che in ogni arte diciamo provincialismo; e in questo senso la vivace analisi del Binni in *Poetica del decadentismo* è tutta accettabile. Qualcuno chiede che si considerino questi autori secondo un metodo di lettura «concretamente storico», nel senso che sia «senza riferimento ad una civiltà letteraria extraitaliana». Ma prima di tutto sembra proprio che l'idea stessa di «storia concreta» implichi per se stessa una storiografia aperta a tutte le relazioni. In secondo luogo, la particolare indole di queste poetiche – non prive di un loro eclettismo – *esige* per se stessa il rilievo dei loro rapporti con la cultura europea. In terzo luogo, non par possibile parlare di letteratura, e soprattutto di quei sensibili nessi storici e culturali che son le poetiche, senza la consapevolezza che le civiltà d'Europa sono tra loro complementari. Sembra chiaro, per altro, che sotto quella discutibile richiesta si nasconde una esigenza legittima; e cioè il proposito di rendersi conto del significato della «fine del secolo» nel nostro paese, nella sua situazione storica particolare. Per quel che si è visto fin qui, possiam dire che si trattò di un periodo che nello squilibrio dell'arte figurò lo squilibrio della cultura: tanto che nei confusi grovigli delle sue diverse intenzioni, la poetica finì, come accade in questi casi, in una sorta di eclettismo di cultura composita. Il Graf, con le sue note contaminazioni, ne fu l'esempio più evidente. Per altro in tutto ciò vi è il segno di un inquieto sforzo, che ebbe un suo compito di liberazione e di movimento, di promozione e di sollecitazione. Gli esiti furono scarsi, minori, umbratili, difficili da scoprire e «difficili da amare». Ma si determinò un'attesa; si posero i problemi della situazione nuova; si indicarono, sia pure ancora oscuratamente, certe vie; e così si prepararono la sensibilità e il gusto a nuovi eventi; infine, si prepararono nuove tecniche operative, nuovi strumenti di lavoro, nuove intuizioni non senza una intenzione morale che fruttò poi. Senza queste premesse che condizionano gli sviluppi futuri, la comprensione di ciò che venne dopo – e anche di ciò che diciamo «lirica del Novecento» – appare limitata e imprecisa.

PARTE SECONDA

L'IRRAZIONALISMO DELLA «FINE DEL SECOLO»

III

POETICA DELLE «COSE» ED ESTETISMO

1. Dopo il Risorgimento il nostro paese ebbe, come si è visto, due fondamentali situazioni o direzioni di poetica: la poetica della *fiducia nel razionale*, e quella del *rifugio nell'irrazionale*. Sorte tutte e due nella cultura positivista della fine del secolo, ebbero alcuni motivi comuni: per altro, la prima identificava l'umano con il razionale, e il razionale con lo scientifico e il progressivo: e così si ebbe la poetica carducciana con i suoi contenuti privilegiati e i suoi condizionamenti formali; o si giunse, con il Labriola, addirittura, alle affermazioni della morte dell'arte, come morte *storica*, come fine di un oscuro mito che dilegua di fronte alla chiarezza della scienza; la seconda, invece, indicò una situazione di dissidio senza composizione, e, cioè, l'insoddisfazione, la protesta di chi si sentiva costretto entro i limiti della riduzione allo scientifico, senza trovare, per altro, nuovi significati che consentissero di uscire dalla situazione intollerabile. Sono due direzioni in cui si mosse la cultura del tempo; e il loro tono – nessuno forse lo avvertì meglio di Renato Serra quando ricorda i suoi anni giovanili alla Università di Bologna – si rintraccia anche nelle forme concrete della vita della nazione: nella politica, nella morale, nel costume. Con le confuse contaminazioni tra scienza e religione del suo spiritualismo modernista, il Fogazzaro, se non altro, ne è un indice; e, quanto al Pascoli e al D'Annunzio non vi è dubbio che essi abbian sentito le urgenti ragioni di tutte e due le poetiche; essi, di fatto, le portarono in sé, non senza giungere a singolari innesti e mistioni, con una vaga speranza di uscir dal dissidio, di proporre nuovi significati; in ogni caso, prevalsero sempre i motivi di crisi, i motivi di irrazionalismo. Del Pascoli già un critico come il Russo ha detto

autorevolmente che «fu un *positivista* che passava al *misticismo*» [1] come per sollevarsi; e l'osservazione indica acutamente i poli di una situazione aperta, il cui contrasto, se non in altro, si risolveva talora nell'atto della poesia.

2. Si fa bene a consigliare cautela nel trattare le idee dei poeti, sempre, e in particolare quelle pascoliane. In nessuna delle molte accezioni in cui la parola può esser presa nei suoi vari referenti di significazione logico-razionale Pascoli fu un filosofo. I suoi pensieri sono intrisi di emozione, e vogliono esserlo: son pensieri che hanno non so che vibrazione lirica ed affettiva della parola, non so che immediato alone di trepidazione e di effusione, e già aspirano all'immagine, e quasi a vivere nella poesia. Vedremo il senso teorico di questo suo stile. Per altro, converrà anche dir subito che il Pascoli ebbe chiara coscienza della sua situazione di poeta, sempre, e come pochi, forse, in quegli anni. È difficile negarlo, anzi si può dire che, nei suoi modi, egli accompagnò riflessivamente il suo fare poetico; che egli seppe coglierne l'innovazione; e che le sue considerazioni sono spesso chiarimento di un modo di fare, di un sistema operativo, la cui conoscenza ci permette di penetrare acutamente nella sua poesia [2]. Anche per il Pascoli il rapporto poesia-poetica è rivelatore. Se fissiamo alcune date vediamo sùbito come un indugio metodico sugli scritti letterari, le prefazioni, le proposte dottrinali ed ideali, se si tengan presenti anche i tempi del suo lavoro di poesia, sveli presto la sua utilità, indichi, cioè, la possibilità di seguire lo svolgersi di una consapevolezza della poesia, parallelo agli interni svolgimenti dello stile. Sarebbe certo pretestuoso esigere dal Pascoli dottrinale un tipo di rigore – il rigore, p.e., logico-dimostrativo – che non è nella sua indole. In quest'ordine egli operò – e lo fece consapevolmente – secondo una diversa ragione di rigore: il rigore interno della poesia; e così egli, cercò la propria coerenza nell'avvertire la critica in continuo scambio

---

[1] [L. Russo, *Politica e poetica nel Pascoli*, in *Il tramonto del letterato*, Bari, Laterza, 1960, p. 419].

[2] [Per *Tutte le opere* pascoliane, si veda l'edizione Mondadori, che consta di due volumi di *Poesie* (1939, 1958[9]), di due di *Prose* (1946-1952), a cura di A. Vicinelli (il primo vol. è dedicato a *Pensieri di varia umanità* e il secondo, in due tomi, raccoglie gli *Scritti danteschi* e di un volume di *Carmina*, curato da M. Valgimigli (1951). Di più agevole consultazione la ristampa delle *Poesie*, in 4 voll., sempre a cura di Vicinelli (Milano, Mondadori, 1968, 1981[3]) e le seguenti antologie: *Poesie*, a cura di L. Baldacci, Milano, Rizzoli, 1974; *L'opera poetica*, a cura di P. Treves, Firenze, Alinari, 1980; *Saggi di critica e di estetica*, a cura di P.L. Cerisola, Milano, Vita e Pensiero, 1980. Infine, si segnala l'ampia e ottima silloge commentata delle *Opere*, a cura di M. Perugi, 2 voll., Milano-Napoli, Ricciardi, 1980-1981. Una raccolta di *Testi teatrali inediti* è stata curata da A. De Lorenzi, Ravenna, Longo, 1984].

con la poesia, quasi come un affiorare di consapevolezza riflessa dall'interno della poesia stessa con i suoi moventi e i suoi propositi: per tal modo, egli delineò una zona di intenzioni, entro le quali la sua poesia – la novità della sua poesia – trovò i suoi incentivi, e così visse, e così si nutrì. Ecco: 1892. In uno scritto pubblicato sul «Fanfulla della Domenica» già il Pascoli parla di «poesia» delle «cose», di «cose e fatti poetici di per sé, come vi sono gemme e fiori», e aggiunge: «La meraviglia, ecco il segreto», «ecco anche perché il poeta vero assomiglia ai bambini»[3]. Del 1894 è l'intervista concessa all'Ojetti in cui il poeta dichiara che, per rinnovare, come gli pareva necessario, la poesia italiana era conveniente pensare ad uno svecchiamento del lessico[4]: la «campagna», per esempio, è per solito descritta dai nostri poeti «convenzionalmente», «un po' di botanica e di zoologia non farebbe male» e, a proposito del D'Annunzio, a correttivo, quasi, della sua maniera aulica e preziosa, invocava, non senza un sorriso, «qualche buona infusione di dialetto»[5]: *poesia delle cose* ritrovata nella *maraviglia* dello sguardo del *fanciullino* e nella esattezza del *nome*: c'è già qui *in nuce* tutta la poetica del Pascoli quale si svelerà nel *Fanciullino* e nel *Sabato*; e c'è anche una chiara – se pure non ostentata, anzi discretissima – presa di posizione di fronte al Carducci, e al «fratello» D'Annunzio, e alla tradizione come era allora intesa. Fin da questi primi accenni dottrinali sembra proprio che non manchi nel Pascoli una consapevolezza attiva della innovazione che egli intese portare, e di fatti portò, in quegli anni, nella poesia del nostro paese.

3. *Poesia delle cose, cose e fatti poetici in sé, esattezza* lessicale tra la *scienza* e il *dialetto, maraviglia, infanzia*: su questi temi si articola

---

[3] G. Pascoli, *Per un poeta morto*, in «Fanfulla della Domenica», 6 novembre 1892. [Ora lo si legge in G. Pascoli, *Saggi di critica e di estetica*, cit., pp. 46-50 (le citazioni alle pp. 46, 47)].

[4] G. Pascoli, *Intervista a Ugo Ojetti* (settembre 1894) [in U. Ojetti, *Alla scoperta dei letterati*, Milano, F.lli Dumolard, 1895, pp. 139-50; ora lo si legge in G. Pascoli, *Saggi di critica e di estetica*, cit., pp. 52-8 (le citazioni a p. 57)].

[5] E aggiungeva [*ivi*, in *op. cit.*, pp. 55-6]: «Io penso che le nostre condizioni sociali sieno in gran parte simili a quelle dell'impero romano [...] Allora Virgilio ed Orazio chiedevano e cantavano l'amore alla campagna, la diffusione della ricchezza, l'*aurea mediocritas* [...]. Questo io pure canto [...]. Si ha ragione a dire la poesia attuale essenzialmente lirica e soggettiva. Il Carducci, cui è stata data lode di esser oggettivo, non lo è mai [...] Del resto, dal lato formale io non credo che il poemetto in forma epica sarebbe disdegnato dall'età nostra; ma bisognerebbe che fosse, secondo me, di soggetto umile, spesso campestre [...] Ma [...] bisognerebbe evitare ogni pastorelleria d'arcadia, bisognerebbe essere semplici, sinceri, umili, bisognerebbe adattarsi al soggetto... [...] La retorica, che anche nelle poesie del Carducci è stata *magna pars*, ora scompare lentamente».

la poetica pascoliana del *Sabato* (1896) e del *Fanciullino* (1897) con una coscienza, come s'è detto, abbastanza chiara della situazione della poesia, delle esigenze che da tale situazione della poesia si proponevano, e del contributo che la nuova poesia dava – e intendeva dare – agli svolgimenti della lingua poetica[6]. Il vero tessuto che lega tra loro con gesto significante i fili connettivi della riflessione – una riflessione che sorge evidentemente dalla immediatezza dell'esperienza con intonazione piuttosto idealizzante che precettistica – si ha solo con una lettura integrata e degli scritti critici e poetici e dei risultati della poesia: del *Sabato* e del *Fanciullino*, delle prefazioni a *Myricae* (1894), ai *Primi Poemetti* (1897), ai *Canti di Castelvecchio* (1903)..., degli scritti premessi a *Lyra* ed a *Epos*, da un lato, delle poesie più rivelatrici del suo modo di organizzazione verbale, dall'altro. Qui converrà introdurre l'argomento ricordando la famosa immagine del *Fanciullino*, di un Omero «vecchio» e «cieco», condotto come per mano da un fanciullo, che «vede» anche con gli occhi di un «fanciullo intimo» (F, v). Egli veniva narrando luoghi, e vicende, e battaglie, e

Ne parlava a lungo, con foga, dicendo i *particolari* l'uno dopo l'altro e non tralasciandone uno. (F, ii).

Ecco: la volontà di esattezza verbale si fa culto del particolare; e di qui la tematica del *Sabato*, con quelle curiose osservazioni circa l'«errore dell'indeterminatezza» in Leopardi, e nella nostra tradizione, per cui:

a modo d'esempio, sono generalizzati gli ulivi e i cipressi col nome di alberi, i giacinti e i rosolacci con quello di fiori, le capinere e i falchetti con quello di uccelli. (S, ii).

Con le altre coerenti osservazioni su Leopardi, l'elogio degli uccelli, e la poesia: «Ciò che ne dice, è troppo generico, lasciando che non è tutto esatto» (S, iii) con quell'invocazione al particolare esatto, esattissimo, in ogni modo determinato, che si fa per se stesso poetico, la cui energia poetica si dà, appunto, soprattutto, nella determi-

---

[6] I due scritti saranno successivamente indicati con le lettere S e F, seguite dal numero del capitolo da cui si cita. [*Il Sabato* è il testo di una lettura pascoliana di Leopardi tenuta a Firenze il 24 marzo 1896. Inizialmente pubblicato, col titolo *Giacomo Leopardi*, nel volume *La vita italiana durante la Rivoluzione francese e l'Impero*, Milano, Treves, s.d., fu poi inserito, con lievi varianti e poche aggiunte, sotto il nuovo titolo, nel volume *Miei pensieri di varia Umanità*, Messina, Muglia, 1903 e, successivamente, in *Pensieri e discorsi*, Bologna, Zanichelli, 1907.

natezza dentro un occhio stupito di fanciullo che vede le cose come per la prima volta.

La scrittura, lo stile del Pascoli nella prosa non ha (lo si è detto) la severità del discorso logico-razionale, ma non è neppure mera immaginosità, alogicità, o quel che si dice, secondo una certa pronunzia, sfogato lirismo. In realtà, esso assume *in limine* la lingua in un particolare accento simbolico-affettivo in cui l'immagine vive nell'idea e l'idea nell'immagine, e l'immagine è piena di trepidazioni, di slanci, di ritorni su se stessa, di inquietudine ansiosa; non senza gesti auto-affettivi e compiacimenti di compenso. È una prosa, comunque, in cui immagine e idea inscindibilmente si connettono tra loro, e propongono una maniera di nesso logico-emotivo che si mostra capace di istituire i significati generali rifiutando categorie logico-intellettuali e concettualizzazioni generalizzanti, servendosi invece di trasposizioni simboliche e movimenti analogici. Un linguaggio, certo, secondo gli analisti contemporanei, «non verificabile»; ma non per questo insensato. Prima di tutto è l'esempio di un modo particolarissimo di comunicazione che tende a compromettere il lettore in una complicità emotiva; in secondo luogo, offre i modi di una particolarissima maniera di sentire, e se non la si penetra si resta esclusi da tutta una esperienza, una regione dell'esperienza espressiva; e, infine, essa giova – non vi è dubbio – a dichiarare, se non altro, i motivi e i limiti di una situazione storica della poesia. Ancora nel *Fanciullino* (XIV) Pascoli dirà:

La poesia consiste nella *visione d'un particolare* inavvertito, fuori e dentro di noi.

E nel *Sabato* (II) aveva detto:

La poesia è nelle cose: un certo etere che si trova in questa più, in quella meno, in alcune sì, in altre no. Il poeta solo lo conosce, ma tutti gli uomini, poi che egli significò, lo riconoscono. Egli presenta la visione di cosa posta sotto gli occhi di tutti e che nessuno vedeva.

E, dunque, ai termini generici di una tradizione che circonda le

---

Anche *Il fanciullino* fu pubblicato dal Pascoli per la prima volta nel 1903 nel citato *Miei pensieri...* (nonché nel successivo, pure citato, *Pensieri e discorsi*), ma le sue parti essenziali – corrispondenti, salvo pochi tagli e lievi modifiche, ai primi otto capitoli del testo integrale e definitivo oggi noto – erano state anticipate sul «Marzocco» nel 1897, col titolo *Pensieri sull'arte poetica*. Entrambi gli scritti si leggono, ora, tanto nel tomo I di *Prose*, cit., quanto nel vol. I di *Opere*, cit.].

parole di una spaziosa solitudine, egli opporrà il gremito dei suoi nomi precisi, e all'espressione generica "il canto degli uccelli", preferirà, volta a volta, le esatte dizioni:

Canti [...] di pettirossi, di capinere, di cardellini, d'allodole, di rosignoli, di cuculi, di assiuoli, di fringuelli, di passeri, di forasiepe, di tortori, di cincie, di verlette, di saltimpali, di rondini e rondini e rondini che tornano e che vanno e che restano[7].

O, come dice nella *Prefazione* ai *Primi Poemetti*:

Quelle verlette (sono venute da poco a portare il caldo), quelle canipaiole (vennero quando c'era da seminar la canapa; vennero a dirlo ai contadini)... E non abbiamo sempre udito cantar gli sgriccioli, che hanno tanta voce e sono così piccini?[8]

Una poetica del «particolare», delle «cose» determinatissime s'intreccia qui ad una poetica del «fanciullino» e della «visione»[9]. Il comportamento della poesia non è quello della logica, evidentemente, secondo Pascoli; e nemmeno nei suoi modi riflessivi un poeta siffatto può procedere con modi dimostrativi: egli non può che seguire un metodo caro ai mistici, al loro modo visionario di avvertire la verità, al loro procedimento *via negationis*; e là dove essi seguono una *teologia negativa*, propone una sorta di *poetica negativa*: definire la poesia per mezzo di ciò che poesia non è. Di fatto, ecco, per Pascoli, la poesia, se non è irragionevole, *non è* nemmeno razionalità, non

---

[7] [Così si legge nella *Prefazione* ai *Canti di Castelvecchio*, di cui si veda l'ed. commentata a cura di G. Nava, Milano, Mondadori, 1983 (ma anche l'antologia a cura di M. Perugi, *Dai «Canti di Castelvecchio»*, Milano, Ricciardi, 1982)].

[8] [Si veda l'ed. commentata dei *Primi poemetti*, a cura di G. Leonelli, Milano, Mondadori, 1982].

[9] Intorno al sentimento *della* poesia che il Pascoli manifestò *nella* poesia si leggano in *Myricae* i due gruppetti di brevi composizioni raccolte sotto i titoli *Le pene del poeta* e *Le gioie del poeta*: si tratta di una frammentaria traduzione in versi delle idee e delle immagini del *Fanciullino*. Ecco: «Tu, poeta, nel torbido universo / t'affisi, tu per noi lo cogli e chiudi / in lucida parola e dolce verso; / / sì ch'opera è di te ciò che l'uom sente / tra l'ombre vane, tra gli spettri nudi...». Così ne *I due fuchi*. E poi nel *Cacciatore*: «Frulla un tratto l'idea nell'aria immota; / canta nel cielo. Il cacciator la vede, / l'ode; la segue: il cuor dentro gli nuota. / / Se poi col dardo, come fil di sole / lucido e retto, bàttesela al piede, / oh il poeta! gioiva; ora si duole [...]». E nel *Mago*: «[...] Dice, e l'aria alle sue dolci parole / sibila d'ali, e l'irta siepe fiora. / Altro il savio potrebbe; altro non vuole; / pago se il ciel gli canta e il suol gli odora...»; nel *Miracolo*: «Vedeste al tocco suo, morte pupille!» o nel *Contrasto*: «... Un cielo io faccio con un po' di rena / e un po' di fiato. Ammira: io son l'artista». [Per *Myricae* si vedano l'ed. critica (Firenze, Sansoni, 1974) e quella integrale commentata (Roma, Salerno, 1978), entrambe a cura di G. Nava; ma anche l'ed. a cura di P.V. Mengaldo, con note di F. Melotti, Milano, Rizzoli, 1981].

procede per sillogismi, non tende a convincere la mente; anzi, può dar come un abbacinamento che distrae dalla pura razionalità (F, IV); *non è* moralità, non tende a persuadere la nostra volontà: il poeta non persuade, è persuaso; *non* si propone fini pratici, e pertanto non è oratoria: l'oratore abbaglia gli occhi, il poeta *illumina la cosa* (F, IV), l'oratore si propone fini pratici che il poeta disdegna. Né razionalità, né moralità, né praticità, la poesia ha una struttura sua propria, un suo proprio «modo di ragionare»: essa ci trasporta nell'«abisso della verità» immediatamente, «senza farci scendere a uno a uno i gradini del pensiero» (F, IV); ed ha la forza di una visione «per cui» si vede «tutto con maraviglia, tutto come la prima volta» (F, V), ed è visione che comunica capacità di vedere: essa procede col porre «relazioni più ingegnose», e procura uno «stupore» (e già aveva detto «maraviglia») di rivelazione. Lo «stupore» si ottiene attraverso una sorta di conoscenza analogica «come di chi due pensieri dia per una parola» sola (F, III); e qui cade giusto il rilievo di una osservazione pascoliana a proposito di un verso dantesco:

che paia il giorno pianger che si more.

Il «paia» in questo verso figura – secondo Pascoli – superfluo: esso è già implicito e tutto assorbito nel «vedere», e, dunque, l'analogia può giungere a eliminare certi nessi logici; ma si badi, nello stesso tempo, anche alla dichiarata necessità di un linguaggio non imperfetto, anzi esatto, particolare, oggettivo, costitutivo di simboli. E così meraviglia, intensità analogica, forza visionaria son qualità della poesia che esaltano e sollevano la precisione, l'esattezza, la particolarità dell'emozione. È l'ideale di una «poesia pura» (F, XII), anti-antiletteraria, non esornativa, non moralistica, non oratoria, non didascalica... anzi, con i suoi procedimenti elittici e simbolici, tutta diretta, tutta visiva. Il vero segreto della poesia non sta già nel ritmo o nella rima, ma in una improvvisa rivelazione del mondo, di un mondo sempre rinato (F, V) ogni qual volta sia veramente visto, senz'altro fine che la visione e la poesia, anche nell'intensità del ricordo: «Il ricordo è poesia, e la poesia non è se non ricordo», si legge nella *Prefazione* ai *Primi Poemetti*. E così vi è un modo di vedere pratico, quotidiano, insipiente, e uno rivelatore ed illuminante, ed è quello del poeta. La poesia sociale, la poesia civile, la poesia patriottica dan presto nel pragmatico e nell'oratorio, e così la poesia moralistica: solo la *poesia pura*, la poesia in sé si rivela veramente educatrice; per essa l'impoetico è il male (F, X)... Infine, la poesia come modo di vedere il mondo attraverso il particolare (gli oggetti) e attraverso l'analogia (pensieri associati per somiglianza...) appare una maniera *sui generis* di conoscenza visionaria e rivelatrice: pertanto il poeta appare come «l'Adamo che mette il nome a tutto ciò che vede e sente» (F, III), e ancora: «in verità, non è egli l'Adamo che per primo mette i nomi?» (F, XIV). Poetare è un modo particolare di vedere che ha l'intensità dell'occhio del fanciullo, la sua implacabile evidenza, la sua inventività... un modo di vedere per nominare, e appunto il particolare determinato determinatissimo ha la massima energia poetica nella massima energia nominale. Come è chiaro, in questi pensieri lo sfondo dottrinale è positivista, ma da esso si stagliano, intrico in quegli anni non raro, sia pur privati delle loro metafisiche ragioni, motivazioni e strutture, metodi e suggerimenti neoplatonici in una loro pronuncia nuova, si direbbe, appunto, *irrazionale* [10].

4. Nel Pascoli si avrebbero gli ultimi echi della poetica romantica? In lui continuano motivi romantici (l'irrazionalità dell'operare poetico o l'idea della struttura simbolica della natura) e anche vi è come una eco vaga di simbolismo (la *poesia pura* nella sua forza rivelatrice, analogica), ma esse han cambiato segno, vivono in altre relazioni di cultura. Il referente di significazione culturale più certo è, di fatto, il momento della crisi della poetica del positivismo nella insoddisfazione dei limiti che essa impone, e nel rilievo delle esigenze che essa non riesce a comprendere. Le date dichiarano un ritardo nel nostro paese in questo rilievo; comunque, la crisi deflagra in improvvisi

---

[10] Giova qui sottolineare come la coerenza molto stretta della poetica del «fanciullino» conduca il Pascoli a una singolare maniera di lettura. Manzoni, Leopardi, Virgilio... Quanto al Manzoni, svolgendo un accenno («il virgiliano Manzoni») di una sua *Relazione* del 1894, egli lo vedrà in rapporto a Virgilio; e, nel 1896, in *Eco d'una notte mitica*, avvertirà nel Manzoni un «prender parte con un sorriso, con un sogghigno, con una lagrima a ciò che narra», un suo *imitare* da Virgilio che è un *creare* («[...] egli ha creato, e precisamente dove non si può negare che abbia imitato [...]), in una *poesia* che è *in piccole cose* («Queste piccole cose sono la poesia, solo queste: le grandi sono sovente vampate di retorica, che è una bella, bellissima arte, ma non è la poesia»), con osservazioni certo delicate, ingegnose, anche se con talune gentili forzature, qua e là, quando non con qualche vaga sofisticheria. [Lo scritto, pubblicato in «Vita Italiana» del 25 agosto 1896, si legge ora in *Prose*, vol. I, cit., pp. 124-37]. Quanto a Leopardi, egli lo vide (non senza una critica alla *indeterminatezza*, alla scarsa verità del *particolare* visiva e verbale della sua poesia) come «il poeta a noi più caro, e più poeta e più poetico, perché è il più fanciullo; sto per dire l'unico fanciullo che abbia l'Italia nel cànone della sua poesia» (S, IX). E il suo Virgilio? Letto con quegli echi di terminologia poetica (*Lucus Vergili*, IV): «Non c'è avanti a me se non il libro di Virgilio donde esce odor di terra e di sole, e freschezza d'erbe e d'alberi e di fiori; e un senso infinito di pace e amore. E per entro bombiscono api, cinguettano uccelli, belano greggi [...]». [Tale scritto, pubblicato in «Il Villaggio» del 9 e 23 aprile e del 7 e 21 maggio 1910, poi in *Antico sempre nuovo*, Bologna, Zanichelli, 1925, si legge ora in *Prose*, vol. I, cit., pp. 875-89; la citazione a p. 889].

e continui scoppi di irrazionalismo, e qui è la ragione e motivazione storica della poetica del Pascoli, ed anche il suo significato dottrinale. In ogni modo nella poesia italiana che venne dopo Pascoli i modi di trattare il simbolo furono prevalentemente due: o il simbolo si è manifestato come una maniera di *allusione analogica*, di rinvio dei significati, in cui la parola si fa mezzo di suggestioni, di incanto, di musica, e allarga la propria forza semantica con gesto rivelatore; oppure come una maniera di *forzare gli oggetti*, di caricarli intensamente di emozioni, una maniera di servirsi degli oggetti come equivalenti di determinate emozioni, di intensificare e trasportare ad altro ordine i significati attraverso associazioni dirette o indirette, inconsce e ideali. Per quanto tutti e due questi modi si possano trovare nel Pascoli, si può dire con fiducia che egli ha promosso piuttosto questa seconda, oggettiva, maniera, che quella prima, analogica. Era la via, il metodo che s'addiceva di più alla sua indole recettiva, di poeta che credeva alla natura, all'esistenza del mondo esterno, e ai misteriosi segni che si celano nei fenomeni. Col prendere un esempio in cui tale metodo sia molto evidente, potremo cogliere sul vivo un gesto poetico che poi fu ripreso da altri, e caricato di altre intenzioni:

> Come tetra la sizza che combatte
> gli alberi brulli e fa schioccar le rame
> secche, e sottile fischia tra le fratte!
>
> Sur una fratta (o forse è un biancor d'ale?)
> un corredino ride in quel marame:
> fascie, bavagli, un piccolo guanciale.
>
> Ad ogni soffio del rovaio, che romba,
> le fascie si disvincolano lente;
> e da un tugurio triste come tomba
> giunge una nenia lunga, paziente.

> (*Il piccolo bucato*, in *Myricae*)

Se vogliamo anticipare alcuni risultati della ricerca, i primi tre versi si potrebbero aggiungere alle molte prove che la critica vien raccogliendo intorno ad alcune analogie di linguaggio tra Pascoli e Montale: sembra un *incipit* montaliano, non senza una certa amara asprezza degli oggetti, dura, intensa. È ben vero che Montale s'inquieterebbe poi con i simboli e gli emblemi che son propri della sua metafisica negativa, mentre qui il Pascoli finisce nel bozzetto. In ogni caso, il Pascoli sottopone gli oggetti ad un trattamento nuovo che non è quello del Carducci, e non è quello del D'Annunzio. Non si tratta di oggetti letterariamente o storicamente privilegiati nella tensione di una ricerca di tradizione perduta, e neppure di oggetti o sciolti o esaltati in una musica preziosa, e, talora, oziosamente barbarica. Egli assume gli oggetti in un gesto insieme affettivo e naturalistico, con un'ombra talora di mistero e così in modo lirico e rivelatore. Si tratta di una ripresa, se vogliamo, del realismo, ma in un senso turbato e *fin de siècle*. Riecheggiando lo stesso Pascoli, Serra diceva:

> La poesia del Pascoli consiste in qualche cosa che è fuori della letteratura, fuori dei versi presi a uno a uno, essa è *di cose*, è nel cuore stesso delle cose[11].

Che cosa fu la poesia del Pascoli non è qui il luogo di dire; giova qui invece osservare che essa intese farsi rivelazione di essenze celate nel fenomeno, non di modelli ideali: «le parvenze velate e le essenze celate», di cui parla nel *Sabato* (II); e così nell'assumere un dato, avvertito come poetico in sé, il poeta opererà sull'oggetto con infinito accorgimento per svelarne l'essenza particolare, per renderlo sempre più poeticamente attivo, più carico. Di fatto, per il Pascoli nel suo sistema di significati il poeta non ha nulla del creatore, nulla della mitologia romantica e idealistica che a questa idea di creazione poetica è connessa. Egli, in realtà, lascia, vuol lasciare la iniziativa alle cose, e, in un primo momento, le subisce; per poi operare su di esse in un secondo momento per la costituzione del simbolo oggettivo rivelatore. In ogni caso egli deve liberar se stesso dagli idoli – tradizioni, convenzioni, abitudini, false generalizzazioni del linguaggio... – che gli impediscono di vedere, di conoscere. In questo senso, e solo in questo senso, il poeta fa studio di sé, per giunger poi a sollecitar l'oggetto, a circondarlo con gesti trepidanti e cordiali, con segni affettuosi e rare dizioni – perché si mostri. A ciò giova una ricca nomenclatura popolare – è stata studiata recentemente – o scientifica, o tecnica, e cercar suoni ordinati in modo da suggerir l'onomatopea, che è sempre un omaggio alla natura; e così collocare l'oggetto tra altri oggetti, fino a stiparli, fino a sfiorar l'elenco, ed evocare un ambiente significativo, e già denso d'atmosfera. Di qui l'oggetto emerge con forza particolare da una musica facile, e si carica, e tende a diventare simbolo – tra l'essenza naturale e lo stato dell'uomo – con uno stupore che spesso è senza risposta; e si fa momento di una vita,

---

[11] [A. Serra, *Giovanni Pascoli* (1909), in *Scritti*, vol. I, cit., p. 10].

si colloca nella dimensione del vivente, tutto carico di una realtà piena di slanci irrazionali, di moti oscuramente inconsci, pronta ai sussulti, alle labilità, alle incertezze di uno spirito irrequieto, e, come era proprio del tempo, sensibile fino all'eccessivo, al morbido [12]. Un movimento continuo tra scienza e mistero; e non va dimenticato che l'Inconoscibile, l'Ignoto, furono parole proprie, nel loro agnosticismo, anche ai filosofi del tempo (Spencer, Ardigò)... Comunque, una poetica degli oggetti: e sono oggetti cari ad un uomo tanto fiducioso nella scienza da augurarsi *una poesia della scienza*, una poesia che faccia levitare il certo, e nello stesso tempo visionario, di sensi che vogliono essere acutissimi, e dotato di una particolare disposizione per esplorare in modo interiore il mondo che ignoriamo, un poeta che «nella voce» vuol avere «l'eco dell'Ignoto» (*Solon*). Pertanto il poeta porta nel suo sentire anche un tono come di trepidazione, di compiacimento, di compatimento, e davvero certa maniera di vezzi fino all'incredibile, e vive così a suo modo una cultura della sensibilità frequente in quegli anni. Anche per ciò il referente di significazione in cui il Pascoli può essere letto con più esauriente comprensione, l'intreccio delle relazioni in cui la sua presenza trova un senso pregnante e vivente è per il Pascoli proprio la situazione, proprio la cultura della «fine del secolo» [13].

---

[12] E qui – come si legge nella *Prefazione* ai *Primi poemetti* (1897) – ecco la *poetica del ricordo*: «il ricordo è poesia, e la poesia non è se non ricordo», e si pensi ad altri luoghi in cui Pascoli parla della «bellezza» che la «pàtina del tempo», dà alle cose (*Prefazione* alle *Traduzioni di A. De Musset*, fatte da Pilade Mascelli, 1887).

[13] Gioverà considerare alcuni modi di vedere del Pascoli rispetto alle istituzioni letterarie. *Allegoria*: è certo che una *poetica delle cose* come quella del Pascoli era particolarmente predisposta alla comprensione dell'allegoria, sia per la capacità delle *idee* di farsi *cose* sensibili sia perché è «virtù del Poeta vero» dare «liberamente due idee per ogni parola e due rappresentazioni per ogni immagine» (da *Il secondo canto del Purgatorio*, 1902 [ora in *Prose*, vol. II, cit., p. 1494]). *Traduzione*: «[...] intendiamoci: dobbiamo dare allo scrittore antico una veste nuova, non dobbiamo travestirlo. Troppo abbiamo, per il passato, travestito, e a bella posta e senza volere [...] Noi non abbiamo sempre e non abbiamo spesso la veste da offrire allo scrittore antico di prosa o di poesia: almeno non l'abbiamo lì pronta [...] E poi, quanto a metempsicosi, è giusta [...] la distinzione di corpo e d'anima? Non è giusta. Mutando corpo, si muta anche anima. Si tratta, dunque, non di conservare all'antico la sua anima in un corpo nuovo, ma di deformargliela meno che sia possibile; si tratta di scegliere per l'antico la veste nuova, che meno lo faccia parere diverso e anche ridicolo e goffo. Dobbiamo, insomma, osservare, traducendo, la stessa proporzione che è nel testo, del pensiero con la forma, dell'anima col corpo, del di dentro col di fuori. A ciò bisogna studiare e ingegnarsi: svecchiare, sovente, ciò che nella nostra lingua pareva morto; trovare, non di rado, qualche cosa che nella nostra letteratura non è ancora». Nello stesso luogo la distinzione tra *traduzione* e *interpretazione* (da *La mia scuola di grammatica*, 1903 [ora in *Prose*, vol. I, cit., p. 247]). *Imitazione* e *invenzione*: «Oh!, io torno al Manzoni e ai Promessi Sposi! [...] i nostri vecchi dal grande capolavoro manzoniano imitarono, non impararono; e si sa che l'imitazione in arte è ciò che è la putrefazione in natura [...]». «A ogni modo, egli ha creato, e precisamente dove non si può negare che ab-

5. La figura del D'Annunzio qui ci interessa sotto un duplice profilo. Da un lato, per la poetica dell'arte, dall'altro, per la poetica della vita. Di fatto, secondo un modello frequente in quegli anni (e si pensi a Oscar Wilde) egli intese fare della propria vita un'opera d'arte, e di questo estetismo diede diverse giustificazioni, interpretazioni, figure; dall'altro canto, nelle opere e negli scritti letterari, i rilievi di tecnica espressiva, le proposte teoriche dello stile, gli ideali della lirica, del romanzo, del teatro, perfino i modi generali di considerare e giudicare la poesia e l'esteticità sono molteplici, e l'impresa di condurre tanta abbondanza ad una unica disposizione è disperata, e sarebbe falsificante. D'Annunzio [14] – e non manca egli stesso di avvertirci in questo senso – è uno sperimentatore di poetiche e di forme; e si servì di diversi ideali, e propositi, di diversi sistemi secondo la situazione in cui volta a volta si trovò, e che intese significare: spesso poetiche diverse, e anche contrastanti, furono da lui usate contemporaneamente; e, intanto, subito, fin dagli esordi, se il giovane romanziere si propose di seguire i modi di una poetica del verismo, il giovane poeta non esitò ad accettare (almeno come *starting-point*) le forme di un gusto letterario e di una *ars* classicista post-risorgimentale i cui principi si istituivano nell'esperienza della moderna ricostruzione della tradizione in cui si provò il Carducci. Difficile, certo, conciliare due maestri come Carducci e Verga, e quanti altri, poi; ma la diversità di tali disposizioni trova la sua unità non tanto in una maniera qualsiasi di organizzazione mentale della poesia, quanto in un tono particolare di personalità avventurosa, estroversa, sensuale, pronta a cogliere le emozioni fisiche con tutte le possibilità del piacere e dell'orrore, con tutti i deliri, le violenze, le stanchezze, e il

bia imitato [...]». «Già tra l'imitazione e le fonti spesso noi confondiamo; e scoprendo fonti [...] facciamo involontariamente credere d'aver tolto qualche fronda alla corona di lauro dell'artista». «[...] lo scrittore non può inventare propriamente, ché non è la natura esso o Dio» (da *Eco d'una notte mitica* [ora in *Prose*, vol. I, cit., pp. 124, 128, 130]).

[14] [Si veda: G. D'Annunzio, *Tutte le opere*, 9 voll., a cura di E. Bianchetti, Milano, Mondadori, 1939-50. A questi volumi, che raccolgono poesie, tragedie, romanzi e prose varie, si affiancano due altri volumi di *Taccuini* e *Altri taccuini*, a cura di E. Bianchetti e R. Forcella (*ivi*, 1965 e 1976).
Ma ora sarà da prendere in considerazione la recente riedizione completa, diretta da L. Anceschi, dei *Versi d'amore e di gloria*, a cura di A.M. Andreoli e N. Lorenzini, Milano, Mondadori, 1982-84, 2 voll., corredati da una lunga *Introduzione* di Anceschi e da un ponderoso apparato di note.
Esistono anche due utili antologie di *Poesie* e di *Prose* (Milano, Garzanti, 1978 e 1983), entrambe a cura di F. Roncoroni. Per ulteriori indicazioni sulla recente riedizione di singole opere dannunziane, degli scritti giornalistici e dell'epistolario, si veda la *Bibliografia* in appendice a E. Raimondi, *Gabriele D'Annunzio*, in AA.VV., *Storia della letteratura italiana*, vol. IX, t. I, Milano, Garzanti, 1987[2]].

senso di vanità che tale sentire comporta: una coltivazione sensibile, sensuale della personalità con una volontà di massima soddisfazione estetica in questo ordine particolare. Ora i due piani sono concretamente inseparabili: le diverse poetiche dell'arte si istituiscono entro questo modo di sentire; e questo modo di sentire si articola e si determina in quelle poetiche. Forse la maniera più fruttuosa di sollecitare il testo del D'Annunzio nel senso che qui ci riguarda sta proprio nel leggerlo servendoci di questa relazione come di un reagente. Possiamo, per altro, dir subito che un atteggiamento siffatto situa D'Annunzio nell'ordine della poetica dell'irrazionale; e in modo assai più radicale di quel che fu del Pascoli. Tale poetica riguarda integralmente la personalità in ogni gesto, ogni momento del vivere; perfino l'accettazione delle invenzioni scientifiche ebbe qui un tono di esaltazione emotiva e come sensuale. È molto probabile che la poetica dell'irrazionale abbia nel D'Annunzio la sua figura più risoluta e significante; essa in lui giunse fino al punto di istituirsi in modello umano, di proporre nuovi valori («volontà, voluttà, orgoglio, istinto»...) e quasi giunse alla pretesa di offrire una risposta alle difficoltà della situazione. Ben presto, però, l'ambizioso sentire rivelò i suoi limiti: la situazione di vuoto da cui moveva, la sua immaturità; e così, alla fine, risultò esso stesso una figura di quel disagio che credeva di aver risolto e superato.

6. In *Primo Vere* (1879[1], 1880[2]) e in genere negli scritti in versi dei suoi primi anni di attività poetica, tra il 1878 e il 1880, il D'Annunzio, si è detto, per quanto ha riferimento a sistemi espressivi e a procedimenti tecnici, prosegue, ma già con timbro diverso, la lezione del Carducci. Ancora spesso incerto, il tono ha accenti nuovi, se già in *Preludio* (1880) egli avverte un sentimento della poesia per cui essa è intesa come un modo di evasione significante, quasi un modo di dar significato ad un mondo avvertito come deserto, e insensato. Come per il cammelliere – egli dice – che, nel suo lungo viaggio, ha visto tutte le figure del deserto e della morte (si badi, tra l'altro, ai ghignanti «teschi di schiavi neri» «insepolti tra le candide tibie»), non appena appare vicina l'oasi, il mondo riprende significato e colore, così la Musa dà al poeta un nuovo senso della vita, un nuovo senso gioioso di possesso significato, e così «di gioie un'iri brilla» al poeta «in cuore».

[...] ... Goda altri de 'l verso che russa
ne le canzoni grasse da la languente rima;

89

a me la strofa breve concedi, che balza, rilutta,
e freme domata sotto la forte mano.

I simboli non sono certo pellegrini; vi è come una infusione di figure «decadenti» nella forma carducciana; e vi si annunzia già molto
della tematica dannunziana intorno all'idea dell'arte. Apollo, sì, ma
anche Venere e Dioniso: ecco la triade della nuova poesia con le sue
inquietudini e i suoi trasalimenti, le sue sensualità e i suoi deliri:

Io chiedo un'onda di celesti effluvii
    a'l sacro fior di Venere:
chiedo che un raggio de' suoi caldi vesperi
    doni a' miei carmi Apolline.

(*Rosa*)

Gloria a l'indomito figlio di Semele
che vien su 'l fulgido carro d'avorio!
[...]
E Febo Apolline cingeva il délubro

(*A Bacco Dionisio*)

non senza qualche accenno satanico:

Vola, Satana, vola su la grand'ala di foco:
stammi a fianco e ispirami: sono tutto tuo.

(*Ora satanica*)

È ben vero che, con l'ingenuità degli anni, egli scriveva anche:
«io penso a l'Arte, a 'l giovenil mio fiore, / penso a la mamma, a due
treccione bionde...» (*Alba d'estate*); e si tratta, dunque, di un satani-
smo molto domestico! Ma non meno ingenua è certo la tematica letteraria *fin de siècle*, non senza certo presentimento *liberty* (e penso,
p.e., al Chessa illustratore del Graf, per intenderci, con quelle sue
prosperose medusone anguicrinite, così ben fatte...) in un movimento di donne volanti tra veli:

I miei sogni di gloria e libertate
    per l'azzurro fuggenti
come una schiera di fanciulle alate...

(*Ex imo corde*)

Son temi che D'Annunzio svolgerà poi con quella estroversa possibilità di assunzione letteraria che gli fu propria con altra forza, più innanzi.

7. Già nel titolo, il *Canto Novo* (1882) sembra suggerire la convinzione del ritrovamento di una forma nuova; d'altro lato, la *Offerta votiva*, composizione con cui si apre il piccolo libro [15], ne dà conferma: il poeta infrange, in onore di Cìpride, la lampada che «illuminò» la sua «pallida fronte china su pallidi libri», e invoca la dea che ispiri i suoi versi con una forza vitale:

> L'igneo tuo spirto accenda il giovine sangue; risplenda
> su l'ardua fronte, unica lampa, il Sole.

In realtà per quanto ha riferimento alla poetica, la novità sta in ciò che egli chiarì a se stesso e portò all'essenziale quei motivi di irrazionalità che erano già accennati in *Primo vere*: e, di fatto, s'impadronì in modo più personale della forma, dandole unità stilistica, e non mancò di sensibilizzare gli strumenti ereditati dal Carducci. Per tal modo acquistò consapevolezza dei mezzi in rapporto ad una poetica tutta aperta ai moti irrazionali della «divina» Natura in un «palpito eterno del Mondo» (*Canto del Sole*, XII) per cui ogni forma, aspetto e «fremito» della vita naturale si fa «strofe» particolare di un «immenso poema di tutte le cose» (*ib.*, IV). Solo un'acuta virtù di sensi fatti sottili è il mezzo di una rivelazione lirica di questa verità, e il poeta la esprime nelle forme di una esaltazione musicale tutta sensuale e ferina. Se il motivo è, si sa, romantico, e facile, il tono è di una violenza fatta spesso esterna:

> Canta la gioia! Io voglio cingerti
> di tutti i fiori perché tu celebri
> la gioia la gioia la gioia,

> (*Canto dell'Ospite*, XI)

> o che l'alcaica rompa da l'anima
> con un anelito al mare, ed agile
> i tuoi sogni persegua
> la strofe d'Asclepiade?

> (*Canto dell'Ospite*, II)

[15] [Il riferimento, ovviamente, è qui alla edizione *ne varietur*, Treves, 1896 (ma datata dal D'Annunzio 1881) del *Canto Novo*. La *Offerta votiva*, infatti, non si legge nella edizione *princeps*, appunto la sommarughiana del 1882].

Qualunque giudizio se ne voglia dare per rapporto alla situazione generale della contemporanea cultura poetica europea, il D'Annunzio con i suoi accorgimenti riuscì a piegare il verso carducciano fino a farne qualche cosa di veloce e di flessibile, adatto a sopportare i trasalimenti, i rapimenti, gli slanci di ascesi sensuale e naturalistica, che furon propri della «fine del secolo» quale fu avvertita nel nostro paese e significata nelle forme della sua poesia.

8. Nel periodo che va dal 1881 al 1891, dall'*Intermezzo* alle *Elegie romane*, il D'Annunzio sembrò dichiaratamente assumere, per così dire, una nuova ragione di poesia. Di fatti, la poetica «solare» del sentimento panico della natura e della esaltazione dei sensi diventa motivo occasionale della poesia e cede il campo ad una poetica nuova, quella dell'«artifex gloriosus»: la poesia vuol dare a se stessa come suo interno significato la pura *ars* della forma, il fine della propria abilità in quanto tale. Di qui è nata un'altra figura della poetica dannunziana:

Anche a me l'oro, come a Benvenuto,
è servo. Chiedi! Sien divini o umani
i tuoi sogni, di sotto a le mie mani
invincibili il vaso esce compiuto.

Vuoi che da l'ansa il Fauno bicornuto
guidi un coro di Ninfe e di Silvani
in tondo? O vuoi la guerra dei Titani
pur fragorosa nel metallo muto?

O vuoi forse che in doppio ordine eguale
incedano, composte i pepli, accanto
a gli efebi le vergini d'Atene?

Chiedi! E nessun licor del trionfale
oro degno sarà, fuor che il tuo pianto
puro o il più puro sangue di tue vene.

(*Artifex gloriosus*, in *Intermezzo*)

La tematica di questa poetica implica che, nell'arte sua, l'artista degno del nome possa far quel che vuole: ottenere qualsiasi esito con qualsiasi materia. Ciò che egli dice, il contenuto, è indifferente; quel che conta, in ogni caso, è la capacità di «far bene quel che si vuol fare». Se sia «artista peritissimo», «tecnico infallibile», sperimentatore e «tesaurizzatore assiduo di modi antichi e nuovi», il poeta sarà pronto a riscattare all'arte qualsiasi realtà; la insuperabile sua «sottigliezza del mestiere» lo rassicura. Una pratica così fatta apre tutta una problematica psicologica ed estetica secondo l'ideologia parnassiana dell'*Epilogo* della *Chimera*, e così altrove dirà:

> Ed ancóra de l'arte amo i tormenti

(Plastice, in Intermezzo)

e sono i tormenti e le delizie, le esaltazioni e le stanchezze del fare.

Essa non ha, poi, altra moralità che il bell'esito, altra filosofia che la forma, altri contenuti vari che la perfetta soddisfazione di sé. L'arte si fa così esercizio astratto e disponibile, senz'altro fine che lo «spirito formale» di cui si parla nel *Piacere*; e l'etica parnassiana, caso mai, si intorbida in vibrazioni sensuali, in esaltazioni verbali. L'ideale è la bravura; ma l'idea di bravura ha il suo àmbito di riferimento e il suo limite di significazione nel gusto mondano, esteriore, sensuale, dilettantesco ed eclettico – che il D'Annunzio insieme interpretò e contribuì a formare – di una società storicamente ritardata, incline a chiudersi in sé, compiaciuta di un proprio divertimento, e di una piccola sofisticazione di verità e di grandezza. Così Swinburne – nella «Tribuna», 8 ottobre 1887 – sarà letto – singolare lettura – da D'Annunzio come «sovrammirabile artefice di versi», esatto e musicale «nei ritmi», ricco nel «disegno»; e così Keats sarà visto come colui che:

non ebbe culto che per la bellezza, non ebbe fede che nella fantasia e che, pertanto, contro il moralismo dei romantici fu il vero precursore del così detto movimento estetico [...]. Espulsa ogni dissertazione dimostrativa, e cacciato in bando lo spirito moralistico, l'arte si purificò, la tecnica fece immensi progressi, lo stile raggiunse una lucidità impeccabile.

D'Annunzio portò Keats e Swinburne entro una misura che gli era gradita; e sta il fatto che l'irrazionalismo, l'inquietudine nuova della fine del secolo si trasformarono in un indifferente estetismo sensuale dello stile letterario. Non fu Rimbaud, né Nietzsche, certamente, nonostante l'illusione del superuomo, e nemmeno Ruskin. Egli avvertì il profondo travaglio che veniva trasformando l'Europa, e mettendone in crisi i valori, in una riduzione singolare; e il fatto è che, in una delle forme più cospicue, e certo nella forma più accettata, della cultura poetica del nostro paese, il disagio degli ultimi anni del secolo si presenta sotto la forma dell'«artifex gloriosus» e dell'egoismo estetico di Andrea Sperelli [16]:

Vuoi tu pugnare?
Uccidere? Veder fiumi di sangue?
gran mucchi d'oro? greggi di captive
femmine? schiavi? altre, altre prede? Vuoi
tu far vivere un marmo? Erigere un tempio?
Comporre un immortale inno? Vuoi (m'odi,
giovane, m'odi) vuoi divinamente
amare?

9. La nostra indagine – sembra evidente – non si propone in questa sede un giudizio sulla poesia, e neppure una storia della poesia, o dello svolgimento delle sue forme. Per quanto è possibile qui si vuol distinguere – pur nella relazione – tra cultura poetica e poesia; e il còmpito è appunto una storia della riflessione poetica, una storia della cultura poetica, aperta a tutte le implicazioni, ma non soffocata dalle implicazioni. Il punto di riferimento fondamentale del discorso resta sempre la riflessione dei poeti, e il significato che essa assume in rapporto a quella generale situazione della cultura in cui s'inserisce, ma che nello stesso tempo contribuisce a istituire e a significare. In questo ordine, qualunque giudizio se ne dia, non vi è dubbio che il D'Annunzio rappresenta un nodo cospicuo, significante, ricco di variate relazioni. Egli sperimentò molti modi e molte forme del tempo; il limite, caso mai, fu nella maniera di sensibilità particolare con cui egli questi modi e queste forme concretamente sperimentò. Converrà, per tanto, continuare nella documentazione.

Si è già detto che la poetica dell'arte è, nel D'Annunzio, strettamente legata a ciò che si può dire una poetica della vita: e, di fatto, l'estetismo disponibile di questa è il presupposto morale al molteplice sperimentare di quella: classicismo post-risorgimentale, verismo, romanzo moderno, romanzo russo, decadentismo, estetismo, e sensibilità *fine del secolo*... questi, e molti altri modelli e figure, convivono e si alternano in un esercizio che dà diverse giustificazioni di sé. Nel decennio, poi, tra *Il Piacere* (1889) e *Il Fuoco* (1900), l'opera di D'Annunzio è fertile di suggerimenti e di proposte: come molti arti-

---

[16] [I versi che seguono nel testo si leggono in epigrafe alla *Chimera* e sono tratti dall'ipotetico poema di Andrea Sperelli citato ne *Il piacere*, in G. D'Annunzio, *Prose di romanzi*, vol. I, Milano, Mondadori, 1964[7], pp. 144-5 (d'ora in poi siglato PRO[1])].

sti contemporanei, egli si giovò di diversi sistemi operativi; e variò spesso, anzi teorizzò il suo variare, rendendosene conto. Tra l'altro, nel dedicare al Michetti *Il Piacere* egli dichiarò di sentirsi ormai ben lontano da quell'idea della «Bellezza che non sa dolori» e dell'«Ideale che non ha tramonti», e, insomma, da quell'intemporale platonismo parnassiano di cui aveva detto nell'*Epilogo* alla *Chimera*, non senza una chiara consapevolezza della impassibilità del suo fare in quegli anni. Ora per lui c'è un solo «oggetto di studii: la Vita» [17].

La Vita. Ecco una parola che nel tessuto dei significati della cultura della *fine del secolo* acquista particolare risalto, e si fa, per così dire, parola chiave. Si disse *Vita*; e filosofi, artisti, letterati, perfino scienziati, pronunziarono questa parola con segreto religioso fervore: con essa, in una ricca gamma di sfumature, si vollero indicare, da un lato, tutte le insoddisfazioni suscitate dal meccanicismo positivista, la riduzione e la crisi del pensiero nella prospettiva scientista; dall'altro, le inquietudini, i fermenti, gli slanci che ne furono scatenati, l'impeto, appunto, di quell'irrazionalismo che, venuto *dopo* il positivismo, riuscì se non altro a mostrarne le insufficienze. Quanto a D'Annunzio, il concetto di vita si presentò in lui come istitutivo di una nuova tavola di valori (diciamo: volontà, voluttà, orgoglio, istinto) capaci di mostrare all'uomo, dopo la mortificazione dell'etica dell'abitudine e del conformismo meccanico, energia, diversità, forza creativa, e inventività. È una netta affermazione dell'Irrazionale, come arbitrio rispetto alla deterministica legalità della Ragione positivista. La vita è molteplicità, fluidità, e diversità; e quindi decisione, scelta, possibilità infinita. E nella *Leda* si legge:

La nostra vita è un'opera magica, che sfugge al riflesso della ragione e tanto è più ricca quanto più se ne allontana [18].

Un modo così fatto di avvertire il mondo è connesso ad una particolare maniera di istituire il rapporto di comunicazione tra l'autore e il lettore, implica un particolare sentimento della lingua, ed un particolare procedimento di costituzione simbolica. Non giova leggere il D'Annunzio [19] cercandovi simboli verificabili, o controllabili stru-

---

[17] [PRO[1], 3].

[18] [G. D'Annunzio, *La Leda senza cigno*, in *Prose di romanzi*, vol. II, Milano, Mondadori, 1964[7], p. 1199 (d'ora in poi siglato PRO[2])].

[19] [Nelle note seguenti indicheremo con PRI[1-2-3] i tre volumi che raccolgono le dannunziane *Prose di ricerca, di lotta, di comando, di conquista, di tormento, d'indovinamento, di rinnovamento, di celebrazione, di rivendicazione, di liberazione, di favole, di giochi, di baleni* (Milano, Mondadori, 1966[4], 1968[4], 1968[4])].

menti logici; come molti scrittori della *fine del secolo*, se pure con un singolare limite, egli vuol determinare uno *stato simbolico* della parola, una eccitazione della parola che si protende mobilissima a convogliare il lettore, e a metterlo per così dire in una situazione di complicità. Nel sistema dei significati dannunziani (e non solo dannunziani, in quegli anni) l'impulso della Vita è avvertito come tanto ricco e pregnante che la parola è insufficiente a seguirlo: una ulteriorità[20] sempre aperta e sfuggente vive nel discorso, e perciò la parola deve esser forzata fino ad una sua condizione vaga e indeterminata di simbolo, che possa presupporre questa ulteriorità. Pertanto, la parola viene sollecitata in due sensi: da un lato, la si eccita in modo da esaltarne gli elementi sonori, coloristici, visivi, e, in generale, sensuali; da un altro, la si vuole così forte nella suggestione da trascinare il lettore, da convogliarlo in un giro di significati appena accennati. Si devon creare le condizioni perché autore e lettore possan vivere insieme, come identificati, l'iperbolico messaggio vitale che si vuole comunicare; e il concetto si attua, quasi per simpatia frenetica, attraverso una parola che, come si legge nel *Fuoco*, «prima di comunicare agli spiriti il suo significato, li eccita», e nell'eccitazione spesso si perde, e come si dissolve. È una religione dell'arte, una religione estetica con un suo linguaggio di rito: tutto un insieme di iterazioni, di invocazioni, di liturgie e culti verbali, di segreti prosodici e metrici, tutto un apparato di amplificazioni oratorie, di violente figure stilistiche, di esaltazioni paniche, tutto un sistema di accorgimenti predisposti agiscono concordemente sulla parola per portarla a quella condizione simbolica, a quelle trasposizioni semantiche immaginose e musicali che garantiscono il contatto per avvertimenti e suggerimenti segreti. È vero che la suggestione verbale si risolve assai spesso in un mezzo di mera seduzione, e che l'ulteriorità del sentire, anche quando volle essere eroica, fu sempre erotica. In realtà, l'atteggiamento superumano che sembrava voler spezzare ogni vincolo e ogni confine, ogni ferma, rigida legalità, fu invece la spia di non so che immaturità umana; e qui sta il limite di un modo di sentire che si perdette in un adolescente compiacimento di sé, e così non poté svolgere la forza nuova di una tematica che altrove trovava in quegli anni il suo senso più profondo nel simbolismo. È vero, D'Annunzio, nel *Fuoco* e altrove[21], parla di «segni» e di «forme» che pongono

---

[20] E vedi, tra le infinite altre pagine analoghe, anche *Melodia di luce*, in *Libro Segreto*; e le pagine introduttive a *Contemplazione della morte*: «E non vorrò mai riconoscere i miei limiti», con quel che precede e segue. [PRI³, 208].

[21] In taluni luoghi del D'Annunzio l'analogia figura come un moto fondamentale della vi-

corrispondenze e analogie fra le immagini del poeta e l'universo («cogliere in me un qualche accordo insolito tra la mia forma mentale e la forma universa», dice nel primo *Encomio* dell'arte sua nel *Secondo amante di Lucrezia Buti*) [22], ma annegò questo presentimento nell'onda di una generica e indistinta musica verbale. Così egli non avvertì profondamente né la forza espressiva ed inventiva, né il significato metafisico che in quegli anni la tecnica dell'analogia trovava in altre letterature.

10. *Il Piacere* – sia per la poetica della vita che per quella dell'arte – è per il nostro paese il codice più autorevole di quell'estetismo che, altrove, specie in Inghilterra e in Francia, in situazioni di cultura più consolidate e continuate, ebbe esempi di ben diversa intensità, e di ben altro significato morale e sociale. *Fare* la propria vita come si fa un'opera d'arte, dominare le cose attraverso lo spirito estetico, e, in questo senso, *habere non haberi*, riempire l'interiore disoccupazione sempre con nuove sensazioni e nuove immaginazioni, esser capace di acuire sofisticamente piaceri e dolori – ecco un prontuario di norme che il protagonista, Andrea Sperelli, riceve dalla nobile tradizione familiare come retaggio originario costitutivo della sua perso-

sione artistica in quanto tale: «La malattia e la morte sono due muse bendate che ci conducono a scoprire in silenzio la spiritualità delle forme. Tutti i poeti – quelli che operano e quelli che cantano – disfacendosi e scomparendo ci ricordano esser noi più strettamente legati all'invisibile che al visibile. Almeno nell'ora finale, in cui la loro imagine si compie, noi sentiamo che la vera vita non è se non una azione mutua tra la loro idealità e i nostri bisogni. Oggi, guardando la figura della Versilia crescere di bellezza nell'estate che declina, io cerco di rappresentarmi le analogie che fra tante apparenze troverebbe la virtù di quegli occhi [...] Io cerco di vedere secondo la sua visione» dice D'Annunzio, a proposito di Giacosa, nello scritto *Della malattia e l'arte musica*, in *Il compagno dagli occhi senza cigli* [PRI², 613]. O, più oscuramente, nello stesso contesto: «Non è durevole se non quell'opera d'entro i suoi limiti espressivi che armonizza per un numero infinito di rapporti l'origine e l'essenza delle cose. L'invenzione suprema non può essere se non la sintesi assoluta dell'uomo e del mondo circoscritta da un segno di bellezza ininterrotto» [*ivi*, 614]. Inoltre, introducendo *Il compagno...*, D'Annunzio qualifica la propria arte come «potente arte evocatrice» [*ivi*, 415]. Beninteso: perché abbiano il loro vero senso, queste parole van collocate bene nel sistema dei riferimenti storici e semantici che le riguardano; e prima di tutto ben dentro nell'opera tutta, nel cuore dell'opera dannunziana. Allora si chiarirà come il concetto di *evocazione* in D'Annunzio non abbia nulla, o quasi nulla, da spartire con quello di Baudelaire: talora vuol dire *presentazione* efficace e, come dire, magica apparizione... Se poi si vuole avere il senso diretto e concreto di una trascrizione analogica di un testo artistico, della trascrizione di un testo per analogia, per movimenti analogici nei limiti propri al gusto del D'Annunzio si tengano presenti, con altre, le pagine sulle *Sonate di Domenico Scarlatti* in *La Leda senza cigno*; e si tengano presenti, anche, nella prosa introduttiva alla *Contemplazione...* le seguenti parole: «Un'allegoria è nascosta in ogni figura del mondo» [PRI³, 205]. Vi è un ricordo appena delle *correspondances*; vi è quanto delle *correspondances* può giovare a costruire una lussuosa scenografia della fine del secolo; e le *correspondances* sono reificate, esteriorizzate.

[22] [In PRI¹, 191].

nalità. Il senso estetico sostituisce il senso morale e il senso della verità; e se la conoscenza si risolve in una infinita curiosità e in un infinito diletto dello sperimentare, solo il principio della Bellezza, con le sue leggi particolari, mette ordine in uno stile di vita inclinato a «cedere lo scettro agli istinti». Tullio Hermil vi aggiunge l'esplicitazione del principio della *esperienza rara* come qualificazione e distinzione degli «spiriti eletti». L'arte come vita, dunque; ma l'arte come opera poetica, come opera figurativa? Ecco, l'affermazione della formalità dell'essenza dell'arte [23]:

> Eleggeva, nell'esercizio dell'arte, gli strumenti difficili, esatti, perfetti, incorruttibili: la metrica e l'incisione; e intendeva proseguire e rinnovare le forme tradizionali italiane con severità, riallacciandosi ai poeti dello *stil novo* e ai pittori che precorrono il Rinascimento. Il suo spirito era essenzialmente *formale*. Più che il pensiero, amava l'espressione. I suoi saggi letterarii erano esercizii, giuochi, studi, ricerche, esperimenti tecnici, curiosità.

E si rilegga nella seconda parte del *Piacere* la pagina esaltata in cui D'Annunzio con un ricco intrico di relazioni dichiara immaginosamente il principio poetico «Il Verso è tutto», e conclude:

> Un pensiero esattamente espresso in un verso perfetto è un pensiero che già esisteva *preformato* nella oscura profondità della lingua. Estratto dal poeta, *sèguita* ad esistere nella consciènza degli uomini. Maggior poeta è dunque colui che sa di scoprire, di sviluppare, estrarre un maggior numero di codeste preformazioni ideali.

È un esempio di comunicazione simbolico-musicale tipicamente dannunziano; e in questa atmosfera si delinea un gusto in cui l'attenzione per il *dolce stil nuovo* e per i pittori così detti *primitivi* s'accor-

---

[23] Quanto alla formalità dell'arte, si legge ancora nel *Libro segreto*: «Tutto vive e tutto perisce per la forma» [PRI², 885]; e ancora nel *Compagno dagli occhi senza cigli*: «Qui veramente la parola è formata di tre dimensioni. E qui si vede come veramente tutte le arti, quando sviluppano la massima energia espressiva, si riducano a quella "unità ritmica" che abolisce il mezzo materiale. L'arte dà la qualità alla materia, non la materia all'arte. Come il verbo perde la sua inconsistenza, così il bronzo perde la sua fissità. L'imagine statica e l'imagine dinamica non sono create se non da due ordini di ritmi puri» [PRI², 553-4]. Così, quanto alla poesia, ancora nel *Libro segreto*: «Talvolta la poesia è trasmessa da una specie di sostanza senza sostanza, di materia spogliata d'ogni qualità e servigio» [PRI², 884] e, quanto al ritmo: «Il ritmo – nel senso di moto creatore, ch'io gli do – nasce di là dall'intelletto, sorge da quella nostra profondità segreta che noi non possiamo né determinare né signoreggiare. E si comunica all'essere intiero: all'intelletto, alla sensibilità, all'agilità muscolare, al passo, al gesto. Questo ritmo mentale m'insegna a eleggere e a collocare le parole non secondo la prosodia e la metrica tradizionali ma secondo la mia libera invenzione» [PRI², 925]. E ancora, nel *Trionfo della morte*: «Dov'è la Vita è il Sogno; dov'è il Sogno è la Vita» [PRO¹, 889].

da curiosamente, e certo senza metafisiche estenuazioni preraffaelli-
te, con i sapori disfatti e mondani della Roma barocca, e con i dolci
giochi della *Jeunesse dorée* della Roma umbertina. È un gusto com-
posito in cui i ritiri di amore sono ora «teatri» e ora «cappelle»; e i
libri van rilegati ora in cuoio «con borchie e fermagli d'argento imi-
tanti i messali», ora in pelle di «pescecane»... «con opere di cesello
elegantissime che ricordano i più bei lavori in ferro del secolo XVI»;
e le poesie si scrivono in preziosissime «pergamene»... e poi son
pubblicate nelle edizioni Treves con le lodate copertine di De Caro-
lis, di un *liberty* estemporaneo, sfacciato e insieme velleitario, sostanzialmente minore. Certo, vi è qui l'idea di una curiosità estetica aperta, sempre ulteriore, in una sorta di ulteriorità dell'immediato vissuta
in un gesto di continua eccitazione sensuale:

> La passione li avvolse, e li fece incuranti di tutto ciò che per ambedue
> non fosse un godimento immediato. Ambedue, mirabilmente formati nello
> spirito e nel corpo all'esercizio di tutti i più alti e i più rari diletti, ricercava-
> no senza tregua il Sommo, l'Insuperabile, l'Inarrivabile; e giungevano così
> oltre [...] Dalla stanchezza medesima il desiderio risorgeva più sottile[24].

«È il romanzo della lotta d'una mostruosa Chimera estetico-afro-
disiaca col palpitante fantasma della Vita nell'anima d'un uomo»,
disse D'Annunzio stesso del *Piacere*[25]. Il *Piacere* è del 1889. *L'Inno-*
cente e il *Giovanni Episcopo* sono, un breve periodo, del 1892; e, per
quanto riguarda la poetica dell'arte, presentano un altro volto.

11. Nell'*Episcopo*, nell'*Innocente*, e nel *Poema Paradisiaco* l'estetismo dannunziano si esprime in una nuova forma, in una nuova
poetica dell'opera. È la poetica della «bontà», o meglio della comprensione, come certi spiriti stanchi e delusi:

> Arte, o tremenda!, ancóra
> tu non ti sei svelata.
> Noi t'adorammo in vano.
>
> (In vano)

Così, dedicando l'*Episcopo* alla Serao, il poeta stesso suggerisce
il proposito del proprio rinnovamento e la volontà di

studiare gli uomini e le cose direttamente, senza trasposizione alcuna

---

[24] [Per questa e per le precedenti citazioni dal *Piacere* si veda PRO¹, 95, 149, 150, 88-9].
[25] [Si veda, per l'appunto, la nota dannunziana a *La Chimera*, ora in G. D'Annunzio,

secondo un metodo di «comprensiva intuizione» che, sollecitata da aspetti emergenti dell'apparenza, mette in moto processi associativi e immaginativi tali da offrire la «perfetta ricostituzione d'un essere vitale», in una «sensazione visiva» del reale, dell'essere stesso. La «comprensione» si risolve in una «sensazione visiva»; e, dunque, non si esce davvero dall'estetismo[26]. Siamo in un ordine di dilettan-tismo sentimentale – il *Poema Paradisiaco* – che riesce, se mai, a dare per un tratto il senso della consapevolezza di un limite. Ben presto dimenticato, per altro. Ben presto si risveglieranno[27] di fatto le esaltazioni paniche dell'arte, il vitalismo sfrenato, orgoglioso, e lussurioso, nella misura in cui l'ideale del Superuomo è ridotto alle ferine e scatenate leggi dell'istinto, dell'orgoglio, della volontà come volontà sensuale di dominio, di violenza, di sopraffazione:

> Uomo, io non credetti ad altra
> virtù se non a quella
> inesorabile d'un cuore
> possente. E a me solo fedele
> io fui, al mio solo disegno.
> O pensieri, scintille
> dell'Atto, faville del ferro
> percosso, beltà dell'incude!

(*Maia*, IV, vv. 119-26)

o anche:

> L'ebrietà della forza
> chiedea di placarsi nei riti
> dell'Arte, nelle preghiere
> unanimi verso le Forme
> perfette, nell'innocenza
> del rivelato Universo,
> nel giovenile fonte
> dei Miti innovati [...]

(*Maia*, X, vv. 421-28)

Versi d'amore e di gloria, vol. I, cit., p. 594 (si veda, anche, la relativa nota della curatrice, *ivi*, pp. 1135-7)].

[26] [G. D'Annunzio, *Giovanni Episcopo*, in PRO², 335)].

[27] Si legga nell'*Epilogo* al *Poema Paradisiaco* il sonetto sulla *Parola*: «Parola che l'amor da la rotonda / bocca mi versa come unguenti e odori; / Parola che dall'odio irrompi fuori / fi-schiando come sasso da la fionda; / / sola virtù che da la carne immonda / alzi gli spirti e inebri di fulgori; / o seme indistruttibile ne' cuori, / Parola, o cosa mistica e profonda; / / ben io so la tua specie e il tuo mistero / e la forza terribile che dentro / porti e la pia soavità che spandi; / / ma fossi tu per me fiume fra i grandi / fiumi più grande, e limpido nel centro / de la Vita

Come molti altri scrittori del suo tempo, ma con un suo tono oratorio particolare, come d'incitamento orgiastico, D'Annunzio tende sempre più a far moralità del suo estetismo, e guarda con attenzione sempre più assuefatta e profonda il suo lavoro d'artista. Il suo scrivere è spesso direttamente una poetica o una metafora della poetica; e, pertanto, uno sforzo per seguire passo per passo tutti i movimenti della sua riflessione, a questo punto, ci porterebbe a tentare un saggio su D'Annunzio, ad allontanarci dai propositi del nostro lavoro. Limitiamoci, pertanto, agli accenni necessari e inevitabili. Il «ragionamento» che appare come prefazione alla *Beata Riva* [28] di Angelo Conti e s'intitola *Dell'arte, della critica, e del fervore* è del 1900. Sùbito, nelle prime pagine, il D'Annunzio parla della *Beata Riva* come di un «trattato di amore»,

recassi il mio pensiero!», e l'inno *I Poeti*: «Or conviene il silenzio: alto silenzio. Oscuro / è il sogno del futuro. / Nuova morte ci attende. Ma in qual giorno supremo, / o Fato, rivivremo? / Quando i Poeti al mondo canteranno su corde / d'oro l'inno concorde: / – O voi che il sangue opprime, / Uomini, su le cime / splende l'Alba sublime».

Quanto al valore della *parola* (di cui fa cenno il sonetto) ecco nel *Libro segreto*: «Tutta la bellezza reconçita del mondo converge nell'arte della parola. Certi misteri labili, certi aspetti fuggevoli del mondo inespresso esaltano la mia passione, scòrano il mio studio» [PRI², 707]; e circa la *parola giusta*: «Il vetraio sta davanti all'ara fiammeggiante; e il suo soffio fa del vetro una forma leggera ed espressiva come la parola giusta» [*ivi*, 915]. Quanto al sentimento con cui l'arte appare vissuta nell'opera dannunziana, e all'idea dello stile, si ricordi una pagina del *Compagno dagli occhi senza cigli*, dove si legge: «Chiunque sa che cosa sia tenere in mano la penna non potrà non sentirsi tremare i polsi [...]» [PRI², 553], quel tremito di fronte allo scrivere che si troverà frequente nel D'Annunzio, e che si avverte anche nella famosa invocazione della *Prima offerta* nel *Notturno*: «E tremo davanti a questa prima linea che sto per tracciare nelle tenebre...» [PRI¹, 175] con quella immagine del «corpo inarcato» che vien ripresa nella *Licenza della Leda* e poi nel *Libro segreto*: «quando nella notte io mi curvo». E si leggano anche il *Dèmone mimetico*, e *Vivo, scrivo*, e gli *Encomi dell'arte*, e altri luoghi nel *Secondo amante di Lucrezia Buti*. Sempre qui, sull'arte e il tempo, *Clepsydra mentitur*; sullo stile, nel *Libro segreto*: «Il problema dello stile è di ragion corporale. Taluno scrive col suo corpo intiero. Il suo stile è una incarnazione, come nel mito del Verbum [...]» [PRI², 885]. E anche in *Venturiero senza ventura*: «Io ho la mia bestia meco, quando creo. Quando le scintille si partono da me, allora più sento la materia stessa di cui son fatto» [PRI², 12]. Quanto alla *attenzione* in rapporto alla visione dell'arte (sempre in *Venturiero...*): «La mia visione è una sorta di magìa pratica che si esercita sui più comuni oggetti» [PRI², 41] (e vedi anche in *Contemplazione...*, 17 aprile 1912, sulla «attenzione terribile dell'arte» [PRI³, 274], e nella prima pagina della *Leda senza cigno*: «[...] nel vivere, ancor più che nel leggere nulla valga quanto l'abito dell'attenzione»). Quanto al rapporto tra materia e forma, e al gusto del frammento (nell'*Avvertimento*, in *Venturiero...*): «il mio linguaggio mi appartiene intero e circola in me, e si sviluppa, e si accresce, e si moltiplica in me come la forza vegetale che dell'albero fa una sola creatura compiuta: materia è forma». «Questa compiutezza non divisibile è l'assoluto valore di ciascun frammento. Per certi spiriti di una certa qualità oggi quasi smarriti, ogni frammento anche scarso ha una sua vita piena [...]» [PRI², 5]. (L'*Avvertimento* porta la data del 1924: i riferimenti alla contemporanea cultura letteraria fan pensare al gusto «frammentista» proprio di quegli anni, e anche degli anni della «Voce»).

[28] A. Conti, *La Beata Riva, Trattato dell'oblio*, preceduto da un *Ragionamento* di G. D'Annunzio, Milano, Treves, 1900.

a cui l'opera d'arte non appare se non come la religione fatta sensibile sotto una forma vivente[29].

Forma viva, diceva il De Sanctis, *forma d'immagini viventi*, il Carducci, e ora il D'Annunzio parla di *forma vivente*. Si è visto come si debba interpretare questa espressione e nella sintassi idealistica del pensiero desanctisiano, e in Carducci nel suo riscatto positivista delle istituzioni letterarie. In D'Annunzio essa acquista altra intonazione. La *forma vivente* è lo *stile*, organica e «indistruttibile impronta del genio su la materia dominata» per cui anche il critico conferirà valore d'arte all'opera propria solo attraverso lo *stile*[30]. Lo stile è, in ogni caso, natura platonicamente trascesa. Ogni grande artista è figlio della natura, è un prodotto spontaneo della vita, e si svolge secondando il proprio impulso originario, spontaneo, libero. Egli nasce con una fisionomia inconfondibile; e il suo compito sta nel *continuar la natura*, aiutar la natura a realizzarsi, a superarsi in ciò che è platonicamente nelle sue aspirazioni verso un tipo ideale. Così l'opera vale *in sé*, per una sorta di metafisica presenza, e vive eterna fuor del tempo e delle relazioni. Sembra che D'Annunzio voglia qui interpretare il Conti; in realtà dà una delle tante figure intellettuali di cui si compiace; e veramente il discorso del Conti è tutt'altro: è un

---

[29] G. D'Annunzio, *Ragionamento, ivi,* p. III. In questo suo *Ragionamento* il D'Annunzio sembra non far mai conto che la *Beata Riva* porta un sottotitolo *Trattato dell'oblio,* e che essa si presenta come una lettura esaltata ed estetica di certe pagine di Platone e di Kant in chiave schopenhaueriana. Il libro «del filosofo di Danzica» dice il Conti stesso «è la base sulla quale ho costruito la prima parte» (p. 2), e forse si poteva dire tutto il libro. Difatti: *l'artista è un'anima* che più intimamente d'ogni altra può mettersi in relazione con l'anima delle cose, è un'anima singola, la quale *gradatamente si perde nell'anima universale,* gradatamente *s'annulla* in una *volontà più profonda* (p. 10) e, nello stesso luogo, *l'effetto immediato della contemplazione estetica è l'oblio di sé, uno stato d'inconsapevolezza, una momentanea liberazione dai dolori e dalle ansietà dell'esistenza.* L'artista (p. 11) non è l'uomo per cui le cose si colorano secondo lo stato d'animo, ma è *l'occhio limpido in cui le cose si riflettono senza velo.* Pertanto, la *vita dell'artista è una attività* che tende alla soppressione della volontà individuale. Così *l'opera geniale* non ha nulla di comune con le *analisi empiriche* o con le *classificazioni scientifiche*; è *conoscenza sintetica e intuitiva* della misteriosa volontà della natura, quando il mondo ci appare con gli *occhi della adolescenza* o dell'*infanzia* non più come un sistema di cause e di effetti, ma come cosa affatto nuova e inaspettata, come *pura visione* a suscitare non abitudine, ma *meraviglia* (pp. 204 ss.). E si veda (p. 26) certa ripresa quasi letterale della poetica pascoliana, nella distinzione tra *uomini intuitivi* e *uomini logici* (pp. 190-1) e nell'idea che l'artista *compie* ciò che la natura *vuole* (p. 88): l'idea, il tipo ideale. Per cui «tutta la così detta storia dell'arte dovrebbe essere il racconto dei tentativi che fa la natura per arrivare all'idea» (p. 29) nel continuo rinnovarsi dei tipi ideali stessi, non appena uno di essi si esaurisca nel massimo della perfezione (pp. 20-1), con quel che segue in queste – del Conti – ritardate, morbide filosoficherie ridotte alla misura di un ozioso estetismo.

[30] G. D'Annunzio, *Ragionamento,* in *op. cit.,* p. IX.

modo di sentire estetistico vissuto in una sorta di filosofare schopen-haueriano.

Degli stessi anni è *Il Fuoco* in cui D'Annunzio, sullo sfondo di una Venezia del teatro e della musica, rappresenta, facendolo vivere nelle figure del romanzo, il nuovo Superuomo nelle qualità che lo fan tale: la forza estetica senza discordia tra l'«arte» e la «vita», anzi tale per cui «sola nell'universo la poesia è verità», l'intellettualità del sensibile e dell'istintivo, e un «pensare se non per immagini» con una straordinaria «facoltà verbale», e con una energica forza di impulso ad esperienze e sentimenti rari, eccezionali, secondo una moralità il cui principio è: «colui il quale ha molto sofferto è meno sapiente di colui il quale molto ha gioito», e per cui «una grande manifestazione d'arte conta assai più di un trattato d'alleanza». Le speciose moralità si dissolvono nell'atmosfera eccitata ed eccitante dell'esaltazione verbale; e si ricordino qui le distinzioni tra la *parola scritta* (destinata ad una «pura forma di bellezza») e la *parola orale* (destinata all'azione); e le frequenti preziose divagazioni sul ritmo e sulla musica; e i giudizi su Wagner[31]; e infine, svolgendo certi accenni del *Piacere*,

Egli intendeva trovare *una forma di Poema moderno*, questo inarrivabile sogno di molti poeti e intendeva fare una lirica veramente moderna nel contenuto ma vestita di tutte le antiche eleganze, profonda e limpida, appassionata e pura, forte e composta[32]...

o delle pagine introduttive (1894) al *Trionfo della Morte*[33]:

Avevamo più volte insieme ragionato d'un *ideal libro di prosa moderno* che – essendo vario di suoni e di ritmi come un poema, riunendo nel suo stile le più diverse virtù della parola scritta – armonizzasse tutte le varietà del conoscimento e tutte le varietà del mistero; alternasse le precisioni della scienza alle seduzioni del sogno; sembrasse non imitare, ma *continuare* la Natura; libero dai vincoli della favola, portasse alfine in sé creata con tutti i mezzi dell'arte letteraria la particolar vita – sensuale sentimentale intellettuale – di un essere umano collocato nel centro della vita universa[34].

il proposito ancora vago, appena accennato, di un'arte nuova:

---

[31] [G. D'Annunzio, *Il Fuoco*, in PRO², 583, 607, 576, 594, 650].
[32] [G. D'Annunzio, *Il Piacere*, in PRO¹, 160].
[33] [G. D'Annunzio, *Trionfo della morte*, in PRO¹, 653].
[34] Proprio nello scritto introduttivo al *Trionfo della morte*, D'Annunzio dichiarò la sua ambizione di concorrere «efficacemente a costituire in Italia la prosa narrativa e descrittiva

Oh no! Io non voglio risuscitare una forma antica; voglio *inventare una forma nuova*, obbedendo soltanto al mio istinto e al genio della mia stirpe [...]. Poiché da tempo le tre arti pratiche, la musica, la poesia e la danza, si sono disgiunte e le prime due han proseguito il loro sviluppo verso una superior potenza di espressione e la terza è decaduta, io penso che non sia più possibile fonderle in una sola struttura ritmica senza togliere a taluna il carattere proprio [...]. Tra le materie atte ad accogliere il ritmo, la Parola è il fondamento di ogni opera d'arte che tenda alla perfezione [35].

Son temi questi e specie il tema della «forma nuova» su cui D'Annunzio tornerà poi di frequente. E la poetica della parola – una parola in cui «l'ombra del mistero accompagna l'atto suo sensuale», e che si affida a virtù d'incanti e di esaltazioni per trovare la comunicazione – resterà, insieme alla poetica dell'istinto, uno dei motivi fondamentali della riflessione dannunziana nelle sue varie accezioni. E si vedano, tra l'altro, i tre *Encomi* nel *Secondo amante di Lucrezia Buti*; e tra le pagine del *Libro segreto* si rilegga un testo che anche Adelia Nòferi [36] cita nel suo eccellente studio:

L'espressione è il mio modo unico di vivere. Esprimermi esprimere è vivere.
Quante e quante volte ho sentito – e mi son persuaso e mi son radicato nel convincimento – che l'istinto prevale sull'intelletto.
Quante volte ho sentito, in me artista peritissimo, in me tecnico infallibile, tesaurizzatore di modi antichi e novi, quante volte ho sentito che il mio istinto supera la mia abilità mentale, precede tutte le sottigliezze del mio mestiere [37].

Si orientano entro queste fondamentali disposizioni tutte le innumerevoli dichiarazioni, gli «encomi», le moralità, i segreti dell'arte, di cui son ricchi i suoi scritti letterari, i suoi taccuini, le sue pagine di diario dalla *Contemplazione della Morte* (1912) al *Libro segreto* (1935), e specie quelli dell'ultimo periodo di scrittura più immediata

---

moderna; ecco la mia ambizione più tenace. La massima parte dei nostri narratori e descrittori non adopera ai suoi bisogni se non poche centinaia di parole comuni, ignorando completamente la più viva e più schietta ricchezza del nostro idioma che qualcuno osa accusare di povertà e quasi di goffaggine. Il vocabolario adoperato dai più si compone di vocaboli incerti, inesatti, d'origine impura [...]» [PRO[1], 655]. Si avverte qui come una consonanza con certi pressoché contemporanei propositi o programmi del Pascoli.

[35] [G. D'Annunzio, *Il Fuoco*, in PRO[2], 715].

[36] [A. Noferi, *L'Alcyone nella storia della poesia dannunziana*, Firenze, Sansoni, s.d. (ma 1946)].

[37] [G. D'Annunzio, *Cento e cento e cento e cento pagine del libro segreto di Gabriele D'Annunzio tentato di morire*, in PRI[2], 863].

e diretta, e nello stesso tempo più profonda e semplice [38]. Tale è infine la situazione del D'Annunzio e della sua poetica nelle formulazioni che egli stesso ne diede, e che, per quel che riguarda il nostro paese, porta alla sua forma più esasperata e violenta ciò che – per rapporto ad un contemporaneo razionalismo – abbiamo detto l'irrazionalismo della «fine del secolo». Là dove per gli Scapigliati la nuova poetica era stata solo un gesto negativo, di protesta senza speranza, Pascoli e D'Annunzio tentarono di dare alla poetica del rifugio nell'irrazionale un significato positivo; D'Annunzio volle trarne addirittura un modello di vita, e come la fondazione di un ordine nuovo di valori [39]; un mondo nuovo, estroverso, *superumano*, proteso al futuro, e fondato sulle libertà della «quadriga imperiale»: *volontà, voluttà, orgoglio, istinto*; e nella idea (come si legge nel *Secondo amante di Lucrezia Buti*) che «la bellezza *lirica* non sia soltanto la legge interiore della Terra», ma la sua «operazione assidua», e, per così dire, essenziale. Lo sforzo, per il tempo in cui fu fatto, e nell'àmbito del nostro paese, ebbe un significato ben preciso: rappresentò l'insofferenza di una cultura e di una società di fronte al positivismo, la denuncia di una riduzione dell'uomo, la volontà di cercare nuove vie. Concluso lo sforzo ideale e morale del Risorgimento nazionale con le sue forme di cultura piene di impulsi e di significati, il nostro paese, insofferente della situazione, cerca nuovi motivi di attività, nuove sol-

---

[38] Si veda nel *Libro segreto*, tra l'altro, l'idea di *umanesimo* «Se l'umanesimo non è se non l'arte di farsi uomo di là dell'umano...», connesso a una particolare maniera di intender lo scrivere: «La scrittura, l'arte del verbo, è veramente fra tutti i giochi mentali il compiuto: di là dalla pittura, di là dalla scultura, continua l'opera di creazione e dà forma al mistero estraendolo dalla tenebra per esporlo alla luce piena. Ma io aspiro a superare i limiti dello stile scritto: meglio, a cancellarne i limiti [...]»; e con un particolare modo di avvertire l'*otium*, con una sfumatura di gusto decadente: «In verità, come artista scrittore, io mi sono ingrandito nel tempo degli ozii, mi son cercato addentro e trovato nel tempo della svogliatezza». Per altro, un modo così fatto di umanesimo intende in maniera particolare anche la grandezza dell'arte: «che non si misura al numero dei suffragi che l'accolgono, ma si tiene all'impulso ch'ella determina in rari spiriti chiusi, all'ansia subitanea ch'essa solleva in un uomo d'azione, o d'accidia, o di mercatura, alla perplessità straziante ch'ella agita in una sorte già resoluta» [PRI[2], 918, 862]. Ma si veda anche come questo, per così dire, *umanesimo della decadenza* fastoso, disponibile, e sempre in progetto celi poi tra le righe una consapevolezza di vuoto, moti oscuri di angoscia irreducibile, certe pesanti perplessità, e perfino tratti di infantile infelicità (e si veda la nota n. 40). D'Annunzio – tutto D'Annunzio – merita di essere studiato nel tono di questo controcanto, un tono che ha una storia nella sua poesia, a cominciare almeno dal *Poema Paradisiaco*...

[39] Nel *Disegno di un nuovo ordinamento dello Stato libero di Fiume* D'Annunzio dichiara che «la Reggenza del Carnaro pone alla sommità delle sue leggi la cultura del popolo», perché *la cultura è la più luminosa delle armi lunghe*, perché essa è *l'aroma contro la corruzione*, e *la saldezza contro le deformazioni*, perché «l'esaltazione delle belle arti sorge dalla volontà di vittoria», e perché qui si forma l'*uomo libero*, e si prepara il *regno dello spirito*. Queste le idee di D'Annunzio sulla funzione sociale della cultura e sulla pubblica istruzione; e qui l'esaltazione sua di vedere Fiume come una incredibile Atene moderna.

lecitazioni, nuovi incentivi; ma invece dell'entusiasmo trovò una sorta di esaltazione eccitata, oscura, e, infine, estetistica, distratta, vuota [40], e le conseguenze furono dure, come i fatti mostrarono, poi.

12. Sui rapporti tra Pascoli, D'Annunzio, e la poesia straniera dice con la consueta misura cose esattissime Vittorio Lugli nel saggio *Incontri del Pascoli con la poesia francese*:

Anche i rabdomanti più premurosi, che han voluto indicare derivazioni, fonti, addirittura ricalchi, non han potuto concludere ad una dipendenza neppure temporanea del Nostro da un maestro straniero, da un modo, un avviamento artistico affermatosi fuori. D'Annunzio passa attraverso tutti i mondi della poesia, dell'arte, curiosamente pronto, aperto; dappertutto accresce il suo patrimonio d'immagini arricchisce il suo spirito, variamente lo colora, lo riempie volta a volta, lo piega, perfino tolstoiano un momento, nietzschiano sùbito dopo [...] Gli incontri del Pascoli (italiani e stranieri) non sono accorgimenti di letterato che prende il suo bene ove lo trova, e lo cerca dappertutto: sono avventure del suo spirito imbattutosi in altri per qualche guisa fraterni [41].

Sui limiti della giovanile esperienza da Poe «che agisce solo allo stato iniziale» per cui «la poetica simbolista restò allo stato intenzionale» ha detto cose ben equilibrate il Petrocchi in *La formazione letteraria di Giovanni Pascoli* [42], e già il Binni in *La poetica del decadentismo italiano* [43]. Il Pascoli, in realtà, come informazione orientata di poesia europea, è certo inferiore agli Scapigliati, e fu un provinciale che seppe cogliere con straordinaria forza intuitiva certi colori del

---

[40] Giova qui sottolineare alcune pagine del D'Annunzio del *Libro segreto*: «Vecchio guercio tentennone, io resterò dunque senza fine sospeso al mio nervo ottico, e senza denti riderò del vanesio che volle non soltanto divenire quello che era, ma abolire interamente i suoi confini e rivivere tutte le vite [...]», e ancora: «L'oscurità s'addensa. L'angoscia mi serra. Voglio forse ingannare l'una e l'altra, ricalcando già sul mio viso stravolto la mia maschera di scrittore?». «Getto queste carte dietro l'òmero come il mio niente alla notte», per finire alla «deserta conoscenza quadrata», e al progetto di un postumo libro disperato [PRI², 689, 777, 698, 926]. È ovvio che il significato di così fatte situazioni e condizioni dell'uomo non va sopravvalutato. Esse – D'Annunzio parla anche di *ferale taedium vitae* – si ricollegano a una ben rilevabile tradizione interna dell'anima dannunziana, da un lato; d'altro canto, non van lette in modo privilegiato e per così dire isolate. Van bene iscritte nel quadro dei riferimenti storico-semantici dell'uomo e del tempo, anche se in questo quadro posano l'accento su un aspetto particolare, e lo esaltano significativamente. (E si veda a questo proposito opportunamente il *Trionfo della morte*, IV, 3).
[41] V. Lugli, *Incontri del Pascoli con la poesia francese*, in *Bovary italiane*, Caltanissetta, Sciascia, 1959, pp. 174-5.
[42] G. Petrocchi, *La formazione letteraria di Giovanni Pascoli*, Firenze, Sansoni, 1953, pp. 47-8.
[43] W. Binni, *La poetica del decadentismo italiano*, cit., p. 102.

tempo, certi gusti nuovi, e certi inattesi movimenti dell'arte; il D'Annunzio annegò la sua vastissima esperienza europea di lettore e d'artista nella musica verbale di un estetismo sensuale, prezioso, prepotente, e anche ritardato, viziato e parziale; e, con molto talento, fu un provinciale, un barbaro che si vestiva con un gusto all'ultima moda, con gesto eclettico, e con troppi e troppo vistosi ornamenti. O lontana o succube, la cultura poetica italiana non riusciva ancora a sentirsi «complementare» con la cultura poetica europea. Tuttavia non vi è dubbio, «essi formano», lo ha detto il Binni, «come il grandioso parapetto della poesia italiana». E certo son tutte valide le ragioni che egli dà e che si riassumono nel fatto che essi posero le basi di una nuova sensibilità.

Dice infatti il Binni che essi,

basando la loro poetica soprattutto sulla sensazione e sulla poeticità delle cose, sbloccano definitivamente la mentalità tradizionale della forma decorosa [...] Rappresentano il prevalere della lirica come genere [...] [e come] espressione immediata del proprio io [...] e diventano quasi [...] una tradizione cui i nuovi poeti si riattaccano[44].

Insomma, prepararono le condizioni di un gusto nuovo della parola. Essi furono la vera espressione della «fine del secolo» nei limiti in cui tale realtà fu vissuta nel nostro paese; e, pertanto, non avvertirono se non oscuramente i nuovi problemi del linguaggio, e fecero ancor troppo credito alla tradizionale organizzazione logica del pensiero, e spesso intesero ancora la poesia come un'*ars* disponibile a qualsiasi contenuto (celebrativo, glorificativo, oratorio...) − per esser collocati nell'àmbito di ciò che intendiamo quando ci serviamo della nozione di «lirica del Novecento». Ma, in essi, oltre alla formazione di una sensibilità nuova, si trova − e specie nel Pascoli − anche qualche cosa di molto bene definito nella preparazione di quel che verrà poi, un futuro già proteso nel loro presente. Si tratta di due particolari «sistemi» (operativi) della poesia, di cui essi ebbero il presentimento, o iniziarono la pratica: l'*oggettività emblematica* e l'*allusione analogica*. Ormai par chiaro che il Pascoli, con la sua poetica delle cose particolari, è il punto di partenza di una «poetica degli oggetti» che giungerà fino agli emblemi montaliani. Par più difficile individuare un analogo (e diverso) movimento nel D'Annunzio: sembrerebbe, di fatto, che il rapporto del D'Annunzio con i «lirici del No-

---

[44] *Ivi*, pp. 125, 128.

vecento» debba esser risolto in una indagine rivolta a cogliere, volta a volta, il legame tra D'Annunzio e i singoli poeti, ciascuno dei quali ebbe un suo modo singolare di reagire alla sua presenza. Per altro, nelle oscure teorizzazioni cui egli spesso si abbandonò non manca di affiorare vagamente il presentimento dell'altro metodo poetico che avrà fortuna nel secolo: l'*analogia*, nell'avvertimento della parola come musica, allusione, vocazione metafisica.

IV

VERSO IL NOVECENTO

1. Per precisare quanto s'è già detto in precedenza, converrà osservare come le poetiche della «fine del secolo» si articolino in tre fondamentali disposizioni: e precisamente (A) in una *poetica del razionale*; (B) in una *poetica del rifugio nell'irrazionale come pura protesta*; (C) in una *poetica dell'irrazionale*, in cui l'irrazionale vuol farsi principio di un nuovo ordine di valori o almeno di un nuovo modo di vedere, di conoscere. Come si è detto, nella *poetica del razionale* (A), il razionale s'identifica con lo scientifico, e lo scientifico col positivo secondo particolari «referenti» del secolo. In questa poetica, la stessa poesia è in pericolo. Se da un lato tale prospettiva ha, di fatto, la sua massima espressione nel nostro paese nel pensiero poetico del Carducci, nel suo concetto artigianale di «forma» con le implicazioni che si sono indicate, d'altro canto, essa porta in sé una concezione meccanica della vita dell'arte che, in talune disposizioni estreme, giunge a ridurre la poesia, disinteressandosi alle particolari operazioni inventive che la riguardano, a *documento storico* (scuola storica) o, addirittura, ad affermare la «morte storica dell'arte» (Labriola), *mito* che dilegua di fronte alla *scienza*, temporaneo inganno che l'uomo deve oltrepassare.

Quanto alla *poetica del rifugio nell'irrazionale*, il termine «irrazionale» deve essere inteso qui nel senso attivo della relazione storica in cui vive. Non si tratta dell'irrazionale di Pascal o di certi romantici; esso ha il suo significato nell'esser condizionato da una precedente situazione positivista, in qualche modo implica sempre un mondo veduto nell'àmbito di questo orizzonte; senza il presupposto di tale realtà né gli Scapigliati, né il Graf sarebbero quello che sono, e neppure il Pascoli o il D'Annunzio. Se, con un gesto di protesta aspra e amara, ma come involto in se stesso, e senza soluzione, la Scapigliatura esprime l'insopportabilità di questi limiti, Pascoli e D'Annunzio cercano di dare un senso alla protesta, o col far della poesia un mezzo di conoscenza (Pascoli) o con l'istituire una nuova tavola di valori per una umanità nuova (D'Annunzio). Gli esiti di queste proposte furono quelli che furono. Queruli brividi o vistose esaltazioni della parola, in una confusa inestricabile ambiguità tra *arte* e *vita*, essi non potevano aver forza di messaggi universali; anzi, sintomi ritardati, e non dei più coerenti e profondi, di uno stato di crisi altrove avvertita con ben altra maturità e complessità morale, si illusero troppo e troppo presto di aver oltrepassato il disagio. La lirica del Novecento non fu, per tanto, né pascoliana né dannunziana. Cercò vie sue, e diverse; e calzano qui ottimamente le osservazioni di un critico, Alfredo Gargiulo, che fu interprete diretto, responsabile, e significativo della situazione nuova. Secondo Gargiulo, nel Novecento non si avverte un notevole superstite influsso delle figure che più o meno emersero e dominarono negli ultimi decenni dell'Ottocento:

[...] a noi non accadrà tanto spesso di richiamare Verga, Fogazzaro, e Pascoli, e neppure Carducci o D'Annunzio. Incontreremo invece delle vere reazioni, di proposito e a fondo, alla letteratura di prima? Anche qui la risposta è pressoché negativa: battendo le sue vie nuove la letteratura del nostro periodo ha vivamente reagito allo spirito, almeno in gran parte, della letteratura precedente; ma anche le sue divergenze più risentite non dettero luogo, se non in forma episodica e superficiale, a qualcosa che somigliasse alle classiche battaglie letterarie. Seguìto da un'attenta critica congeniale, il lavoro più fecondo di reazione fu sostanzialmente compiuto in profondità [1].

Può darsi che oggi quell'elenco un po' indiscreto («Verga, Fogazzaro, e Pascoli, e neppure Carducci o D'Annunzio») sembri piuttosto rigido, privo di prospettive critiche; può darsi che alla generica, non significante indicazione digitale di «ultimi decenni dell'Ottocento», oggi si sostituisca la più comprensiva, e pregnante nozione critica di «fine del secolo»; può darsi anche che, in luogo della vaga idea di «spirito della letteratura», giovi oggi servirsi della più concreta e definita nozione di «poetica»; tuttavia l'intensa, e, in qualche modo, magistrale considerazione del Gargiulo indica riassuntivamente nei loro rapporti fondamentali i termini generalissimi della questione come furono vissuti da un critico protagonista. In che sen-

---

[1] A. Gargiulo, *Letteratura italiana del Novecento*, Firenze, Le Monnier, 1940, pp. 11-2 (II ed. accresciuta, *ivi*, 1958).

so, dunque, si parlerà di una continuità di poetica tra Pascoli, D'Annunzio, e la lirica del Novecento? In che senso, anzi, si può parlare di continuità delle poetiche? Va detto sùbito che, se non furono direttamente pascoliani e dannunziani, se spesso anzi si dichiararono con estrema decisione antipascoliani e antidannunziani, i poeti del Novecento si giovarono di una situazione (appunto pascoliana e dannunziana) della cultura e della parola poetica che consentiva nuove ricerche e apriva diverse possibilità.

2. Il chiarimento del rapporto tra le poetiche di Pascoli e di D'Annunzio, da un lato, e le poetiche di ciò che diciamo «lirica del Novecento», dall'altro, esige prima di tutto che si dichiari esplicitamente che cosa si intenda quando ci si serva della nozione così discussa di «lirica del Novecento». Le argomentazioni che seguono presuppongono un modo di intendere le nozioni critiche per cui, quando si pronunzia criticamente una nozione come «lirica del Novecento» non ci serviamo affatto di un puro strumento di comodo, pratico, utile solo a classificare ciò che di poeticamente valido, efficace, o interessante si sia per avventura dato nel secolo, quanto ci si serve di un segno riassuntivo per indicare brevemente un'operazione complessa: dico, tutto il movimento della parola in cui i singoli poeti sono volta a volta condizionati e condizionanti. Nel nostro caso, la nozione suggerisce tutto il movimento della parola poetica del Novecento, tutto il movimento delle relazioni interne a questa parola. E se, a tutta prima, dai crepuscolari ai futuristi, dagli impressionisti vociani ai rondisti, agli ermetici, la lirica del Novecento sembra essersi mossa, per così dire, «a salti mortali», tra esperienze diversissime e discordi esigenze, ad un esame più riposato si avverte che la cosa non sta affatto così; e, in realtà, pur nella varietà dei destini particolari, la poesia vive entro l'àmbito di definite convenzioni e modelli linguistici, letterari, morali, e tecnici, che, se presto vengono istituiti, presto vengono anche abbandonati, e, pur tuttavia, son legati tra loro da rintracciabili connessioni e fili di continuità. Entro questa mobile struttura di ideali, istituzioni, precetti, la poesia e la cultura del secolo vivono e rivelano una loro compattezza, una compattezza certo articolata nelle diverse personali accentuazioni, ma tale, nello stesso tempo, da garantire una comune struttura significante alla varietà delle singole, particolari decisioni espressive. Ma, dunque, che cosa intendiamo quando parliamo di «lirica del Novecento»?

3. Un poeta inglese contemporaneo ha detto che grandi muta-

menti nello stile dell'arte riflettono sempre qualche alterazione sui confini tra il sacro e il profano nella immaginazione della società. Se è vero, come è vero, che, all'inizio del secolo, nella poesia del nostro paese vi è stato un mutamento, credo che si tratti proprio dei riflessi di una «riduzione del sacro» per rapporto a una società che ha visto vuotarsi di senso i suoi miti, i miti dell'ultimo Ottocento, ed è ora disillusa e perplessa. Di fatto, un giovane scrittore — qualsiasi giovane scrittore — che, all'inizio del secolo, si avvertì nella necessità di esprimersi nelle forme della poesia, si trovò anche nella necessità di rinnovare i moduli espressivi per una adeguazione del linguaggio che non fu solo l'adeguazione della parola al personale sentire del poeta, ma anche la adeguazione della parola a un mutato sentimento generale dell'uomo, a una mutata situazione morale: nella misura, infatti, in cui la parola perdeva la forza che le veniva offerta dalla fiducia comune di una società organica sostenuta e come vivificata da miti accettati, essa si caricava di una nuova responsabilità, una responsabilità di individui isolati, perplessi, disperati, e come svuotati. Io penso qui ovviamente a «quella cosa da nulla — detta guidogozzano», a ciò che significa un gesto come questo per l'uomo, per un uomo in cui l'ironia è un modo di essere ripiegato su se stesso, e solo su se stesso, senza miti e speranze sociali; ma penso anche (e di più) a Renato Serra, al «vuoto», all'«angoscia» dell'*Esame*, e poi al suo critico sentimento del classicismo nello studio incompiuto e, nel suo allarme, davvero emozionante, *Intorno al modo di leggere i Greci*. Delusione, isolamento, crisi del classicismo e delle fiducie scientifiche; forse come non mai nello svolgimento della nostra letteratura l'uomo ha avvertito se stesso come escluso dai miti e dalle speranze; ha visto emergere con energia il senso nudo della sua povertà, della sua miseria, del suo esistenziale esser solo, di un esser solo di cui l'ironia e la perplessità non sono che maschere. Non intendo qui indugiare sugli analoghi motivi della poesia europea. Basterà qui ricordare gli «uomini vuoti» di Eliot; e, di Valéry, quell'acuto esame della crisi dello spirito, come consapevolezza del *nulla* dell'Europa con cui si apre il primo *Variété*. Comunque sia, ho l'impressione di poter dire in modo abbastanza accertato che qui comincia veramente la consapevolezza che il secolo ha di sé. Crepuscolari, futuristi, impressionisti della «Voce», rondisti, ermetici... tutti questi movimenti non sono che momenti successivi di uno svolgimento che ha il suo *starting-point* nell'autenticità di una consapevolezza così rigorosa, e così nuda. La poesia fu un modo di modulare o eludere il senso della miseria dell'uomo che ha scoperto in sé un vuoto così vicino alla morte o all'insensatezza, che vuol dire questo di sé, o vuol recuperare un significato che gli consenta di vivere.

Allo stato presente della ricerca, suppongo di poter dire che della situazione ora descritta il Pascoli ebbe più che un presentimento, che anzi in lui già s'annunzia la crisi di ciò che fu sacro nel secolo in cui egli nacque e si formò.

4. La nuova poesia fu poesia di estrema decisione, una poesia che volle esser se stessa, senza compromessi e senza concessioni: una volontà lirica resoluta nel modulare una condizione dell'uomo dalla poetica del «sentirsi morire» (crepuscolari) alle irrazionali esaltazioni o eccitazioni per l'invenzione di nuovi illusori significati (futuristi), dall'affidarsi alle sensazioni come agli unici significati possibili riducendo la poesia ad una sorta di pittura (impressionisti) al credere cinicamente all'opera come all'unico «al di là» (rondisti), dal ricercare una «sfera di meraviglia quasi primigenia» al proporre una selva di simboli oggettivi, una metafisica del non significabile, o meglio come un cercare il significato di ciò che significato non ha (ermetici). Da una disposizione siffatta nasceva − e si faceva consapevole poetica − il rifiuto di ogni motivo didascalico, epico, eroico, una scarsa considerazione della satira, il ripudio di ogni modo bozzettistico o aneddotico, la rinuncia ad ogni genere di «poesia filosofica», come di quella *ars* classicistica che si fa mestiere per esprimere in versi «qualsiasi argomento». Il nuovo linguaggio volle essere tutto interiore, volle costruirsi nuovi liberi modelli e duttili convenzioni, guardò a Baudelaire, a Leopardi, alla poesia del simbolismo e a quella che in Europa dal simbolismo era nata. Così, se si vuole intendere la poesia, tutta la poesia come un corpo solidale tutto percorso da relazioni significative, da rapporti viventi, e non come una somma di individualità astratte e separate, ecco si vedrà la poesia del secolo articolarsi secondo sistemi espressivi che vanno dalla sintassi analogica a quella delle equivalenze oggettive − fino ai *patterns* leopardiani dei rondisti, pronti a vedere nello *Zibaldone* la più umana espressione di un passato che non senza un'alta ironia può essere rivissuto, facendosi nuovamente operante, da uomini moderni. Tutto ciò ha riferimento a quei motivi che nella poesia sono intersoggettivi, passano da poeta a poeta, tendono a fondare un ordine generale di istituzioni; ebbene ognuno dei movimenti di cui abbiamo fatto cenno si connette agli altri come un momento particolare di un complesso, organico movimento della parola poetica per un consolidamento e come per un maturare dopo la crisi. Così il *metodo della*

analogia e quello delle *equivalenze oggettive* sono forse i motivi più insistenti che percorrono tanto in senso sincronico che in senso diacronico la sintassi poetica del Novecento secondo particolari e disformi disposizioni e risalti.

La poesia del Novecento si è presentata finora resolutamente e in modo esclusivo come *lirica*, nel nostro paese, e anche per il nostro paese han valore per gran parte le aderenti considerazioni di un poeta tedesco non privo di educazione filosofica, Gottfried Benn [2], nella sua famosa conferenza di Marburgo, circa i problemi della lirica. La nuova poesia − la lirica nuova − appare, infatti, come una maniera di estrema concentrazione della parola «che coinvolge una rappresentazione di consapevolezza, di controllo critico e − tanto per usare un'espressione pericolosa − il concetto di *artistico*». È una poesia «fabbricata», una poesia che sorge molto di rado, ed in essa il procedimento stesso del poetare interessa come l'opera poetica in sé. Essa implica una filosofia della composizione e una sistematica della creazione: *vicino* e *dentro* al poeta − si pensi a Valéry, ad Eliot, ad Ungaretti, a Montale − c'è sempre un saggista: per questo, l'arte sperimenta se stessa come contenuto di sé nel tentativo di stabilire una nuova trascendenza: la trascendenza del godimento creativo per se stesso. Da ciò nasce − dice Benn − la poesia che forse accorda in sé un istante spezzato: la poesia assoluta, la poesia senza fede, la poesia fatta solo di parole costruite mediante l'incanto... e chi non vi vuol scorgere se non instabilità o lascivia trascura il fatto che − al di là della parola − si trovano sufficienti oscurità ed abissi dell'essere per accontentare chi ami raggiungere le massime profondità.

Gli antecedenti e la storia interna di questa nozione poetica sono già stati disegnati dalla critica; e, dunque, la lirica del Novecento appare una poesia che ha ridotto il sacro dei miti sociali a se stessa come espressione di una situazione di desolazione, di «hollow men» nella scoperta dell'essere come non significato e non significante, nella volontà di una *lirica assoluta* che ammette solo la trascendenza del piacere creativo per se stesso; e ancora: essa appare una poesia che ha il centro della invenzione dei principi fondamentali di poetica e dei nuovi ideali nella Francia e poi nell'Europa del simbolismo, e, dunque, tale che si è formata una sintassi espressiva in cui il procedimento della analogia e quello delle equivalenze oggettive hanno particolare risalto... Sono queste, nell'approssimazione un po' ruvida

---

[2] [G. Benn, *Problemi della lirica* (1951), in *Saggi*, Milano, Garzanti, 1963, pp. 213-46].

dello schema, le nozioni operative fondamentali che sottostanno alle singole voci e alle singole vocazioni poetiche: ecco ciò che intendiamo quando diciamo *lirica del Novecento*; ed è per questa via, e solo per questa via, che noi possiamo entrare nel cuore del nostro argomento. Se questo, nelle sue linee generali, è il Novecento del nostro paese secondo suoi modi, come altrove secondo altri modi, che cosa fu il Pascoli?

Non vi è dubbio, come vedremo, che egli presentì a suo modo la crisi di ciò che fu sacro nel suo tempo; e insieme avvertì la nuova forza operativa dei due metodi simbolici (l'analogia, l'equivalenza oggettiva). Ma nello stesso tempo alcuni sostanziali motivi di differenza lo distinguono e lo caratterizzano − dico *sostanziali* motivi perché senza di essi la sua poesia e il suo umano significare sono incomprensibili.

5. Occorre qui parlare dei rapporti del Pascoli con ciò che intendiamo quando parliamo di «lirica del Novecento»; ed è, si sa, un argomento difficile, vessato, un poco provocatorio. Ci sono almeno tre modi, finora proposti, di vedere la questione. C'è chi, premendo la mano con energia sul rinnovamento del linguaggio poetico e delle ragioni morali del secolo − rinnovamento che, secondo questa prospettiva, sarebbe accaduto davvero solo *dopo* i crepuscolari − non intende alcun rapporto tra il Novecento e il Pascoli, e parla di «rottura». C'è chi, invece, vede nel Pascoli un poeta che ha iniziato il movimento per la rinnovazione del linguaggio poetico, una poesia piena di futuro, ma non scorge ancora in lui attuati completamente quei caratteri cui intendiamo riferirci quando parliamo di «lirica del Novecento»; e c'è chi, dando rilievo ad alcuni aspetti particolari della sua poesia e della sua poetica, vede il Pascoli già come una compiuta e vitale espressione del nuovo secolo, non solo il più avanzato, rispetto al secolo, dei poeti dell'ultima triade, ma senz'altro un poeta che, cronologicamente e idealmente, si rivela sotto ogni aspetto un «lirico del Novecento».

Sono questioni sottili e, diciamolo pure, tali che sembrano un poco capziose; ma è da considerare anche che esse nascondono questioni vaste e generali; e ognuna di esse si giova poi di un particolare sistema di motivazioni e di simboli critici. Intanto, è cosa − per la lirica − assai diversa il far iniziare il secolo con i poeti della «Voce», e poi con Campana; o dai crepuscolari, e considerare il Pascoli come un poeta che ebbe larghi presentimenti del nuovo gusto della parola; o far addirittura iniziare tutto il gusto poetico del secolo dal Pascoli.

In questo caso sono in discussione l'idea che noi abbiamo della lirica del Novecento; certi modi critici e procedimenti di giudizio; e anche il senso dell'essenza stessa della poesia del Pascoli. Non credo, per altro, dir nulla di peregrino se, per sgombrare un poco il campo, dirò che la più debole di queste argomentazioni appare oggi esser la prima. Legata spesso a motivi propriamente prammatici, e, per così dire, polemici, alle esigenze momentanee del movimento della letteratura, al bisogno di sottolineare, nell'affermazione della novità, piuttosto le ragioni della diversità che quelle della continuità, essa cade con il cadere della esigenza polemica. Così la negazione della «Ronda» [3], legata ai motivi di restaurazione classicista che eran propri del movimento letterario, alle nuove ragioni di un gusto moderno che cercava «ordini, non figure», una misura di classicismo che succede ad un precedente impressionismo, è venuta meno con il venir meno dei motivi che l'avevano determinata. Ora la critica – è questo uno dei suoi compiti quando sia anche storia – vien cercando i legami ed i tessuti connettivi che collegano il Pascoli alla poesia del Novecento; e già non vi è dubbio che se, preparando nuovi modi della lingua, e nuove istituzioni, convenzioni e tecniche espressive, il Pascoli ha posto alcune strutture necessarie alla vita della lirica del Novecento, nello stesso tempo, riletto *dopo* i lirici nuovi, s'è fatto, per certi lati, nuovo con i nuovi. In che misura? Il problema può esser posto in modo integrale anche così: *si tratta di mettere in chiaro quali siano i rapporti tra il Pascoli e quelli che diciamo «lirici del Novecento», quanto cioè questi lirici debbano al Pascoli, e che cosa vediamo oggi nel Pascoli dopo la lettura e l'esperienza dei lirici del Novecento,* se vi sia identità, opposizione, o diversità nella ricerca che fu del Pascoli, che è dei lirici del Novecento. Ecco un tema per le sue infinite implicazioni veramente inquietante. E, difatti, esso esige che si dichiari esplicitamente che cosa si intenda quando ci si serve della nozione così discussa di «lirica del Novecento»; ed implica alcune indagini della poesia che non è *ancora* la poesia, che è *prima* della poesia, ma senza la quale la poesia non si ha.

6. La critica recente, e specie quella che procede con i metodi saldi della storia della lingua, ha veduto nel Pascoli colui che portò a maturazione la crisi della forma poetica tradizionale, e fece fare al nostro linguaggio il «salto del fosso». Di fatto, chi esamini concreta-

---

[3] [In proposito, vedi qui, più oltre, p. 211 alla nota n. 23].

mente – e cioè vedendo i raffronti testuali nella storia della cultura poetica e precisando le ragioni della cultura poetica nei raffronti testuali – chi esamini, dico, concretamente i rapporti della Poesia del Pascoli con i singoli poeti del Novecento, metterà sempre meglio in luce quanto debbano a questo poeta crepuscolari, futuristi, vociani... e Palazzeschi, Onofri, Rebora, Jahier, e anche Ungaretti, e Montale[4]... Una sottile, e molto spesso celata e come traslata vena pascoliana percorre certamente la poesia di questi poeti che pur spesso si son dichiarati, e non senza asprezza, antipascoliani. Una azione larga del Pascoli c'è, non potrebbe essere altrimenti, non l'abbiamo certo negata mai, e non si vede ragione e possibilità alcuna di negarla. È anzi una considerazione critica assodata che s'è andata sempre più consolidando e chiarendo con gli anni, e che si andrà, con osservazioni e documenti sempre più precisi, definendo ogni giorno di più. La poesia è un fatto, un risultato: ed è anche un fare, un costruire. Non sta qui a me parlare tanto della poesia del Pascoli come risultato, ma sì della poesia come fare, dei sistemi espressivi con cui preparò qualche cosa di utile ai poeti seguenti, un modo operativo di servirsi della lingua e di articolare le figure. Non giova, mi sembra, tanto ritrovar qualche risonanza, qualche eco letteraria, che dice e non dice, quanto rintracciare la continuità dei modi espressivi, certi sistemi e procedimenti e movimenti sintattici, una scoperta fertile circa un modo nuovo di organizzazione del linguaggio.

Converrà fare qualche rilievo particolare. Comincerei dal caso forse più difficile, dico meno conveniente al rilievo dei risentimenti pascoliani del Novecento, da uno dei casi di più risoluto atteggiamento antipascoliano. Voglio riferirmi a Cardarelli. Ci sono in realtà motivi per cui non si può parlare di una influenza testuale del Pascoli sui rondisti, e in modo particolarissimo su Cardarelli. Con il famoso «dito didattico alzato» Cardarelli, nel suo dettato apodittico, ha escluso il Pascoli dai suoi modelli accusandolo di mancare del «grande stile»:

Che cosa manca al Pascoli per essere un poeta impressionista, nel senso non letterale, ma storico della parola, ossia un poeta moderno? Tutto quel che gli manca per essere un vero poeta di stile.

In verità i nostri classici conoscevano già questo principio, riscoperto più o meno consapevolmente dai migliori artisti e poeti del nostro tempo,

---

[4] [Per questi e tutti gli altri poeti citati in questa *Sezione*, si rimanda alla specifica trattazione svolta nelle *Sezioni* successive].

di fare dell'arte una ricerca completa, unica, sostanziale: vale a dire, una ricerca che non implica soltanto distinzioni di forma, ma anche, e direi più che altro, di materia. La loro attenzione non si fermava naturalmente se non a quelle cose che erano già per se stesse forma, arte, poesia. Onde la straordinaria sobrietà, elezione, leggerezza, strana risonanza delle loro espressioni; dal momento che tutta la loro arte non doveva consistere in altro che nel porre quel determinato oggetto, o concetto, per se stesso riconosciuto poetico e significativo, nel massimo di spazio e di solitudine possibile[5].

È un'osservazione elegante, certo; con una sua maniera di scrittura sentenziosa, risoluta in una gnomica di restaurazione, nella sua vibrata animazione; ma essa riguarda piuttosto la poesia e la poetica del Cardarelli, chiarisce questa poesia piuttosto che negare la poesia del Pascoli.

> Lenta e rosata sale su dal mare
> la sera di Liguria, perdizione
> di cuori amanti e di cose lontane.
> Indugiano le coppie nei giardini,
> s'accendon le finestre ad una ad una
> come tanti teatri...

(Sera di Liguria)

È difficile rintracciare un rapporto testuale evidente tra Pascoli e Cardarelli, dicevo, ma suppongo di poter anche dire senz'altro che mai una così fatta leggera e distesa rarefazione degli oggetti come campiti in uno spazio fermo e largo e in un tempo legato non sarebbe possibile se non ci fosse stato il precedente affoltirsi degli oggetti pascoliani, e quell'azione di cultura poetica liberatrice della parola, che il Pascoli operò così diffusamente, assolvendo gli oggetti da ogni peso, e grave peso, di storia. L'osservazione è utile anche in altro senso: e, di fatto, nella sua distinzione tra «oggetti poetici» e «oggetti non poetici», ha anche il merito di richiamar la nostra attenzione sul rapporto tra poesia ed oggetti, sugli oggetti *nella* e *della* poesia; è ovvio, è evidente che Pascoli non avrebbe mai accettato la famosa proposizione di Mallarmé per cui la poesia opererebbe nell'intenzione di abolire gli oggetti in favore di una musica allusiva...

È qui anzi un nodo dei più saldi che uniscono il Pascoli con una *couche* particolare della poesia del Novecento: il rapporto tra poesia

---

[5] [V. Cardarelli, *Corollari antipascoliani*, in *Viaggi nel Tempo*, Firenze, Vallecchi, 1920, pp. 97-101; ora in *Opere complete*, Milano, Mondadori, 1962, pp. 506-8 (il brano citato a p. 507), ove si leggono anche altri interventi cardarelliani su Pascoli: *Biografia pascoliana* e *Breve*

e oggetti, questo rapporto visto nel Pascoli e nella poesia del Novecento: ecco un tema che riguarda se mai altro il nostro argomento, e che si è articolato in molte figure, in molti aspetti, in molte ragioni! Mi riferisco qui ad una *couche* autorevole di questa poesia che va da Govoni e da Gozzano, attraverso Sbarbaro, fino a Montale; e quanto, in questo senso, si debba al Pascoli, quanto ad altre influenze e tradizioni, quanto, per esempio, alla tradizione naturalistico-simbolica dello Zanella, o anche al Roccatagliata Ceccardi, o al reciproco contaminarsi di queste varie esperienze, e di altre straniere, poi, questo è un discorso da fare in altra occasione. Il Pascoli in ogni caso è per indole al centro di tale esperienza – e l'instaurazione di una oggettività simbolica è al centro del suo modo poetico. Vicino a questo modo, il Pascoli si giovò anche di quello dell'analogia, e contaminò spesso i due modi con vantaggio. Gli esempi sono noti a tutti. Ma pare davvero che il suo insegnamento più rivelatore e rinnovatore sia stato proprio in quella che fu detta «la poesia delle cose»; quanto alla analogia, essa fu più occasionale, meno consapevole in lui. Dottrinalmente, essa si risolve nella condanna di quel *paia* di Dante, in una teoria della visione immediata; tecnicamente, nell'operazione poetica, essa appare piuttosto al servizio del simbolo oggettivo che autonoma e dominatrice. Quali furono, dunque, i rapporti del Pascoli con un poeta essenzialmente analogico come Ungaretti? Direi che anche per un poeta come Ungaretti si potranno, sì, trovare (e specie nei primi tempi) talune risonanze pascoliane; e penso poi, per esempio, ai modi pascoliani fatti come essenziali e contratti di *C'era una volta*, un Pascoli passato attraverso maniere di associazioni sorprendenti, quali solo l'esperienza nuovissima del giovane Ungaretti poteva assommare in sé. Altre somiglianze sono state indicate, altri testi segnalati. Ma se pure Ungaretti (come qualunque altro) si giovò del lavoro fatto dal Pascoli, se ne giovò soprattutto nel senso che il Pascoli preparò una situazione aperta della forma poetica, piuttosto che in una diretta suggestione tecnica ed istituzionale.

Di fatto, l'analogia ungarettiana tende ad una densità antidiscorsiva (in cui l'oggetto, anche emergendo, acquista significati attivi soprattutto da una situazione fondamentale di musica significante, di allusione ritmica...) che è lontana dalla sintassi, in genere distesa, e quasi sempre rispettosa della convenzionalità logica – almeno apparente – del dettato, che fu del Pascoli; e non ho ragione qui di ri-

discorso ai pascoliani (*Dato che ne esistono ancora*), pp. 1027-8 e 501-5; ma si veda anche *Pascoli e noi*, in «La Ronda», a. I, n. 6, 1919].

cordare quali origini abbia, e quale storia, direttamente, l'analogia ungarettiana:

> Il poeta moderno diceva [...] che oggi non si può essere analitici; egli sa difatti meglio di chiunque che la poesia è per natura sua, un'espressione sintetica [...]. Dunque il poeta d'oggi ha cercato di superare la difficoltà così: se avrà da comunicare il senso d'una durata, intensificherà la portata d'un dato elemento, scelto tra quelli che meglio potevano concentrare un complesso di mutamenti. Nella prima metà dell'Ottocento, spesso quest'intensificazione è stata ottenuta coll'enfasi. Ora, le cose si svolgerebbero così: nell'ordine fantastico, spezzati allo spirito dell'analogia i ceppi, s'è cercato di scegliere quell'analogia che fosse il più possibile *illuminazione favolosa*; nell'ordine della psicologia, s'è dato soffio a quella sfumatura propensa a parere *fantasma o mito*; nell'ordine visivo, s'è cercato di scoprire la combinazione di oggetti che meglio evocassero una *divinazione metafisica*[6].

Cardarelli o Ungaretti si giovarono certo, dunque, dell'atmosfera creata nella cultura poetica dalle forme nuove del Pascoli; ma piuttosto per una condizione di libertà e disponibilità offerta alla parola poetica, da cui si aprì la possibilità di una ricchezza di esperienze dirette e di una inserzione di esperienze nuove, che per una immediata e reperibile suggestione testuale e di metodo. E, poi, come per contrasto e moto di reazione: l'uno richiamandosi alla spaziosità ideale della parola poetica antica, come egli l'avvertiva, l'altro intensificando e come forzando il linguaggio in una scoperta di possibilità nuovissime, intendendo la parola centro di irradiazione alonale, come forza di invenzione suggestiva e polivalente. E, di fatto, si ha il diritto di pensare che l'insegnamento del Pascoli sia stato più fertile nello sviluppo di sé e più direttamente reperibile nei testi, nella particolare *couche*, cui ho accennato prima, che è *couche* prevalentemente, e non a caso, nordica: la «poesia degli oggetti». In questo senso, possiamo già servirci (ordinandole) di una somma di indicazioni critiche che, collegate tra loro, possono suggerire l'idea di una sorta di tradizione di continuità. Una continuità di discorso poetico in cui è l'oggetto particolare a caricarsi della forza del simbolo, e non il simbolo a farsi oggetto.

La istituzione del simbolo si è articolata nella poesia italiana del Novecento prevalentemente in due modi; o il simbolo è apparso come una maniera d'allusione, un modo di rinvio dei significati, in

---

[6] [G. Ungaretti, *Poesia e civiltà* (1933), ora in *Vita d'un uomo. Saggi e interventi*, a cura di M. Diacono e L. Rebay, Milano, Mondadori, 1986[4], p. 322].

cui la parola si fa strumento di una suggestione, di un incanto, di una musica che ne allargano il senso ad altro, oppure è stato un modo di fermare gli oggetti, di caricarli intensamente di emozioni, un modo di trasformare gli oggetti in equivalenti di determinate emozioni: in questo caso, l'istituzione dell'oggetto in simbolo è stata una operazione complessa e variata della poesia, un modo di caricare gli oggetti di associazioni dirette e indirette, inconsce e ideali. In un certo senso, nei poeti che seguono questa disposizione, il rapporto oggetto-simbolo-associazioni determina, con le sue diversità, la diversa qualità espressiva del poeta.

7. Si potrebbe discorrere a lungo sui rapporti tra Pascoli e Saba. In certe sue prime prove, Saba appare non criticamente percepibile senza la vicinanza del Pascoli; ed è, diremmo, l'ultimo poeta che porta con sé certa invenzione generale della figura del poeta come la intendeva il Pascoli nella vita che visse. In ogni modo, se *La lettera ad un amico pianista...* porta accenni propriamente pascoliani,

> Oh potessi sedermi a te d'accanto!
> Udire quei tranquilli
> arpeggi [...]

è ancora nell'aria di un Pascoli letto di recente, con un senso di sorpresa e di scoperta; la lezione del Pascoli si farà poi più intima e leggera, più profonda e luminosa nella fedeltà a modi sintattici sciolti, fino ad una ilarità delle cose, che raggiunge il culmine nelle poesie sportive, in *Parole...* E che cosa dire del discepolato pascoliano di Quasimodo? La critica ne ha tanto parlato, accennando anche al suo riprendere gesti più disparati, dal Pascoli in su...

E qui, in *Acque e terre*, una riprova:

> E tutto mi sa di miracolo;
> e sono quell'acqua di nube
> che oggi rispecchia nei fossi
> più azzurro il suo pezzo di cielo,
> quel verde che spacca la scorza
> che pure stanotte non c'era.

> > > > > (*Specchio*)

Un critico molto sensibile nell'individuare e sottolineare risonanze pascoliane nei poeti del Novecento ha parlato, in questo caso, di maniere proprie allo stesso «realismo del Pascoli in funzione lirica» (e si potrebbe parlare anche di una sorta di assunzione del ritmo). Ma si badi come i modi sintattici vadano contraendosi, facendosi più chiusi, più rappresi...

E, senza il Pascoli, sarebbe stato possibile l'«impressionismo» dei vociani? Io penso al primo Soffici, a quel suo «Posar le parole come il pittore i colori»... E penso a Jahier, ad Onofri, poi; per ogni poeta di quegli anni si potrebbe ripetere lo stesso discorso. Con Pascoli si mette in crisi il classicismo della scuola, con Pascoli si cercano ragioni nuove della lingua, con Pascoli si prepara una nuova atmosfera di cultura poetica disposta ad accogliere esperienze europee che finora erano state trascurate o dimenticate... Infine, egli preparò la strada a tutti − oggi è lecito dirlo − anche a chi, per indole, non poté o non credette conveniente seguirlo, anche per chi non lo amò.

Ho parlato di «poesia degli oggetti», e ho detto che qui sta la più fertile vocazione del Pascoli verso il Novecento. Egli sottopose gli oggetti ad un trattamento nuovo, che non è quello del Carducci o del D'Annunzio. Potremmo dire che egli assunse gli oggetti in un senso lirico, naturalistico ed affettivo, e con un gesto di rivelazione, e la sua è una ripresa, se vogliamo, del realismo, ma in un senso turbato e *fin de siècle*. La «poesia del Pascoli consiste in qualche cosa che è fuori della letteratura − ha detto Serra − fuori dei versi presi ad uno ad uno: essa è di cose, essa è nel cuore stesso delle cose». L'oggetto nella poesia del Pascoli è l'assunzione di un dato − interno od esterno − avvertito come poetico in sé. Certo le ambiguità del suo realismo poetico riflettono le ambiguità, la crisi del suo positivismo dottrinale. Così, la carica che il poeta impone agli oggetti particolari − anche quando sfiora le frontiere della metafisica − trasforma gli oggetti in simboli di uno stato dell'uomo, di una situazione dell'uomo, che, come tale, può essere da tutti avvertita; non tocca mai il simbolo come sensibile illuminazione dell'idea; è come innocente tremore dell'uomo che si definisce e si propone in figure.

Ed eccoci a toccare un punto particolarmente sensibile delle relazioni tra Pascoli e il Novecento. Io vorrei qui poter dar risalto ai rapporti concreti tra Pascoli e Palazzeschi, e sono rapporti rivelatori. Palazzeschi deve a Pascoli forse la libertà, il modo diretto e confidente con cui tratta gli oggetti. Ma come si son spogliati e fatti leggeri, per acquistare una loro grazia come remota, e qui, per esempio, appena ironica, vagamente:

Vorrei girar la Spagna
sotto un ombrello rosso.

Vorrei girar l'Italia
sotto un ombrello verde.

Con una barchettina,
sotto un ombrello azzurro,
vorrei passare il mare:
giungere al Partenone
sotto un ombrello rosa
cadente di viole.

(*Sole*)

Attraverso tante esperienze letterarie, con quei suoi modi, con quei giochi, come si è detto, di «opera buffa», tra prosa e poesia, Palazzeschi quasi giunge al simbolo più con l'alleggerire che con il caricare gli oggetti, e si pensi al miracolo di certi suoi delirii di illuminazioni lievissime, in cui ogni *enflure* dell'ultimo Ottocento, tutte quelle figure vere o apparenti, con cui il secolo si fece grave, sono allontanate con un gesto semplice e recettivo:

Ginnasia e Guglielmina
sono due belle cenerine,
le mie care sorelline.
Una persona in voga come me
non può far senza delle sorelline,
ce ne vogliono almeno due o tre.
Pio Decimo ha le sue,
come ogn'altr'uomo alla moda,
due ottime sorelline
con le quali va a spasso per la mano
nei giardini del Vaticano.
Giovanni Pascoli che è
il primo poeta d'Italia,
ha anche lui la sorellina,
ne ha una, ma che ne vale tre.

(*Ginnasia e Guglielmina*)

Un gioco come tenuto sul vuoto tra ironia, crudeltà, cinismo, e un modo di trattare gli oggetti in dialogo, un dialogo un po' staccato, senza amore, e forse come nessuno Palazzeschi riuscì in quegli anni a far nuda, adeguata, presente la parola poetica. O vogliamo fermarci all'acredine un po' cinica, un po' libertina dei *Fiori*, in quel gioco (molto pascoliano, quanto a procedimento) di oggetti crepitanti e inquietati con una discretissima carica di simbolo... L'oggetto in Palazzeschi si fa simbolo di un vuoto intellettualmente attivo tra una gratuita grazia e una gratuita crudeltà con una ironia tutta sensibile che circonda le cose di un'aria leggera, nuova, improvvisa.

8. La «poesia delle cose» in Govoni, in Gozzano, e negli altri che furono detti crepuscolari, in Sbarbaro, in Rebora, e, infine, in Montale: attraverso varie esperienze, la tecnica simbolica degli oggetti aspirava a trovare i modi di una destinazione metafisica. In questa direzione, Govoni sfiora di rado il simbolo. Con i suoi famosi elenchi, e con certe invenzioni anticipatrici, la poesia ha una facilità di movimento ritmico e una sintassi così rapida e semplificata che troppo spesso l'emozione si risolve un po' esternamente in colore, e in un gusto dell'immagine fine a se stessa. Il simbolo è solo accennato, sfiorato; e – parlo dei primi tempi della poesia di Govoni – con un senso vagamente di situazione d'esilio, con gesti di una calma vagamente disperata:

> Il crepuscolo è d'un lilla soave.
> I passerotti si rifugian nel pagliaio.
> Le galline tardive corrono al pollaio.
> Sbatte una porta. Gira stridendo una chiave.

> (*Nella casa paterna*, in *Fuochi d'artifizio*)

In ogni modo gli oggetti sono ormai liberati. Seguendo una via diversa, Gozzano riduce le «cose» pascoliane alle «buone cose di pessimo gusto», come si è visto; per primo, forse, nel nostro paese, egli tenta di darci oggetti-simboli equivalenti alla situazione di miseria dell'uomo decaduto, del nulla di cui viviamo, ed in cui perdono significato Scienza, Religione, Umanità – e ne dà tutte le disposizioni e i movimenti di ironia, compiacimento, stanchezza... L'oggetto-simbolo muove in lui da una consapevolezza tutta psicologica, è uno stato particolare dell'uomo Gozzano; non vi è ancora la forza metafisica di dar figura ad un'idea. Ciò sarà in Montale. In Sbarbaro parole come «indifferenza, solitudine, deserto» incominciano a riscattarsi dal torpore crepuscolare, tendono ad una espressione nuda secca, con un certo aspro analogismo di figure naturali, di paesaggio ligure. Anche Sbarbaro tocca simboli energicamente segnati di disperazione nuova; e

> Nel deserto
> io guardo con asciutti occhi me stesso.

A dar gli emblemi, i simboli metafisici di questo nulla dell'uomo come una condizione assoluta e necessaria, contemporanea e perpetua dell'uomo, giungerà infine Montale. La materia psicologica di Gozzano e di Sbarbaro è ormai un precedente che per forza di concentrazione e per un movimento complesso di allusione oggettivata si fa metafisica. È un gioco complicato tra sensibilità e intelligenza, in cui la intelligenza isola certi oggetti che diventano segni di una decisione assoluta. Così la lezione del Pascoli – per quel che riguarda il nostro discorso – può fermarsi qui: *ad una proposta tecnica che, passata attraverso diverse elaborazioni, diventa premessa necessaria per una decisione semantica da cui certi oggetti sono posti in rilievo con una drammatica energia che va al di là dello «stato d'animo» per giungere alla proposta ideale, all'organizzazione di un oggetto-simbolo di universalità metapsicologica:*

> Spesso il male di vivere ho incontrato:
> era il rivo strozzato che gorgoglia,
> era l'incartocciarsi della foglia
> riarsa, era il cavallo stramazzato.
> Bene non seppi, fuori del prodigio
> che schiude la divina Indifferenza:
> era la statua nella sonnolenza
> del meriggio, e la nuvola, e il falco alto levato.

9. Il dire che le generazioni succedute al Pascoli, pur se parvero lasciare in disparte il poeta delle *Myricae*, per volgersi a modelli stranieri, inconsapevolmente non fecero che accostarsi a quei modelli con una sensibilità allenata e affinata prima sulle pagine del poeta della loro terra e della loro adolescenza, è considerazione esatta solo se integrata dalle osservazioni concrete fatte caso per caso sui singoli poeti e movimenti. Pascoli lavorò certo per tutti, proponendo una nuova libertà della parola, aprendo la forma della poesia; con lui si mette in crisi il classicismo scolastico; con lui si prepara un'atmosfera di cultura poetica disposta a nuove esperienze; con lui si elaborano nuovi *patterns* espressivi. Ma accettata la situazione che egli offriva, alcuni poeti operarono per contrasto cercando nuovi modelli, altri continuarono, svilupparono, rafforzarono di nuove esperienze la struttura formale che egli offriva loro. Per questi ultimi possiamo accogliere un giudizio che avverte come le *Myricae* siano il primo esempio eloquente del culto del particolare in poesia – di un culto del particolare, dell'oggetto che si trasformò sempre più nella necessità del simbolo e della metafisica poetica e popolò di nuove associa-

zioni la vita della parola lirica. Di tutto ciò il Pascoli fu anche a suo modo consapevole: la sua poetica avvicinata alla sua poesia, ecco la riprova di questa consapevolezza; se poi questa poetica venga avvicinata ad alcuni cànoni del Novecento, ecco apparire concomitanze rivelatrici, per altro portate (e lo stile del discorso qui ci aiuta) nel movimento di una parola sostenuta da un tipo di fede che non è propriamente quello che troviamo negli scrittori del Novecento. A questo punto, converrà dire che si vuol suggerire l'immagine di un Pascoli poeta della *fine del secolo* che sta alla *lirica del Novecento*, come lo *jugendstil* sta all'organicismo e al razionalismo nella architettura. E, allora, la dimenticanza e un poco il sospetto in cui fu tenuto il Pascoli dai poeti seguenti son dovuti solo alla lotta consueta tra i padri ed i figli? In ogni caso, sotto questa lotta, c'è sempre un significato: e, per altro, il rilievo e l'esame di questo significato ci porterebbe troppo lontano. Fermiamoci ai risultati di questo primo assaggio, e da un immaginoso scritto di Cecchi, rileggiamo con piacere alcune parole conclusive:

Ma quando si riesca a sentire [la poesia del Pascoli] veramente così inquieta eppure così una, allora siamo forzati a riconoscere ch'essa è forse la poesia più ricca di futuro che la nostra letteratura contemporanea possegga; si sente ch'è la più vicina a quella poesia di vita tutta interiore che ha da nascere, se questa nostra letteratura vuole ancora portare gioia di cose nuove. Spesso scorretta, frenetica, piena di spasimo, almeno non respinge le nostre ansietà. Ci accompagna più innanzi di ogni altra sul cammino sul quale un giorno, se saremo da tanto, dovremo camminare da soli[7].

Il saggio è del 1911. Ed ora è confermato dal nuovo saggio del Flora[8]. Quando Cecchi scrisse queste parole, molte opere di cui abbiamo parlato non erano state ancora pensate. Ma tant'è. La critica, quando è invenzione fondata, non manca di avere anche una forza di profezia; la critica, quando si faccia veramente – e l'impegno non implica affatto la rinunzia alle sue ragioni di scienza – «collaborazione con la poesia».

10. La continuità delle forme letterarie, ecco una nozione necessaria a stabilire i connotati di ciò che diciamo tradizione, ed ecco, nello stesso tempo, una nozione di difficile uso nell'ordine consueto

---

[7] [E. Cecchi, *La poesia di Giovanni Pascoli con altri studi pascoliani (1911-1962)*, Milano, Garzanti, 1968, p. 130].
[8] [F. Flora, *Pascoli e la poesia moderna*, in AA.VV., *Studi pascoliani*, Faenza, F.lli Lega, 1958, pp. 53-66].

della nostra cultura critica. Ma una osservazione di Baudelaire in un suo luogo animatissimo, forzata un poco oltre l'interpretazione che essa assume nel contesto può aiutarci, offrirci un avvio conveniente. Mi riferisco ad un pensiero un poco eccitato, ma anche eccitante, circa l'inadeguatezza di ogni possibile dottrina sistematica dell'arte, con la prosopopea emblematica di un Winckelmann stupito e come perplesso con tutta la sua teoria davanti a un ninnolo cinese:

un système est une espèce de damnation qui nous pousse à une abjuration perpétuelle: il en faut toujours inventer un autre[9]...

L'avvertimento della molteplicità e dell'infinità dei sistemi poetici è una constatazione in cui s'accordano Baudelaire e qualsiasi critico dei nostri giorni; ma se Baudelaire ne è come offeso e sopraffatto, e giunge alla denuncia del *cruel châtiment* cui i sistemi ci sottopongono, e come al loro rifiuto, il critico che abbia fatto esperienza delle nuove filosofie e fenomenologie sarà disposto invece ad una considerazione positiva, e nello stesso tempo ci farà entrare in uno dei movimenti più intimi dell'operazione poetica. Di fatto, è vero che Winckelmann con il suo sistema non potrà giustificare il ninnolo cinese *«intense par sa couleur, et quelquefois délicat jusqu'à l'évanouissement»*, ma, attraverso l'idea, giustificherà certamente l'arte di una particolare stagione d'Europa, ne metterà in luce le strutture significanti, e darà rilievo alle ragioni universali del fare che essa porta in sé. Ogni attività, anche la più elementare, implica un suo alone dottrinale; viviamo la teoria come respiriamo; e, dunque, si liberi il sistema dalle pretese dogmatiche che esso porta troppo naturalmente in sé nel suo stesso porsi, lo si riduca alle ragioni (prammatiche, operative, storiche...) che sono sue, e allora il riconoscimento che la molteplicità delle direzioni letterarie si giustifica con la molteplicità delle direzioni ideali che (intenzioni parziali, ma necessarie) corrispondono a diverse situazioni, o anche a diverse prospettive *nella* situazione, appare accettabile, davvero fertile, e stabilisce un limite opportuno. In questo senso, la poesia è anche sistema.

Ritorneremo presto alla questione del rapporto tra D'Annunzio e la «lirica del Novecento». Ma occorre, a questo punto, dire che la *continuità delle forme* e la *rilevabilità di tale continuità* è garantita dalla forza di questi sistemi che in molti casi oltrepassano la poesia che essi giustificano per farsi principio di altra poesia. Per rimanere

---

[9] Ch. Baudelaire, *Exposition Universelle* (1855), in *Curiosités Esthétiques*.

con Baudelaire, proprio Baudelaire è un alto esempio di questa sistematicità che ordina e rafforza il pensiero della poesia e oltrepassa la
poesia scritta dal poeta per sollecitare la poesia dei poeti seguenti.
Così, se la poetica di Baudelaire agisce consapevolmente all'interno
della poesia del poeta come motivo determinante di scelta e di decisione, di distinzione e di novità espressiva, nello stesso tempo essa
mette in rilievo un ordine di principi e di motivi che se, da un lato,
risolvono (o, almeno, dànno una prospettiva, forse la più influente,
di soluzione) la situazione del primo romanticismo francese, dall'altro inaugurano una seconda e più critica stagione del romanticismo
stesso, e tutta la poesia del secolo (Verlaine, Rimbaud, Mallarmé) in
Francia e non solo in Francia. Il variare dell'idea della poesia è, volta
a volta, il principio stesso del variar della forma, e io penso qui ovviamente alle conseguenze di un'idea di poesia pura, analogica, metafisica, cosciente del suo interno operare, presentimento sensibile, fisico dell'Essere, in una sorta di «speculazione immaginativa». Baudelaire apre così il sistema in movimento della poesia nuova, e il tempo
della forma nuova. A questo punto, converrà anticipare che *una rile-*
vabile continuità di forme tra D'Annunzio e ciò che diciamo «lirica del
Novecento» – per quanto aspetti particolari di questi rapporti possano, e anzi debbano, esser sempre più ampiamente e minuziosamente
rintracciati – *non ha nulla in comune, non è per nulla dell'indole di*
quella che si pone tra Baudelaire e ciò che, estendendo una nozione li-
mitata, viene oggi detto «il simbolismo». D'Annunzio non propone,
né istituisce il sistema nuovo su cui lavoreranno i poeti seguenti.

11. Il Gargiulo, nel luogo citato, osserva che la letteratura nuova
non ricevette alcun notevole influsso dalle figure emergenti nella fine
del secolo (e tra esse soprattutto ci riguardano Pascoli e D'Annunzio), ebbe «spirito» diverso, e batté sue nuove vie; e aggiunge che,
accompagnata da una critica militante molto attiva e accorta, per affermarsi non ebbe bisogno di quelle classiche «battaglie letterarie»,
a cui la mente critica era abituata, particolarmente dal romanticismo
in poi. Un modo siffatto di vedere è certo «vero», nel senso che è vissuto, e appare ancor tutto intriso degli umori del momento militante
in cui fu pronunziato; ma è anche «vero», perché, con accento di
fondata autorevolezza, esso inaugura una problematica critica da cui
non si può prescindere. Quanto a Pascoli, ora si vede sempre meglio
una sua posizione distinta sia da quella del Carducci che da quella
del D'Annunzio. C'è un suo protendersi *verso* ciò che diciamo «lirica del Novecento»; e, sia pure con un discorso che richiede molte

cautele e misurate limitazioni, la critica ora vede in lui l'iniziatore di una forma particolare – la «poetica degli oggetti» – che ha avuto poi fortuna nel secolo, anche se, nell'assumere nuove ragioni morali, essa venne profondamente trasmutandosi con un ambiguo movimento di «continuità-distacco» dal suo promotore. Pascoli in questo senso opera nettamente su un campo istituzionale particolare della poesia; e i poeti seguenti dovettero sempre decidere o per l'accettazione o per il rifiuto dei *patterns* formali da lui proposti. Per altro, si può considerare dimostrato che un'influente linea della «lirica del Novecento» deve al Pascoli certe suggestioni di metodo, un impulso nuovo di tecnica del linguaggio poetico, certi modi di organizzazione verbale. *Ma si può dire anche fin da ora che nulla di simile sembra poter esser affermato riguardo al D'Annunzio.* Sembra veramente che nessuna particolare e fondamentale novità istituzionale egli porti *verso* la «lirica del Novecento», e, se pure tanto spesso nei nuovi poeti accade di sentir risonanze ed echi di voci dannunziane, pare veramente difficile rintracciare una continuità organica di intenzioni formali, che diano un senso unitario a questi vaghi rilievi. Se, dunque, il problema si pone in questi termini di poetica e di sistema in cui rientrano quelle ragioni intellettuali della tecnica e dello stile che garantiscono una continuità di procedimenti e di forme, va detto subito che rispetto al «sistema (o ai sistemi) Pascoli» e al «sistema (o ai sistemi) D'Annunzio» l'intreccio complesso e variato – ma più connesso e coerente di quel che a tutta prima possa apparire – dei molteplici «sistemi del Novecento» per lungo tempo (pressoché dal 1905 al 1945) reagì con un gesto comune e costante, se pure volta a volta diversamente modulato nei diversi poeti e nei diversi gruppi, movimenti, anni: che fu, rispetto a quelle incombenti e accettate personalità piene di prestigio ufficiale, un puntiglioso sforzo, uno sforzo allontanante, non senza (ed è questo un connotato di quei sistemi) non senza una calcolata maniera di ignoranza più ostentata che vera. Si trattava, di fatto, di istituire un nuovo ordine, e una sorta di decisione polemica, come di rottura, ebbe i suoi motivi, i suoi niente affatto ignobili motivi nell'impegno di sottolineare la vitale novità, la ragione diversa per cui si operava. Pertanto, ora, si deve riconoscere la legittimità e la fondatezza di un'esigenza critica quale quella che oggi prevale; e, cioè, al di là delle decisioni di «rottura» tendere a riscoprire i legami, a ritrovare i fili che connettono quelle due grandi figure della *fine del secolo* con la poesia nuova; tale processo è, in ogni caso, di prammatica quando si passa dal vivente al vissuto, dalla storia che si fa alla storia che si scrive. E se per caso a taluno dia meraviglia la rapidità con cui il trapasso si viene avverando, si pensi, prima di tutto alla prontezza critica del secolo, alla sua consapevolezza storica che sollecita quei movimenti senza affidarli alla lenta operazione degli anni; e poi agli eventi catastrofici che han mutato radicalmente la situazione della cultura, allontanando in modo incredibile esperienze anche recenti con una sorta di dilatazione del tempo; e, infine, si avverta come insista una profonda e segreta coscienza che «lo spettacolo è finito».

Di fatto, la revisione si è già attivamente iniziata, e lo si è accennato, per rapporto al Pascoli con esiti che vanno lentamente maturando in un esercizio in cui i critici si sollecitano più o meno cordialmente l'un l'altro; presto, per quanto motivi assai forti di resistenza per diverse ragioni si possano ancora dare, un analogo processo si inizierà, lo si avverte, a proposito del D'Annunzio. E, se, per quanto lo riguarda, finora son stati messi in luce solo taluni rapporti della sua prosa con la prosa nuova, talune bivalenze suggestive, i rapporti della sua prosa e della sua poesia con ciò che diciamo «lirica del Novecento» non sono stati ancora studiati, o non lo sono stati ancora abbastanza organicamente: si son letti, infatti, svelti accenni, spunti illuminanti, in osservazioni marginali, in note particolari, non più; e conviene anche subito dire che l'azione, qualunque essa sia stata, della sua espressione prosastica sulla poesia seguente non fu certo inferiore a quella della sua poesia in versi. Per riguardo ai rapporti con la lirica del Novecento si deve considerare D'Annunzio in tutta la sua figura.

Aggiungerò che la stessa maniera di relazione con cui vengono proposti qui i termini elementari della questione indica con resolutezza come i «sistemi Pascoli e D'Annunzio», e quelli, invece, che collochiamo sotto la nozione di «lirica del Novecento» (assai più ampia e comprensiva di quella dei «lirici nuovi») si differenziano per alcune sostanziali caratteristiche che li istituiscono come entità diverse. E, intanto, per ipotesi preliminare, sembra di fatto possibile anticipare che i due gruppi di sistemi si pongono come irriducibili gli uni per gli altri, e non solo nel senso facile e pressoché ozioso per cui ogni sistema appare irriducibile ad altri sistemi, ma proprio nel senso che essi appaiono iscriversi a diversi cicli di cultura, che presuppongono diverse esperienze, motivi, referenti di significazione e di situazioni. Si considerino Pascoli e D'Annunzio come poeti della *fine del secolo*, o, dando alle date una forza che la cultura non dà loro, si pensino come poeti del Novecento, assai difficilmente, suppongo, sarà possibile far entrare Pascoli e D'Annunzio nei significati che si segnano con la nozione «lirica del Novecento» o, viceversa, forzare la nozione di «lirica del Novecento» fino a renderla pronta ad esser compresa nella poetica pascoliana e dannunziana: le due regioni possono aver qualche territorio in comune, ma par difficile pensare che possano mai essere sovrapposte o identificate, e difficile anche che sopportino una pacifica continuità formale. In realtà, i sistemi di Pascoli e di D'Annunzio − e non mancò mai tra i due poeti il sentimento complesso e turbato di una ambigua rivalità di «fratelli» − si trovarono a dover rispondere ad una stessa situazione della parola, mossero da una comunanza di esigenze e di problemi a cui risposero secondo talenti e intenzioni diversamente orientati; in tutt'altra situazione (di fronte ad una lingua già formata, alla cui istituzione avevano contribuito gli stessi Pascoli e D'Annunzio) si trovarono quei «lirici del Novecento» che, a far tempo dal 1905, dovettero cercare nuovi orizzonti espressivi per dare espressione adeguata ad una nuova moralità, ad una moralità assai diversa da quella in cui si trovarono ad operare negli anni di apprendistato i giovani Pascoli e D'Annunzio.

12. In uno studio sui rapporti tra D'Annunzio e la «lirica del Novecento», nel generale quadro di un problema critico che va facendosi sempre più acuto, abbiamo indicato alcune proposte, e cioè:
a) sembra assolutamente infondato veder D'Annunzio come uno di quei poeti che dànno inizio ad una civiltà di poeti, che propongono il sistema nuovo ai poeti che seguiranno;
b) D'Annunzio non figura nemmeno come uno di quei poeti che preparano un sistema parziale di istituzioni;
c) il sistema di D'Annunzio è irriducibile alle intenzioni che uniscono gli svariati sistemi della «lirica del Novecento» nel loro movimento aperto e variato.

Se, poi, le tre proposte son vere, che cosa sarà quel ricorrente risentimento dannunziano che troviamo con tanta frequenza nei lirici del Novecento? Si guardino, dunque, Gozzano e Corazzini, e tutti i crepuscolari con l'occhio attento al loro modo di legger D'Annunzio con una voce sentimentale in falsetto, con diverse gradazioni di tono, e Govoni e Soffici e Papini (e si ricordino i rapporti tutti elusivi che D'Annunzio ebbe con i due amici al tempo delle loro prime imprese letterarie), a Palazzeschi con il suo gioco, al D'Annunzio esoterico e metafisico di Onofri, e a certo segretissimo D'Annunzio che lievita sotto i versi di Ungaretti e di Montale, al più scoperto D'Annunzio di Quasimodo – e io penso anche a Luzi – ebbene si avranno risultati sorprendenti di recuperi personali, non riducibili ad una linea, ad una regola. Occorre studiare il rapporto tra D'Annunzio e ogni singolo poeta, e ogni singolo movimento. E di fatto molto probabilmente si tratta di una storia di operazioni individuali e dirette, tanto quanto quella dei rapporti con il Pascoli è storia di operazioni comuni e per certo aspetto indirette di una particolare genealogia di poeti.

E a questo punto va aggiunto che il D'Annunzio ebbe il presentimento di una istituzione poetica che assumerà gran valore nei poeti che vennero dopo di lui. Egli ebbe un presentimento – lo si è visto – della forza poetica rivelatrice e allusiva della analogia. Ma il presentimento rimase celato nelle pieghe dell'estetismo sensuale che fu suo, che fu il suo limite.

Ancora oscuramente, e assunti in un tipo di fede nella parola che non sarà quello del Novecento, in Pascoli e in D'Annunzio si profilano già i due sistemi fondamentali che percorrono tutta la poesia del Novecento. Si diceva: il *simbolo oggettivo* e l'*analogia allusiva*, due *tecniche* artisticamente vitali, pronte a trasformarsi secondo i suggerimenti della situazione, efficaci come risposta a precise esigenze del fare, e nello stesso tempo culturalmente rivelatrici. La storia seguente, che sarà più propriamente la storia delle poetiche della *lirica del Novecento*, dovrà tener conto di queste due direzioni istituzionali fondamentali, dovrà muoversi intorno ad esse.

PARTE TERZA

IL NOVECENTO E LA POETICA DELLA LIRICA

DAI CREPUSCOLARI AI VOCIANI

1. La digressione fatta nella sezione precedente non senza qualche anticipazione di risultati storici, e non senza qualche divagazione nella critica di poesia, è stata necessaria. Il tema fondamentale di questo studio è la storia delle poetiche. Per altro, le relazioni tra poesia, poetica, cultura poetica, ed estetica sono strette tra loro in un sistema mobile, e sincronicamente e diacronicamente variabile, di reciproci condizionamenti, che non si possono ignorare. Così, se prima di inoltrarci nel campo che è proprio della presente ricerca, è stato opportuno stabilire direttamente nella vita della poesia quei *motivi di continuità* e quei *motivi di innovazione* di cui anche la storia delle poetiche è, nei suoi modi riflessi, testimonianza, d'altra parte sarebbe segno di consapevolezza storica estremamente rozza ignorare i rapporti che naturalmente si pongono tra poetica ed estetica, e, nel nostro caso, tra le estetiche idealistiche e le poetiche del Novecento. Non già che l'estetica filosofica di cui parliamo istituisca e fondi a suo modo le poetiche; e neppure che le poetiche trovino in quell'orizzonte particolare comprensione; certo si è che le poetiche del Novecento – ed il «referente» ha significato solo per la cultura del nostro paese – vivono in un clima speculativo e culturale in cui quell'estetica è autorevole, dominante, influente; e per tanto da essa ricevono suggestioni dottrinali e impulsi teorici.

In Italia, la filosofia positivista era stata debole, non originaria, *second-rate*; e, perciò, la risposta alle insufficienze di questa filosofia non si determinò, come in altri paesi, su una revisione interna delle strutture che la costituiscono. Il nuovo pensiero – con il Croce e con il Gentile, soprattutto – si mostrò presto diversamente qualificato; si richiamò, infatti, alle forme dell'idealismo storico, e ne tentò la rinnovazione in modo da rispondere alle vive esigenze della cultura. In questa rinnovazione – la prima edizione della, già citata, crociana *Estetica come scienza dell'espressione e linguistica generale*, le cui prime *Tesi* sono del 1900, è del 1902 – l'estetica ebbe significato originario, fondamentale, determinante.

In realtà, il problema dell'arte era uno dei punti deboli del positivismo. L'applicazione del metodo scientifico-positivo alla dottrina dell'arte portò a considerare la poesia o come mero documento storico, o – lo si è visto con il Labriola – come *mito* oscuro che deve cedere il campo alle evidenze della *scienza*. L'arte in quanto tale non aveva alcun significato; e, in ogni caso, il determinismo meccanico dello scientismo portò a ridurre i fatti dell'arte a mero prodotto di condizioni d'ambiente, di tempo, di razza, o di particolari processi mentali, magari degenerativi. Sociologia e psicologia occupavano il campo della estetica.

Il proposito del Croce fu quello di rivendicare, da un lato, il valore teoretico della sensibilità e dell'intuizione, dall'altro, quello di garantire all'arte la sua autonomia, la sua libertà, la sua particolare attività. In questo senso, la revisione della dialettica hegeliana ha particolare significato: il Croce propone, infatti, l'idea di una vita dello Spirito (la nozione va intesa nei suoi referenti di assolutizzazione idealistica) articolata in un circolare «nesso dei distinti», in una dialettica dei distinti, non degli opposti, autonomi e nello stesso tempo reciprocamente implicantisi. Il problema fondamentale della estetica crociana – quello del «posto dell'arte nella vita dello spirito» – ha un duplice senso: da un lato, vuol ristabilire il significato dell'arte contro la soluzione positivista; dall'altro, vuole (all'interno dell'idealismo) dar coerenza e ordine logico all'esigenza del De Sanctis di rendere autonoma la sfera dell'arte, come «forma vivente». Per il Croce l'arte si distingue dalla logica (nello spirito teoretico) come dall'economia e dalla morale (nello spirito pratico) per essere intuizione, conoscenza aurorale dell'individuale, intuizione che è necessariamente espressione, espressione che è lingua; essa è per tanto *lirica*, in quanto contemplazione dell'individuale con un sentimento di totalità, di universalità, sintesi a priori estetica di sentimento e fantasia, *autonoma* nel senso che si distingue dalle altre forme, che, per altro, porta implicite in sé nella sua propria forma. Il Croce dava così coerenza e ragione filosofica alla aspirazione verso la lirica che era propria della poesia del tempo. In questo senso, egli agì certamente sulla critica, di cui determinò una influentissima scuola, ma agì anche sulle poetiche. Di fatti, le poetiche del Novecento sono incomprensibili senza quei connotati di *autonomia* e di *lirica*, di cui il Croce all'inizio del secolo aveva dato una giustificazione filosofica. E se è vero che contemporaneamente agirono nella nostra cultura poetica la lezione del simbolismo, dell'intimismo, della «poesia pura» e di altre correnti contemporanee per cui la poesia si definisce – sia pure secondo diversi processi di idealizzazione – con i connotati della *purezza* e della *liricità*, non vi è dubbio che l'intuizione lirica del Croce (magari subendo un processo tipico di irrigidimento prammatico secondo la natura propria delle poetiche) ha contribuito come energia componente alle diverse proposte dottrinali della riflessione poetica del secolo. In ogni caso, sorta proprio all'inizio, appunto, del secolo e sùbito autorevole, essa ha posto talune essenziali e fondamentali istituzioni del giudizio che non han certo mancato dal condizionare le scelte che poi – nel vasto campo della letteratura mondiale – vennero fatte nel nostro paese anche in rapporto alla civiltà poetica che si veniva costituendo. Se in questo senso l'insegnamento del Croce agì anche sull'idea della poesia quale fu vissuta dai poeti, il suo insegnamento non agì – sui poeti – per quanto ha riferimento all'ottimismo storicista che lo distingue. Essi avvertirono invece, e in modo acuto, i motivi della inquietudine esistenziale, della *insecuritas*, della crisi e del disagio dell'uomo nella presente situazione della civiltà; e la espressero secondo diversi toni personali, di movimento, e di cultura nelle forme della loro poesia e della loro riflessione. È certo che esaminare il tempo e la storia di queste poetiche vuol dire descrivere anche lo svolgimento di un modo di sentire che ha molto significato nello svolgimento dello spirito del nostro paese, vuol dire far storia del nostro paese sotto il profilo della attività estetica, sotto un profilo che organicamente comprende in sé gli altri.

2. 1905-1945. Evidentemente il nostro studio non tien conto se non delle poetiche la cui presenza sia compresa tra queste due date. C'è da supporre che la scelta di queste date come inevitabili termini entro i quali muove la vita della poesia di cui la ricerca testimonia appaia ormai abbastanza assodata. Intanto, non par difficile pensare che porre il 1945 come termine estremo dovrebbe suscitare minori incertezze di quelle che comporta il porre il 1905 come termine iniziale approssimativo. In realtà, la prima metà del secolo è terminata di diritto in quell'anno in tutta Europa; e, quanto alla poesia – quella poesia del Novecento di cui qui si parla –, essa ha certo trovato tutto il senso fondamentale del suo sviluppo prima del 1945.

Più arduo, forse, affermare il diritto della data d'inizio, che, con la approssimazione inevitabile in questi casi, è stata collocata nel 1905. È sempre problematico parlare di «inizio» di una civiltà poetica; problematicissimo, poi, parlare dell'inizio di un tempo così ricco di disposizioni, e variato, come il nostro. Difatti, sussistono, a questo proposito, diverse prospettive: una prospettiva futurista, una vociana, una ermetica... ed è ben naturale, e, in un certo senso, legittimo che ogni movimento letterario tenda, in qualche modo, ad iniziare la storia del Novecento dai propri diretti e immediati antecedenti.

Sarebbe facile, rapido, ma, credo, non sufficiente parare l'eventuale obbiezione (non priva, del resto, di fondamento) col richiamarsi al senso del nostro lavoro: che si propone una storia delle poetiche della prima metà del Novecento, e ha, quindi, il diritto di aprirsi con una situazione che, a suo modo, ebbe carattere di primo moto del secolo: con quei poeti, intendo, che furono felicemente detti «crepuscolari». E non gioverà neanche aggiungere che, press'a poco in quel torno di tempo, la novità del secolo cominciò a delinearsi in ogni campo. No. Quel che gioverà veramente sarà, invece, una riprova tentata direttamente sul linguaggio e sulla cultura poetica: proprio su quella cultura poetica (1905-1915) verso la quale alcuni uomini della nostra generazione guardano con nostalgia, come ad un tempo di ardente e aperta esplosione della «immaginazione creatrice» (così si diceva allora) in un movimento tanto largo, libero e animato quale essi non vissero mai! Comunque, alcune date: tra il 1903 e il 1905 escono le prime prove di Govoni, di Corazzini, di Palazzeschi, di Moretti, si muovono ancora incerti i primi tentacoli della nuova poetica; 1907: Corazzini muore, dopo aver diffuso, nella sua estenuazione vittoriosa, i germi di una segreta rinnovazione; intanto, a Torino, da Streglio, esce la *Via del Rifugio*: così prende corpo intorno ad un definito sentimento della poesia un insieme di motivi e di ricerche critiche della parola, già insistenti e imminenti; 1908: fondazione della «Voce». A differenza del «Leonardo», che pur aveva diffuso alcune delle inquietudini speculative del secolo («[...] ci piace più essere pensatori che esteti. Noi abbiamo soprattutto un programma filosofico, piuttosto che artistico [...]», scriveva a quei tempi Papini [1]), «La Voce» dedica un'attenzione larga e continua alle nuove ragioni dell'espressione poetica, e ad essa confluiscono tutte le nuove dispo-

---

[1] [Così si legge in una delle *Schermaglie* che compaiono in «Leonardo», a. I, n. 1, 4 gennaio 1903, p. 8. Per il «Leonardo» (1903-1907) si vedano le pagine antologizzate nel vol. I della collana «La cultura italiana attraverso le riviste», «*Leonardo*» – «*Hermes*» – «*Il Regno*», a cura di D. Frigessi, Torino, Einaudi, 1960. Della rivista esiste anche una ed. anastatica integrale: *Leonardo*, riletto da M. Quaranta e L. Schram Pighi, 2 voll., Bologna, Forni, 1981].

sizioni ed esigenze; 1909: primo manifesto futurista. Così, appunto, tra il 1905 e il 1909 si dichiara la crisi del linguaggio poetico del nuovo secolo; che vien per tale via prendendo coscienza di sé, della sua novità, inquietissima, ricca, e sempre in movimento in una continua instabilità del tempo morale. Infine, se vogliamo concedere ad un gusto, in questi casi inevitabile, di schemi un po' astratti, da usare con discrezione e nell'intendimento dei vitali contatti nelle singole personalità, ebbene l'inizio del diverso muoversi della parola poetica della prima metà del Novecento fu con i Crepuscolari, il secondo fu con Vociani, Futuristi, Impressionisti, il terzo si manifestò con i Rondisti, e il quarto, infine, con coloro che furon detti Ermetici.

3. L'idea critica secondo la quale i «crepuscolari» rappresenterebbero l'estrema estenuazione artistica e morale del linguaggio tradizionale è, in sé, piuttosto oscura. Anche se, in un significato assai largo, c'è in essa qualche cosa di vero, ebbene, per accettarla, dovremmo, prima di tutto, accordarci in che senso usiamo, qui, l'aggettivo «tradizionale» (di che *tradizione* si tratta? Da quale angolo guardata? Ogni secolo instaura una sua tradizione...) e chiederci se ci accontentiamo dell'idea univoca di «continuità» che è sottintesa ad un discorso così fatto. Inoltre, in questa interpretazione sembra sia difficile tentare il rilievo del contributo positivo dei crepuscolari al linguaggio nuovo della poesia.

Ma apriamo il libro del Corazzini, leggiamo la *Desolazione del povero poeta sentimentale*[2]:

I

Perché tu mi dici: poeta?
Io non sono un poeta.
Io non sono che un piccolo fanciullo che piange.
Vedi: non ho che le lagrime da offrire al Silenzio.
Perché tu mi dici: poeta?

[2] S. Corazzini, *Desolazione del povero poeta sentimentale*, in *Piccolo libro inutile* (con A. Tarchiani), Roma, Tip. Operaia romana, 1906. [È questa la quarta raccolta pubblicata da Corazzini. Sono precedenti: *Dolcezze, ivi*, 1904; *L'amaro calice, ivi*, 1905; *Le aureole, ivi*, 1905. Sono successive: *Elegia, ivi*, 1906; *Libro per la sera della domenica, ivi*, 1906. Postuma è la raccolta *Liriche*, a cura degli amici, Napoli, Ricciardi, 1909 (ne seguono, presso il medesimo editore, altre due edd.: 1922, con *Prefazione* di F.M. Martini; 1959, 1968[2], con *Introduzione* di S. Solmi, di cui alla nota seguente). Per l'intero *corpus*, si veda ora *Poesie edite e inedite*, a cura di S. Jacomuzzi, Torino, Einaudi, 1968, con l'utile sussidio di G. Savoca, *Concordanze di tutte le poesie di Sergio Corazzini*, Firenze, Olschki, 1987].

II

Le mie tristezze sono povere tristezze comuni.
Le mie gioie furono semplici,
semplici cosí, che se io dovessi confessarle a te arrossirei.
Oggi io penso a morire.

III

Io voglio morire, solamente, perché sono stanco;
solamente perché i grandi angioli
su le vetrate delle catedrali
mi fanno tremare d'amore e di angoscia;
solamente perché, io sono, oramai,
rassegnato come uno specchio,
come un povero specchio melanconico.
Vedi che io non sono un poeta:
sono un fanciullo triste che ha voglia di morire.

IV

Oh, non maravigliarti della mia tristezza!
E non domandarmi;
io non saprei dirti che parole cosí vane,
Dio mio, cosí vane,
che mi verrebbe di piangere come se fossi per morire.
Le mie lagrime avrebbero l'aria
di sgranare un rosario di tristezza
davanti alla mia anima sette volte dolente
ma io non sarei un poeta;
sarei, semplicemente, un dolce pensoso fanciullo
cui avvenisse di pregare, cosí come canta e come dorme.

V

Io mi comunico del silenzio, cotidianamente, come di Gesú.
E i sacerdoti del silenzio sono i romori,
poi che senza di essi io non avrei cercato e trovato il Dio.

VI

Questa notte ho dormito con le mani in croce.
Mi sembrò di essere un piccolo e dolce fanciullo
dimenticato da tutti gli umani,
povera tenera preda del primo venuto;
e desiderai di essere venduto,
di essere battuto

di essere costretto a digiunare
per potermi mettere a piangere tutto solo,
disperatamente triste,
in un angolo oscuro.

VII

Io amo la vita semplice delle cose.
Quante passioni vidi sfogliarsi, a poco a poco,
per ogni cosa che se ne andava!
Ma tu non mi comprendi e sorridi.
E pensi che io sia malato.

VIII

Oh, io sono, veramente malato!
E muoio, un poco, ogni giorno.
Vedi: come le cose.
Non sono, dunque, un poeta:
io so che per esser detto: poeta, conviene
viver ben altra vita!
Io non so, Dio mio, che morire.
Amen.

È una variante introversa e angosciosa della poetica del fanciullino, ma sciolta da ogni ambizione di rivelazione, di conoscenza, di
simbologia universale: la poesia è la voce di un *piccolo fanciullo* che
ama *la vita semplice delle cose*, o, come il poeta dirà in *Soliloquio delle cose*, delle *povere piccole cose*, significate dalle *tristezze comuni* e
dalle *stanchezze malate* fino ad una sorta di estenuazione, di pianto,
come di compiaciuta volontà di morte Il referente di significazione
(tra il «piccolo fanciullo» di Corazzini, l'uomo qualunque «detto
guidogozzano», il «saltimbanco dell'anima» di Palazzeschi...) è connesso ad una precisa situazione della cultura letteraria e morale[3], a
un orientamento morale che fu dei giovani in quel particolare momento storico: un dolente rifugio nel mondo interiore, un rifiuto del-

---

[3] Sul Corazzini si veda l'utilissimo studio di F. Donini, *Vita e poesia di Sergio Corazzini*,
Torino, De Silva, 1949. Il libro è prezioso anche, e forse soprattutto, per la registrazione dei
motivi di cultura poetica in cui si riconosce il gusto «crepuscolare», colto proprio nel momento della sua gestazione e del suo nascere. Ben documentato, il libro porta anche una esauriente
bibliografia fino al 1949. Si veda ora la nuova edizione di *Liriche*, a cura e con un saggio di S.
Solmi, Milano-Napoli, Ricciardi, 1959. Il saggio di Solmi [ora in *Scrittori negli anni* (1963),
Milano, Garzanti, 1976, pp. 12-23] giova a integrare ed equilibrare, dove è necessario, i risultati di Donini.

la società e della storia. In ogni caso, con gente di estrema discrezione come i crepuscolari sarebbe, mi sembra, piuttosto sconveniente parlare – come si è tentato qualche volta per Corazzini – di «caposcuola». Certo, Gozzano appare come il loro fratello maggiore e diverso, colui che portò al più alto grado consentito di adeguazione un linguaggio per la sua stessa indole di non facile trattamento: altri espresse con minor forza un'analoga disposizione sentimentale della parola (Moretti, Martini...), altri, poi, di vivo e fantastico ingegno, si svolse con diversa felicità per altre vie (Govoni, Palazzeschi...). Si preferisce trarre lo spunto da Sergio Corazzini, il giovane poeta che, in quegli anni, per la sua vita e per la sua poesia, apparve un poco come l'emblema, il testimonio della situazione, una personificazione di tante ragioni ed esigenze, di una poetica. Nel suo rigoroso, forse un po' secco, giudizio Gargiulo [4] ha detto su di lui cose assai giuste: in un certo senso, Corazzini è proprio una giovanile apertura sulla nuova cultura poetica di quegli anni, di quegli uomini... E, tuttavia, c'è un tono Corazzini, un tono [5] che si può indicare col dito, tanto nelle forme più intime e proprie della *Desolazione* quanto in quelle più colte ed esterne del «frammento» *Elegia*, un tono che si può ritrovare anche in altri poeti che gli furono vicini o contemporanei; ed è il sentimento di una parola che, dopo tanti turgori, vuol essere tanto più viva e diretta quanto più sommessa ed interiore in una sorta di diario continuo di malato, di morituro (la poetica del «sentirsi morire») tra strazio e compiacimento, una parola, dico, che in uno spirito tanto recettivo e così pronto a riecheggiare altre voci, tende ad essere legata naturalmente ad un colore della storia contemporanea. In realtà, Corazzini non si rifugia mai nelle forme gonfie e inadeguate di un linguaggio illusoriamente atemporale. Anche il gusto, già caro al D'Annunzio, dell'*enjambement* nella struttura del verso libero qui prende un significato assai diverso. Esso si svi-

---

[4] [A. Gargiulo, *Crepuscolari*, in «L'Italia letteraria», 6 dicembre 1931, poi in *Letteratura italiana del Novecento*, cit., pp. 269-70].

[5] Converrà sottolineare alcune tipiche cadenze, e alcuni costrutti molto indicativi. E fermiamoci solo su *Dolcezze* (1904): «Giorno verrà: lo so / che questo sangue ardente / a un tratto mancherà, / / che la mia penna avrà / uno schianto stridente... / ... e allora morirò» (*Il mio cuore*); «come l'anima mia che piú non spera» (*La gabbia*); «di spine / fatte dal mio buon sangue porporine / come Cristo ho corona ai miei capelli» (*Ballata della Primavera*); tutto l'ambiguo *Dolore*; e ancora: «altari bianchi come anime, buone» (*Chiesa abbandonata*); tutto *Follie*; e i giardini «piccoli custodi rassegnati / di sussurri, di baci e di carezze» (*Giardini*). Così, tra modi dannunziani e pascoliani dissolti e certo indoliti, e nel sottofondo percepibile solo a chi abbia orecchie adatte di vaghi risentimenti stilnovisti, si mostra già l'indole più vera e segreta, il *tono* della poesia di Corazzini. Di questo tempo è anche l'incontro con la poesia di Govoni e con i minori simbolisti delle Fiandre: tutta l'avventura di Corazzini.

luppa, e per così dire, si estenua sempre più in modi prolungati, pro-
lungatissimi, e mentre l'autorità del verso si dissolve con una pro-
gressione che porta sempre più innanzi la crisi metrica, il discorso
tende ad aprirsi verso una melodia infinita in cui si stemperi e si moduli in tutti i sensi quel triste avvertimento: al sentimento malinconi-
co di una stanca, esausta sensualità si sostituisce il sentimento malin-
conico di una stanchezza, di un esaurimento sentimentale − e una
poetica delle cose s'intreccia pateticamente ad una *poetica analogica*,
ad una *poetica musicale*.

Già in *Fraternità* (1905), spesso in modi ancora immaturi e incerti, ma già con intenzione evidente e coerente quanto basta, Moretti[6]
vien preparando le forme nuove del suo stile: quel tono della sua
poesia che si disse *prosastico*[7]; e giustamente, se per altro s'intenda
nel discorso anche tutto il crepitio continuo di piccoli nuclei lirici
che, tra dolcezze e umori, sollecitano, appunto, la sua prosa. Quanto
alla poesia, nel libro si legge:

> Si chiama: poesia? si chiama: amore?
> si chiama: affetto? e come ancor si chiama?
> è tutto il sentimento di chi s'ama?
> suprema gioia? supremo dolore?

e del poeta:

> Tutte le cose al mondo
> ànno, è vero, un lor nome,
> pure... Ei fa... Non so dire.

---

[6] M. Moretti, *Fraternità*, Palermo, Sandron, 1905; *Poesie (1905-1914)*, a cura dell'Autore, Milano, Treves, 1919; ma si veda, ora, *Tutte le poesie*, vol. v delle *Opere*, Milano, Mondadori, 1966. [Il volume comprende − con molte omissioni e rilevanti variazioni − oltre a *Fraternità*, le successive raccolte: *La serenata delle zanzare*, Torino, Streglio, 1908; *Poesie scritte col
lapis*, Napoli, Ricciardi, 1910 (anche in vol. separato, Milano, Mondadori, 1949, 1970); *Poesie
di tutti i giorni*, Napoli, Ricciardi, 1911; *I poemetti di Marino*, Roma, Casa Ed. Nazionale,
1913; *Il giardino dei frutti*, Napoli, Ricciardi, 1916; *Diario senza le date* (qui pubblicato per la
prima volta, e poi riproposto in ed. ampliata, nel 1974, sempre da Mondadori). Per la restante
produzione poetica si vedano: *L'ultima estate*, Milano, Mondadori, 1969; *Tre anni e un giorno*,
ivi, 1971; *Le poverazze*, ivi, 1973]. Per la poetica, si vedano: *Il tempo felice*, Milano, Treves,
1929; *Via Laura*, ivi, 1931; *Scrivere non è necessario*, Milano, Mondadori, 1937, ora raccolti in
Tutti i ricordi, vol. II delle *Opere*, ivi, 1962. [Si veda anche l'antologia: M. Moretti, *In verso e
in prosa*, a cura di G. Pampaloni, ivi, 1979].
[7] Si veda, per esempio: «La poesia che tu / bramavi da diversi / giorni, è qui, non finita»
(*L'Interruzione*); e si legga − questo, e altri esempi − fuor delle ragioni metriche. Si troverà un
gesto tra l'epistolare e il parlato di tono quotidiano. Si raffronti alla maniera, al gesto dannunziano.

Ecco un non sapere e un non saper dire che, se lo si legga collocato vicino alle elaborate, e spesso ambiziose, teorizzazioni della *fine del secolo*, acquista un suo strano, e un po' ironico, senso di protesta, come un richiamo tutto interiore, pieno di riserbo. Ma più innanzi si leggerà:

Ecco: dicon questa cosa,
ma non so se vera sia:
che un bel fiore è poesia
e che il frutto è sola prosa.
[...]
Dolce il frutto, vago il fiore,
e non voglio altro sapere.
Ma mi par che un sognatore
gusterebbe le mie pere.
[...]
O fratello mio discreto
che mi ascolti a capo chino,
ecco, dunque, il mio giardino
rimpiattato nel frutteto;
o cara anima pensosa
che mi ascolti in cortesia,
ecco dunque la mia prosa,
la mia prosa - poesia.

In ogni modo, spesso Moretti, con singolare vivezza qua e là, porta la poetica crepuscolare ad una sorta di nitida e povera esemplarità, ad una oggettività senza gesti, «modesta», volutamente:

Allineati dietro quel cristallo,
dicono i libri miei titoli e prezzi:
dove sei tu, mio buon libretto giallo,
unico libro ch'ora io cerchi e apprezzi?

Modesto sei come il mio canto, piccolo
come il mio cuore che non teme indagine.
Ecco, non sei più grosso d'un fascicolo
ed hai trecento, quattrocento pagine!

Tutte conosci le città de' miei
sogni e i paesi che non vedrò mai,
Tutte le strade ch'io saper vorrei
come per insegnarmele tu sai.

(*Orario ferroviario*)

In *Tempo felice*, ma soprattutto in *Via Laura*, Moretti ricorda gli anni giovanili, quel momento in cui, mancati Carducci e Pascoli, i poeti della sua generazione, poco disposti a seguire D'Annunzio, volsero le spalle a chi li aveva nutriti di «cibi divini». Il «giardino della poesia» si aperse «ai nuovi poeti e poetini»; e – questo è per noi interessante – Moretti delinea certe simpatie da Betteloni a Stecchetti, da Palazzeschi a Govoni «nuovo maestro dell'imagismo», gran «pirotecnico e colorista», ed ecco con queste esperienze cospirare taluni nomi pieni in quel momento di prestigio: Francis Jammes... Maurice Maeterlinck...[8], e, molto sullo sfondo, Baudelaire, Verlaine, e un incredibile Mallarmé.

Martini...[9] Ma «col suo album di vecchie stampe che resterà» Gozzano dà alla materia nuova il sigillo di una lingua elaborata e resistente, un più profondo e sapiente movimento intellettuale della parola e aspira come ad una singolare «maturità»:

Immettendo una forte dose di autoironia nella materia del *Poema Paradisiaco* Gozzano seppe limitare al minimo le sue innovazioni formali. Si fermò perché un'altra soluzione era immatura, almeno per lui. E fondò la sua poesia sullo *choc* che nasce fra una materia psicologicamente povera, frusta, apparentemente adatta ai soli toni minori, e una sostanza verbale ricca, gioiosa, estremamente compiaciuta di sé[10].

Gargiulo aveva parlato di una «facoltà di canto» che si attua attraverso la «lieve ironizzazione della stessa pienezza e dolcezza dei suoni»[11]; e non converrà qui ricordare – anche in questo senso – la sapienza delle citazioni dai maggiori, l'arte delle integrazioni, la ca-

---

[8] Moretti tocca a suo modo alcuni temi frequenti nei poeti in quegli anni: «Chinar la testa, che vale, / che vale fissare il sole / e unir parole a parole, / se la vita è sempre uguale? / / ... e il tarlo: la noia! / / ...» (*Che vale*); «Chinar la testa che vale? / Vive meglio col suo niente / il buon uomo che si sente / di non poter fare il male, / / e non sente l'infinita / ampiezza dell'irreale, / e vive senza ideale / come un servo della vita! / / ...» (*La domenica*), e ancora: «che questo grigio v'asconda / per sempre agli occhi mortali / o vi faccia tutte uguali / questa tristezza profonda! / / ...» (*La domenica della pioggerella*). Infine, in *Rinunzia*: «Nulla. Noi nella nostra ombra romita / sentiam che tutto è inutilmente come / se fosse solo una parola, o un nome./ breve di quattro lettere, la vita». Qui termina veramente quella esaltazione della Vita che fu propria delle esuberanze della fine del secolo. La Vita è il Nulla. Nella storia della poesia del secolo, il Nulla avrà poi tanta fame di oggetti; esigerà tanti oggetti per dare diversi simboli di sé.

[9] [Si veda F.M. Martini, *Tutte le poesie*, a cura di G. Farinelli, Milano, IPL, 1969].

[10] E. Montale, *Gozzano, dopo trent'anni*, in «Lo Smeraldo», a. v, n. 5, 30 settembre 1951 [ora in E. Montale, *Sulla poesia*, Milano, Mondadori, 1976, p. 59].

[11] [A. Gargiulo, *Guido Gozzano*, in «L'Italia letteraria», 19 aprile 1931, poi in *Letteratura italiana del Novecento*, cit., pp. 198-9].

pacità di appropriarsi l'altrui per via di tono e di pronuncia?

Certo, in Gozzano[12], la poetica degli oggetti sviluppa una sua forma particolare: si fa poetica delle *buone cose di pessimo gusto*, per esprimere un tempo colto e arido, analitico, chiaroveggente, ironico, senza miti, neanche quello della scienza:

> [...] Ma che bisogno
> c'è mai che il mondo esista?
>
> *(Nemesi*, in *La via del rifugio)*

> [...]
> La Patria? Dio? l'Umanità? Parole
> che i retori t'han fatto nauseose!...
>
> *(Pioggia d'agosto*, in *I colloqui)*

Considerazioni di Gozzano sulla poesia si trovano nelle sue lettere, in quelle finora pubblicate. Vediamole. Scrivendo al De Frenzi (28 giugno 1907) Gozzano dice che la sua poesia consiste nel cantare le «*cose non serie*: sdegno dei retori ed unica mia delizia», e aggiunge, anche, con accenti corazziniani, che la sua nuova poesia sarà «la poesia di colui che si sente svanire a poco a poco, serenamente, e sente il suo *io* diventar *gli altri*»; nello stesso tempo, scrive a Marino Moretti (27 luglio 1907): «[...] per me, la poesia è una infermità». Ma non va dimenticata la componente *parnassiana* del suo gusto letterario. Per i rilievi di poetica, il suo epistolario con la Guglielminetti rende davvero assai poco. In tutt'altre faccende affaccendati, i due interlocutori non teorizzano. Ma va considerato sempre in Gozzano una sorta di risentimento di esperto, di conoscitore dei segreti dell'arte, − anche se qualche volta si abbandona a giudizi o a modi un po' triti. E, dunque, ecco: «*la Poesia* (parlo d'Arte)» (12 novembre

---

[12] G. Gozzano, *Opere*, a cura di C. Calcaterra e A. De Marchi, Milano, Garzanti, 1948 (II ed. riveduta e ampliata, 1956); *Poesie e prose*, a cura di A. De Marchi, *ivi*, 1961; *Le Poesie*, con un saggio di E. Montale, *ivi*, 1961 (I ed. economica, 1971); *La moneta seminata e altri scritti con un saggio di varianti e una scelta di documenti*, a cura di F. Antonicelli, Milano, All'Insegna del Pesce d'Oro, 1968; *Lettere d'amore di Guido Gozzano e Amalia Guglielminetti*, a cura di S. Asciamprener, Milano, Garzanti, 1951. [Ora, di Gozzano, si ha l'edizione critica di *Tutte le poesie*, con *Introduzione* di M. Guglielminetti e note e apparati di A. Rocca, Milano, Mondadori, 1980, mentre si deve a G. Savoca la *Concordanza di tutte le poesie di Guido Gozzano*, Firenze, Olschki, 1984. Il succitato volume mondadoriano, oltre alle due raccolte di liriche che Gozzano pubblicò in vita (*La via del rifugio*, Torino, Streglio, 1907 e *I colloqui*, Milano, Treves, 1911), include anche *Poesie sparse* e *Epistole entomologiche*. Assieme a questa edizione complessiva delle *Poesie* − cui si rimanda anche per la bibliografia delle prose e delle lettere gozzaniane − sono inoltre da ricordare quelle commentate a cura di E. Sanguineti (Torino, Einaudi, 1973) e di G. Bàrberi Squarotti (Milano, Rizzoli, 1977)].

1907); e, prima, aveva parlato di sicuri «mezzi tecnici» che consentono una visione poetica «organica», «primissimo elemento di vitalità» (5 giugno 1907). Gozzano ha diversi interventi in questo senso: «Ah! Il lavoro paziente e lentissimo, la rinunzia e il raccoglimento intesi a quell'unica meta, il coscienzioso *labor limae*, che solo ci dà l'opera bella e duratura...» (13 luglio 1909) verso una sintesi sempre più stretta, verso quel «fenomeno di perfezione» che consiste nell'esprimere «con sempre più poche parole sempre più molte cose» (20 giugno 1909). In tale ordine, si veda anche il modo con cui egli pensava *Le farfalle*: il poema «Arieggia i didascalici settecenteschi: il Mascheroni e il Rucellai, ma ho tentato di togliere l'amido accademico e la polvere arcadica per trasfondervi il nostro inquieto spirito moderno ma rispettando i modelli e il rituale» (a M. Moretti, 13 gennaio 1914). Sul modo di lavorare di Gozzano si può in parte seguire il trapasso da una primitiva *Signorina Domestica* a una definitiva *Signorina Felicita*, attraverso le lettere al De Frenzi, alla Guglielminetti, al Monicelli, e al poemetto *L'Ipotesi* (con le considerazioni del Calcaterra). La poetica delle «buone cose di pessimo gusto» va per tanto ambientata tra questi due referenti storici: la poetica del *sentirsi morire* e quella *parnassiana* [13].

E poi, per ricordare solo i maggiori: Corazzini, *certo* Govoni, Gozzano, Moretti, Martini, *certo* Palazzeschi, *certo* Saba, *certo* Sbarbaro... tutti costoro in una loro figura non di «scuola», né di «gruppo», ma di intenzioni concordi e liberamente unite e convergenti, senza clamori, col solo gesto discreto dei loro estenuati sospiri, dei loro educati e ironici giochi, del loro gusto per i toni e gli oggetti dimessi e minori, per il loro lirismo fatto tutto interiore, hanno allontanato il *fatras* del museo letterario italiano dell'ultimo Ottocento, e con esso ogni modo di epifania di paganesimo e di storia, ogni ellenismo accademico, ogni galateo del «vivere inimitabile», tutta la eroica fenomenologia degli istinti e, infine, la preziosa gioielleria dei sensi e della letteratura «illustre». Non importa qui forse rintracciare diver-

---

[13] Come si sa, G. De Frenzi era pseudonimo letterario di L. Federzoni. Le lettere di Gozzano a De Frenzi si leggono in «Nuova Antologia», 1° agosto 1935 [si tratta di un gruppo di 11 missive scritte negli anni 1907-1911 (10 delle quali, poi, in *Poesie e prose*, cit.)]; quelle a Moretti, nella stessa rivista, ottobre 1959 [queste ultime poi riedite, assieme ad altre, in M. Moretti, *Il libro dei miei amici*, Milano, Mondadori, 1960, pp. 133-49 e *Tutti i ricordi, ivi*, 1962, pp. 1021-35, nonché riprese da F. Contorbia in AA.VV., *Marino Moretti*, a cura di G. Calisesi, Milano, Il Saggiatore, 1977, pp. 107-22. Per le «considerazioni» su *L'Ipotesi*, cui si fa riferimento nel testo di Anceschi, si veda C. Calcaterra, *L'edizione definitiva delle «Opere» di Guido Gozzano* (1938), in *Con Guido Gozzano e altri poeti*, Bologna, Zanichelli, 1944, pp. 55-6].

se connessioni, altri legami; quel che importa è sottolineare la disposizione nuova dell'animo; e i crepuscolari [14] hanno avuto il sentimento consapevole, e qualcuno ha detto perfino «polemico», della necessità di una adeguazione contemporanea della parola, d'un tono tra ironico e sentimentale d'uomini senza miti, d'un tempo intermedio stanco e disilluso.

I nostri poeti leggevano poeti francesi e fiamminghi: Jammes, Laforgue, Maeterlinck, Rodenbach, Samain... e quanti altri [15].

Naturalmente, la zona da essi illuminata è diversa per ognuno dei nostri giovani poeti, e diversi sono (dove ci sono) i legami. Ma sembra ormai facile dire che a diffondere questi stranieri furono Govoni (che ha avuto molta influenza nell'ambiente crepuscolare) e poi Co-

---

[14] [Per un'ampia visione d'insieme della poesia crepuscolare si vedano le seguenti antologie: E. Sanguineti, *Poesia italiana del Novecento*, vol. I, Torino, Einaudi, 1972[2]; D. Mariani, *Per leggere Gozzano e i poeti «crepuscolari»*, Roma, Bonacci, 1985; *Gozzano e i crepuscolari*, a cura di C. Ghelli, Milano, Garzanti, 1983; G. Viazzi, *Dal Simbolismo al Déco*, 2 voll., Torino, Einaudi, 1981 (quest'ultima, in particolare, utilissima anche per la bibliografia delle opere degli autori antologizzati)].

[15] L'opera di questi poeti, come si diceva, «decadenti» o «francesi e di Fiandra», per indicarli con Palazzeschi, fu certo conosciuta secondo maniere e zone diverse da coloro che, nei primi anni del secolo, venivano preparandosi alla poesia; e diverso per intensità e qualità fu il recupero che ne fecero i vari poeti. E si veda: per quel che riguarda Govoni e Corazzini – tra i primi a diffonder quei nomi – si legga convenientemente il volume del Donini, *cit.* Oltre a cercar di stabilire i limiti del recupero che Corazzini ha fatto per suo conto nella sua poesia di modi, forme, figure di quei poeti (pp. 257-8; «di questi elementi si serve per rivestire una cosa ben sua»), il libro contribuisce a chiarire il problema della circolazione di quegli autori nel nostro paese (p. 260; e *passim*, in tutto il volume: quanto Corazzini debba in questo senso a Govoni), e indirettamente suggerisce il senso della loro presenza nella particolare situazione della nostra cultura poetica, una sollecitazione al rinnovamento. Quanto a Moretti, si veda *Via Laura* (cit., pp. 239-81), con speciale riguardo a Jammes e a Maeterlinck; Moretti descrive la situazione dei giovani poeti, alla morte di Carducci e di Pascoli, quando «si aprì ad essi il giardino della poesia». E mostra come la lezione di quei francesi s'inserisse su una tradizione nuova e predisposta. Quanto a Gozzano, è utile, tra l'altro, lo scritto (in «Convivium», 1947, 4) di Giuseppe Guglielmi *In margine a un quaderno inedito di Guido Gozzano*. Guglielmi ha potuto studiare un «magro quaderno» di Gozzano, datato 1906-1908, in cui il poeta trascriveva «non sempre scrupolosamente», anzi spesso già con intento «pratico», di recupero, da «esperto» talune sue letture da poeti francesi: da Sully Prudhomme, e poi da Jammes (molte pagine), e infine da una antologia di Van Bever e di Léautaud nella seconda edizione (1906): qualche cosa di Rodenbach, di Samain, di altri... Dai suoi esami particolari, il Guglielmi trae la conclusione che si tratta di un «quaderno di fuga», di fuga dal dannunzianesimo in una «coscienza d'arte già matura» (che mancò, aggiungiamo, o appare più celata, in altri contemporanei). Infine, nell'*Introduzione* (p. XIII) al libro del Donini, interviene sull'argomento anche Palazzeschi «per fatto personale» e, ricordando come in una recensione del 1906 ai *Cavalli bianchi* Corazzini avesse richiamato come modelli Jammes e Maeterlinck, dichiara che, agli esordi, egli questi nomi «non li conosceva neanche per sentito dire». C'era, dunque, un'aria comune, una ricerca in cui la presenza di quei poeti acquistava una funzione, ed agiva; infine, essi contribuirono a far svolgere e maturare una situazione già predisposta, e come già sensibile a certe sollecitazioni.

razzini, e va detto che essi ebbero una funzione assai precisa: sollecitarono un mutamento già in atto, contribuirono (assumendo spesso
un significato assai diverso da quello che essi possono avere nei loro
originari sistemi di riferimento) a determinare una situazione di cultura poetica nuova, e a trasformare il senso della parola. Essi offriro-
no anche taluni oggetti-simbolo a una poesia che ebbe in comune
immagini e amicizie. Si determinò così un mondo di organetti di
Barberia, di chiesette, di beghine, di cimiteri di campagna, di certo-
se. E là dove aveva campeggiato il Superuomo, nacque un paese di
dolore, indifferenza, di volontà di morte, di ironia, di divertimenti
assurdi...

In una lettera al De Frenzi (6 ottobre 1907) Gozzano si figurava
un paese ideale, una terra ignota verso cui partire:

un paese senza passato, dove non si parli di Rinascenza latina, di Nietzsche,
di D'Annunzio, di Energeia, di Budda... È un miraggio.

E dimenticheremo quella pagina così cautamente e segretamente
mossa di umori, così energica sotto i suoi modi dolci, in cui Moretti,
nel citato *Tempo felice* (p. 215) raccontando i suoi giovanili anni di
esperienza teatrale, ricorda come, dopo aver cercato di propagar dal
palcoscenico il «vangelo del superuomo», vide nello stesso tempo
cadere la sua vocazione teatrale e il suo dannunzianesimo? E così
contrappose al sontuoso «cantare» dannunziano uno «scrivere» intimo e veridico? E non si vorrà dimenticare anche l'abbozzo, che
Gozzano lasciò nella penna, di una «Preghiera al buon Gesù per non
essere dannunziano». Così prove di una consapevolezza anche se
non esibita, anzi discretissima, certo risentita, intimamente dichiarata, e operante all'interno della poesia[16], non mancano certo.

---

[16] Sulla consapevolezza di una volontà antidannunziana e di un rinnovamento della poesia
nel suo linguaggio e nei suoi istituti, oltre alle diverse manifestazioni di Govoni, si veda anche
Palazzeschi in *Vent'anni* («Pégaso», giugno, 1931) e l'*Introduzione* (1949) al libro citato del
Donini: due scritti nitidi e convincenti. Per Moretti, oltre alle pagine di *Tempo migliore*, cit.,
e a quelle di *Via Laura*, si veda anche, se pure criticamente poco influente, *Il buon D'Annunzio*
(in *Quaderni dannunziani*, 1958, VIII-IX, pp. 130 ss.) con una singolare volontà di riduzione intimista della figura di D'Annunzio che è già un implicito, indiretto giudizio.
Di Gozzano si può aggiungere un parere su Amalia Guglielminetti: «Ella ha [...] il buon
gusto, il vero buon gusto che la conduce sicura alle più elette eleganze salvandola ad un tempo
da orpelli dannunziani e da leziosaggini pascoliane» (1909). [Il giudizio si legge nell'inedito ar-
ticolo scritto da Gozzano per il volume *Le seduzioni* della Guglielminetti; se ne veda il frammento pubblicato in *Lettere d'amore...*, cit., pp. 163-4; qui pure, in proposito, si vedano le lettere del 20 maggio 1909 e, per altri giudizi, del 5 giugno 1907. Per la gozzaniana «Preghiera al
buon Gesù per non essere dannunziano», cui è fatto riferimento nel testo di Anceschi, si vedano gli appunti per «Preghiere al buon Gesù», che si leggono nell'*Albo d'officina*, pubblicato

Per solito, la parola crepuscolare sembra mancare di densità, di spessore, di resistenza, ha una immediatezza non sempre risolta, e crede di poter correggere i limiti della scarsa cultura con la intensa modulazione interiore; tuttavia essa è la più adatta, la più flessibile ad esprimere la realtà di un mondo non significato, uno stato dell'umanità che si afferma e si istituisce pericolosamente sull'ironia. Infine, il gesto dei crepuscolari, così discreto, è stato assai più efficacemente liberatore e rinnovatore di tante astratte proclamazioni clamorose. Essi hanno, di fatto, due volti: da un lato concludono un'epoca esaurendone la crisi, dall'altro aprono l'epoca nuova coltivandone i primi germi. La loro malattia, la loro «indifferenza» fu, come accade, anche la loro forza, la loro vitalità nel tempo seguente della cultura poetica; noi li ritroviamo poi, ovunque, sotto mille aspetti, in mille guise, fecondissimo tramite di poetica contemporanea.

4. La poetica crepuscolare segna un momento importante dello sviluppo della poetica del Novecento. Ne fu l'inizio. Ne propose certe istituzioni. Ne suggerì certa tematica. Senza di essa, tutto un aspetto fondamentale della civiltà poetica del Novecento si fa incomprensibile e irrelato. Se poi si vuol parlare – difficile discorso – di «salto qualitativo» nel rapporto tra la poetica crepuscolare e quella ermetica e la poesia cui esse si riferiscono, in ogni caso va considerato che tale salto qualitativo fu possibile – ed è percepibile – solo per il lavoro anche dei crepuscolari. Come tutti gli inizi, la poetica crepuscolare porta ambiguamente in sé il recente passato; Gozzano purificò e portò a misura controllata e coerente certa pesante indisciplinata e inquieta tematica della «fine del secolo», e perfino della Scapigliatura. Ma è anche certo che essa sia nella formulazione corazziniana della poesia come «desolazione» e «non saper che morire», sia nella trasposizione oggettiva di uno stato critico dell'umanità nelle «buone cose di pessimo gusto» di Gozzano, o negli oggetti simbolici di Moretti, o nel «divertimento» assurdo di Palazzeschi... indicò una tematica e propose certe istituzioni propriamente novecentesche. Il secolo si apriva con toni di disperazione esistenziale, qualche volta estremamente resoluti, e va anche detto che, con questa decisione e risolutezza della poesia, furono respinti tutti gli allettamenti di una *ars* disponibile a qualsiasi contenuto, l'illusione del poeta-vate, la volontà di un magistero puramente letterario. La tematica si espresse

---

in parte da C. Calcaterra nella citata ed. garzantiana delle *Opere* di Gozzano (pp. 1242-49). L'abbozzo della «Preghiera» è la poesia, non raccolta in volume, *L'altro* (ora, tra le *Sparse*, in *Tutte le poesie*, cit., pp. 303-10)].

solo come rilievo della condizione critica dell'uomo contemporaneo. Proprio con Gozzano e Moretti si iniziò quella trasposizione oggettiva ed emblematica di una situazione dell'uomo vivente che se con loro non uscì forse dal riconoscimento di un disagio psicologico, più tardi doveva farsi segno sempre più profondo di una consapevolezza metafisica.

In quegli anni, anche Gian Pietro Lucini appare figura rilevante della cultura poetica. Egli vien per solito considerato uno scrittore bizzarro e anarchico in cui si trova come un raccordo tra la «scapigliatura» (egli si diceva scolaro del Dossi) e il «futurismo» (e fu amico, liberamente, di Marinetti; e anzi nei suoi scritti si troverebbe una singolare interpretazione del simbolismo che preparerebbe le proposte futuriste). Certo, Lucini fu scrittore disordinato, esaltato, ricco di idee talora più suggestive che meditate, più farraginose che dichiarate; ma anche temperamento carico di forza attiva, pronto a indicare orizzonti molto efficaci, pieno di germi che fruttarono poi.

Lucini si formò in un ambiente come quello lombardo ricco di tradizioni illuministiche e romantico-progressive; ed uscì dalla Scapigliatura senza cedere alla disperazione, alla rinunzia, al vuoto, e a quella retorica. Così, egli non manca di certa sua oscura e vaga speranza nei destini dell'uomo, nella attività del pensiero: nella *Prima Ora della Academia* [17], vede il poeta nel suo còmpito di educatore al

---

[17] Nelle note indicheremo con PO il volume *La Prima Ora della Academia*, Milano-Napoli-Palermo, Sandron, 1902; con RP, *Ragione Poetica e Programma del Verso Libero. Grammatica, ricordi e confidenze per servire alla storia delle lettere contemporanee*, Milano, Edizioni di «Poesia», 1908; con A, *Antidannunziana*, Milano, Studio Editoriale Lombardo, 1914. [Dopo lunghissima dimenticanza, sul finire degli anni Sessanta e nel corso del decennio successivo si è avuta una vivissima ripresa di interesse per Lucini. Varie sue opere sono state riedite o edite per la prima volta. Un'ampia scelta di testi poetici ha offerto E. Sanguineti, in *Poesia italiana del Novecento*, Torino, Einaudi, 1969. A cura di G. Viazzi, sono apparse: *Le Antitesi e le Perversità*, Parma, Guanda, 1970; *Libri e cose scritte*, Napoli, Guida, 1971; *Per una poetica del simbolismo*, ivi, 1971; *I Drami delle Maschere*, Parma, Guanda, 1973. Altri testi luciniani si leggono in «il verri», n. 33-34, 1970; in «Lettere italiane», n. 4, 1970; in G. Viazzi, *Studi e documenti per Lucini*, Napoli, Guida, 1972; in M. Artioli (a cura di), *Marinetti Futurismo Futuristi*, Bologna, Boni, 1975; e nelle antologie: *Prose e canzoni amare*, a cura di I. Ghidetti, Firenze, Sansoni, 1971; *Scritti critici*, a cura di L. Martinelli, Bari, De Donato, 1971 e *Ragion poetica e programma del Verso Libero*, a cura di M. Bruscia, Urbino, Argalìa, 1971. Infine, altre riedizioni: *Parade*, a cura di T. Grandi, Milano, All'Insegna del Pesce d'Oro, 1967; *L'ora topica di Carlo Dossi*, a cura di T. Grandi, Milano, Ceschina, 1973; *Gian Pietro da Core*, Milano, Longanesi, 1974; *Revolverate e Nuove Revolverate*, a cura di E. Sanguineti, Torino, Einaudi, 1975; *La Gnosi del Melibeo*, a cura di G.B. Nazzaro, Roma, Editrice Esposizione, 1979. Per l'elenco completo degli scritti luciniani, si veda la *Bibliografia delle opere* in G.P. Lucini, *Prose e canzoni amare*, cit., da integrare con i titoli segnalati nella *Bibliografia* in appendice al II vol. dell'antologia *Dal Simbolismo al Déco*, cit.].

meglio sociale; e in *Antidannunziana* parla di «Bellezza per la libertà» (p. 33). Egli, da un lato, ha forti esigenze morali e sociali, dall'altro è aperto ad una considerazione vivace e informata della cultura filosofica, letteraria, e soprattutto poetica dell'Europa del tempo. Come tutti i poeti dei suoi anni, egli reagisce energicamente e anche duramente alla situazione poetica e al costume letterario della «fine del secolo», al Pascoli, e specie al D'Annunzio. Ma il suo intervento non si conclude (come per Gozzano e i crepuscolari) in una proclamazione − anche sapiente, talora, letterariamente − dei «diritti» dell'intimità, dell'infermità, della chiusa attesa di morte; e così, da un lato, condanna D'Annunzio per la sua *insincerità*, per la sua umana *vanità* e inutilità morale, per la sua vacuità che si fa ambiguità stilistica e disponibilità verbale; dall'altro, constata la limitatezza, l'esteriorità oratoria, e anche il ritardo delle nostre soluzioni letterarie della «fine del secolo» rispetto a quelle europee. Una lettura non teoricamente pregiudicata del suo *Verso Libero* sarà abbastanza rivelatrice di presentimenti acuti, e anche di proposte istituzionali nuove, sorte da una meditazione partecipe alla vivente situazione della poesia. In ogni ordine di riflessione, ed in particolare per ciò che ha riferimento alla estetica, Lucini è contrario all'irrigidimento del pensiero in schemi dogmatici e definitivi. Così nella *Ragion Poetica e Programma del Verso Libero* egli osserva ripetutamente:

L'ideale umano è nel cammino indefinito; nessuno può imporci la parola *Fine*; e se credete che vi siano una dottrina e un sistema perfetti ed assoluti, li ritroverete nella credenza all'*Assurdo*, che è un modo negativo di vivere.

Di fatto: «non v'è dottrina o sistema che vinca sul tempo» e «tutto è provvisorio; tutto è realmente e semplicemente applicabile per un tempo» (p. 23); e, nello stesso luogo, osservato che «mille ed una sono le formule sotto cui si notomizza l'arte e l'artista» e che «ciascuna d'esse ha una ragione normale ed un lato esatto e positivo, ma erra» quando si ponga come *categoria assoluta*, giunge ad alcune conseguenze che egli dice «fenomenalogiche»:

Così, tutti che vogliono costruire una filosofia sopra di un modo di vita o di letteratura, fabricano palazzi di arena sopra le arene del mare, percossi ritmicamente dalle ondate che li superano; *vi sono*, invece, e solamente *nella vita e nella letteratura, dei fatti che, sotto all'analisi, possono anche dare delle formole filosofiche* (p. 23).

L'artista ha l'ufficio dell'iniziatore: «poeti, filosofi ed artisti sono iniziatori non dei valletti» (p. 18): essi dànno il vero *senso* della esistenza (p. 18), scoprendo le relazioni che si scambia l'animo nostro coll'animo delle cose (p. 21). La critica è in genere pedantesca, classificatrice, parziale, con la pretesa, invece, di giudicare in modi definitivi, assoluti. Quel che conta, ed ha forza rivelatrice, è, in realtà, l'autocritica del poeta. Poiché chi è artista *va sempre al di là della consuetudine* è necessario che il poeta, in quanto innovatore, dica una parola che illumini il senso di un lavoro che i critici, fermi al consueto e all'abituale, non saprebbero intendere. E, dunque, quale è il senso della ricerca poetica contemporanea nel nostro paese? Nella seconda e terza parte del suo libro, Lucini vuol rispondere a questa domanda. Egli ha pagine acute sulla «scapigliatura» e sul suo significato; e si veda quel che dice del Pascoli «che manca di intensità e di vigore» e del D'Annunzio «che ha annegato» le sue qualità native in un «pensiero altrui», di moda, senza, poi, aver ben compreso quel che imitava. Nel continuo suo divagare come in una conversazione tra sviluppi di spunti particolari, giudizi storico-culturali, cenni autobiografici, ricordi, ritratti, e digressioni dottrinali, il Lucini vuol mostrare che occorre cercare un nuovo modo di civiltà poetica. E se altri, con giudizio sommario, e forse sprovveduto, condannava il simbolismo [18], egli è spinto a considerare il simbolismo come una «funzione naturale» della poesia, anche della poesia moderna italiana. Certo, intenderà il simbolismo a suo modo; e sùbito, indica nella tradizione europea del verso libero un significato, anche per il nostro paese, di letteratura che sostituisce «al rigorismo inutile dei dogmi [...] l'indipendenza ragionata ed individuale» (p. 167) per una «forma nostra e magistrale, uscita dalle nostre intime necessità, non imitata da nessuno, compresa di quanto di migliore avevamo assorbito e fatto nostro per nutrimento deliberato» (p. 170): e cioè l'insegnamento di Novalis, e poi dei simbolisti francesi in un sentimento della *parola* come nucleo poetico di una lingua ricca di forza

---

[18] La polemica di Lucini contro D'Annunzio non manca di esser aspra e diretta. Egli afferma di non voler fare una opposizione «di progetto», afferma che la sua è una opposizione di «natura» (A, 22); avverte anche che egli discute non la «persona», ma ciò che questa persona significa come «indice» di «tendenza» (A, 35). Tanto più energico quindi, e tanto più libero il suo contrapporsi. Ecco: in D'Annunzio «*conformismo* e *superlativo*» si fondano nella «*Retorica* e, cioè, nella mancanza di *personalità* e *sincerità* dell'opera...» (A, 20); contro i critici lodatori, accusa D'Annunzio di essere solo «campione di virtuosità» (A, 47); da ultimo, considerata la rapacità dannunziana nel far propri i testi altrui, parla di «ingegnosità da centone» (A, 159). In ogni caso il Lucini è sempre documentato, documentatissimo, non senza umori e stravaganze e molte dispersioni.

immaginativa, che si fa azione nel libro, e che implica gusto delle dissonanze repentine, un continuo mescolare luci ed ombre, un pretendere l'intervento continuo e riflessivo del lettore, e, insomma, quella moderna *oscurità*, che è novità, originalità, rottura con la consuetudine: «Molte sbarre alle porte e alle finestre, il mio sigillo sopra la roba» (pp. 200 ss.; p. 209). Un sigillo che è *simbolo*, non *allegoria*, e cioè un concreto significar le mille forze, le mille relazioni di una entità in modo da render chiaro l'oggetto, la nozione del mondo; e non un astratto e preconcetto categorizzare e applicare (allegoria) alla immagine una astrazione teorica [19]. Il modo del far simboli non si insegna, è facoltà personale, diversa da scrittore a scrittore, implica una disgregazione ed una reintegrazione della realtà che non può ignorare la sensibilità, il sentire.

E se nella *Prima Ora della Academia* aveva detto:

L'allegoria di ogni fatto, l'immagine plastica d'ogni passione, la quale abbia una rispondenza occulta alla finalità, diventano il perché delle Lettere; e, nei piccoli avvenimenti quotidiani, il ritrovare delle emozioni sincere e profonde, e l'esplicarle, è loro ufficio...

ora dirà:

L'artista non solo scopre il senso intimo (mistico) della vita, lo divulga, lo rende espressione definita, ma inventa anche la propria vita; immette, cioè, nella vita comune le nuove forme che fingono i suoi desideri e la sua volontà. (pp. 294-5) [20].

L'arte basta a se stessa: non è «omelia dogmatica e filantropica», non vuole insegnare, non si propone una tesi, non ha pretesti morali, ma «aumenta la vita e si aumenta in questa».

---

[19] Si veda (in PO, 54-9) – il libro è del 1902 – il segno delle sue letture, di lettore europeo. Vi sono tutti i nomi maggiori da Verlaine a Mallarmé, da Flaubert a Balzac fino a Huysmans e a Renard. E si veda poi la copia sterminata delle sue dirette citazioni da tutti gli autori fondamentali della «fine del secolo».

[20] Al tempo di PO (1902) egli non faceva ancora questa distinzione in cui si avverte forse come un'eco della condanna idealistica delle allegorie. Di fatto, nella *Avvertenza* egli parla del suo «paese delle Allegorie, delle innocenti Allegorie» (p. 11), «limpidissime come cristallo» (12), «mio bisogno di raccontarmi tutto sotto altri nomi», «pubblica esplicazione del mio essere» (11, 16), sotto figura di altri nomi, di altri esseri, di altra storia e tempo: «Storia mia in una Storia di tutti» (16). Più complessa, nello stesso volume, la dottrina della *Licenza*, che tocca tutta la problematica della poesia, e in particolare della poesia contemporanea. La *Licenza* è discorso allegorico tra il poeta e l'opera che vuol uscire attratta dalla vita nel mondo. In modo molto elaborato, si suggeriscono i motivi della genesi; ma il Lucini, secondo l'indole sua, non manca di giungere a formulazioni generali: «Per me l'Arte fu convincimento di panteismo [...]

Evidentemente, il simbolismo del Lucini tien conto del simbolismo classico francese della fine del secolo, ma non s'identifica con esso. Nel Lucini fermenta tutta una filosofia della vita che è dei suoi anni, e un modo organico, a questa filosofia coerente, d'intendere il simbolo, la poesia. Essi sono suoi, sono nuovi: e s'accordano con quel senso del relativo, per cui l'artista è consapevole di «essere nel relativo» (p. 291) e di non sfuggire «alle leggi brevi e distinte» che valgono per ogni aspetto del mondo (p. 299).

Si dice – e c'è del vero – che Lucini prepara il futurismo [21].

Ma entro quali limiti? Egli teorizza del verso libero e del simbolo poetico in una prospettiva di filosofia della vita; e sono motivi che ritroveremo anche nel futurismo. Per altro, se in Lucini il verso libero e il simbolo poetico si giustificano in una visione organicistica della realtà che il Lucini stesso dice *fenomenalista*, Marinetti si rifarà direttamente a testi del simbolismo francese, e colorerà il suo programma di motivi filosofici vagamente bergsoniani e pragmatisti.

e mi compose la natura, la quale, in me umanizzata, riassume la sensazione ed il sentimento» (38) nell'ombra di quella Bellezza che è *finalità*: «attitudine ferma, completa, e costante, che sia una destinazione evidente alli uffici speciali, per cui ogni ente è nato». Né *materialismo*, né *idealismo*, dunque, in estetica: essi appaiono «come metodo, simili alla metafisica» (47), e rappresentano una «troncata manifestazione di pensiero», che dà un «uomo astratto e imperfetto» (47) secondo forme che non comprendono l'uomo «in tutte le sue potenzialità» (48). L'opera, dunque, sarà quella che «sboccierà dalla fusione di questi due metodi» sotto la teorica di una costante e progrediente perfezione, «intenta ad un vero ed assegnato ufficio nell'armonia della natura e della società» (48); e l'artista, il poeta sarà, in modo sia pure «elevato e forbitissimo» (46) un educatore. L'arte deve condurre per la bellezza alla libertà (A 33). Non si dimentichino poi le pagine (PO, 80 ss.) sulle «sofferenze» dell'opera nella storia, sul suo mutar, trasformarsi, «mutare agli stessi occhi» dell'artista.

[21] Lucini aderì di fatto nei primi tempi come si sa al movimento futurista; e il suo nome appare sempre tra quelli dei poeti promotori e aderenti fino al 1912. Nel 1913 se ne staccò con uno scritto *Come ho sorpassato il futurismo*, pubblicato nell'aprile sulla «Voce» (n. 15), in cui, oltre a contrapporre il proprio senso *sofferto* della verità al gesto *facile* di Marinetti, avverte che i motivi della sua rinunzia sono gli stessi che lo spingono alla sua polemica contro il D'Annunzio, e aggiunge «oggi nemmeno un'ombra di *concetto luciniano puro*» si trova nella dottrina futurista, bensì «tutta la scorie d'annunziana», anzi una sorta di dannunzianesimo «esasperato», una delle «*cento maniere di preparare i contorni per l'arte*». [Il citato scritto di Lucini si legge ora in L. De Maria (a cura di), *Per conoscere Marinetti e il futurismo*, Milano, Mondadori, 1973 (i brani citati a p. 274). Nel volume è pure data, di Marinetti, la *Prefazione futurista a «Revolverate» di Gian Pietro Lucini* (1909), pp. 203-9. Sempre in ordine al rapporto col futurismo, è importante G.P. Lucini, *Marinetti Futurismo Futuristi*, a cura di M. Artioli, cit. Si vedano, inoltre, M. Artioli, *Gian Pietro Lucini tra simbolismo e futurismo* (pp. 172-98) e L. De Maria, *Lucini e il futurismo* (pp. 250-74), entrambi nel fascicolo monografico della rivista «il verri» (n. 33-34, 1970), interamente dedicato, appunto, a «Lucini e il futurismo» (il citato saggio di De Maria, ora nel suo *La nascita dell'avanguardia*, Venezia, Marsilio, 1986, pp. 21-46). Infine, sono da segnalare: M. Artioli, *Lucini e Marinetti: preistoria lombarda del futurismo (1894-1909)*, in «La Martinella di Milano», vol. XXX, fasc. I-II, gennaio-febbraio 1976, pp. 19-28 e A. Longatti, *Il primo sodalizio Marinetti-Lucini*, in AA.VV., *Marinetti futurista*, a cura di «ES.», Napoli, Guida, 1977, pp. 16-22].

Due intenzioni assai diverse. La parte di Lucini è stata, dunque, solo quella di aver suggerito una problematica vissuta in una inquieta situazione; il resto fu il còmpito propriamente di Marinetti: suscitare un movimento che portasse l'inquietudine alle sue estreme condizioni, e gettare idee confuse, ma qualche volta attive, per un rinnovamento del resto necessario.

5. Benché risolutamente e in modo dichiarato contrario a ciò che diciamo «cultura» e a ciò che diciamo «riflessione dottrinale», il futurismo corre il rischio di essere ricordato soprattutto per ragioni di cultura e per ragioni di dottrina. Di fatto può darsi che non si sia scritta una sola riga di poesia nello sterminato e confuso paese che si chiamò «futurista» o che sia difficile provare una soddisfazione qualsiasi scorrendo le sterminate gonfie raccolte degli innumerevoli e tutti «geniali» poeti futuristi (così diversi, poi, tra loro!), e può darsi, infine, che il futurismo abbia dato il suo meglio in poeti che vennero al «movimento» da altre terre, di passaggio, per un traghetto provvisorio, pronti ad approdare ad altre rive. Il fatto è – cosa abbastanza sorprendente che merita di essere chiarita – il fatto è che quasi tutti i maggiori scrittori italiani di quegli anni, per taluni modi, aderirono al movimento, e si chiamarono «futuristi»[22].

Le cose stan così. Il movimento ha il suo momento eroico tra il primo *Manifesto del futurismo* (1909) e il *Manifesto tecnico della letteratura futurista* (1912) fino a certe aggiunte e diversi chiarimenti pubblicati poi in «Lacerba»[23]. Quando, assai più tardi, Soffici tentò,

[22] L'elenco ufficiale dei poeti futuristi «aderenti» e accreditati porta fino al 1912, oltre a quello di F.T. Marinetti, i nomi di G.P. Lucini, P. Buzzi, E. Cavacchioli, A. Palazzeschi, C. Govoni, L. Folgore, L. Altomare, M. Bètuda, G. Manzella Frontini, Auro d'Alba, G. Carrieri, E. Cardile, A. Mazza. In séguito si allontanarono: Lucini (1913), Palazzeschi (1914)... [Questi elencati, sono i nomi presenti nell'antologia marinettiana *I poeti futuristi*, Milano, Edizioni futuriste di «Poesia», 1912, prima di una lunga serie di altre antologie tanto «ufficiali» o «ufficiose», perché allestite o promosse dallo stesso movimento futurista, quanto ordinate dagli studiosi della poesia futurista. Un elenco completo, con indicazione analitica dei vari indici, ne dà G. Viazzi nella sua vasta antologia *I poeti futuristi. 1909-1944*, Milano, Longanesi, 1978, cui senz'altro si rinvia. Va per altro segnalata, perché di agevole consultazione, l'ampia scelta di poesia futurista presente nella già citata *Poesia italiana del Novecento* di E. Sanguineti. È poi da tener presente che la più vasta raccolta di «tavole parolibere» si trova nel doppio vol. *Tavole parolibere futuriste*, a cura di L. Caruso e Stelio M. Martini, Napoli, Liguori, 1974. Un'ultima segnalazione merita il vol. di Claudia Salaris, *Le futuriste*, Milano, Edizioni delle donne, 1982].

[23] [Il marinettiano *Fondazione e manifesto del futurismo* apparve per la prima volta, in francese, in «Le Figaro» del 20 febbraio 1909 e, in italiano, in «Poesia», n. 1-2, 1909. Il *Manifesto tecnico della letteratura futurista* venne pubblicato dalla Direzione del Movimento Futurista l'11 maggio 1912, in foglio volante; a brevissima distanza, l'11 agosto, venne lanciato il *Supplemento al Manifesto tecnico della letteratura futurista*. Entrambi i testi apparvero come introdu-

alla fine, una sistemazione dottrinale con i *Primi Principi di una estetica futurista* (1920, ma furon scritti tra il 1914 e il 1917) la situazione era molto mutata; e forse proprio in questi *Principi* – su cui torneremo più innanzi – si dichiara che cosa veramente significò, alla fine, per gli italiani la parola «futurismo».

Serra nelle *Lettere* accenna con un certo disdegno ai «giochi verbali»[24] di Marinetti; Flora[25] ha mostrato il carattere di ritornante rivolta romantica del futurismo, altri ha notato i residui dannunziani del movimento e dell'uomo che lo rappresentò. Di fatto, in quel concorrere di idee nuove – pragmatismo, volontarismo, irrazionalismo... – in cui si espresse la filosofia della *fine del secolo* in un periodo di fervide aperture e di inquietudini speculative (si pensi, per esempio, alla figura di Papini, all'*Uomo finito*[26]) e nella impetuosa, disordinata, veloce formazione francese di Marinetti sono le radici

---

zione alla citata antologia *I poeti futuristi*, ove il *Supplemento* reca il titolo di *Risposta alle obiezioni* e si conclude con la prima composizione parolibera marinettiana *Battaglia Peso + Odore* (che corrisponde allo stadio iniziale del paroliberismo, di cui altre esemplificazioni si danno nella II parte di *Les mots en liberté futuristes*, Milano, Edizioni di «Poesia», 1919). Per alcuni motivi di preparazione al *Manifesto tecnico...*, si veda la *Enquête internationale sur le Vers libre et Manifeste du Futurisme par F.T. Marinetti*, Milano, Edizioni di «Poesia», 1909.
Su «Lacerba» apparvero, tra gli altri, i marinettiani *L'immaginazione senza fili e le parole in libertà* (a. I, n. 12, 15 giugno 1913), *Dopo il verso libero le parole in libertà* (a. I, n. 22, 15 novembre 1913), *Lo splendore geometrico e meccanico nelle parole in libertà* (a. II, n. 6, 15 marzo 1914), *Onomatopee astratte e sensibilità numerica* (a. II, n. 7, 1° aprile 1914). Tutti questi manifesti, e i numerosi altri prodotti dal futurismo, sono ripubblicati in diverse raccolte. *Storiche*, perché pubblicate durante il futurismo a cura dei futuristi stessi, possono considerarsi le seguenti: *I manifesti del Futurismo*, Firenze, Edizioni di «Lacerba», 1914; *I manifesti del Futurismo*, 4 voll., Milano, Istituto Editoriale Italiano, 1919. Altre sillogi, in: *Archivi del Futurismo*, a cura di M. Drudi Gambillo e T. Fiori, Roma, De Luca, 1958; *Sintesi del futurismo-storia e documenti*, a cura di L. Scrivo, Roma, Bulzoni, 1968; *Manifesti, proclami, interventi e documenti teorici del futurismo*, 4 voll., in ed. anastatica, a cura di L. Caruso, Firenze, Coedizioni Spes-Salimbeni, 1980. Per una agevole consultazione, si vedano: F.T. Marinetti, *Teoria e invenzione futurista*, prefazione di A. Palazzeschi, introduzione, testo e note a cura di L. De Maria, Milano, Mondadori, 1983[2] (è il primo vol. delle *Opere* di Marinetti, cui hanno fatto seguito: *La grande Milano tradizionale e futurista*, prefazione di G. Ferrata, testo e note a cura di L. De Maria, *ivi*, 1969 e *Scritti francesi*, vol. I, a cura di P.A. Jannini, *ivi*, 1983) e il già citato L. De Maria (a cura di), *Per conoscere Marinetti e il futurismo*. Per la completa e dettagliata indicazione della produzione marinettiana, si vedano: B. Eruli, *Bibliografia delle opere di F.T. Marinetti (1898-1909)*, in «La Rassegna della letteratura italiana», a. LXXII, n. 2-3, 1968, pp. 368-88 (relativamente al Marinetti scrittore francese); G. Desideri, *Bibliografia generale delle opere di F.T. Marinetti*, in AA.VV., *Marinetti futurista*, cit., pp. 383-402; quanto si segnala nel cit. *Teoria...*, cui va almeno aggiunto il recente F.T. Marinetti, *Taccuini 1915-1921*, a cura di A. Bertoni, con *Introduzioni* di R. De Felice e E. Raimondi, Bologna, Il Mulino, 1987].
[24] [R. Serra, *Le lettere*, in *Scritti*, vol. I, cit., p. 344].
[25] [Si veda F. Flora, *Dal Romanticismo al Futurismo*, Piacenza, Porta, 1921; Milano, Mondadori, 1925].
[26] G. Papini, *Un uomo finito*, Firenze, Libreria della «Voce», 1913. [Su quest'opera e su Papini in generale, altre indicazioni più innanzi alle pp. 172, 177].

più vere del futurismo in un sentimento di rifiuto della situazione poetica italiana. In realtà, nonostante certe forme accese di nazionalismo anche letterario, il futurismo, in ciò che ha di più vitale, non presuppone un preciso *habitat* in Italia. L'ascendenza luciniana (agli atti molto discutibile) non basta. È un movimento che sta in una posizione assai scomoda tra la cultura francese e quella italiana; e certo in Francia non dovettero generare, in quegli anni, soverchia sorpresa idee che, invece, in Italia, in un'Italia ancora tra Carducci e D'Annunzio[27], o nella onesta, se pure inquieta, provincia dei crepuscolari, apparvero pericolose e incredibili, e furono accolte con un clamore che oggi può parere eccessivo e che segnò, invece, l'esatta misura della situazione. Nel primo *Manifesto* la polemica si dichiara risolutamente contro la tradizione, l'adorazione del passato, l'esaltazione dei Musei e delle Biblioteche per l'affermazione di una generazione di artisti protesi costruttivamente, operosamente verso il futuro, nella celebrazione degli eventi e delle invenzioni moderne, in un rinnovamento radicale del linguaggio e delle convenzioni. «L'arte [...] non può essere che violenza, crudeltà ed ingiustizia»[28]. Sono affermazioni generali, che riguardano tutte le arti, e che, per la letteratura, si concretano nel *Manifesto tecnico*. Si tratta della proposta di trasformazione del sentimento o del procedimento della scrittura letteraria. Si tenga presente che cosa s'intendesse allora per «scrittura letteraria», e si badi come nel *Manifesto* si trovino le esigenze fondamentali del simbolismo. L'arte vi è pensata come intuizione, non logica, non intellettuale, non allegorica.

[27] Una breve nota sul rapporto tra D'Annunzio e i futuristi per quel che si riferisce alla poetica. Benché in un giovanile libretto, *Les Dieux s'en vont, d'Annunzio reste* (Parigi, Sansot, 1908), Marinetti contrapponga la severa grandezza dei Verdi e dei Carducci morti in quegli anni, alla femminilità, alla civetteria, ai languori, alla avventurosa leggerezza di D'Annunzio, molto del sentire dannunziano passò nei futuristi: e prima di tutto il senso di una realtà sempre ulteriore, sempre aperta (e questa ulteriorità anche in D'Annunzio non manca di presentarsi come *futuro*); poi l'esaltazione indiscriminata della novità, della modernità, delle macchine; ancora il senso della vita e della poesia, come energia, crudeltà, violenza e istintività; infine, certa turgidezza immaginosa e oratoria della parola... Già Lucini, s'è visto, parlò di un dannunzianesimo dei futuristi; e certo, i futuristi furono forse i soli autentici dannunziani d'Italia. Si pensi che in un ultimo colloquio tra D'Annunzio e Marinetti «il tema appropriato e anche il tema dominatore [fu] quello della sublime poesia e dei suoi nuovi slanci ascensionali per mutare ogni ruotante metallo ed ogni sanguinante carne in scagliata imperitura stella di letteratura italiana».

No. Non è la prosa di un D'Annunzio scadente e stravagante come qualche volta si dà; è prosa di Filippo Tommaso Marinetti nel dar notizia, su «Letteratura» del marzo 1939 (numero dedicato a D'Annunzio), di un estremo colloquio al Vittoriale, di un colloquio, appunto, come egli dice, «tra poeti imperiali».

[28] [Si veda F.T. Marinetti, *Teoria e invenzione futurista*, cit., p. 13. In seguito, sigleremo il volume con TIF].

La poesia ideale che io sogno, e che altro non sarebbe se non il seguir-si ininterrotto dei secondi termini delle analogie, non ha nulla a che fare con l'allegoria. L'allegoria, infatti, è il seguirsi dei secondi termini di pa-recchie analogie, tutte legate insieme *logicamente*. L'allegoria è anche, talvolta, il secondo termine sviluppato e minuziosamente descritto, di una analogia (TIF 56).

Una intuizione siffatta che procede per «gradazione di analogie sempre più vaste» si esprime con una sintassi nuova di «parole in li-bertà»: deve distruggere la sintassi tradizionale, usare il verbo all'in-finito, abolire l'aggettivo, l'avverbio, il «come» usare sostantivi uniti al loro doppio analogico, abolire la punteggiatura...[29]

[29] Quanto alla sintassi futurista per la letteratura d'invenzione ecco le regole fondamenta-li [cfr. TIF, 46-53]: «1. **Bisogna distruggere la sintassi disponendo i sostantivi a caso, come nascono.** 2. **Si deve usare il verbo all'infinito,** perché si adatti elasticamente al sostantivo e non lo sottoponga all'*io* dello scrittore che osserva o immagina. Il verbo all'infinito può, solo, dare il senso della continuità della vita e l'elasticità dell'intuizione che la percepisce. 3. **Si deve abo-lire l'aggettivo,** perché il sostantivo nudo conservi il suo colore essenziale. L'aggettivo avendo in sé un carattere di sfumatura, è inconcepibile con la nostra visione dinamica, poiché suppone una sosta, una meditazione. 4. **Si deve abolire l'avverbio,** vecchia fibbia che tiene unite l'una all'altra le parole. L'avverbio conserva alla frase una fastidiosa unità di tono. 5. **Ogni sostanti-vo deve avere il suo doppio,** cioè il sostantivo deve essere seguito, senza congiunzione, dal so-stantivo a cui è legato per analogia. Esempio: uomo-torpediniera, donna-golfo, folla-risacca, piazza-imbuto, porta-rubinetto. Siccome la velocità aerea ha moltiplicato la nostra conoscenza del mondo, la percezione per analogia diventa sempre più naturale per l'uomo. Bisogna dun-que sopprimere il *come*, il *quale*, il *così*, il *simile a*. Meglio ancora, bisogna fondere direttamen-te l'oggetto coll'immagine che esso evoca, dando l'immagine in iscorcio mediante una sola pa-rola essenziale. 6. **Abolire anche la punteggiatura.** Essendo soppressi gli aggettivi, gli avverbi e le congiunzioni, la punteggiatura è naturalmente annullata, nella continuità varia di uno stile *vivo* che si crea da sé, senza le soste assurde delle virgole e dei punti. Per accentuare certi mo-vimenti e indicare le loro direzioni, s'impiegheranno segni della matematica: + − × : = > <, e i segni musicali. 7. Gli scrittori si sono abbandonati finora all'analogia immediata. Hanno pa-ragonato per esempio l'animale all'uomo o ad un altro animale, il che equivale ancora, press'a poco, a una specie di fotografia. (Hanno paragonato per esempio un fox-terrier a un piccolis-simo puro-sangue. Altri più avanzati, potrebbero paragonare quello stesso fox-terrier trepi-dante, a una piccola macchina Morse. Io lo paragono invece, a un'acqua ribollente. V'è in ciò una **gradazione di analogie sempre più vaste,** vi sono dei rapporti sempre più profondi e soli-di, quantunque lontanissimi). L'analogia non è altro che l'amore profondo che collega le cose distanti, apparentemente diverse e ostili. Solo per mezzo di analogie vastissime uno stile or-chestrale, ad un tempo policromo, polifonico, e polimorfo, può abbracciare la vita della mate-ria [...] Le immagini non sono fiori da scegliere e da cogliere con parsimonia, come diceva Voltaire. Esse costituiscono il sangue stesso della poesia. La poesia deve essere un seguito inin-terrotto di immagini nuove senza di che non è altro che anemia e clorosi. [...] 8. **Non vi sono categorie d'immagini,** nobili o grossolane o volgari, eccentriche o naturali. L'intuizione che le percepisce non ha né preferenze né partiti-presi. Lo stile analogico è dunque padrone assoluto di tutta la materia e della sua intensa vita. [...] **Strette reti d'immagini o analogie** [...] 10. Sic-come ogni specie di ordine è fatalmente un prodotto dell'intelligenza cauta e guardinga biso-gna orchestrare le immagini disponendole secondo un **maximum di disordine.** 11. **Distrugge-re nella letteratura l'«io»,** cioè tutta la psicologia. L'uomo completamente avariato dalla bi-blioteca e dal museo, sottoposto a una logica e ad una saggezza spaventose, non offre assoluta-

Anche in rapporto al progresso, alla velocità sempre crescente delle emozioni, un modo di *percezione per analogia* si fa sempre più naturale per l'uomo. La poetica futurista[30] appare così come una

mente più interesse alcuno». Dunque: «Sostituire la psicologia dell'uomo, ormai esaurita, con l'**ossessione lirica della materia**» e «introdurre nella letteratura tre elementi [...]: 1. **Il rumore** (manifestazione del dinamismo degli oggetti); 2. **Il peso** (facoltà di volo degli oggetti); 3. **L'odore** (facoltà di sparpagliamento degli oggetti)». Inoltre: al «periodo latino», logico, pesante, «nato morto», sostituire una **«psicologia intuitiva della materia»** e l'«**immaginazione senza fili**».

Nella breve *Avvertenza* che precede i cinque testi dell'appendice a *Spagna veloce e toro futurista* (Milano, Monreale, 1931), Marinetti sostiene che il suo «poema parolibero [...] è nato spontaneamente senza preconcetti teorici» e avverte che nel comporlo non ha «subito i principi ma soltanto l'ardore entusiasta della teoria delle parole in Libertà [...]». [L'intera *Avvertenza* si legge ora in TIF (p. CLXII), ove pure è riprodotto il «poema» *Spagna...* integralmente. L'edizione originaria, tra i suddetti testi dell'appendice, includeva il «manifesto» *Distruzione della sintassi. Immaginazione senza fili. Parole in libertà* (datato 11 maggio 1913, inizialmente apparso in due puntate e sotto altri titoli in «Lacerba», per cui si veda la precedente nota n. 23)]. In tale «manifesto» Marinetti avverte che il «*lirismo essenziale e sintetico, l'immaginazione senza fili e le parole in libertà*» concernono «esclusivamente l'ispirazione poetica» non già la «filosofia, le scienze esatte, la politica, il giornalismo, l'insegnamento, gli affari», che si gioverranno ancora della sintassi tradizionale. In ogni modo, il «Futurismo si fonda sul completo rinnovamento della sensibilità umana avvenuto per effetto delle grandi scoperte scientifiche», che esercitano una «decisiva influenza» sull'animo umano, determinando: «Acceleramento della vita [...] Orrore di ciò che è vecchio e conosciuto [...] Orrore del quieto vivere [...] Distruzione del senso dell'*al di là* e aumentato valore dell'individuo [...] Moltiplicazione e sconfinamento delle ambizioni e dei desideri [...] Conoscenza esatta di tutto ciò che ognuno ha d'inaccessibile e d'irrealizzabile [...] Semi-uguaglianza dell'uomo e della donna, e minore slivello dei loro diritti sociali [...] Deprezzamento dell'amore [...] Passione, arte, idealismo degli Affari [...] L'uomo moltiplicato dalla macchina [...] Passione, arte e idealismo dello Spirito [...] Negazione delle distanze e delle soluzioni nostalgiche [...] Nuovo senso del mondo»: non più, dunque, «il senso della casa, il senso del quartiere [...] il senso della città, il senso della zona geografica, il senso del continente», ma «il senso del mondo [...] Conseguente necessità [...] di comunicare con tutti i popoli della terra». Infine: «Nausea della linea curva, della spirale e del *tourniquet*. Amore della linea retta e del tunnel [...] Orrore della profondità e dell'essenza in ogni esercizio dello spirito». Queste le nuove ragioni della sensibilità, e qui, poi, vale l'esempio di colui che narra imprese rivoluzionarie o di guerra: «Egli comincerà col distruggere brutalmente la sintassi nel parlare. Non perderà tempo a costruire periodi. S'infischierà della punteggiatura e dell'aggettivazione. Disprezzerà cesellature e sfumature di linguaggio, e in fretta vi getterà affannosamente nei nervi le sue sensazioni visive, auditive, olfattive, secondo la loro corrente incalzante. L'irruenza del vapore-emozione farà saltare il tubo del periodo, le valvole della punteggiatura e i bulloni regolari dell'aggettivazione [...] Unica preoccupazione del narratore resterà rendere tutte le vibrazioni del suo io», collegare «le sue sensazioni coll'universo intero conosciuto o intuito da lui», lanciando «immense reti di analogie sul mondo. [...] l'immaginazione del poeta deve allacciare fra loro le cose lontane senza fili conduttori, per mezzo di parole essenziali in libertà» [TIF, 65-9, 70-1].

[30] Ecco, in breve, alcuni giudizi letterari di Marinetti. (1) *Ariosto*. L'Ariosto sembra «soddisfare» ogni desiderio di estetica futurista, perché il suo «grande poema epico [...] insegna l'*Arte-Vita*. Da venti anni noi dichiariamo: per un artista è preferibile dare un bacio o un colpo di spada che descriverlo o dipingerlo; l'atto compiuto essendo un importante elemento d'arte. Perciò godiamo di ritrovare nelle ottave di messer Ludovico il tumulto e la varietà della sua vita [...] il poema è una profusione [...] di amori, battaglie, sorprese, viaggi [...] duelli e fughe, baci tagliati dal pugnale [...] abbracci in cima ai torrioni di castelli [...] L'*Orlando Furioso* insegna la *velocità*», e vi troviamo: «*Aggressività eroica e decisione guerriera* [...] *Passione sportiva*

160

sorta di deteriore simbolismo linguistico tradotto frettolosamente in italiano da un interprete letterale, approssimativo, e soprattutto senza tradizioni, impetuosamente animato dalle filosofie dell'azione e dell'intuizione. Comunque, non vi è dubbio, il futurismo ebbe certo un successo pratico: di movimento, di richiamo; e segna, sembra, due fatti: il bisogno di rinnovamento, di ricupero vitale che animava gli scrittori italiani pronti ad aderire generosamente e inquietamente a tutto ciò che sembrasse aprire, muovere la situazione chiusa e fredda; e il desiderio di allargarsi ad una coerenza europea. Quanto alla parola, alla sua storia, ecco:

monoplano = balcone-rosa-ruota-tamburo-trapano-tafano > disfatta-araba bue sanguinolenza macello ferite rifugio oasi umidità ventaglio freschezza

La poesia qui sottintesa o implicita fu, poi, forse scritta da altri (Ungaretti...); comunque, in questa *Battaglia* [31] africana di Marinetti

[...] *Gioia distruttiva e appassionata creazione dell'effimero* [...] *La donna come eccitante di dinamismo e di eroismo* [...] *Senso trasformista della vita* [...] *Grandiosità* [...] *Varietà inesauribile di fantasia* [...] *Instancabilità* [...]», e altro ancora; infine, per il volo sulla luna, «Mondialità e senso aviatorio». (*Una lezione di futurismo tratta dall'Orlando furioso*, «Lettura tenuta sulle mura degli Angeli, il 7 luglio 1929», in AA.VV., *L'ottava d'oro*, Milano, Mondadori, 1933, pp. 633 ss.). (2) *Leopardi*. Letto finora da «filosofi amari o prosatori maniaci di psicologia», cui «è mancato quel febbrile e giocondo lievito di primavera che si chiama Poesia», non è pessimista, anzi è «maestro d'ottimismo», felice del «piacere profondo e compatto [...] che provò [...] nell'elettrizzare le parole o nell'indorarle d'infinito e di eternità». Nella sua azione di ottimismo il poeta operò secondo la gioia della «Sintesi», della «Semplicità», della «Originalità», e diede una «gioconda lezione di guida d'aeroplano» (*Leopardi maestro d'ottimismo*, in AA.VV., *Leopardi*. 1° Centenario della morte, edito dal Comune di Recanati, 1938, pp. 141-2); (3) *Verga*. Fu considerato, dice Marinetti, «pessimista-fatalista, irreligioso, incapace di cantare il paesaggio», ed è errato. Senza «un formidabile ottimismo di mano pensante e scrivente, egli non avrebbe mai potuto appassionarsi al suo vasto ambiente siciliano» «straricco di paragoni e contrasti e ambizioni catastrofiche». Maestro di *sintesi*, qualitativo e non quantitativo, Verga è l'inventore della prima novella «assolutamente *sintetica*»; non di meno «verbalizzatore totalitario», Verga «non è il discepolo di nessun straniero», «non è né romantico né naturalista» è piuttosto per natura «futurista» (*Giovanni Verga*, in AA.VV., *Celebrazioni siciliane*, a cura della Confederazione fascista dei professionisti e artisti, Urbino, R. Istit. d'Arte per la decorazione del libro, 1940, vol. II, p. 209); (4) *D'Annunzio*. Nel 1908 in *Les dieux s'en vont*, cit., Marinetti rappresentò D'Annunzio in figura di invidiabile, ma leggero avventuriero, pieno di seduzioni e di civetterie, mondano ed esterno; s'è visto poi quanto il futurismo e Marinetti stesso dovessero al D'Annunzio; nel 1939, nel «fascicolo fuori serie» in «omaggio a D'Annunzio» della rivista «Letteratura», rievocando un incontro avvenuto venti giorni prima della morte di D'Annunzio, Marinetti parlò di una «forte e delicata emozione» provata «in cui si compenetravano la simpatia fisica, l'ammirazione letteraria, la devozione all'Italia» in un discorso in cui «tema dominatore» fu «quello della sublime poesia e dei suoi nuovi slanci ascensionali». Per cui D'Annunzio «manifestò» a F.T. Marinetti «il suo rimpianto di non aver potuto combattere come una seconda guerra poetica». [Degli scritti marinettiani qui citati, quelli sull'Ariosto e sul Leopardi si leggono ora in AA.VV., *F.T. Marinetti futurista*, cit., rispettivamente alle pp. 41-9, 61-3].

[31] [Si veda, qui, la precedente nota n. 23 e in TIF 62].

tutte le istituzioni della lingua tradizionale (metrica..., aggettivazione..., punteggiatura...), sono al punto della estrema dissoluzione, e, però, nello sconvolgimento totale, già la tecnica analogico-sostantivale – con la rinnovazione del lessico – indica una strada per la ricostruzione. Fondato, per altro, sulla dottrina e metafisica del futuro, cioè del non-autentico, il futurismo di Marinetti non uscì dalla situazione di ambiguità e di vuoto che voleva risolvere, anzi presto cadde in un fastidioso movimento di conformismo privo di significato[32].

6. Muovendosi tra crepuscolari e futuristi, ma in realtà seguendo gli impulsi dei loro sicuri e diversi talenti, Govoni e Palazzeschi in quegli anni diedero, per la poesia in versi, il meglio di sé. «Marinetti – scriverà Papini su "Lacerba" – ha dato prova di rispetto per la personalità ed indipendenza artistica accogliendo tra i futuristi dei poeti come Govoni e Palazzeschi, così diversi da lui per temperamento e per arte»[33].

Govoni[34], in anticipo o al momento giusto (e sempre più si va

---

[32] E non van dimenticati alcuni luoghi comuni – spesso di deteriore dannunzianesimo – di certa oratoria politico-morale-letteraria dei futuristi. A ricordarli tutti, basti questa prefazione o dichiarazione che precede la «descrizione» della *Battaglia di Tripoli (26 ottobre 1911)*, Milano, Edizioni di «Poesia», 1912: «Noi Futuristi, che da più di due anni glorifichiamo, tra i fischi dei Podagrosi e dei Paralitici, l'amore del pericolo e della violenza, il patriottismo e la guerra, sola igiene del mondo e sola morale educatrice, siamo felici di vivere finalmente questa grande ora futurista d'Italia, mentre agonizza l'immonda genìa dei pacifisti, rintanati ormai nelle profonde cantine del loro risibile palazzo dell'Aja. Abbiamo recentemente cazzottato con piacere, nelle vie e nelle piazze, i più febbricitanti avversarî della guerra, gridando loro in faccia questi nostri saldi principii: 1. Siano concesse all'individuo e al popolo tutte le libertà, tranne quella di essere vigliacco. 2. Sia proclamato che la parola *Italia* deve dominare sulla parola *libertà*. 3. Sia cancellato il fastidioso ricordo della grandezza romana, con una grandezza italiana a cento volte maggiore [...]».
[Il testo da cui si cita, che in apertura della *Battaglia...* reca il titolo *Per la guerra, sola igiene del mondo e sola morale educatrice*, è in effetti quello del manifesto lanciato *Tripoli italiana*, datato 11 ottobre 1911 e sarà ripreso, con citazione integrale, da Marinetti nella premessa a *I poeti futuristi*, cit., pp. 7-8, che ora si può leggere in F.T. Marinetti, *Collaudi futuristi*, a cura di G. Viazzi, Napoli, Guida, 1977, pp. 19-23].
[33] [G. Papini, *Il significato del futurismo*, in «Lacerba», a. I, n. 3, 1° febbraio 1913, p. 24 (lo si legge, ora, in G. Papini, *Opere. Dal «Leonardo» al Futurismo*, a cura di L. Baldacci, con la collaborazione di G. Nicoletti, Milano, Mondadori, 1977, pp. 401-2). Per altre indicazioni, più innanzi, alle pp. 166-7].
[34] [C. Govoni esordisce con le raccolte poetiche *Le Fiale* (Firenze, Lumachi, 1903; Milano, Garzanti, 1948[2]; ed. anastatica, Imola, Galeati, 1983) e *Armonia in grigio et in silenzio* (Firenze, Lumachi, 1903). A queste ne seguono numerose altre: *Fuochi d'artifizio*, Palermo, Ganguzza-Lajosa, 1905; *Gli aborti*, Ferrara, Taddei, 1907; *Poesie elettriche*, Milano, Edizioni di «Poesia», 1911 (Ferrara, Taddei, 1919[2]); *Inaugurazione della primavera*, Firenze, Edizioni della «Voce», 1915 (Ferrara, Taddei, 1919[2]); *Rarefazioni*, Milano, Edizioni di «Poesia», 1915 (ed. anastatica, Firenze, Salimbeni, 1981), e altre ancora. La penultima raccolta, e ventunesima della serie (*Stradario della primavera*, Venezia, Neri Pozza, 1958) è edita Govoni ancora vivente; l'ultima esce postuma (*La ronda di notte*, Milano, Ceschina, 1966). A parte quella ordinata dal-

mostrando il suo intervento nell'invenzione del linguaggio poetico contemporaneo) articola tutte le esperienze del tempo in modi molto personali in una clamorosa frenesia dell'immagine. Su una sincera, originaria ispirazione di crepuscolare per cui il mondo delle piccole cose è come una difesa contro l'irrompere di un sentimento disordinato, futurismo, impressionismo e il resto passano nella sua poesia come movimenti un po' esterni o, al massimo, come mezzi per arricchire di strumenti espressivi una traboccante, e, qualche volta, strabocchevole, espressività.

Un sentimento piuttosto visivo che intimo delle «piccole cose» si giova, per esprimersi, degli apporti della tecnica analogica e di un gusto, tutto impressionistico, del colore: così, proprio per un'abbondanza, non per un lusso del colore, come dicono i pittori, «pittoricista», la parola ravviva la sua umiltà. Su questi impasti indulgerà la critica; e, certo, *La trombettina* (in *Il quaderno dei sogni e delle stelle*) è, in questo senso, evidente; ed è uno degli esempi più appropriati e conclusi di quel suo famoso «gusto dell'elenco», sul quale si è tanto discusso, dove l'analogia nel suo meccanico svolgersi si diluisce, dissolvendosi spesso in un'astratta indicazione di oggetti, con una certa stupita sensualità qua e là, in una ricchezza non controllata, estremamente prodiga, forse molto fertile. Un poeta ingenuo, senza critica, che finisce spesso (come accade) in una concitazione apparente di novecentesco concettismo dell'analogia, tra scoppi improvvisi di sconcertante verità.

Govoni ci porta più vicino all'aria mossa della «Voce» e di «Lacerba», dove troviamo Palazzeschi, Papini, Soffici e Sbarbaro, Jahier, Rebora, Onofri e Campana con il suo impeto e destino di solitario, e il primo Ungaretti, che doveva portare molto avanti, e forse concludere, la ricerca del tempo.

7. L'impulso che, diversamente secondo i diversi destini, mosse in quegli anni i poeti in una ricerca comune fu la necessità di trovare un linguaggio adeguato che corrispondesse alla nuova moralità. La difficoltà stava, sì, nella persistenza di una tradizione recente, e pure autorevole, resistente, e, per diverse ragioni, radicata nella vita della nazione; ma stava soprattutto nelle esitazioni e nelle incertezze di un

lo stesso poeta, *Poesie scelte (1903-1918)*, Ferrara, Taddei, 1918, 1920[2], esistono due sillogi della poesia govoniana: *Antologia poetica* (1903-1953), a cura di G. Spagnoletti, Firenze, Sansoni, 1953 e *Poesie* (1903-1959), a cura di G. Ravegnani, Milano, Mondadori, 1961. Vasta anche la produzione in prosa e teatrale: per quest'ultima, si veda *Teatro*, a cura di M. Verdone, Roma, Bulzoni, 1984 (in appendice: C. Govoni-E. Duse, *Lettere*, a cura di A. Folli)].

tempo che faticava ad intendere se stesso, in un'Italia, poi, che, d'un balzo, voleva ritrovare il suo accordo con l'Europa, una sua presenza individuata e moderna per una sua consistenza ideale e animata, di storia reale.

Tutti, con i loro diversi caratteri e destini, vissero in quest'aria incerta: i crepuscolari portarono all'estremo la situazione, la descrissero nel suo dissolvimento, fino in fondo, facendola interiore, *introversa*, e portarono innanzi, con discrezione celata nella malinconia, nuove ragioni ed esigenze; i futuristi tentarono di risolvere il disagio con una sorta di astratta e ottimistica mitologia del fare, con gesto *estroverso*, ma troppo spesso senza un fondamento e un significato autentico; finalmente, «La Voce» affrontò questo esame con assoluta diretta intenzione di giungere alle radici; e con un'ansia d'accordo tra il letterato e la vita, e con un senso attento, un desiderio di problemi concreti[35].

C'era Croce, certo, che, diceva Serra in quegli anni, «è stato grande per noi»[36], ma un poco distante, con uno scarso affetto per la letteratura militante, per quegli uomini vivi e diversi, con «qualcosa di freddo e d'antico», come scriveva De Robertis[37]; e Serra aveva avvertito: «la sua persona si è staccata dall'opera giornaliera, in cui ci pareva di averlo vicino e compagno, e spicca con un profilo non più famigliare»[38]. Tra Croce e i *nuovi* c'erano delle differenze, è vero, di gusto e di dottrina, anche più di gusto e d'interessi di lettori (Boine, Serra...) che di dottrina. Non che quegli uomini fossero, in senso stretto, seguaci della sua filosofia, forse non lo fu veramente neanche il nuovo «Battista del crocianesimo», Prezzolini, che ai diletti della teoria e all'amore dei problemi concreti sacrificava la sua disposizione di uomo sensibile, di buona formazione. In realtà, idee come «intuizione-espressione», «lirica pura», «arte autonoma» erano, oramai, nell'aria; e l'*Estetica* era stata letta dai vociani, aveva mostrato la sua forza: anche Angelini lo ha detto con i suoi modi cordiali. Però, da ultimo, l'opposizione tra vociani, alcuni dei maggiori vo-

---

[35] [Per «La Voce» diretta da Prezzolini, se ne vedano le pagine antologizzate nel vol. II della collana «La cultura italiana attraverso le riviste», *«La Voce» (1908-1914)*, a cura di A. Romanò, Torino, Einaudi, 1960. Per «La Voce» diretta da G. De Robertis, si veda il vol. IV della medesima collana, *«Lacerba» - «La Voce» (1914-1916)*, a cura di G. Scalia, *ivi*, 1961, ma anche il vol. *«La Voce» letteraria (1914-1916)*, ed. anastatica, a cura degli «Archivi d'Arte del XX secolo», Milano, Mazzotta, 1969].

[36] [R. Serra, *Le lettere*, in *Scritti*, vol. I, cit., p. 315].

[37] [G. De Robertis, *Da De Sanctis a Croce* (1914), in *Scritti vociani*, Firenze, Le Monnier, 1967, p. 56].

[38] [R. Serra, *Le lettere*, in *Scritti*, vol. I, cit., p. 350].

ciani, e Croce fu più che altro nel fatto che essi non accettavano che Croce fosse il «significato» del nuovo tempo, come Carducci lo era stato del suo; non potevano accettare un'Italia idealisticamente fondata e consolidata. Ne «La Voce» confluivano diversissime ragioni di mondi morali; diversissime disposizioni teoriche; diversissimi, quanto irreducibili, temperamenti.

È vero: noi stiamo studiando il movimento della riflessione poetica, non quello della filosofia o della moralità; tuttavia la poesia, se fonda e dà significato al tempo e va oltre il tempo, ha le sue radici nel tempo; e, poi, c'è il lavoro, la forza e l'impegno del poeta, questa sua capacità di nominare. Allora diremo che, in un momento problematico di perplessità nel paese, «La Voce» fu l'urto di due mentalità: l'una già forte e consolidata, ma inadeguata, ormai, e fatta sterile; l'altra di spiriti nuovi, qualche volta improvvisatori e di formazione troppo rapida, ma geniali, aderenti al tempo, e fertili. Di questo fatto la parola dei poeti porta (e ha dato) il segno.

8. Ecco, dunque, «La Voce» per quanto ha riferimento alla cultura poetica[39]: il desiderio di un linguaggio adeguato, che nasca da una penetrazione del tempo e dell'uomo, con uno sforzo così intenso per liberarsi da ciò che s'era fino ad allora inteso come «letteratura» da parere quasi «antiletterario», e l'affermazione di un movimento aperto, senza le grandi campeggianti e solitarie figure dispotiche, e pure d'intensa vita spirituale e di profonda densità interiore, con una varietà d'indirizzi in un'apertura di clima europeo. Di fatto, di fronte alle minacce del *vuoto* o del *non-autentico*, «La Voce» tentò di reagire con un nuovo senso d'impegno (artistico e morale): e ci furono poeti e critici (come Jahier, Onofri, Rebora, Boine...) che sentirono nascere la forza della parola da una intensità di situazione morale e religiosa; e ci furono altri di indole più propriamente artistica (Papini, con la sua prepotenza intellettuale, e Soffici, e Palazzeschi, e Sbarbaro...) che avvertirono d'istinto come per il poeta il rapporto col tempo interiore ed esteriore possa istituirsi in modo assai più misterioso e imprevedibile. Per altro, lo sforzo per sfuggire al pericolo del *vuoto* e del non-autentico non concluse a quella stratificazione di piani comuni che indichiamo col nome di «civiltà», se non in maniera ancora molto generica. Con tutto quello che ciò significa di negativo, alla fine ci furono solo delle soluzioni personali. E la parola, tra

---

[39] [Si veda l'antologia *Tutte le poesie della «Voce»*, a cura di E. Falqui, Firenze, Vallecchi, 1966].

toni crepuscolari ed esperienze futuriste, si articolò, poi, tra certe maniere un po' pesanti, qua e là, di spiriti moralistici che soffrono per una sorta di isolamento spirituale, e la scoperta, nel «frammento», della possibilità di un impressionismo verbale che nasceva, per così dire, dal vagheggiamento di certa pittura francese colorista, d'una immediatezza tutta legata alla vita moderna, e veloce.

9. Papini e Soffici, «La Voce» e «Lacerba», ecco un movimento tra futurismo e impressionismo, simbolismo e lirica pura: ecco due uomini e due riviste, che, con un po' di fretta, forse, anche con certi sensi approssimativi, ma vitali, hanno mosso il pensiero poetico con infinite sollecitazioni. Le polemiche, in «Lacerba», tra marinettiani e fiorentini sono rivelatrici[40]. Papini e Soffici considerano, han sempre considerato il futurismo come «una semplice bandiera di raccolta [...] il simbolo verbale d'una tendenza. Le teorie futuriste», scriveva Papini, «possono essere confuse, storte, ridicole: ma stanno a indicare il senso di nuove ricerche, accomunano sotto formule paradossali sforzi fra loro simiglianti [...]»[41]. E ancora, sempre Papini, sosteneva: «Entrando nel Futurismo non ho creduto di entrare in una chiesa ma in un gruppo di artisti rivoluzionari e spregiudicati che cercano soprattutto la distruzione e l'originalità»[42], e dichiarava giustamente del marinettismo che esso è «senza reale attinenza al futuro, appunto perché non l'ha col passato»[43].

Ma ancora più interessante, almeno come rivelazione di intendimenti, è, sempre su «Lacerba» del 14 febbraio 1915, un luogo in cui si fan distinzioni di qualità e di sostanza con veloci contrapposizioni

---

[40] [La temporanea alleanza tra i fiorentini di «Lacerba» e i futuristi milanesi è sancita, mediatore Palazzeschi, con la comune partecipazione alla serata futurista di Roma del 21 febbraio 1913. Sempre nell'arco del 1913, l'alleanza è rinsaldata sia da varie dichiarazioni di fede futurista a firma di Papini e di Soffici sia dalla pubblicazione di testi creativi e teorico-critici di Marinetti, di Boccioni e di Folgore, di Buzzi e Carrà. Con il 1914 cominciano i primi dissensi, evidenziati dalla polemica tra Papini e Boccioni negli scritti *Il cerchio si chiude*; *Il cerchio non si chiude*; *Cerchi aperti*, rispettivamente del 15 febbraio, 1° e 15 marzo 1914. La rottura ufficiale – benché ancora continui a lungo su «Lacerba» l'ospitalità data ai futuristi (ancora a Marinetti, ma anche a Pratella e Russolo, per la musica, e a Sant'Elia per l'architettura) – si ha con gli scritti *«Lacerba», il Futurismo e «Lacerba»*, a firma di Papini e Soffici (n. 24, 1° dicembre 1914) e *Futurismo e Marinettismo*, a firma di Papini, Palazzeschi, Soffici (n. 7, 14 febbraio 1915)].

[41] [G. Papini, *Contro il futurismo*, in «Lacerba», a. I, n. 6, 15 marzo 1913, p. 47; ora in *Opere. Dal «Leonardo» al Futurismo*, cit., p. 413].

[42] [G. Papini, *Cerchi aperti*, in «Lacerba», a. II, n. 6, 15 marzo 1914, p. 83; ora in *Opere*, cit., p. 473].

[43] [G. Papini, *Futurismo e marinettismo*, in «Lacerba», a. III, n. 7, 14 febbraio 1915, p. 49 (ove compare firmato, s'è detto, «Palazzeschi-Papini-Soffici»); ora in *Opere*, cit., p. 173].

di motivi come questi: *supercultura* contro *ignoranza, disprezzo del culto del passato* contro il *disprezzo del passato*; le *immagini in libertà* contro le *parole in libertà*; il *lirismo essenziale* contro il *naturalismo descrittivo*; la *sensibilità nuova* contro il *tecnicismo nuovo*; l'*ironia* contro il *profetismo* e la *serietà*; il profondo *clownismo* e *funamboli- smo* contro il *goliardismo propagandista*; l'*allegria artificiale* contro l'*ottimismo messianico*; la *raffinatezza* e la *rarità* contro il proliferante e invadente *neofitismo* e la *pubblicolatria*; lo *spirito aristocratico* con- tro l'*imperialismo umanitario*... Veri futuristi in questo senso saranno Carrà, Govoni, Palazzeschi, Papini, Severini, Soffici, Tavolato, Pra- tella (che poi rifiutò l'onore): coloro che guardano a *Voltaire, Baude- laire, Leopardi, Mallarmé, Rimbaud, Laforgue, Stendhal, Corbière, Nietzsche, James, Courbet, Rosso, Cézanne, Renoir, Matisse*, piuttosto che a *Rousseau, Hugo, Zola, Verhaeren, Ghil, Kahn, Adam, Bea- douin, D'Annunzio, Morasso, Delacroix, Rodin, Segantini, Signac...* [44]. Vogliamo dir subito che c'è già l'indicazione a larghi tratti di quella che è stata la nostra civiltà più intima, e l'indicazione di alcuni temi della cultura poetica di poi?

Soffici teorizzò questa disposizione nei suoi *Primi principi di una estetica futurista*, scritti frammentariamente tra il 1914 e il 1917, e raccolti nel 1920 [45]. Si tratta di un moderno, acuto trattatello [46] dell'arte, secondo i modi, oggi diremmo (e si vedano i dubbi di Sof- fici sull'uso del termine *estetica*) di una *poetica* piuttosto che di una *estetica*, anzi di una *poetica* che vuol sostituirsi alle *estetiche*, «auto-

[44] [*Ivi*, p. 50 (in *Opere*, cit., pp. 488-9). Gli articoli papiniani fin qui citati furono, assieme ad altri, dallo stesso Papini raccolti, premettendovi un *Consuntivo* del 1919, in *L'esperienza fu- turista (1913-1914)*, Firenze, Vallecchi, 1919, 1927[2] (poi in *Tutte le opere di Giovanni Papini*, vol. II, *Filosofia e Letteratura*, Milano, Mondadori, 1961 e ora, oltre che nel citato *Opere*, an- che, come volume a sé, Firenze, Vallecchi, 1981); ma già essi avevano parzialmente trovato si- stemazione ne *Il mio futurismo*, Firenze, Edizioni di «Lacerba», 1914].

[45] Cito da A. Soffici, *Primi principi di una estetica futurista*, Firenze, Vallecchi, 1920 (ora si legge in *Opere*, vol. I, *ivi*, 1959), e da *Giornale di Bordo* (1915), *ivi*, 1936 (esso pure, ora, in *Opere*, cit., vol. IV, 1961). Si indicherà: con PEF i *Primi principi...*; con G il *Giornale...*

[46] Sarà bene ricordare i limiti dei propositi di Soffici. Egli stesso avverte di non aver voluto fare opera «organica, o comunque metodica e sistematica»: si tratta di appunti stesi per fissare argomenti in favore di una *possibilità estetica*; di aver tenuto conto di tutte le dottrine che offrivano ragioni e giustificazioni intorno ad ogni punto preso in considerazione; che non si tratta di una dottrina del Movimento Futurista di F.T. Marinetti: esso non ha e non può avere una dottrina, e comunque, non l'ha mai formulata rigorosamente; si tratta di un tentati- vo personale di ridurre a teoria diversi postulati estetici che quella scuola («cui un momento appartenni») aveva posto alla base delle sue esperienze poetiche e artistiche. L'ideale espresso è forse *prematuro*, ma non è detto che «per una ulteriore educazione dei sensi e dello spirito» non possa «fiorire e fruttificare in un tempo avvenire». Così Soffici nella *Prefazione* (1920) a PEF (p. 5).

noma: che non possa cioè riferirsi e collegarsi ad alcun sistema, ma rampolli unicamente dal fatto artistico ed a quello unicamente si attenga e si riferisca» (p. 15): una riflessione interna dell'arte che sfugga ai pericoli delle deformazioni sistematiche. È una posizione tipica degli uomini della generazione di Soffici; e, si badi, per Soffici *arte* e *critica* sono correlative, non vi è *fatto artistico* senza *coscienza dell'arte*, e coscienza dell'arte (nel senso di pura creazione cosciente e volontaria) si ha solo

Allorché, trascurando il significato, il senso di una rappresentazione, si fissa la nostra compiacenza sul mistero emotivo resultante dalla connessione degli elementi materiali dell'opera (colori, linee, piani, volumi; superfici, proporzioni; parole, ritmi, immagini; suoni, accordi) allora solo si entra in contatto col fenomeno artistico, se ne possono stabilire le leggi profonde; ed è su questo schema che può cominciare a cristallizzarsi la nostra sensibilità geniale. (p. 18).

Per tanto, i caratteri fondamentali dell'arte appaiono *inutilità* e *artificio*, e le sue condizioni sono *volontà* ed *arbitrio*: *volontà*, cioè la capacità di coordinare le ricerche in un senso unico secondo un criterio puramente artistico, e la «transustanziazione» di tutto l'essere in un colore, in una parola, in una linea, in un suono. La natura è per l'artista solo un campo d'esperienza, uno stimolo; e la passione, il sentimento nulla hanno a che vedere con l'invenzione artistica che deve nascere nella calma, nella chiaroveggenza, nel disinteresse.

L'entusiasmo artistico consiste nella esaltazione del genio per la propria fredda lucidezza. (p. 27).

L'arte è *felice meraviglia*; e in essa vi è la stessa libera gioia che provano il filosofo e lo scienziato nel loro fare, nel loro inventare un nuovo modo di vedere il mondo. Meraviglia, e cioè *originalità* e *libertà*[47], *personalità* e *unicità* laboriosamente conquistate nell'assorbimento e nella negazione dei valori estetici precedenti, e *indipendenza* da ogni funzione subalterna, strumentale (politica, religio-

---

[47] Quanto alla *originalità* si vedano in PEF (p. 31) alcuni temi. *Originalità e patrimonio comune*: «Ogni artista vale *unicamente* per quel che reca di *assolutamente* originale alla *somma comune* dei valori estetici»; *originalità e limiti*: «L'originalità non ha limiti [...] non vuol dire, in ultima analisi, che sincerità di sensazione e di espressione»; *essere originale* significa concepire la realtà e tradurla «in un modo profondamente ed acutamente personale, cioè unico», ed è «laboriosa e dura conquista», che implica l'assorbimento di tutti «i valori estetici precedenti» e, insieme, la liberazione da essi (p. 31). Quanto alla *libertà*, vedi le considerazioni su Giotto, su Dante, sulla «natura morta» (pp. 35-6).

sa...). L'arte deve aver per fine se stessa. Senza solennità provenienti da funzioni, l'arte si ritrova «un esercizio strettamente personale», una «bagattella perfettamente inutile», una «cosa non seria» (pp. 38, 39). L'artista senza «nessun fine o scopo sfoga l'eccesso della propria vitalità [...] e non ha bisogno di spettatori, di consenso, di gratitudine»; l'arte, «che è un mistero, è anche, di necessità e sempre, incomprensibile a tutti, tranne a chi la fa», ed «è e resta comunicabile solo a un ristrettissimo cerchio d'iniziati». L'arte così sarà un «gergo», un'arte di accenni, balzi e intervalli: tutta spunti, vibrazioni, e sfumature, linguaggio occulto, una specie di cifrario per chi vuole esprimere solo la parte «più sottile, vibrante di se stesso», un mondo di segni per una Casta di Compari. E sarà un gergo – questo il *clownismo lirico* – *ironico*, un *divertimento*, un gioco per chi sia giunto alla gaia scienza dell'uomo guarito dal «male delle trascendenze e delle degnità», nella consapevolezza che il sapere assoluto è almeno un quesito mal posto. L'arte come *clownismo, equilibrismo, acrobazia*. Erano formule correnti; e si veda l'uso che ne faceva soprattutto Palazzeschi. In Soffici esse hanno il senso di una attività pura (senza problemi) in una perfezione di gioco, che nell'artista è tutto spirituale, e che è continua invenzione di libertà, scoperta di novità nell'ironia metafisica di un mondo ridotto ad un «nulla», ad un «non senso» pieno di fantasia: ad una pirotecnica di fenomeni straordinari, ad un ordine di invenzioni provocatrici di meraviglia.

Soffici teorizzò questa disposizione nei suoi *Primi principi*, e, per sé, nel *Giornale*, parlava di «arte pura, scienza pura, filosofia pura»: arte pura, cioè un modo libero e immaginoso di guardare il mondo in una *allucinazione infiammata*, nell'aspirazione ad un *assoluto sensibile*, alogico, «un nulla che sia qualche cosa» in uno sforzo di rompere le forme convenute della espressione, *per accostarsi maggiormente alla fluidità della vita, delle impressioni* in un premio e dono di musica, di disinteresse felice e armonioso. Non più «membro di un discorso condotto, sviluppato verso un fine chiaro alla ragione», piuttosto «segno *autonomo, folgorante, irradiante*, propagantesi in mille onde suggestive, slargantesi in tutte le sue possibilità evocative», analogiche, la parola diventa un centro vibrante, infinitamente sensibile: «Posar le parole come il pittore i colori». «Per il poeta: – come fa il pittore con la distribuzione di lembi cromatici sopra una superficie, e il musicista con la diffusione di flussi sonori giustificantisi ed esaltantisi a vicenda – organizzare un tutto evocativo verbale capace di propagarsi e di agire, come un fluido o una scarica esplosiva». E anche: «esaltazione e illuminazione del *concreto sensibile*, più portentoso ed appassionante di ogni finzione idealistica» [48]. *Immagini in libertà, lirismo essenziale, sensibilità nuova*; e si veda *Arcobaleno* [49]:

> Un treno passeggiava sul quai notturno
> Sotto la nostra finestra
> Decapitando i riflessi delle lanterne versicolori
> Tra le botti del vino di Sicilia;
> E la Senna era un giardino di bandiere infiammate.

Tutta la novità grammaticale e sintattica del futurismo è rifiutata; resta una volontà di calare l'invenzione poetica in una sensibilità d'immagini scelte nel mondo contemporaneo, secondo certe ragioni di essenzialità e di vivacità nuove, acute, libere.

Converrà, qui, anche ricordare che il poeta francese più gradito agli uomini di «Lacerba» e della «Voce» fu Apollinaire [50], e non a caso. Soffici sognò, a tratti, di essere l'Apollinaire italiano; e lo fu, forse, per quel che ha riferimento alle idee generali, al loro movimento e alla critica delle arti figurative; ma, per la poesia, sovviene, sempre più convenientemente, il nome di Palazzeschi [51]. De Robertis, intanto, negli spiriti serriani del suo «saper leggere», riscopriva il sentimento, il valore della letteratura; e nel «frammento» lirico in prosa o in versi aveva inizio – con l'aiuto fertile di una arguta critica d'accompagnamento – quel consolidarsi della parola impressionista o futurista che doveva portare, poi, ad altri rinnovamenti e ad altre

---

[48] In G: lettori nuovi, p. 6; arte, umanità, felicità, p. 20; senso della parola poetica, p. 35; parola e colore, p. 36 (vedi anche PEF, 87); ideale di scrittura, p. 94; poesia e musica, p. 146; generi letterari e superiorità della lirica, p. 160; arte, scienza, filosofia «pura», p. 217; guardare il mondo, p. 225; ironia, p. 227; allucinazione infiammata, p. 253; l'arte come un «nulla che sia qualche cosa», p. 260; purezza e vitalità dell'arte, p. 265. Ancora: filosofia, p. 66; il particolare, p. 80; senso europeo, p. 96; *fumisterie*, p. 267.

[49] [A. Soffici, *Arcobaleno*, in Bif § zf + 18. *Simultaneità. Chimismi lirici*, Firenze, Edizioni della «Voce», 1915. I testi raccolti in tale volume riappaiono con varianti, accanto ad altri testi, in *Marsia e Apollo*, Firenze, Vallecchi, 1938 e si leggono, ora, con ulteriori variazioni, in *Opere*, vol. IV, cit.].

[50] [Si veda P.A. Jannini, *La fortuna di Apollinaire in Italia*, Milano-Varese, Istituto editoriale cisalpino, 1965. L'autore è ritornato sull'argomento anche in opere successive: *Le avanguardie letterarie nell'idea critica di Apollinaire*, Roma, Bulzoni, 1971 e *Gli anni Apollinaire*, Milano, Mazzotta, 1972; dello stesso autore, più in generale, *La fortuna del Futurismo in Francia*, Roma, Bulzoni, 1979].

[51] E si vedano in *Statue e Fantocci* (Firenze, Vallecchi, 1919; e ora in *Opere*, vol. I, cit., pp. 422-613) due scritti su Apollinaire e su Palazzeschi, inteso il primo come «centro ricettore insieme e propulsore di quante correnti vibravano per ogni parte del nostro mondo» (p. 528); il secondo come «uno dei primi scrittori italiani» (p. 508); tutti e due «clowns» e «saltimbanchi» della poesia nel senso aperto da Soffici suggerito.

restaurazioni, alla speranza di riconquistare una perduta dimensione interna della parola: la dimensione tradizionale, una particolare dimensione tradizionale.

10. Lo studio delle poetiche in rapporto alla storia della parola e ai movimenti letterari ci guida, in questi anni, al rilievo di due movimenti fondamentali: l'impressionismo nelle sue manifestazioni e contaminazioni, e una sorta di tensione verso il progressivo ritrovamento di una misura evidente di sintassi classica, coltivata. Tra i due movimenti c'è continuità: l'uno tende all'altro, direi; e la «Voce letteraria» di De Robertis è il momento rivelatore di questa disposizione, il primo gesto sicuro, il punto di trapasso. Intanto, ecco Soffici, in una prosa da «pittore», come diceva Serra [52], «dura, ferma, sana»:

Di dietro i vetri della mia camera d'ospedale vedo una gran parte dell'orto bagnantesi nel fresco sole della mattina. Proprio sotto alla finestra, alcuni ciuffi decapitati di schiancia spiccano per il loro verde più tenero e freddo tra l'erba rigogliosa, schizzata di fiori violacei, gialli, bianchi di un praticello svariato d'ombre e di luci vive, popolato di galline e pollastri, il quale si distende fino ad un muro di color livido che s'intravede fra i rami di molte piante per me senza nome [53].

Un movimento, certo, «giovane» dell'immagine, e una parola colorata, tutta mossa, lucente; una letteratura stemperata, e come perduta nella meraviglia. Ma anche una disponibilità aperta per il frammento non organico, privo di centro, un accontentarsi dell'accenno, dell'appunto... Si ha, qui, un modo di organizzare la sintassi immaginativa istituito tutto sull'esaltazione degli elementi sensibili, sul «concreto sensibile», e la parola fonda una verità essenziale per cui «il mondo esterno esiste», ed è un mondo ricco, sempre imprevedibile, sempre d'una irriducibile novità.

Ma la parola poetica non si accontenta di questa vibrazione sensibile, tende a svolgersi secondo disposizioni meno immediate e fisiche, aspira anche ad accentuare i suoi moduli più intellettuali e fred-

---

[52] [R. Serra, *Le lettere*, in *Scritti*, vol. I, cit., p. 344].
[53] [A. Soffici, *Taccuino d'Arno Borghi*, Firenze, Vallecchi, 1933, p. 264 (ora in *Opere*, vol. IV, cit., p. 369). Alcune prose sofficiane (pure presenti in *Opere*) sono state recentemente riedite: *I diari della grande guerra*. «Kobilek» e «La ritirata del Friuli» con i *Taccuini* inediti, a cura di M. Bartoletti Poggi e M. Biondi, Firenze, Vallecchi, 1986; *Scoperte e massacri*, ivi, 1976; *Arlecchino*, ivi, 1987. Particolare interesse rivestono gli epistolari: G. Prezzolini-A. Soffici, *Carteggio. I. 1907-1918*, a cura di M. Richter, Roma 1977; II. *1919-1964*, a cura di M.E. Raffi e M.

di, a intimità più gravi e riflesse; ed ecco (Jahier, Papini, Sbarbaro, Rèbora...) ecco le terre più aspre, intricate, e meno accoglienti della «Voce»; ecco – per il lettore disposto a gusti epicurei – ecco un lirico *hic sunt leones.*

Ecco Papini (tra il 1914 e il 1916):

Libero di più dura libertà
amare sè stesso indiviso,
e quasi cieco d'immensità
specchiar nel sereno il mio viso.

(Terza poesia)

Sette note di stelle, splendidezza
di misurati tremori,
goccie armoniche d'allegrezza
nella morte dei colori.

(Nona poesia[54])

Non vi è certo scioltezza e festa dell'immaginazione, qui; e la luce è fredda; la parola tende a farsi secca, aspra, intensa in una torva esasperazione ribelle; e c'è una dura, voluta, condensazione con un dominio tutto di testa. È un movimento centrale della poesia del tempo; Serra lodava «il linguaggio stretto» di Papini: le sole «illuminazioni» che egli conosce in Italia «per solidità e astrazione»[55]. È vero; ma nel ritmo rigido, sofferente, il verso forse non sembra nascere dall'immagine, dall'invenzione, sembra prestabilito, esterno; o forse è, per il discorso, una grigia uniforme grinta da maschera. Così, per una sorta di novità di ribelle e intellettuale movimento, la parola impressionista, pur conservando intorno a sé non so che alone vibrante, cerca un suo diverso rigore: addirittura (ma è forse troppo presto) vuol ricostruire una forma metrica chiusa. Tuttavia, su questa strada difficile, talora, Papini trova momenti di tesa e cupa intensità, di forza chiusa e carica. In spiriti più sciolti, poi, intensificazioni siffatte fioriranno di una improvvisa gentilezza in una straordinaria libertà d'invenzione. Papini opera sulla *analogia*; altri opererà sui *simboli oggettivi*; o combinerà *i due metodi.*

Richter, *ivi*, 1982; C. Carrà-A. Soffici, *Lettere* (1913-1929), a cura di M. Carrà e V. Fagone, Milano 1983; *Lettere a Prezzolini*, a cura di A. Manetti Piccinini, Firenze, Vallecchi, 1988].

[54] [G. Papini, *Terza poesia* e *Nona poesia*, in *Opera prima*, Firenze, Libreria della «Voce», 1917 (ora in *Tutte le opere*, vol. I, Milano, Mondadori, 1958)].

[55] [R. Serra, *A Giuseppe De Robertis* (30 novembre 1914), in *Epistolario*, a cura di L. Am-

Al di là di certi ironici giuochi tentati su impasti verbali arcaicizzanti in falsetto, la parola di Sbarbaro[56] muove tra modi diversi e sensibili *à la Soffici*, ma di una fatua e pur viva intimità, come il citatissimo passo: «Firenze vuol dire / le sigarette Capstan / *Je sais que tu es jolie* cantato nell'aprile 1914 / il Bar della Rosa, il suo dolce cuore che arde la notte...» e talune ricerche, qua e là, faticose, di un nuovo secco ritmo interiore, in cui parole già usate e corrotte come «indifferenza», «deserto», «solitudine» perdono ogni torpore crepuscolare a vantaggio di una espressione nuda, secca, con un certo aspro analogismo di figure naturali di un sentimento allusivo e intenso del paesaggio ligure (un metodo, che fruttò poi in Montale, nella Manzini): «innumerevoli stupori» tradotti «in *oggetti*» (*Scampoli*, 2). «Mi esalta il fanale atroce a capo del vicolo chiuso. Il cuore resta appeso in *ex voto* a chiassuoli a crocicchi. *Aspetti di cose mi toccano come nessun gesto umano potrebbe*» (*Trucioli*, 1). «Di dove tiro queste parole? di dove tira il tronco impietrato il verde dell'ultimo ributto?» (*Fuochi fatui*). E «[...] Nel deserto / io guardo con asciutti occhi me stesso» (*Pianissimo*).

Con un'inquietudine talvolta un po' indeterminata e con una incompiutezza talvolta come scrivono gli adolescenti, oppure, concedendo, qua e là, a modi di cifra letteraria (l'uso frequente, p.e., del sistema francese di servirsi di sostantivi astratti morali o filosofici in chiave di elevazione lirica della frase... certa eccessiva carica della disposizione «maledetta»...), l'impressionismo qui tende ad un rigore interno, nuovo, di simboli intellettuali, e a misure calcolate, addirittura predisposte.

11. Per indicare il trapasso tra ciò che diciamo «poetica della "fine del secolo"» e ciò che diciamo «poetica della "lirica del Nove-

---

brosini, G. De Robertis e A. Grilli, Firenze, Le Monnier, 1953, p. 537].

[56] Cito da: C. Sbarbaro, *Pianissimo*, Firenze, «La Voce», 1914, poi Venezia, Neri Pozza, 1954; *Trucioli*, Firenze, Vallecchi, 1920 (II ed. ampliata, Milano, Mondadori, 1948, 1963³); *Fuochi fatui*, Milano, Scheiwiller, 1956 (II ed. accresciuta, *ivi*, 1958 [III ed. accresciuta, Milano-Napoli, Ricciardi, 1962]; *Scampoli*, Firenze, Vallecchi, 1960 (ma ora si veda *Poesie*, Milano, Scheiwiller, 1961; ed. definitiva, *ivi*, 1971, 1973³ [il volume raccoglie tutta l'opera in versi ad eccezione del libro d'esordio: *Resine*, Genova, Caimo, 1911; poi, Milano, Garzanti, 1948]). Si vedano inoltre: *Gocce*, Milano, Scheiwiller, 1963, *Il Nostro e nuove gocce*, con un saggio di E. Montale e iconografia, *ivi*, 1964; *Contagocce*, *ivi*, 1965; *Bolle di sapone*, *ivi*, 1966, *Quisquiglie*, *ivi*, 1967. [Ma ora valga come punto di riferimento fondamentale *L'opera in versi e in prosa*, a cura di L. Lagorio e V. Scheiwiller, Milano, Garzanti, 1985; e si veda anche l'ed. commentata e annotata di *Pianissimo*, a cura di L. Polato, Milano, Il Saggiatore, 1983. Per ogni altra indicazione più dettagliata si consulti la *Bibliografia degli scritti di Camillo Sbarbaro*, a cura di C. Angelini e G. Costa, con *Introduzione* di D. Isella, Milano, Scheiwiller, 1986].

cento"» si ricorre per solito alla nozione, nell'uso critico assai problematica, di *rottura*. A chiarire, gioverà qualche distinzione. E, prima di tutto, se, con l'idea di *rottura* (A), si vuole indicare un ricominciamento *ex novo*, non so che ripresa "da capo", un'interruzione improvvisa, non si tratta che di una illusione storiografica. In generale, in questa accezione, il termine sembra ignorare i processi costitutivi del tempo vivente; in particolare, par proprio che, dopo i rilievi strutturali di continuità, di svolgimento, di sviluppo che abbiamo fatto, non possa, il termine, essere legittimamente riferito in questo senso alla situazione che stiamo studiando. Se poi, con la nozione di *rottura* (B) si vogliono sottolineare solo, nei movimenti della letteratura, gli aspetti, volta a volta, della *novità* e ignorare quelli della *continuità*, c'è una legittimità del suo uso: essa si riferisce all'orizzonte delle scelte militanti, ha un senso connesso con le decisioni prammatiche della critica, e ha, per così dire, parte necessaria nel significare i momenti di affermazione di un particolare stile, di un particolare gusto. È un uso legittimo, ma nell'àmbito di un orizzonte parziale. Se, infine, la nozione venga accettata (C) come una sorta di metafora per indicare il momento in cui un séguito di lente modificazioni nel corpo della letteratura sollecitate da verificabili forze convergenti giungono a determinare la consapevolezza di un mutamento già avvenuto, fatto ormai esplicito, ed evidente, allora il concetto assume un significato apprezzabile, ha un uso in un discorso storico, tale, cioè, che, con la ricostruzione dei processi interni dei movimenti parziali, consente il rilievo dei significati del generale mutamento. In questo senso (C), e solo in questo senso, tra la poetica della «fine del secolo» e quella della «lirica del Novecento» si può parlare di *rottura*, indicando il momento tra il 1905 e il 1909 in cui la consapevolezza del nuovo tempo si fa chiara, dopo tante aspirazioni, sollecitazioni, tensioni. Il senso più generale di tale svolgimento va ricercato in un nuovo modo di conoscenza, in un nuovo modo di vedere le cose, di possederle; e, di fatto, il positivismo, come generale visione della vita e interpretazione del mondo, si trova ormai in quella parte del presente che si vien facendo passato, non ha più forza attiva di progetto, e non condiziona più un irrazionalismo di protesta. Ad esso, nel nostro paese si contrappone il nuovo idealismo, che prospetta nuove strutture, con un suo senso soggettivo-creativo della realtà. La poesia che non è mai una astrazione, che, anzi, vive nel contesto della cultura, e che, nei suoi modi, relaziona tutta la realtà, reagisce alla situazione in modi molto significativi; rifiuta, ovviamente, e anche, dal suo interno, combatte i residui di un positivismo sul punto di ossificarsi; ma non vi sostituisce l'idealismo, da cui trae solo qualche sollecitazione istituzionale. Se non vi è più confidenza nell'Oggetto, fiducia nella Scienza, ottimismo progressista, non vi è nemmeno confidenza nel Soggetto, fiducia nella Filosofia, ottimismo storicista. Il rapporto soggetto-oggetto si fa inquieto, problematico, non senza movimenti di rifiuto, di rinunzia, di evasione in un tono, spesso, di desolazione esistenziale. Con una consapevolezza che forse anticipa quella di qualsiasi altra forma della cultura del nostro paese, la cultura poetica si rende conto che la condizione dell'uomo si è fatta condizione critica, di crisi. Nessuna sollecitazione efficace e adeguata veniva dalla volontà del paese; e se in quegli anni l'idealismo, interpretando in luce vichiano-hegeliana l'umanesimo costituzionale della tradizione colta italiana, offre una immagine gloriosa e sicura dell'uomo che celebra se stesso nella storia, nell'opera, la poesia avverte profondamente e porta alla luce quanto di precario, di insicuro, di incerto, di angoscioso si celi nell'uomo nella difficoltà di ritrovare un significato dell'essere. La poesia esprime in varie figure una sorta di *fenomenologia della crisi* rivelatrice di una perplessità dell'uomo rispetto a se stesso: ironia, scelta per la desolazione, per la rinunzia, per la morte, o soluzioni estetiche o moralistiche...; ed è una situazione autentica. Certo, nei loro modi, già i «crepuscolari» rispondono alla situazione nuova con un gesto radicale di scelta in questo senso ben precisa: desolazione, ironia, rinunzia, volontà di morire. Ma il loro è ancora uno stato d'animo. Con ben altro rigore morale Michelstaedter[57], nei suoi saggi sulla *Persuasione e la rettorica* (1910), nel *Dialogo della salute* e nelle *Poesie* (1912) tocca anch'egli una tematica che ha toni di desolazione esistenziale. Giustamente è stato visto in Michelstaedter un *esistenzialista ante litteram*. E si ricordi, per esempio, il *Canto delle Crisalidi* (1909):

Vita morte,
la vita nella morte;
morte vita
la morte nella vita.
[...]
E più forte
è il sogno della vita,
se la morte
a vivere ci aita.

---

[57] C. Michelstaedter, *Opere*, a cura di G. Chiavacci, Firenze, Sansoni, 1958. Nelle note il libro sarà siglato O. [*La persuasione e la rettorica*, scritta nel 1910 e pubblicata postuma (in

e si leggan questi versi vicino alle parole conclusive del *Dialogo*:

E la morte, come la vita, di fronte a lui è senz'armi, che non chiede la vita e non teme la morte. Ma con le parole della nebbia – vita morte, più e meno, prima e dopo, *non puoi parlare di lui che nel punto della salute consistendo ha vissuto la bella morte.*

E qui va riportata la famosa pagina sull'uomo forte e l'artista, anzi sullo *scrittore forte* e lo *scrittore debole*:

L'individuo forte si comporta in ogni rapporto con la misura di tutta la sua persona così da non poter ἀναχωρεῖν pur d'una linea per la preoccupazione della possibilità di continuare poi – poiché il modo del suo rapporto è nella sua determinazione tale che contiene in sé la ragione di tutti gli altri rapporti: la possibilità della continuazione dell'«individuo».

Questi sente in ogni punto la «necessità» di volere a quel modo, poiché il cedere sarebbe la disgregazione, la morte dell'individuo che pur così ottenesse di continuar la vita sotto altra forma. Di fronte a questa morte nella vita la morte materiale: la dissoluzione totale della coscienza, è piccola cosa. La prima è madre del dolore continuo della morte di sé, l'altra uccide senza dar dolore.

L'uomo forte ha in ogni suo punto «rotto i ponti per la ritirata» e aperto quel solo dove gli conviene vincere o morire.

Così lo scrittore debole teme vedersi sfuggire l'impressione e la getta sulla carta deficiente e imperfetta riservandosi poi di determinarla, e non giunge mai a dire «la cosa» pur dicendo infinite cose – ma trascina la sua vita accomodandosi via via alla necessità del continuare.

Lo scrittore forte sente che o la cosa la dice sempre in ogni punto tutta o non la dice mai affatto, e non teme che un'impressione gli sfugga poiché con tutta la sua vita egli contende alla verità e l'intuizione creatrice si rinnova con forza inesauribile cercando nel masso la forma perfetta.

Gli artisti deboli «si sfruttano», si adagiano nelle loro impressioni, ricercano le contingenze che possono produrle, temono pel proprio organismo «creatore» e si vuotano. L'artista forte non vuol essere artista ma «vuol essere», e dalla lotta e dal dolore trae la salute e la gioia.

Noi non vogliamo sapere in rapporto a quali cose si è determinato l'«uomo», ma come si è determinato: quale fu il rapporto.

La prima conoscenza ci dà soltanto la sua camicia storica, tutto ciò che non apparteneva a lui, ma a lui come a ogni altro suo conterraneo e contem-

Scritti, vol. II, a cura di V. Arangio-Ruiz, Genova, Formiggini, 1913), è stata riedita di recente, a cura di S. Campailla (Milano, Adelphi, 1982, 1986²). Lo stesso dicasi, sempre a cura di Campailla, per *Poesie* (*ivi*, 1987²), per *Dialogo della salute e altri dialoghi* (*ivi*, 1988) e per l'*Epistolario* (*ivi*, 1983)].

poraneo; l'altra ci dà l'uomo quale è stato allora, quale sarebbe ora, quale sarebbe in futuro.

La prima è un fatto che è stato in un punto dello spazio e del tempo e non esiste più; la seconda è una determinata grandezza nella scala dei rapporti dell'individuo colla realtà, è un determinato grado di forza vitale, che ha ed avrà sempre valore per tutti che non altro essendo che forza vitale si chiederanno come e per qual via e a qual meta esplicarla.

L'immortalità d'un uomo che parla senza persuasione non appare solo nelle sue affermazioni principali e nelle linee generali delle sue opere; ma ben più essa è manifesta in ogni parola che gli esce dalla penna − per il contenuto arbitrario, vago, limitato, per il nesso sconnesso, e facilmente, volgarmente contento. Anzi qui sta la «nemesi» [58].

Negli stessi anni Papini, nell'*Uomo finito* (1913), testimonia della disgregazione dei miti romantici e di quelli umanistici, antichi e nuovi, e pur tra tante divagazioni, esibizioni, forzature di autodidatta, senza rigore, tocca il cuore di una situazione di vuoto, di assurdo, e, per così dire, di non accettabilità del mondo, di problematici rapporti con le cose nella ipotesi di una soluzione vagamente pragmatista. E, mentre Soffici si rifugia nel mondo del suo «concreto sensibile», in cui l'arte si figura nella sua purezza, e qui vive sicuro in un sistema di relazioni valide per lui, in rivelazioni improvvise e festive, anche i futuristi − e se ne son visti gli esiti − cercano un nuovo accordo con il mondo, e oscuramente chiedono aiuto alle filosofie dell'intuizione e dell'azione.

In questa stessa condizione critica vivono anche i «moralisti» della «Voce» (Boine, Slataper, Jahier) a cui giustamente vengono avvicinati uomini che, come Onofri e Rebora, attraverso la inquietudine, giungono ad una soluzione religiosa. Non si chieda a questi uomini più di quel che dànno. Sistemi compiuti, risposte definitive, pensieri ordinati non fanno evidentemente per loro; conta, invece, il segno di una insoddisfazione acuta, il tono di una testimonianza vissuta, nel rifiuto dell'estetismo, dell'intellettualismo, della disponibilità all'avventura senza conflitti morali di altri vociani, con un forte accento di tematica della responsabilità, della colpa, del male. Ci sono dei germi, dei presentimenti, delle proposte disordinate e frammentarie; e si tratta certo di limiti personali, ma anche di connotati che

---

[58] I testi fin qui citati si leggono in O, 369, 366, 706 ss. Oltre agli scritti maggiori, vedi anche l'appunto su *La vita si misura dall'intensità non dalla durata*: «Cristo è vissuto più di Matusalemme» (O, 723); sulla *musica* (O, 721); sulla *parola* (O, 725); sulla *lingua*: «Il significato della lingua è dunque ogni volta l'intenzione» (O, 731); e poi O, 769; 771 ss. (sulla *catarsi*).

segnano la situazione; ed è una situazione in cui il rapporto io-mondo si è fatto problematico, ed è vissuto come tale. Si leggono Claudel e Péguy – e Bergson, Blondel, Boutroux, ma, in genere, non si giunge, se non in rari casi, ad una soluzione fideistica. In alcune sue *Contromemorie vociane* Jahier [59] – lo si legga – dà esattamente il senso di quella situazione, in cui, alla fine, non si avverte la necessità di darsi una poetica con le sue istituzioni; o pure la poetica è questa: *lavorare nel reale, nello spirito, nella storia, con una reale efficacia sulla storia degli uomini, anche senza definire il concetto puro dell'arte, ma con un forte sentimento di universalità.*

Boine [60] non porta forse alcun contributo personale alla filosofia del tempo; ma più sensibile di altri vociani alle inquietudini fondamentali, offre una tematica molto indicativa dei problemi dei suoi anni. Di fatto, giunto in un momento in cui il pensiero si muoveva tra l'affermarsi nel nostro paese del nuovo idealismo e il diffondersi delle nuove filosofie dell'intuizione e dell'irrazionale, egli sembra proprio riassumere le antitesi del tempo in un'opposizione generalissima tra *Vita* [61], come incessante inesauribilità e singolarità esisten-

---

[59] P. Jahier, *Contromemorie vociane*, in «Paragone», n. 56, 1954, p. 32.

[60] G. Boine, *La ferita non chiusa*, in «La Voce», a. III, n. 12, 23 marzo 1911, p. 537; *L'esperienza religiosa*, in «L'Anima», a. I, n. 10, ottobre 1911, pp. 291-319; *Un ignoto*, in «La Voce», a. IV, n. 6, 8 febbraio 1912, pp. 750-2; *L'estetica dell'ignoto*, ivi, a. IV, n. 9, 29 febbraio 1912, p. 766; *La novità di Bergson*, in «Nuova Antologia», a. XLIX, n. 1025, 1° e 16 settembre 1914, pp. 24-37; *Il peccato ed altre cose*, Firenze, Libreria della «Voce», 1914 (Modena, Guanda, 1938³); *Frantumi seguiti da Plausi e Botte*, Firenze, Libreria della «Voce», 1918 (III ed. Modena, Guanda, 1939, senza *Plausi e Botte*, contiene in più *Pensieri e Frammenti*); *Plausi e Botte, ivi, 1939; Il peccato e le altre Opere, ivi, 1971*. [Questo volume (che sigleremo O) ristampa i precedenti *Il peccato ed altre cose, Frantumi e Plausi e Botte*, cui aggiunge *La ferita non chiusa* (Firenze, Soc. An. Ed. «La Voce», 1921) e *Discorsi militari* (Firenze, Libreria della «Voce», 1915, 1918³). In questo stesso volume si leggono il secondo e il terzo degli scritti boiniani citati, qui, in apertura di nota; per *L'estetica dell'ignoto* si veda, invece, l'antologia *«La Voce» (1908-1914)*, cit., pp. 438-450 e per *La ferita non chiusa* e per *La novità di Bergson*, si veda G. Boine, *Il peccato, Plausi e Botte, Frantumi, Altri scritti*, a cura di D. Puccini, Milano, Garzanti, 1983, pp. 536-52. Sono anche da segnalare gli *Scritti inediti*, a cura di G. Bertone, Genova, Il Melangolo, 1977. Per l'epistolario, si veda *Carteggio* (con Prezzolini, Cecchi, gli amici del «Rinnovamento» e quelli della «Voce»), 4 voll., a cura di M. Marchione e S.L. Scalia, Roma, Edizioni di Storia e Letteratura, 1971-79].

[61] Proprio come filosofo della Vita Boine non mancò di servirsi – forse tra i primi fra noi nel particolare ordine di riferimento – della illustre immagine dottrinale per cui la Vita, come una sorta di fiume sempre alimentato «straripa» oltre le «dighe» degli schemi con una forza «davvero irresistibile» (*L'esperienza religiosa*, 1911) [O, 447, 451]. Anche Rebora, identificando Vita e Tempo, parlerà di un «ruscello» «che quasi non sembra fluire» (*Nella seral turchina oscurità*); ancor più fine, poi, in *Marina*. Tema frequente anche in Onofri. Ma forse l'archetipo – in questo ordine di riferimenti – è Lucini: quando parla di modi di vedere «percorsi ritmicamente dalle ondate che li superano» (*Il verso libero*, cit., 1908). Si tratta ovviamente di una variante della tradizionale immagine eraclitea situata in un sistema di referenze antipositiviste, che avrà il suo più alto senso speculativo nella riflessione di Bergson e di Simmel, e nelle loro figure speculative.

ziale, e *Pensiero*, come impegno sempre inappagato di impadronirsi della vita attraverso schemi logico-sistematici. Il tema è significativo come quello che coglieva vigorosamente certe insufficienze delle due direzioni fondamentali del pensiero del nostro paese, e, nello stesso tempo, ne suggeriva possibili svolgimenti e soluzioni. Il fatto è che Boine venne sùbito chiudendo questa sua apertura. Il suo giudizio su Bergson, molto limitante, è indicativo: sta di fatto che se pure la *Vita* oltrepassa sempre il *Pensiero*, essa è disordine, irregolarità, immoralità; e, invece, se il *Pensiero* è incapace di assorbire la *Vita*, esso è ordine, regolarità, moralità. Il vitalismo di Boine (situazionalmente molto interessante) è sempre come affascinato dalla forza sistematica dell'idealismo, e così s'irretisce, e si perde; o perviene ad una soluzione religiosa. A questa religiosità critica è assai più vicina l'arte che la scienza:

[...] lo scienziato che par essere all'avanguardia, alla ricerca, alla scoperta del nuovo, fa in verità radicale professione, rigida, impiegatesca professione d'ordine [O, 457].

Bene stretta alla vita, l'arte è aperta testimonianza di quella inesauribilità vitale che travolge ogni schema. Nel suo tentativo di trattato di poetica Boine ricorre alla finzione di riportare un diario spirituale altrui: e così nell'*Ignoto* e in *Estetica dell'Ignoto* in un continuo movimento tra le tesi vitalistiche dell'Ignoto e il ricupero intellettuale che Boine ne tenta si manifesta un tipico moto mentale di Boine.

È stato detto che l'estetica dell'Ignoto si istituisce sulla identità tra *arte* e *vita*; c'è molto di vero; ma va tenuto presente come in questa relazione s'inserisca anche il *pensiero*, quasi una componente dell'opera, del risultato. L'estetica dell'Ignoto si presenta come una riflessione da *creatore*, ben distinta dalla riflessione di coloro che dell'opera d'arte solo *fruiscono*. L'estetica dei creatori – dice Boine – è meno ragionata, meno ampia, meno cosciente e sistematica di quella dei non creatori, perché la coscienza di chi fa realmente una cosa *è sempre più breve, più aderente alla cosa, all'azione, più utilitariamente occupata della sua cosa, della sua azione immediata* che non la coerenza di chi osserva senza agire. È la riflessione di chi *è* nella cosa: di fatto, l'Ignoto di Boine:

pensava l'opera d'arte come espressione di una personalità: non parlava di contenuto, parlava di mondo vivo, parlava di mondo così e così organato, parlava di uomini vivi, di persone vive ecc...

179

e ancora suggeriva l'idea di uno

sconcertante accostamento di opera d'arte e d'intensità di vita, di profondità di vita, di intensità, di profondità, di grandezza accumulata di vita

per aggiungere subito: «e di *pensiero*» [O, 469], «*amalgama*, pienezza aggrovigliata e commossa di pensiero e di immagine» [O, 475]. Anche gli elementi logici entrano nell'amalgama, in questo convergere degli aspetti più diversi e oscuramente contrastanti della realtà per una espressione *integrale*: «Filosofia che sia arte, arte che sia filosofare»; «Io ho il certo ed il vago dentro di me, il *mio* e il di *tutti*»:

voglio che la mia lirica sia travata di obbiettività, e che la mia obbiettività sia tutta intimamente tremante di liricità, e voglio esprimermi intero.

E ancora:

Intero: nella mia complessità simultanea, nella mia interiore libertà che non segue schemi [O, 475-6].

Infine:

La complessità libera e nuova dello spirito nuovo dovrà dunque crearsi la libertà delle forme

per un «Travasamento totale della mia libera vita in una precisa recingente espressione» [O, 478] e, come in una esaltazione anche verbale:

Vita che è la vita, che è una vita che è una propagazione inesausta di liricità vibrante, che è una lirica esaltazione di tutte le cose intorno a me che mi muovo [O, 480].

Ne seguono alcuni dubbi sulla critica: la critica vale per le «opere d'arte fallite» che sopportano l'analisi e i discorsi, non per le opere *grandi* e vere per le quali giova invece un «assorbimento immediatamente estatico dell'essenza di bellezza e di vita» [O, 467, 468] in esse implicito. Ogni tentativo di analisi è in questo caso uno «sbavare» «una cosa profondamente sentita» [O, 466]; un sentire che è opera di pochi, di aristocratici, di partecipi alla profonda verità dell'arte. Boine per sé fu poi critico pronto, acuto, e spesso di sguardo (anche quando non possiamo consentire oggi con lui) sicuro e provveduto, e spesso andò oltre questo immediato riconoscere. Si ricordi quel che disse di Campana, Sbarbaro, Rebora – e anche di Serra: dopo un gesto di partecipazione vitale egli giungeva ad un giudizio assai più argomentato, analitico, e attivamente disteso di quel che gli concedessero le premesse dottrinali.

12. Jahier, Rebora, Onofri: ecco tre modi diversi di affrontare lo stesso problema. Rebora e Jahier sono due esempi di diversa intensificazione morale della parola impressionista. Jahier [62] tenta di dare alle parole nuovo significato di vita morale, di *storia* nel senso che si è visto, al di là delle distinzioni intellettuali tra «poesia» e «non poesia» per un impegno totale dell'uomo, dell'uomo vivo; ed è un testimonio singolare degli scambi tra «prosa» e «poesia» (tra ciò che, fino ad allora, s'è inteso come «prosa» e come «poesia») in quegli anni nella scoperta teorica della loro unità, e nella pratica del «frammento lirico», del «poema in prosa» (che culminerà poi nella riscoperta dell'«operetta», d'ispirazione leopardiana).

E Rebora [63]. Anche Rebora aspira ad una sorta di consolidamento della parola sopra strutture filosofiche, religiose, e morali, a una severa figura dell'impegno interiore.

[62] [Si veda: P. Jahier, *Poesie in versi e in prosa*, Torino, Einaudi, 1981].

[63] C. Rebora, *Le poesie (1913-1957)*, a cura di V. Scheiwiller, Milano, All'Insegna del Pesce d'Oro, 1961 [tale volume – successivo ad una precedente e più ristretta silloge curata da P. Rebora: *Le poesie (1913-1947)*, Firenze, Vallecchi, 1947 – comprende: *Frammenti lirici* (Firenze, Libreria della «Voce», 1913), *Canti anonimi* (Milano, Il Convegno Editoriale, 1922), *Poesie sparse e prose liriche* (1913-1947), *Canti dell'infermità* (Milano, All'insegna del Pesce d'Oro, 1956; ed. accresciuta, *ivi*, 1957), *Curriculum vitae* (*ivi*, 1955), *Inni* (1953-1956), *Poesie varie, Poesie sparse* e *un'appendice di liriche estravaganti o occasionali*]; *Iconografia*, a cura di V. Scheiwiller, Milano, All'Insegna del Pesce d'Oro, 1959; *Lettere familiari*, «Quaderno reboriano, 1961-62», *ivi*, 1962; *Aspirazioni e preghiere*, *ivi*, 1963, *Il primo Rebora* (22 lettere inedite 1905-1913, con un commento dei *Frammenti lirici*), a cura di D. Banfi Malaguzzi, con una prefazione di L. Anceschi, «Quaderno reboriano 1963-64», *ivi*, 1964; *Ecco del ciel più grande* (sette liriche inedite), *ivi*, 1965; «*Mania dell'eterno*» (lettere e documenti inediti 1914-1925), «Quaderno reboniano 1965-1966-1967», *ivi*, 1968. Da rileggere lo scritto di A. Monteverdi su Rebora (in «La Voce» del 13 aprile 1914), recensione dei *Frammenti lirici*. Monteverdi fu amico e compagno di Rebora; ed è importante che egli, come altri, avvertisse la poesia di Rebora quasi un modo per ritrovare «il senso profondo della vita», come qualche cosa «che dalla vita più profonda dell'età che è più nostra riceve tutti i suoi palpiti». Notevoli anche le considerazioni di R. Barilli in uno studio rimasto inedito (*Il problema della esistenza e le situazioni morali in alcuni scrittori della «Voce»*, Tesi di laurea all'Università di Bologna, 1957). [Dopo una riedizione ampliata della citata silloge poetica reboriana del 1961 (poi, presso il medesimo editore, nel 1982), *Le poesie (1913-1957)* sono ora leggibili in una terza edizione, totalmente rifatta e accresciuta, con note e utilissima bibliografia, a cura di G. Mussini e V. Scheiwiller, Milano, Garzanti, 1988 (a tale volume si farà riferimento nelle note, siglandolo P). Per l'epistolario, si vedano ora i volumi *Lettere (1893-1930)* e *Lettere (1931-1957)*, entrambi a cura di M. Mar-

E si veda in una lettera del luglio 1926, alla Contessa Bice Rusconi:

Urge in me l'esigenza di figliare le cose (attuarle) e le parole mi servono quasi soltanto come l'alfabeto Morse per la radiotelegrafia, per comunicare a distanza con simboli intelligibili a chi sa e attende e conosce e traduce in termini di vita le comunicazioni.

«Simboli intelligibili» per una comunicazione tutta intima, vitale; e si legga sùbito:

L'egual vita diversa urge intorno;
cerco e non trovo e m'avvio
nell'incessante suo moto:
a secondarlo par uso o ventura,
ma dentro fa paura.
Perde, chi scruta,
l'irrevocabil presente;
né i melliflui abbandoni
né l'oblïoso incanto
dell'ora il ferreo bàttito concede.
E quando per cingerti io balzo
– sirena del tempo –
un morso appena e una ciocca ho di te:
o non ghermita fuggi, e senza grido
nel pensiero ti uccido
e nell'atto mi annego.
Se a me fusto è l'eterno,
fronda la storia e patria il fiore,
pur vorrei mutar da radice
la mia linfa nel vivido tutto
e con alterno vigore felice
suggere il sole e prodigar il frutto;
vorrei palesasse il mio cuore
nel suo ritmo l'umano destino,
e che voi diveniste – veggente
passïone del mondo,
bella gagliarda bontà –
l'aria di chi respira
mentre rinchiuso in sua fatica va.

chione, Roma, Edizioni di Storia e Letteratura, 1976 e 1982, da integrare, almeno, con C. Rebora, *Per veemente amore lucente* (lettere a Sibilla Aleramo), a cura di A. Folli, Milano, Libri Scheiwiller, 1986].

Qui nasce, qui muore il mio canto:
e parrà forse vano
accordo solitario;
ma tu che ascolti, rècalo
al tuo bene e al tuo male:
e non ti sarà oscuro.

Con questa *ars poëtica* si aprono i *Frammenti Lirici* del 1913, la prima raccolta di Rebora, e non si può dire che il poeta non abbia poi tenuto fede all'impegno. Ecco una tematica ricca non solo per la vita della poesia, ma anche per il principio di una poesia, quale fu quella di Rebora, che non si esiterà a dir filosofica: e, di fatto, essa tende a dare intensi, densi equivalenti immaginosi di situazioni partecipate di pensiero. Non par luogo, qui, per insistere su talune suggestioni evidentemente pariniane: e neppure sul fatto che la lingua è composita, come accade talora ai lombardi, e ha una sua lombarda sgradevolezza, talora, e come ruvidezza di gesto. Piuttosto converrà sottolineare come essa abbia un lombardo bisogno di concretezza, di oggetti situati in modo da assumere un senso di domanda radicale, di ricerca di significato. Non sono oggetti puramente estetici; in questo senso, gli *oggetti* si fanno *i simboli intelligibili* della sua comunicazione e implicano un continuo movimento interno tra *suggere il sole* (contemplazione, libera formazione, attività tutta interiore) e *prodigar il frutto* (attività rivolta verso gli altri, esternazione, dono) e per un canto da recar sempre al nostro *bene* e al nostro *male*, su cui insiste sempre vigilante il giudizio morale con la sua richiesta di un impegno autentico e continuamente vissuto. Secondo una insoddisfatta figurazione del vitalismo contemporaneo (*nel pensiero ti uccido / e nell'atto mi annego*), solo all'arte è concesso per Rebora palesare il senso dell'umano destino, e aspirare al *consenso* (altrove dirà al lettore: *e consentire ti giovi*) degli uomini. In questo ordine di pensieri vanno visti i minori e rari e non determinanti accenni ad un sentimento di universale analogia: «*e scopre il senso intenso in ciascun lato / dell'universo una vita profonda*», o anche: «*l'estasi delle cose, e in me s'accorge*»; e, anche, qui acquistano il loro nuovo senso (ben diverso da quello che hanno nel discorso di altri, in taluni crepuscolari, in Palazzeschi, in Soffici) parole come *ironia, pazzia, cagnara, malizia, tristezza* riferite all'idea di poesia, che in Rebora sottintendono un bisogno di umani contatti e accordi: e si veda *Venga chi non ha gioia* e quegli accenni a una «*poesia di sterco e di fiori / terror della vita, presenza di Dio*» che si leggono in *O poesia*, a quel consenso del lettore che nell'opera del poeta trova il *senso del suo mondo* (*Son l'aratro per solcare*) [64].

Quanto alla generale tematica morale e religiosa, non vi è dubbio che tra il discorso di Rebora e quello di Boine vi sia certa vicinanza [65], anche se la pronunzia di Rebora sia molto diversa, e sottintenda sempre la crisi di una cultura nativa, i modi di un illuminismo angosciato e perplesso. Ci furono nella «Voce» certo spiriti più brillanti, più leggeri, più sicuri di sé; pochi furono così umani e veridici; pochissimi poi ebbero una storia, nella sua complessità così chiara, diritta, senza maschere o giochi come quella di Rebora che si direbbe quasi indifesa. Una storia indifesa; e vissuta con gli altri uomini nella testimonianza di un movimento intenso della storia morale, della storia morale del nostro paese. Eppure una storia assolutamente priva di inviti, ritrosa, difficile da scoprire [66].

Il discorso è duro, talora contorto, e anche sgradevole; presuppone uno stato di estrema condensazione interiore; ed è molto teso in una maniera di potenza grave che va oltre la poesia:

Urge la scelta tremenda:
Dire sì, dire no
a qualcosa che so.

(in epigrafe ai *Canti anonimi*)

---

[64] Si veda anche: «Allegrezza, a poetare / il tuo incanto più non vola: / [...] / bello presumer tanto, / mentre finì la speranza / [...] / se d'intorno per noia / ogni forma è ritrosa / e sta la nebbia e appanna / l'ostinata città irosa, / [...] / Come, segreta mia vena, / dall'inedia del giorno t'alimenti; / [...] / anche poc'aria basta / per respirar profondo, / se turbini con Dio / la volontà nutrita / di ricrear nel mondo / questa angoscia gioita, / quest'impeto fecondo [...]» (P, 120-22). E: «[...] Il mio verso è un istrumento / che vibrò tropp'alto o basso / nel fermar la prima corda: / ed altre aspettano ancora. / / Il mio canto è un sentimento / che dal giorno affaticato / le notturne ore stancò: / e domandava la vita. / / Tu, lettor, nel breve suono / che fa chicco dell'immenso / odi il senso del tuo mondo: / e consentir ti giovi» (P, 123).

[65] Tutto l'intreccio di motivi di filosofia della vita, di storicismo, di moralismo, di ansie religiose, di tematiche sociali, di slanci e avventure della mente sul fondo di una problematica per cui «il problema fondamentale in cui Rebora si dibatte non è molto diverso da quello» di Boine: «in termini rozzi possiam parlare di contrasto tra individuale e universale» – si vedrà ricostruito nella sua trama nello studio citato di R. Barilli.

Si vedano nel libro citato della Marchione (pp. 32 ss.), alcuni documenti sui rapporti tra Rebora e Boine; l'A. non manca di considerare che tra i due «vi era certa affinità di spirito e di idee». In una lettera alla madre, annunciando la morte di Boine, Rebora scrive: «È morto Boine! – uno dei pochissimi di cui la grandezza italiana avrebbe avuto bisogno; *per me qualchecosa d'insostituibile*».

[66] Alcune indicazioni utili. 1) Tra i vari esempi di poesia filosofica, si veda *Chiedono i tempi...* (P, 29-30) e *Gira la trottola viva* (P, 149-50), oltre a *L'egual vita diversa urge intorno* (P, 15-6) da leggere insieme alla seguente *Nella seral turchina oscurità*. Le due citazioni a proposito della universale analogia da *Divina l'ora...* e *Dentro il meriggio...* (P, 25, 28). Per la poetica: *Venga chi non ha gioia a ritrovare*; *O poesia...*; *Allegrezza, a poetare*; *Son l'aratro per solcare*

o anche:

> Dall'imagine tesa
> Vigilo l'istante
> Con imminenza d'attesa –

(Dall'imagine tesa, ivi)

13. Onofri. In quella che Cecchi chiama la fase «preparatoria» o di «esplorazione e formazione» della sua opera «più alta e famosa», Arturo Onofri indicò il suo pensiero critico, e anche la sua poetica giovanile, nelle *Letture poetiche del Pascoli* che vennero pubblicate, nel 1916, nella «Voce» e che poi (1953) sono state ripubblicate in un volumetto delle rare edizioni de «L'Albero». Nella sua fase più avanzata, Onofri darà la sua idea di poesia in quel volume *Nuovo Rinascimento come arte dell'Io* (1925), in cui il principio poetico appare integrarsi nella singolare visione etico-religiosa che fu della maturità del poeta[67]. Onofri dà nelle *Letture* una interpretazione del frammentismo lirico; e là dove altri si richiama ai diritti della sensibilità, egli avverte motivi platonici. Come ogni altra arte, la poesia non è nell'ossequio alla letteratura del tempo, né in questa o quella maniera di propaganda, e neppure dipende da una qualsiasi idea «morale, scientifica, spirituale, filosofica». Essa risiede tutta

in quella beatitudine estetica che essa ci dà; e questa beatitudine ce la dà la poesia, senz'altri aggettivi, la poesia in quanto è tale (p. 9).

È una concezione diffusa in quegli anni; e pertanto essa si definisce quando Onofri avverte che il poeta è un «ispirato che evoca fantasmi e pensieri vivi dall'ombra feconda della sua vita e della nostra» con un'«attività immaginale» (p. 31) che si attua nel «suggerimento» e nel «mito» di una

vita integrale di grazia e di chiaroveggenza che [...] fa intravvedere e indovinare un mondo supremo, in cui gli uomini sono davvero organizzati divinamente (p. 8).

(P 67-9, 28, 120-2, 123). Le due ultime citazioni, nel testo, in P, 129, 151. Va qui, infine, ricordato dal libro della Marchione (p. 110) una dichiarazione di Rebora, del 1952: «La poesia è stata per me uno sfogo nel buio della disperazione provocata in me dalla mancanza di Dio. Mi ha fatto molto bene, e mi ha instillato la brama della verità».

[67] Si veda: A. Onofri, *Letture poetiche del Pascoli*, Lucugnano, L'Albero, 1953; *Nuovo Rinascimento come arte dell'Io*, Bari, Laterza, 1925. [Per la produzione poetica onofriana si veda il volume *Poesie edite e inedite (1900-1914)*, a cura di A. Dolfi, Ravenna, Longo, 1982. Per l'elenco delle prose creative e saggistiche, edite ed inedite, si veda la monografia di F. Lanza, *Arturo Onofri*, Milano, Mursia, 1973, pp. 173-8. Si veda inoltre la raccolta degli *Scritti musicali*, a cura di A. Dolfi, Roma, Bulzoni, 1984].

La poesia è autonoma e autosufficiente, e va colta «*fin dove è perfetta e in ciò che ha di perfetto*» (p. 36) come «*visione verbale* perfettamente unitaria» (p. 30) che non lavora «all'ingrosso con le parole» (p. 28). Può, dunque, anche esser brevissima; e in ogni caso nella poesia si deve leggere soltanto poesia. È una teoria, si diceva, che si inserisce nell'orizzonte del «frammentismo lirico» del tempo; ma la sua sostanza platonica e il crescere in Onofri dei motivi di uno spiritualismo religioso non privo di suggestioni misteriosofiche prepararono la via ad una diversa interpretazione della realtà dell'arte. Complicandosi con oscuri gesti di Novalis o di Rudolf Steiner, la volontà di integrazione, o di integrità, a suo modo platonica del nostro poeta, con il *Nuovo Rinascimento* portò ad un caratteristico rovesciamento: e là dove si era avuta una dottrina dell'autonomia poetica si ebbe una dottrina dell'eteronomia, all'arte come fine si sostituì un'arte come mezzo, con una dialettica ben nota. Di fatto, Onofri giunge a formulare una sorta di estetica del futuro: se l'*arte antica* fu d'ispirazione collettiva divina e agiva dall'esterno sugli uomini come azione spirituale dinamica, elaboratrice della loro personalità terrestre fisica mediante azioni sociali; se l'*arte moderna* è d'ispirazione personale umana, soggettivamente psicologica, estetica, simbolica, l'*arte futura* sarà espressione di una interiorità universalmente umana, realizzata in quanto oggettivamente cosmica, nata a nuovo spiritualmente, ed uscita addirittura dalla personalità corporea, e prenderà attraverso i segni espressivi (linee, colori, note, parole, gesti) una *persona* estetica, creazione di veri e propri esseri spirituali (pp. 209-10). Vi è l'oscura esigenza di un superamento della soggettività romantica in una autotrasformazione dell'«uomo-artista» che si alzi dall'«egoismo estetico-soggettivo-personale» e specialistico fino all'«amore che viene dalla conoscenza» e che trasformi l'uomo in «coscienza aperta a tutti gli interessi umani». L'arte per l'integrazione dell'uomo, infine; ma i modi di oscure premonizioni del futuro e un misticismo che confina spesso con le scienze occulte stabiliscono i limiti di un pensiero che, se ha talora il carattere del sogno personale, porta con sé, come si vede, anche se metafisicamente trasposte, tipiche esigenze e speranze del tempo [68].

---

[68] A) Quanto a Onofri, ecco i segni della sua adesione a quel vitalismo che in lui andò tanto lontano non senza accenti panici vagamente riecheggianti modi dannunziani: «Io voglio col semplice canto / dell'anima monda / svelare agli umani / l'Unica Legge dell'Essere, / sémplice più della pura rugiada. / / [...] O Vita, chi mai celebrò tra gli umani / nelle tue Forme caduche, / come in un recente trionfo del Tutto, / l'ultimo grande conato / dell'Universale In-

14. Ma la «Voce» rivendica altri due nomi; e – Palazzeschi, Campana – sono i nomi di due uomini di diversa esperienza, origine, destino, che, tuttavia, nel movimento trovarono l'atmosfera adatta al loro riconoscimento, o, addirittura, dotati come erano di straordinari doni, «significarono» in modo affatto particolare il tempo.

soddisfazione» (*O Vita, o Vita*, in *Liriche*, Roma, «Vita letteraria», 1907); e in questo senso va interpretato il gesto, con cui, nello stesso momento in cui dà alle stampe il libro di *Liriche*, lo ripudia: «troppo sei antico», l'anima ora è «diversa», e «non imito, io, forse, in questo sacrificio l'opera sempre nova dell'eterna Natura?». B) Qui converrà ricordare (a maggiore documentazione) il manifesto della rivista «Lirica»: «la nostra parola non vuole avere altro valore che lirico» con un modo di *seguire il proprio cammino* che è un aborrire «le scuole, le estetiche, le metriche in quanto tali...» e così pure beffandosi «d'ogni schiamazzo di rivoluzione e di partito preso» (1912). Quanto allo scritto *Tendenze* a carattere programmatico, apparso su «La Voce» (n. 12, 15 giugno 1915), fermiamo questi punti fondamentali: «Voglio una lirica svincolata dal soggetto (cioè, dagli oggetti come tali) per la quale la realtà empirica (pratica o teoretica) non sia che un flusso caotico di *Materia Prima*, la cui emozione-in-noi valga a tagliarvi dentro nuovi oggetti, solo giustificati dalla nostra urgenza creatrice e non riferibili più a quei dati del mondo come visto a priori. Nulla esiste a priori, se non la mia capacità o incapacità lirica» (1). Pertanto «la morale (nel senso più alto o più basso), la biografia, l'ambiente naturale o sociale con le scenografie inerenti, la psicologia, l'Umanità o la Patria, con tutto il patetico e il tragico conseguenti, *come valori artistici* ci fanno pena soltanto. Bisogna anzitutto dissolennizzare la poesia, e perciò renderla irriferibile ad altri valori che le siano estranei, renderla leggera, volante, LIBERA, assoluta. Essa implica infatti, come suo presupposto vitale, un mondo svincolatissimo e disinteressato da ogni esistenza regolamentare, un paradiso di libertà ideatrice (altro che l'etica!) rispetto al quale tutte le norme e pensature umane siano solo convenzioni e adattamenti (sociali o altri) di gran lunga lasciati indietro» (2). Perciò: «Non c'è che una sola parola che renda, secondo me, il compito enunciato: lo *scontenuto*. Vale a dire: *non esiste nessun dato sul quale l'artista lavori per opera della sua emozione.* Non c'è intuizione (espressione) di qualche cosa; ma la sola espressione, che è insieme *creazione totale del mondo* in quel certo momento e in quel certo modo, che siano pure dieci sillabe soltanto, o dieci righe, o dieci pagine. Alle domande: di che tratta questa poesia? che significa? a che si riferisce? per che scopo è stata scritta? Bisogna poter rispondere: di niente, niente, a niente, per niente. *Niente*: potrebbe essere il motto della lirica come noi l'intendiamo» (3); e per tanto: «*Non ci sono nemmeno poeti*; cioè non ci sono quei personaggi (miti letterari) creati dalla pedanteria. Ci sono solamente momenti di poesia e poesie» (4) e «non c'è critico vero che il poeta, e soprattutto nel momento in cui è poeta, e proprio in quanto crea una bellezza che trascende il passato»; le sue mani sono «modellatrici d'Inesistente» ed egli solo «va, perché egli solo è *libero* (disinteressato, autonomo, svincolato da tutto, elastico per tutto: *volo*)» (5). Si veda come qui Onofri comprenda nella sua maniera di vedere un insieme di temi che in quegli anni erano frequentatissimi, e come nell'aria. Tanto più che essi si inseriscono nel sistema di relazioni che indichiamo col termine di «frammentismo», e qui acquistano il loro senso compiuto: in un invito ai poeti a parlare soltanto quelle immagini, quelle *associazioni d'idee* non ancora trovate da alcun parlare sulla terra, quei felici e intensi momenti creativi in cui si dàn nuove figure; e un invito ai lettori a gustare i poeti (anche i maggiori) a frammenti, appunto, come si «devono» leggere tutti i poeti, anche i più culturalmente saturi. C) Più tardi (1924) Onofri condannerà «la cultura materiale grossolana» di cui siam figli «che ha come inevitabile frutto l'egoismo, e questo ci impedisce di giungere alla supercoscienza spirituale del mondo...», come sapienza «il cui frutto si chiama amore» (*Prefazione* a *La scienza occulta* di Rudolf Steiner). D) Sulla situazione morale e di pensiero di Onofri vedi A. Banfi, *L'idea dell'arte nel Nuovo Rinascimento*, in AA.VV., *Arturo Onofri visto dai critici*, Firenze, Vallecchi, 1930. [Ora, col titolo *Onofri, poeta metafisico*, in A. Banfi, *Scritti letterari*, a cura di C. Cordiè, Roma, Editori Riuniti, 1970, pp. 239-44]. Si veda anche di Onofri lo scritto *La deformazione lirica come carattere essenziale dell'arte*, in L. Anceschi, *Lirici nuovi*, Milano, Hoepli, 1943, pp. 143-6.

Quanto a Palazzeschi[69], la critica insiste, con un discorso molto legato a talune ragioni proprie degli anni, sul movimentato rapporto *prosa-poesia*. Borgese: «il critico [...] può supporre che da questa crisalide semipoetica debba svilupparsi un pungente prosatore, un novelliere fantastico-grottesco»[70]; e Serra: «Si direbbe che... a forza di semplificare e di purificar la sua poesia abbia finito per distruggerla; quella che scrive è prosa, con appena un po' di colore umoristico e grottesco»[71]; e Gargiulo[72]; da ultimo, ora, concludendo un lungo discorso, un critico: «la miglior lode che si possa fare alle poesie di Palazzeschi sta nel considerarle una prefazione assai virtuosa alla narrativa»[73]. Al contrario, De Robertis, con un esercizio critico d'alto stile, riesce ad una trascrizione lirica per pause, versi, ritmi, e musica interiore della scrittura prosastica, scopre un movimento lirico vivo all'interno del movimento narrativo[74]. È difficile, si sa, istituire una distinzione rigorosa tra *prosa* e *poesia*, sempre; difficilissimo, poi, nell'atmosfera della «Voce», con quel gusto di scambi, in quegli autori; in ogni caso, che, in Palazzeschi, si trovi un movimento oggettivo e dialogico per cui nel lirico si avverte il narratore, mentre la pagina del narratore appare tutta contesta di spunti lirici, ebbene è, questa, una situazione che svela l'indole più profonda dello scrittore e lo lega, nello stesso tempo, ad una particolare condizione del gusto: in ogni suo modo espressivo c'è una continua ambiguità tra lirica e narrativa, felicemente disponibile, all'estremo. In realtà, crepuscolare... futurista[75]... o vociano, Palazzeschi ha una sua leggenda

---

[69] A. Palazzeschi, *Opere giovanili*, Milano, Mondadori, 1958. [Questo volume (trattasi del II di *Tutte le opere*), da cui si citerà, indicandolo nelle note con OG, include, assieme ad altro, una silloge delle prime quattro raccolte poetiche palazzeschiane (*I cavalli bianchi*, Firenze, Spinelli, 1905; *Lanterna*, Firenze, Blanc, 1907; *Poemi*, ivi, 1909; *L'Incendiario*, Milano, Edizioni di «Poesia», 1910). Tale silloge — che presenta mutamenti e varianti rispetto alle precedenti, esse pure tra loro dissimili per struttura e lezioni (*L'Incendiario*, Milano, Edizioni di «Poesia», 1913; *Poesie*, Firenze, Vallecchi, 1925; poi Milano, Preda, 1930, poi Firenze, Vallecchi, 1942...), va integrata con *Difetti 1905*, a cura di E. Falqui, Milano, Garzanti, 1947, ove si leggono le 33 poesie giovanili escluse dalle edizioni di *Poesie* del 1930 e 1942. Altre raccolte poetiche palazzeschiane sono: *Cuor mio*, Milano, Mondadori, 1968 e *Via delle Cento Stelle*, ivi, 1972. Per un'agile antologia si veda: A. Palazzeschi, *Poesie*, a cura di S. Antonielli, ivi, 1971].

[70] [G.A. Borgese, *Un umorista* (1913), in *Studi di letterature moderne*, Milano, Treves, 1915, p. 87].

[71] [R. Serra, *Le lettere*, in *Scritti*, vol. II, cit., p. 313].

[72] [A. Gargiulo, *Aldo Palazzeschi*, in «L'Italia Letteraria», n. 33, 17 agosto 1930, poi in *Letteratura italiana del Novecento*, cit., pp. 97-104].

[73] [G. Spagnoletti, *Antologia della poesia italiana*, Parma, Guanda, 1950, p. 22].

[74] [G. De Robertis, *Il poeta Palazzeschi* (1930) e *Il Palio dei Buffi* (1937), in *Scrittori del Novecento*, Firenze, Le Monnier, 1940, 1958[4], pp. 17-25, 175-83].

[75] Quanto agli anni delle sue esperienze giovanili con Corazzini, Moretti e gli altri, Palaz-

straordinaria, sotto la quale vive una delle figure più unitarie e più coerenti del primo Novecento, e di poi; più che un contrasto tra il «crepuscolare» e l'«umorista», direi che c'è, in lui, in una invenzione sempre desta e fertile, un tendere verso forme di fantasia leggera e mossa d'una intimità ironica spesso riflessa sugli oggetti, che ottiene, quando l'ottiene, l'efficacia della poesia, attraverso un metodo di lievitazione ed alleggerimento piuttosto che d'intensificazione o di condensazione della parola. Così, quelle sue aperture: «Davanti alla mia porta / si fermano i passanti per guardare [...]» (*La porta*), «Dopo la prima branca / a mezze scale [...]» (*Il dittico a mezze scale*), e il famoso esordio

Salisci, mia Diana, salisci,
salisci codesto scalino,
salisci, non vedi è bassino,
bassino, bassino salisci.

(*Diana*)

sono, in tal senso, davvero rivelazioni. Così in questi modi vaghi e divertenti già fin dalle prime prove (e si rilegga *Lo sconosciuto*) Palazzeschi tenta di fatto una sua strada, certe maniere d'immediatezza tutta viva, per risolvere le difficoltà della parola poetica italiana; e converrà dir subito che già agli inizi e sempre nei suoi versi si manifesta, contro certe apparenze, quella disposizione d'«artista superiore» che la critica gli riconoscerà piuttosto a proposito del romanziere; e si pensi a *Sole*:

Vorrei girar la Spagna
sotto un ombrello rosso.

alla padronanza della scrittura, alla sicurezza dei suoi giochi anche più arrischiati.

---

zeschi, ricordando i suoi vent'anni, dice − e solo lui poteva dirlo senza timori − che, comunque sian stati vissuti, quelli furono anni «bellissimi, prodigiosi», «un portento»; e che l'occulto direttore che guida segreto la vita della letteratura come si era compiaciuto di dar voce sulla fine dell'Ottocento a «trombe, tromboni, corni e grancasse» ora si compiaceva di sentire «strumentini e legnetti»: «oboe, flauti, pifferi»; o, infine, nello stesso luogo, ricordando la sua esperienza «crepuscolare» e «futurista», «mi pare di sentirmi dire − osserva − in quale dei due [gruppi] io preferisca trovarmi, e per soddisfare la vostra legittima curiosità vi dirò subito che in materia non ho preferenze, né disgusti, e *mi trovo benissimo* in tutte e due le parti, quando mi mettono coi futuristi, e quando mi mettono con i crepuscolari, dispiacendomi solo di non poter essere in tre. E, ad onore della giustizia, devo aggiungere che vi è taluno che mi mette solo...»; e ci si trova anche qui benissimo. (*Vent'anni*, in «Pégaso», giugno 1931).

189

Comunque, nessun consolidamento morale o intellettuale della parola, nessuno sforzo di modi indiretti o complessi. Una semplificazione naturalmente geniale vissuta, con sensibilissima recettività, in mezzo a tutti i movimenti dell'intelligenza nuova, con un timbro fermissimo, sempre riconoscibile; forse come nessuno Palazzeschi riuscì a toccare certi esiti desiderati, a far nuda, adeguata, presente la parola poetica. E si pensi al miracolo di certo delirio di illuminazioni leggere, mentre ancora premeva l'*enflure* dell'ultimo Ottocento, con i suoi modi storici e gravi, spesso lontani. E, dunque, ecco ora *Chi sono* [76]:

Son forse un poeta?
No, certo.
Non scrive che una parola, ben strana,
la penna dell'anima mia:
«follìa».
Son dunque un pittore?
Neanche.
Non ha che un colore
la tavolozza dell'anima mia:
«malinconìa».
Un musico, allora?
Nemmeno.
Non c'è che una nota
nella tastiera dell'anima mia:
«nostalgìa».
Son dunque... che cosa?
Io metto una lente
davanti al mio cuore
per farlo vedere alla gente.
Chi sono?
Il saltimbanco dell'anima mia.

E ancora la famosa «canzonetta»:

Tri tri tri
fru fru fru
uhi uhi uhi
ihu ihu ihu.

---

[76] E si legga questa arte di vita, per il poeta: «Quelli che cadono nel fondo non comunicano più che con quelli caduti nel fondo, come loro. Chi è a galla se ne infischia, dà calci all'ingiú e solo si cura di rimanervi, comunicando con quelli che ancora si tengono a galla. Bisogna saper restare a galla e senza che nessuno se ne avveda pescare pian pianino giú, giú, piú giú che

Il poeta si diverte,
pazzamente,
smisuratamente.
Non lo state a insolentire,
lasciatelo divertire
poveretto,
queste piccole corbellerie
sono il suo diletto.

Cucù rurù,
rurù cucù,
cuccuccurucú!

Cosa sono queste indecenze?
Queste strofe bisbetiche?
Licenze, licenze,
licenze poetiche.
Sono la mia passione.

Farafarafarafa,
Tarataratarata,
Paraparaparapa,
Laralaralarala!
[...]
Infine,
io ho pienamente ragione,
i tempi sono cambiati,
gli uomini non domandano piú nulla
dai poeti:
e lasciatemi divertire!

Follia, malinconia, nostalgia; e, poi, il poeta come «saltimbanco dell'anima»; e la poesia come «queste piccole corbellerie», e anche come divertimento insensato, assurdo... È vero: è lecito tener questo discorso sul piano dello stato d'animo [77], del sentimento del gioco,

---

sia possibile con le grinfie aguzze dell'anima. Portare alla superficie, mostrandoli elegantemente fra le dita, i coralli della disperazione» (OG, 867). E ancora sul poeta: «Dovrebbe, il vero poeta moderno, scrivere sopra i muri, per le strade, le proprie immagini e sensazioni con un cannellino di brace o di gesso, tra l'indifferenza o l'attenzione dei passanti che è lo stesso» (OG, 868). Esser se stessi: «Vedo tanti fare sforzi sovrumani per potere assomigliare nelle opere o nella persona ad altre persone, Raffaello o Michelangelo [...] san Francesco d'Assisi o sant'Antonio [...] e mi sovvengo di avere fatto sforzi sovrumani per non essere io come avrei dovuto» (OG, 887).

[77] E Palazzeschi stesso: «Schivare il dolore, fermarsi inorriditi alle sue soglie, è da vili. Entrarci e rimanervi impantanati fino al collo senza la forza per uscirne, è da deboli e poltroni.

della disperazione personale del poeta... Ma tale interpretazione acquista il suo pieno senso solo se la si integri con altri motivi: basti pensare alle concordanze con Soffici, col Soffici anche dei *Primi Principi di una Estetica futurista*, a certi «recuperi» dottrinali di Soffici, e a tutto ciò che i lacerbiani intendevano con *clownismo o funambolismo lirico*. Allora si vedrà che la situazione di Palazzeschi è una situazione tipica, che si trova accanto altre situazioni analoghe; e, dunque, sottofondo di questa esperienza di poesia e di questa poetica è una realtà più generale, quasi una trama di scelte morali e ideali che inquietarono territori molto sensibili della nostra cultura in quegli anni. Vi è come un diffuso, disperatissimo, e come trasposto, sentimento di libertà; e l'idolatria del circo come luogo simbolico ed ideale di una libertà che non ha altro fondamento di una colorata perfezione in un calcolo e in un esercizio spietati fu in quegli anni frequente, sollecitò poeti e pittori in Italia e in Francia; e appare una immagine dell'arte quale sottilmente e argutamente veniva vissuta.

È vero: la parola di Palazzeschi è una parola che fonda una situazione di «vuoto attivo», direi, con tutte le conseguenze d'ironia, gioco metafisico, ambivalenza dei sentimenti...; e pertanto nell'originario stato crepuscolare d'ambiguità tra prosa e poesia (narrativa e lirica), nella sua ilarità melanconica, nei suoi divertimenti in profondità, infine, in quel gesto sciolto di superiore libertà che i lacerbiani dicevano «clownismo» o «funambolismo lirico» s'avvertì una sorta di estrema situazione romantica, diretta, qualche cosa che si rivela anche nella poetica del *Manifesto del Controdolore* (1914), ma ora il poeta preferisce intitolarlo l'*Antidolore*[78], una sorta di autoironia della situazione romantica:

Entrarci e risolutamente andare, flagellando la propria anima senza pietà, farle versare il sangue fino all'ultima gocciola, sanarle bruciandole tutte le piaghe, pescare il punto luminoso nelle tenebre, la perla, è eroismo grande» (OG, 867).

[78] Ecco dall'*Antidolore*: «Se credete che sia profondo tutto quello che comunemente s'intende per "serio", siete dei superficiali»; «Che il riso (gioia) sia più profondo del dolore (pianto) ce lo dimostra chiaramente il fatto che l'uomo prima che possa passarsi il gusto di una salutare risata dovrà subire una lunga maturazione»; «Bisogna abituarsi a ridere di tutto quello di cui oggi abitualmente si piange, sviluppando la nostra profondità» (OG, 933); e ancor più: «Il dolore non è che il vestito lacero e pauroso della gioia» (OG, 934); e si legga ancora tra i *Lazzi*: «Gli uomini che prendono sul serio gli altri non mi piacciono perché mi muovono a compassione, quelli che prendono sul serio loro stessi, invece, mi piacciono un fottío, e forse piú, perché mi fanno ridere» (OG, 872). [Il palazzeschiano *Il controdolore. Manifesto futurista*, pubblicato in «Lacerba» (a. II, n. 2, 15 gennaio 1914, pp. 17-21), compare poi, ma con il titolo L'*Antidolore* e in un testo diverso in molte parti da quello lacerbiano, dapprima negli *Scherzi di gioventù* (Milano, Ricciardi, 1956) e con questi, come *Lazzi, frizzi, schizzi, girigogoli e ghiribizzi*, successivamente in OG, 927-50. Circa la variazione del titolo, si veda la testimonianza dello stesso Palazzeschi nella *Introduzione* a *Scherzi...*, p. 6, ove si sostiene che il titolo

Maggior quantità di riso un uomo riuscirà a scoprire dentro il dolore, e più sarà un uomo profondo. (OG, 935).

Con quel che segue, contro la rettorica dei «sentimenti», e anche dei «grandi sentimenti».
E ancora:

Io affermo essere nell'uomo che piange, nell'uomo che muore, le massime sorgenti di allegria (p. 936).

Manterrai e svilupperai in te quell'istinto profondo che ti fa ridere vedendo il vicino che cade (p. 946).

L'ironia, come dice in uno dei suoi *Lazzi* si fa così l'«estrema punta della politica dello spirito» (OG, 869). Siamo certo nel gusto sorprendente del tempo; ma queste parole dichiarano, aiutano ad intendere la poetica del «divertimento», il gioco complesso tra follia, malinconia, nostalgia del «saltimbanco dell'anima», come una realtà di cultura, come una realtà della situazione morale dell'uomo del tempo. Palazzeschi avrebbe potuto essere l'Apollinaire italiano; fu invece, poi, uno dei nostri maggiori narratori del secolo; qui lo portò la sua scelta e, nella scelta, il suo destino.

Dino Campana [79] è l'altra voce del tempo: una voce furiosa e carica, dolcissima e stravolta, che dà alla parola una potenza nuova, un battito di sangue esaltato. La data della prima edizione (Ravagli) dei *Canti Orfici* è 1914; una data indicativa se mai altre; e s'intende che in un mondo pieno del *mythe* di Rimbaud, della poetica del «frammento lirico», dell'impressionismo e di tanti altri fermenti, la leggenda s'impadronì di questo poeta.
Campana con la sua oscura verità è forse uno dei testimoni capi-

---

originario del «manifesto» era l'*Antidolore*, mutato in quello di *Controdolore* dietro suggerimento di Marinetti. Nel testo lacerbiano, lo scritto palazzeschiano può leggersi sia nell'antologia curata da G. Scalia, «*Lacerba*» – «*La Voce*» *(1914-1916)*, cit., pp. 244-51 sia in quella, a cura di L. De Maria, *Per conoscere Marinetti e il Futurismo*, cit., pp. 128-38].
[79] Si veda: D. Campana, *Canti orfici e altri scritti*, a cura di E. Falqui, Firenze, Vallecchi, 1952, 1962[6] (ma anche, *ivi*, 1966); *Lettere*, carteggio con Sibilla Aleramo, a cura di N. Gallo e con *Prefazione* di M. Luzi, *ivi*, 1958; *Taccuinetto faentino*, a cura di D. De Robertis, e con *Prefazione* di E. Falqui, *ivi*, 1960. [Inoltre: *Fascicolo marradese*, a cura di F. Ravagli, Firenze, Giunti, 1972; *Il più lungo giorno*, ed. anastatica, a cura di E. Falqui e D. De Robertis, Roma, Archivi di Arte e Cultura dell'età moderna, 1973; *Opere e contributi*, 2 voll., a cura di E. Falqui, con *Prefazione* di M. Luzi, note di D. De Robertis e S. Ramat, *Carteggio* a cura di N. Gallo, Firenze, Vallecchi, 1973; *Canti orfici*, con il commento di F. Ceragioli, *ivi*, 1985, 1987[3]].

tali della poesia del secolo in Italia, e, tutto vivo e mutevole come è, figura un testimonio piuttosto scomodo per una critica pronta agli schemi. Intanto, si avverte subito come ogni suo contesto – anche prosastico – sia tutto percorso e sollevato da una intensa ed energica violenza lirica quasi fermata, con rara forza costruttiva, in un improvviso stupore. E non si conceda alle formule come «toscanità paesana e tradizionale» o «poeta maledetto» o che altro; certo un dominio prepotente e dolcissimo s'impone, in lui, ad una materia ribollente, che prorompe, e quasi deflagra, da ogni lato.

E se è vero che in Campana troverai

urgenza di contenuti balenati nell'infrenabile notte; energica volontà e voluttà di nomade, di *tramp* che conosceva Whitman e Rimbaud ed esercitava la sua poesia come un atto indifferenziato di natura estetica e insieme volontaristica, morale; *song of himself*, *saison en enfer*, liberismo e autobiografismo di marca lacerbiana e vociana; diffusi echi neo-classici (il nome di Carducci fu fatto da De Robertis, l'idea di un poeta tradizionale guastato da una malattia o da una cattiva scuola trapelò pure qua e là); echi non solo carducciani, ma dannunziani che per conto nostro non vorremmo disgiungere dalla natura più personale e più oscura del messaggio *barbaro* di Campana, da quell'idea di una poesia orfica che non si limita al titolo del libro e che non si può ritenere estranea alla sua convinzione di tardo rapsodo germanico attratto e abbagliato dalle ardenti luci del Mediterraneo [...] [80]

è anche vero che per Campana non è più conveniente il termine fisico dell'impressionismo. In lui spesso tutto s'articola in una dimensione inventata di mito, di simbolo; sempre la luce naturale e sensibile è riassorbita in una luce astratta, ferma, assorta: «un effetto di colori e di armonie; un'armonia di colori e di assonanze», «cercavo di armonizzare dei colori e delle forme. Nel paesaggio italiano collocavo dei ricordi». «La vita quale è la conosciamo: ora facciamo il sogno della vita in blocco». E voleva una poesia «musicale colorita», e «non vi sembra che un cafonismo molto carducciano possa essere una base solida per i miei giochi d'equilibrio?». Campana si colloca alla fine di un movimento vivo della ricerca e dell'inquietudine; e, d'altro canto, non a caso, gli ermetici videro in lui un inizio. Il consolidamento che egli dà alla parola impressionista è ottenuto (quando è ottenuto) solo per forza lirica, con una straordinaria energia visionaria.

[80] [E. Montale, *Sulla poesia di Campana*, in «L'Italia che scrive», a. XXV, n. 9-10, 1942, p. 154; ora in *Sulla poesia*, cit., p. 256].

15. Gli anni dal 1903 al 1915 furono anni attivi, anni anche atti-
visticamente disordinati, non senza intemperanze, per la cultura del
nostro paese. La cultura si fece militante – cultura delle riviste – da
«Leonardo» alla «Voce», da «Hermes» a «Lacerba», a quante altre
–; e proprio di questa cultura si vengono oggi esaminando i risultati,
e quasi si fa il processo. È un momento attentamente studiato, e con
diverse contrastanti opinioni. C'è chi vede nella «Voce» e nelle riviste coeve il risveglio di un'Italia moderna, il senso stesso dell'Italia
moderna nella cultura; e c'è chi vede in esse un tentativo – fallito –
di contribuire *a modificare le fondamenta stesse del nostro vivere civile, politico, intellettuale*, non senza sempre più evidenti fughe verso
la violenza, le soluzioni di forza, l'irrazionalismo politico; altri vede
nella «Voce» una sorta di irresponsabilità morale: il rifiuto a considerare l'attività letteraria *come una delle forme di conoscenza e di responsabilità intellettuale, morale, tecnica di fronte alla realtà storica*;
e, infine, qualcuno s'inquieta di fronte a *gente che ha tanto parlato e
proclamato, e nulla ha fatto*. È difficile parlare di questa cultura: una
stessa pagina ora ci attrae ora ci respinge; ora si ammira un lavoro
svolto in condizioni difficili, ostili, in un paese distratto; ora ci s'irri-
ta per l'ingenuità di certi assunti, di certi giochi, di certe polemiche;
ora si trova una informazione aggiornata e calzante, e presto si deve
protestare per l'uso che ne è fatto. Il groviglio è grande, difficile da
sbrogliare. Gli uomini che costituirono questa cultura vissero in condizioni particolari che oggi è arduo ricostruire; la forza che essi ebbero non fu tale da esser determinante nella vita del paese; e presto
la tematica culturale che essi avevano iniziato fu troncata, non senza
sofferenze. È una situazione di inizio, a cui mancò una conveniente
maturazione. La situazione può esser riguardata da molti angoli; prima di tutto, dall'angolo del rapporto tra la nostra cultura e l'Europa.
Uscita dalla fase ritardatamente – per quel che riguarda il nostro
paese – romantico-idealistica del Risorgimento; presto insoddisfatta
e inquieta, sia del particolare orizzonte di pensiero che il positivismo
aveva offerto, sia dei limiti e delle remore di cui nel nostro paese soffrì ciò che si è detto la civiltà della «fine del secolo», la cultura italiana – e in particolare la cultura artistica e poetica – aspiravano a rinnovarsi, a consolidarsi in modo da trovar cittadinanza secondo un
proprio stile nell'Europa contemporanea. Questo fu uno degli aspetti della cultura delle riviste, e certo un aspetto influente: la cultura
italiana non vuol più essere in ritardo, e vuol contribuire (A). In secondo luogo, col dare alla nazione una cultura moderna, s'intese anche darle le strutture ideali che condizionano la realtà di uno stato

moderno, corrispondente ai nuovi bisogni (B); e, infine, preparare una classe dirigente nuova, intellettuale, informata (C). Sono motivi tra loro strettamente connessi; e certo il giudizio negativo che si dà nella valutazione politica del movimento non manca di aver certe sue motivazioni, se si tien conto della debolezza degli uomini e delle cose, se si guarda come certe affermazioni abbian poi operato componendosi con i mali tradizionali della nostra società, e, soprattutto, se si constata che mancò completamente il proposito di dare alla nazione uno stato moderno. E il giudizio politico influisce certo anche sul giudizio letterario. Per altro, gioveranno due altri ordini di considerazioni: indagare il significato del passaggio da una cultura di solitari che *eventualmente* si incontravano in qualche rivista ad una cultura in cui le riviste si fanno in certo modo protagoniste in persona propria («La Voce»... «La Ronda»...) come centri operosi, costitutivi di un tipico valore, nel convergere di forze diverse entro taluni comuni orizzonti, e spesso con ben definiti propositi di intervento morale e politico (a); e cercare di mettersi, per quanto è possibile, *nella situazione* in cui si trovarono ad operare gli uomini delle riviste (b). Quanto ad (a), basterà constatare che appare evidente l'intento di servirsi di mezzi idonei e nuovi per avvicinare gli uomini di cultura, per creare tra essi certe esigenze e proporre a tutti certi problemi, per toglierli dall'isolamento, e per tal via preparare – in un paese privo di una tradizione moderna autentica e profonda – quelle strutture generali di base, su cui solamente una cultura nazionale può vivere. In ogni modo, la cultura delle riviste ebbe agli inizi una sua forza di apertura, di movimento, qualche cosa che si desiderava, che fu utile, e che sarebbe stato più utile se si fosse precisato, definito, rafforzato, consolidato. S'iniziò l'assorbimento di molte esperienze, da cui il nostro paese era rimasto estraneo, si costituì un modo del giudicare letterario, e s'iniziò la formazione di una libera società letteraria. Ci fu un aggiornamento, e se, più tardi, il classicismo della «Ronda» cadrà in un momento (come si vedrà) in cui per tutta l'Europa si ebbe una sorta di recupero classicistico, ebbene tutto ciò fu possibile solo perché c'era stato tutto il lavoro dei *vociani*, e degli altri. E si ricordi la situazione in cui «La Voce», la più rappresentativa delle molte riviste di quegli anni, punto di convergenza di molti movimenti di pensiero e artistici, era nata, tra l'irrazionalismo pascoliano e dannunziano, le negazioni della poesia, il limitato orizzonte della cultura della «fine del secolo», in una nazione, insomma, impreparata (b), per cui il futurismo e «La Voce» furono una scossa utilissima. Gli scrittori delle riviste abbondarono certo nelle proclamazioni, nei programmi, nella esibizione dei propositi, ma furono anche i primi a parlare in Italia di Picasso e di Freud, e di quanti altri motivi fondamentali della cultura vivente. Ci fu movimento, calore, verità, anche se ci furono molti pericoli in tutti i sensi, come accade nelle situazioni aperte. Ben presto, si ebbero segni di pronti processi involutivi, i consueti presentimenti della imminente chiusura. Essi riguardavano evidentemente tutta la cultura e tutta la vita nazionale. La lenta formazione della classe dirigente fu presto interrotta (C), le strutture della nuova mente nazionale non si ebbero (B), ma, poiché ogni cosa in una cultura, e in *questa* cultura, è connessa, tale moto come da qualsiasi altro angolo può di diritto esser studiato anche dall'angolo delle poetiche. Quanto ad (A), ci fu un aggiornamento certo della cultura poetica e artistica; ma i primi accenni della involuzione si trovano di fatto già nella «Voce letteraria».

DAI RONDISTI AGLI ERMETICI

1. Si sa: nessun poeta, nessun artista di nessuna arte «ha da solo il suo pieno significato». Anche il poeta vive nella relazione, è condizionato e condiziona; così si ha la relazione (di cui parla, per esempio, T. S. Eliot in *Tradizione e talento individuale*) del «poeta nuovo» con i «poeti morti», e, poi, la relazione del «poeta nuovo» con gli altri «poeti nuovi» [1]. La relazione del poeta nuovo con i poeti morti implica un'azione reciproca; il poeta nuovo non acquisterà significato (e, quindi, addirittura, «non esisterà») se non potrà star vicino ai poeti morti, se dai poeti morti sarà rifiutato; d'altra parte, con la sua sola presenza, egli modifica l'«ordine esistente» tra i «poeti morti», attraversa l'ordine esistente con una luce inattesa che crea prospettive diverse e imprevedute, rinnovando i significati.

La vita della poesia è, dunque, un mondo unitario, tutto percorso da relazioni in movimento. L'affermazione è confermata anche dal rapporto − sul quale qui concretamente stiamo lavorando − del poeta nuovo con gli altri poeti nuovi. Diciamo subito che ciò che, con espressione un po' stanca, chiamiamo «capolavoro» presuppone spesso alcune prefigurazioni; sempre alcune contemporanee ricerche tecniche. Il fatto è che i poeti sono condizionati dalla situazione in cui si trovano collocati, e, pertanto, avvertendosi in una situazione comune, avvertono anche un comune ordine di esigenze. Così per esempio, Crepuscolari... Futuristi... Vociani... rappresentano, come si è visto, vari momenti (tra variati scambi) di una medesima situazione in movimento, e, nel lento mutarsi della situazione, via via, un tramandarsi esigenze e problemi, soprattutto nel vivo sforzo di rag-

---

[1] T.S. Eliot, *Tradizione e talento individuale* (1917), in *Il bosco sacro,* cit., pp. 93-101.

giungere modi di linguaggio adeguato alla condizione reale dell'uomo nella convinzione che tale condizione è ormai insicura, critica, nella volontà di accordarsi con una Europa che già comincia ad avvertire il disagio... Pur nella diversità degli orizzonti e delle personalità vi è continuità di ricerca, volontà di aperture, comuni tematiche, e, infine, l'impegno per tutti vero e vissuto di far della poesia non un atto di *letteratura*, ma un atto di *vita*, anzi di far della poesia il senso stesso della vita. Quante volte in quegli anni la parola del poeta è incerta, disagiata, immatura! Ma son anni che rivendicano a sé Gozzano, Palazzeschi, e Campana, quanto basta a qualificarli: e come mai vi è stata una società letteraria attiva, ricchezza di scambi, una capacità di variare su temi comuni, originalmente.

E vi è, poi, Renato Serra, che, nella sua eccellente formazione letteraria, nel suo insoddisfatto richiamo ad una antica lezione letteraria, ad un gusto classico remoto, nascondeva una straordinaria consapevolezza della realtà, avvertiva il *vuoto* della condizione dell'uomo moderno, il sentimento della angoscia e delle difficoltà del mondo. Fu questa l'*eresia* che si celava, come egli disse, sotto la *superstizione volontaria* del suo *carduccianesimo*.

La poetica di Serra è, si sa, la *poetica del lettore*; ma all'interno di questa poetica originariamente tutta come animata da una sorta di «religione delle lettere» venne man mano crescendo proprio il sentimento di una situazione di crisi del vivente significato della letteratura; finché tale sentimento si allargò naturalmente ad una consapevolezza sempre più acuta, decisiva, insuperabile di *Unwertung*, di insensatezza, di disperazione – rispetto al valore della civiltà e della vita – che, pur sotto le forme di una urbana riservatezza, assume il tono di una profonda, e in certo senso esemplare, drammaticità. Si è parlato così di un Serra «classicista», di un Serra «crepuscolare», di un Serra «esistenzialista» a suo modo...; va detto subito che, purché non divengano esclusive e rigide, tutte queste definizioni hanno una loro giustificazione, anzi acquistano il loro vero senso solo nell'intreccio che si pone tra i diversi suggerimenti da esse proposti.

La *poetica del lettore*. Come è noto, Serra veniva direttamente dalla lezione del Carducci, di cui era stato scolaro alla Università di Bologna; e per certo prolungava in sé inquietamente quella lezione (di cui parlano tutti gli allievi divenuti poi famosi) quella lezione in cui l'idea di *forma vivente*, come *ars* dell'uomo del mestiere, si articolava nei giudizi come *critica superiore, estetica,* come improvvisazione di lettore sapiente delle cose dell'arte e ricco di esperienza e di segreti. Il Carducci stesso ne parla in una rivelatrice lettera a Lina

Piva: «Ma nelle mie lezioni sui classici non scrivo che la sola *parte fi-lologica* [...]; per la *parte estetica*, e per la *parte superiore* mi lascio andare a dire improvviso». Proprio qui è da cercare il modo sottile con cui il Carducci si lega alla sensibilità nuova: col Serra, che poi si andò trasformando nei suoi incontri con altre dottrine, e nel suo rilievo di altre esigenze, e col De Robertis, poi, con altri.

Ci sono poeti-critici, e spesso raggiungono – anche nel leggere gli antichi – risultati di superiore libertà, novità, nello svelarsi di nuove intenzioni poetiche; e ci sono poi critici, che, nel loro esser critici, stemperano e risolvono una loro indole di scrittori. In un modo pungente e complesso, Serra appartiene a quest'ordine; è un critico-scrittore, di quelli a cui la critica giova in quanto essa vive una scelta letteraria intensa e diretta, e, per tal via, riescono a significare un'età, un tempo dell'arte, qualche momento o movimento vero, di cui si fanno interpreti. Di fatto, la vocazione di scrittore, in Serra, si rivela nell'atto in cui egli prende la vita della poesia come oggetto e motivo di una animata invenzione, che offre ai pensieri di una mente coltivata, esperta, e vivente «nella cosa», la possibilità di modularsi liberamente in figure ogni volta esatte nell'esatto loro cogliere il particolare vivente nella sua più definita ragione individuante.

La situazione della cultura poetica e critica in cui Serra, con precoce maturità, si venne formando è il momento inquietissimo davvero, e non privo d'intemperanze, di vivissime intemperanze, che stiamo descrivendo. Esso segna il trapasso tra la cultura che aveva visto primeggiare uomini come Carducci, e poi Pascoli e D'Annunzio, e quella che voleva segnare il tempo nuovo: il tempo in cui, sotto il clamore delle riviste e dei movimenti, in realtà si viene cercando profondamente la ragione del rinnovamento della cultura e della lingua poetica del Novecento. Tutto appare in movimento, in un gioco estremamente aperto: figure ancora attive di una realtà che è in quel momento del presente, in cui il presente sta diventando passato; fermenti di un futuro ancora indeterminato che si attuò solo in parte; aspirazioni, impegni prepotenti e vistosi, oscure delineazioni del secolo tra inquietudini nuove, resistenze e risentimenti in un moto vivo d'ingegni diversissimi... Distinguere nella *blast furnace* del tempo il presente, i valori e i significati del presente, operare quelle distinzioni che poi restano vere (almeno come segno del gusto) anche per gli anni venturi, quando tutto apparirà finito – questo fu il segno di una vocazione naturale di critico, fu il segno di Serra, un uomo per cui la critica era un modo di esprimere una vita intensa e complessa. Niente affatto «critico puro» secondo una interpretazione che nacque da motivi sinceri, ma parziali, Serra fu anzi un critico tutto carico di personali inquietudini morali che si componevano nel movimento stesso interno che porta alla formulazione del discorso generale o del giudizio letterario. Per intenderlo credo convenga leggere soprattutto i saggi *Per un catalogo* (1910), *Intorno al modo di leggere i Greci* (1910-11), *Ringraziamento a una ballata di Paul Fort* (1914), *Le lettere* (1914), *Esame di coscienza di un letterato* (1915), tenendo sempre presente l'epistolario. Non già che non vi siano altri saggi critici importanti, di egual rilievo, ma abbiamo menzionato quelli che ci danno veramente i passaggi capitali della sua interiore formazione, del suo sviluppo, delle sue intenzioni: in pochi anni, una intensa, e presto bruciata, maturazione di critica nuova nel sentimento deluso, critico, e stanco dell'umanità, della civiltà. Si diceva della *poetica del lettore*. Non senza accenti d'autobiografia, e pure con evidenza e precisione grande, essa è definita nei suoi termini generali nel citato scritto *Per un catalogo*. Sono brevi pagine, e il discorso muove dalla riflessione sul primo catalogo laterziano della collana degli «Scrittori d'Italia», progettata dal Croce, e ben presto si pone come una libera divagazione su un tema allora discusso in riviste e giornali: un confronto tra il Carducci e il Croce. Ecco le strutture fondamentali del discorso: il Carducci, a poco a poco, si staglia dallo sfondo positivista e materialista della cultura del tempo, e ne esce la figura di un maestro che è soprattutto un *lettore*, un *uomo del mestiere,* un *lettore che legge i classici per imparare la lezione dei classici*; il Croce, invece, è altra cosa, in esso a questa attenzione minuta si sostituisce una aperta volontà di intellettuale dominio, i larghi interessi, un'indole teorica, riflessa, categoriale. Ma, per andar più a fondo, ecco il giudizio sul Carducci:

Spesso non sa criticare; ma sa leggere, sempre. Il punto di vista da cui egli muove verso un libro è il più giusto. Poichè non è quello dello storico e del descrittore di inventari o del definitore di giudizi; ma è quello proprio dell'uomo dell'arte. Io penso a quest'uomo come fu in realtà [...]. Dico che ancora oggi per leggere le rime del Petrarca, per leggerle, dico con diletto e con giudizio sicuro [...] niente può valere la edizione commentata da Giosue Carducci e Severino Ferrari, e che di quanto il discorso sull'opera di Francesco Petrarca, a parte la eloquenza e la mollezza lirica, cede in parecchi punti al *Saggio critico sul Petrarca*, di tanto quella edizione poi vince e il *Saggio critico* e gli altri commenti e tutto il resto[2].

___

[2] [R. Serra, *Per un catalogo*, in *Scritti*, vol. I, cit., pp. 96-7].

La *poetica del lettore* esige una critica fatta secondo i motivi dell'*uomo del mestiere,* dell'*uomo dell'arte,* è un *saper leggere:* dal Carducci Serra trasse l'avvio al *saper leggere,* dal Croce un senso impegnato del rigore mentale. E certo *saper leggere* non vuol dire perdersi in questioni generali come faceva il Borgese, che sempre richiamava i suoi autori alla propria posizione, appunto alle questioni generali, che lo inquietavano; o come chi, preoccupato di certi motivi morali, sciabola giudizi come fendenti; o infine come chi legge con una prepotenza che non rispetta il testo. Saper leggere vuol dire non già chiedersi se un'opera entri o no in determinate categorie, ma intendere ogni intimo aspetto della scrittura fino al punto di calcolare il valore di ogni sillaba per trarre la verità della poesia implicita; non collocarsi davanti all'opera con una teoria già fatta, ma portare nella lettura tutto se stesso, un se stesso educato alla letteratura dei secoli e pur sempre pronto ad imparare; leggere, infine *da artisti* che sanno intendere ovunque la presenza dell'arte, come uomini del mestiere che sentono con tutto il corpo l'importanza della letteratura.

Il metodo di Serra:

Io avrò da scriverle – dice a De Robertis – ancora, pro e contro la regola (a cui tendiamo tutti del resto) di ridurre la lettura di un libro a pochi frammenti e spunti essenziali. Son questi che contano alla fine: ma non si può pretendere (se non quando si fa della critica personale) a sceglierli e limitarli: bisogna cercarli e riconoscerli da per tutto. Bisogna conversare con l'uomo, in tutti i suoi momenti. Esclusivismo lirico, da una parte: imitazione spirituale, dall'altra: è la nostra antinomia, che bisogna accettare francamente. L'Ariosto è lui in poche ottave: ma l'Ariosto di quelle ottave è anche in tutte, poi. Non bisogna dimenticarlo [3].

Tenendo sempre presente che:

Già io, di critica seria, non ho mai conosciuto che la lettura pura e semplice. E poi, dei divertimenti personali, in margine. Oppure il volume di mille pagine [...] [4].

Così Serra risolveva, non senza eleganza, il contrasto tra «frammentisti» e «integralisti» nell'interpretazione della poesia, e della cri-

---

[3] [R. Serra, *A Giuseppe De Robertis* (30 maggio 1914), in *Epistolario*, a cura di L. Ambrosini, G. De Robertis e A. Grilli, Firenze, Le Monnier, 1953, p. 513].
[4] [R. Serra, *A Giuseppe De Robertis* (27 maggio 1914), in *Epistolario*, cit., p. 496].

tica, e si deve tener conto che tutto ciò acquista il suo vero senso e il suo vero valore in quella «religione delle lettere» che è come il cuore del suo sistema. Ne parla in *Per un catalogo*; ed è il sentimento di una *perennis humanitas*, di una segreta intesa e profonda uguaglianza e armonia con i «fratelli che sono stati e quelli che saranno», con coloro che «sono passati come anche noi passeremo», e primi, i Greci, Omero, Saffo[5]; e così *poetica del lettore*[6], *esclusivismo lirico* da un lato e *imitazione spirituale* dall'altro nell'*ambito della religione delle lettere*[7]: questo il discorso di Serra. Ma, ad un certo punto, come per un improvviso insorgere di stanchezza, eccolo scrivere a De Robertis:

[...] penso a qualche scrittore di cui si possa fare un ritratto morale; l'uomo mi attira più che la pagina: ma non so. Analisi tecniche, di pagine o di momenti sciolti, a cui son più disposto per solito, non mi attirano in questo momento[8].

Tutta l'ideologia delle lettere sembra dimenticata, perduta; e se poi si aggiunga un'altra lettera del marzo 1915, ecco una colorazione nuova:

[...] anche il mio carduccianesimo non è stato altro che una superstizione volontaria, in cui mi piaceva insieme di nascondere e di coltivare sotto la specie dell'umiltà il mio diritto all'eresia[9].

Il fatto è che, sotto quel classicismo squisito, raffinato, e anche, come dire?, un po' *banal*, fermentavano molte inquietudini, quelle che fanno di Serra veramente un uomo del suo tempo, un significativo uomo del suo tempo, un uomo che, dal silenzio della sua bibliote-

---

[5] [R. Serra, *Per un catalogo*, in *Scritti*, vol. I, cit., p. 6].

[6] Assai grande fu la risonanza della *poetica del lettore*, tra i letterati e critici del tempo. Alla «Voce» collaborarono di fatto tutti i critici giovani, e il *saper leggere* risuonò diversamente nei loro diversi metodi, sistemi, procedimenti. Ecco: Soffici si augurava: «*lettori* nuovi, cordiali, amorosi che *sappiano leggere* tra le linee del suo scritto: lettori liberi da pregiudizi; sensibilissimi» senz'altre preoccupazioni che l'*arte* pura nell'arguta passione di una critica da lettore e da artista (*Giornale di Bordo*, cit., p. 6). E Papini, in un suo luogo dirà che «*Sa leggere* colui che conosce i gradi e i pesi delle parole e le armonie nuove» [G. Papini, *Immagini di Renato Serra* (1915), ora in *Opere*, cit., p. 670]; e Angelini, e De Robertis, poi.

[7] Quanto alla *religione delle lettere*, si veda, poi, Valgimigli, certe sue parole del *Carducci allegro* (Bologna, Cappelli, 1955) dove accenna a «... quella che poi si disse *la religione delle lettere*, e che fu, o a me pareva fosse stata, particolarmente nostra, della nostra scuola bolognese: Carducci, Severino, Panzini, Serra...» (p. 76).

[8] [R. Serra, *A Giuseppe De Robertis* (11 ottobre 1914), in *Epistolario*, cit., p. 526].

[9] [R. Serra, *A Giuseppe De Robertis* (20 marzo 1915), in *Epistolario*, cit., p. 551].

ca e dalla lontananza della sua provincia, aveva colto qualche segno di verità, di una sua verità di uomo contemporaneo. Tutto comincia probabilmente con il sentimento di una crisi che investe lo stesso mondo originario della classicità, la poesia della Grecia antica. Il saggio incompiuto *Intorno al modo di leggere i Greci* ha proprio questo sapore di dubbio sulla nostra possibilità di sentire fino in fondo le fonti della nostra civiltà:

Mi fiorisce nella memoria ὁρᾶς. Io non lo vedo. Domando che me lo facciano vedere; se non trovo nessuno.

E ancora:

Io mi trovo davanti alla pagina di un testo greco, a quei caratteri..., pieno di inquietudine e di goffaggine...
Non so pronunziare, non so leggere. Dove è la bellezza? [10]

Con accenti, poi, di sfiducia sul nostro modo di interpretare, tradurre, leggere, conoscere quelle antiche pagine, e ora di sentire, con Nietzsche, una Grecia attiva non già per quel che ebbe di «esemplare e di classico», ma sì

come romantica e barbara, disordinata e colorata [...] nel suo sapore, come dicono, di cosa vissuta [11].

Ma si segua nell'*Epistolario* (in questo senso davvero palpitante) il crescere sempre più acuto e dolente dei problemi personali, l'attenzione sempre più grave e calma al vedere crescer dentro un senso sempre più angosciato dell'uomo e del tempo. E così la dottrina del «saper leggere», il richiamo alla «sensibilità», il sogno umanistico si stemperano sempre più in un colore dolente della pagina, con certe avvisaglie come di stanchezza, non so, un esaurimento del cuore. Ed ecco il *Ringraziamento*, il testo su cui più giustamente si sono fondati i motivi per parlare di un Serra «crepuscolare»; ecco i segni di una «noia» vissuta nell'ordine delle cose consuete, nell'abitudine, e, più, il senso di vivere in un mondo di «Cose disperse che non riesco a raccogliere: pezzi di un mondo staccato da me», o anche, nello stesso luogo, «occhi stanchi, da troppo tempo aperti sull'universo non

---

[10] [R. Serra, *Intorno al modo di leggere i Greci* (1910-11), in *Scritti*, vol. II, cit., p. 497].
[11] [*Ivi*, p. 471].

mio»[12] con un modo d'autobiografia un poco come staccato ormai, oltre la consueta misura, nello «sbattimento vago e doloroso degli occhi che devono ingranarsi con la realtà, e il vuoto e la stanchezza di questo minuto», con tutto quel che segue:

> Stanco di esser contento. Stanco di lasciarmi trasportare da questa dolcezza irresistibile e stupida, che sorge senza ragione e mi trasporta senza mutamento e mi fa godere di tutto, anche del mio male, e mi impedisce di conoscerlo e di averlo per me. Mi impedisce perfino di essere triste; mi concede solo questo peso amaro e vano, che conserva un gusto di cenere e di piacere, questo bruciore arido in cui la noia si dissecca. [...] Ma anche la stanchezza è inutile e la noia e ogni cosa[13].

Sono accenti che prenderanno sempre più forza, finché nell'*Esame* (1915) – e qui ebbe qualche ragione chi osò parlare di un Serra «esistenzialista» – si giungerà alla conclusione estrema, alla descrizione di una angoscia che toglie il senso alle cose:

> Sono libero e vuoto, alla fine. Un passo dietro l'altro, su per la rampata di ciottoli vecchi e lisci, con un muro alla fine e una porta aperta sul cielo; e di là il mondo. [...] In me non c'è altro che il vuoto. E in fondo al vuoto, il senso di tensione che viene dai ginocchi irrigiditi e da qualche cosa che si è fermato nella gola: la stretta delle mandibole, quando la testa si rovescia indietro a lasciar passare quello che cresce lento dal cuore.
> Non è niente di straordinario. La mia carne conosce questa stretta improvvisa dell'angoscia, che sorge dal fondo buio, fra una pausa e l'altra della vita monotona, e l'arresta [...][14].

Sotto la pagina inquieta, attraente, e sfuggente, e sempre con un tono di dolce e superiormente quieta risolutezza morale si rivela a tratti la coscienza di una nuda condizione esistenziale. Il destino umano di Serra fa parte per certo dei connotati del tempo storico. Nonostante la delusio. e radicale di Serra, o forse tenendone conto, fin dalla «Voce» letteraria il senso del tempo parve attuarsi come tendenza a risultati di «maturità» del linguaggio, ad una sorta di ripresa classicistica. Il movimento di trasformazione ha il suo inizio in quella lezione di De Robertis che – di Serra – svolgeva soprattutto l'aspetto letterario: la poetica del «lettore», la rivalutazione del criti-

---

[12] [R. Serra, *Ringraziamento a una ballata di Paul Fort* (1914), in *Scritti*, vol. I, cit., p. 204].

[13] [*Ivi*, pp. 207-8].

[14] [R. Serra, *Esame di coscienza di un letterato* (1915), in *Scritti*, vol. I, cit., pp. 411-3].

co come «uomo del mestiere, dell'arte», quel «modo e tono» serrano con cui egli fece la sua «Voce», e che portò ad una nuova, esclusiva attenzione al «fatto letterario, alla tecnica». La «Voce» letteraria segna con molta sensibilità il momento del trionfo e insieme la crisi finale dell'impressionismo, come gusto e stile della letteratura nuova: essa vuol dare testimonianza del significato di un lavoro letterario per cui la parola tende studiosamente a rassodarsi in una salda sapienza di sé; è il momento in cui si riscopre il valore della antica categoria dell'«arte» che i romantici avevano disdetta, e si pretende che il consolidarsi della scrittura avvenga non già per via di una operazione «esterna» (morale, o filosofica...), ma proprio ed esclusivamente dall'«interno» del lavoro artistico.

Con De Robertis, la tradizione dell'*ars* carducciana, dopo la crisi subita in Serra, si rinnova, e, nello stesso tempo, si fa sensibilissima a nuove sollecitazioni, tra acutezze ed estenuazioni. Pascoli non era passato invano. Ma soprattutto viva era la partecipazione costruttiva alle cose nuove dell'arte dei coetanei, l'impegno di orientamento, di guida, d'interpretazione. De Robertis rifiutò sempre ogni rapporto con la filosofia; ridusse la lezione di Serra a una misura letteraria, vi aggiunse l'austero ricordo di Vitelli e di Barbi. E tutto riportava al suo particolare *saper leggere*, ad una sua particolare *lezione di lettura*; a quella sua critica, come egli disse una volta di sé, di «irregolare»:

Per attuare una critica nuova non c'è tanto bisogno di teorie estetiche diverse, quanto di sensibilità [15].

Così, quanto alla critica, non le dottrine che implicano una responsabilità come dire, *costruttiva*, di macchinose *organicità* di romantici *drammi spirituali*, ma una volontà di rimettere «pietra su pietra le fondamenta alla grande poesia che verrà», una estetica *sperimentale,* intesa a isolare i *tratti, i frammenti che si giustificano come arte, o solo valgono per tali*:

La critica è tutta da creare. Critica frammentaria di momenti poetici. Riduzione dell'esame a pochi tratti isolati, e di quel che si dice essenzialità.
Tutto come documento e col documento.
Segnare la pagina, la riga, la parola.
Senza mistificazioni e scappatoie.
L'arte è in questo punto, in quest'altro.

[15] [G. De Robertis, *Da De Sanctis a Croce* (1914), in *Scritti vociani*, cit., p. 52].

Bisogna compromettersi.
Saper quel che s'intende per poesia.
Senza tanti discorsi. – Per via di fatti.
Con l'additarli. – A conti chiari.
Ci si abitua a un po' di pulizia.

O anche, sviluppando una nota affermazione di Serra:

In critica, o la nota rapida, sintetica, fatta di scorcio; e sopra facendovi pesare la propria coscienza e esperienza con la compromissione di ogni responsabilità; o il libro di mille pagine, chiosa in margine ai volumi dei poeti, commento aggiunto giorno per giorno, e secondo le ore e i minuti di adesione piena, e partecipazione congeniale.

Si voglion leggere Dante e Leopardi, per «[...] piacere ed esperienza personale, come un artista, per imparare il segreto di certe parole e espressioni nuove» e per cercare «una riprova insomma alla poesia moderna» [16]. Il *leggere* è una sorta di *collaborazione alla poesia*, che, nello stesso tempo, è anche un aumento della coscienza del critico, come uomo vivo, di oggi, consanguineo e coetaneo dei poeti e scrittori del suo tempo. La critica nasce così insieme alla poesia, e ha lo stesso gusto di parole vive. Ed ecco un modo di leggere lo *Zibaldone*, un insegnamento leopardiano che in qualche modo anticipa «La Ronda»:

[...] solamente lo *Zibaldone* testimonia la presenza di un impegno pronto a riconoscere nel problema dello stile un problema di alta moralità [17].

Con *Scrittori del Novecento* [18] De Robertis ha dato una delle più responsabili figure del tempo letterario; ha dato lo studio penetrante, rivelatore, e storicamente importante delle varianti della poesia ungarettiana; e, infine, e ciò riguarda più direttamente il nostro studio, un'ultima sistemazione alla sua poetica in *Condizione alla poesia*, con fedeltà e, insieme, svolgimento:

Spetta appunto al critico l'obbligo di fare la storia di questa che io chiamo «condizione alla poesia», e che altro non è se non un complesso di ragioni e di occasioni, da cercare, in gradi e aspetti diversi, nel puro pensiero,

---

[16] [G. De Robertis, *Saper leggere*, in «La Voce», a. VII, n. 8, 30 marzo 1915, pp. 488-98; ora in *Scritti vociani*, cit., pp. 143-56 (per le citazioni, pp. 144, 145, 156, 149, 151)].

[17] [G. De Robertis, *Collaborazione alla poesia I.-Conti con me stesso*, in «La Voce», a. VII, n. 1, 15 dicembre 1914, p. 47; ora in *Scritti vociani*, cit., pp. 69-70].

[18] G. De Robertis, *Scrittori del Novecento*, cit.

nella poetica, nel gusto, in altra espressione di poesia e nei frantumi di poesia, perfino nella non poesia; non però una storia che abbia fine a sé, ma volta a quell'unico fine che è di spiegarsi uno stile e una poesia nel loro vitale slancio, uno stile e una poesia che acquisteranno più e men di valore da quest'esame come l'acquistarono da una condizione più o men valorosa [19].

Non a caso la collaborazione di un uomo come Cardarelli si fece attiva negli ultimi numeri della «Voce» letteraria, e relativamente frequente dato il carattere, e partecipata. In questo ordine, sì, la guerra poté accelerare o ritardare: certo non mutò la direzione della ricerca, che, subito, nel dopoguerra, si venne precisando e definendo in modi sempre più esclusivi e dichiarati: così con la piccola «Raccolta» (1918-1919) di Raimondi, e poi con «La Ronda» (1919-1923) [20] il proposito di una restaurazione, o almeno di un *ritorno all'ordine* si venne man mano sempre più chiarendo: un po' astrattamente, per altro, e con una precipitazione che è spesso propria delle particolari eccitazioni improvvise della nostra storia. Il fatto è che i quindici anni di *blast furnace*, di una letteratura che voleva essere originaria, vitale, e aveva anche una debole organizzazione sistematica tra ricerche, esperimenti, e risultati un po' casuali, non erano bastati a creare una situazione di civiltà così salda da consentire e come da esigere una autentica maturità, da proporre quel *classicismo* che sempre vien dopo un *romanticismo*. D'altro canto, non vi fu il sostegno, anzi venne sempre meno il sostegno di una conveniente realtà morale e di costume nel paese. Così, si sognò davvero un'epoca di grande stile, si desiderò una parola ricca di sostanza tradizionale, si cercò un tono di urbanità insieme «antica e moderna», e tutto ciò poté in qualche modo apparire come la conclusione di un ampio movimento di inquietudine della lingua e della cultura poetica. In realtà, la pronunzia fu spesso falsificata, l'epoca desiderata non ebbe pienezza, e là dove era ancora necessaria una operazione aperta in tutte le direzioni, si ottennero prevalentemente esiti di buona educazione letteraria. Si ebbero in questo senso alcune opere di alto livello, e certo si sollevò il tono della lingua dell'uso, e si rieducarono gli italiani al gusto di uno scrivere colto, e non dozzinale. Ma la ricca

---

[19] G. De Robertis, *Condizione alla poesia* (1943), in *Studi*, Firenze, Le Monnier, 1944, pp. 13-4.
[20] [Per «La Raccolta», se ne veda la ristampa anastatica, a cura degli «Archivi d'Arte» edita dall'editore milanese Mazzotta nel 1970 e quanto ne scrive L. Fava Guzzetta, *Un incunabolo della «Ronda»*, in «Studi novecenteschi», n. 2, 1972, pp. 201-9. Quanto alla «Ronda», se ne veda l'antologia *«La Ronda» 1919-23*, a cura di G. Cassieri, Torino, ERI, 1969].

azione, il vario fertile movimento di idee, l'inquietudine problematica della «Voce» si spensero prima che avessero ancora cominciato a
dare i loro frutti: vi si sostituiva un sospetto delle idee, un rifiuto della filosofia, e una rinunzia a ciò di cui il paese aveva più bisogno, e
cioè a sollecitare fruttuosamente una aperta organizzazione ideale
della mente nazionale. Vi si sostituì l'ideologia dello *stile*; e nel 1921,
proprio parlando dello stile nella «Ronda», il Gargiulo avvertirà che
si tratta di parola, che, per usarla nel modo particolare proprio agli
scrittori della rivista, andava sempre scritta in corsivo, o tra virgolet-
te; e aggiungerà:

noi tutti di cui si fa questione, con varia consapevolezza, rispondemmo
[usando la nozione di stile] soltanto ad una accentuata esigenza di conside-
rar l'arte letteraria come strettamente, esclusivamente arte, arte della parola. Affidandoci alla concretezza di un vocabolo [...], intendevamo annullare, nella sua insospettabile tradizione ogni traccia che in noi fosse di superstite contenutismo [21].

Gargiulo è certo una rilevante figura della critica letteraria in
questi anni; come critico, egli si trovò in una situazione letteraria
complessa e difficile tra una cultura di *ragioni nuove* e una di *resistenze storiche* che egli viveva in sé. Crociano nei primi tempi dei
suoi studi, si avvicinò poi alla letteratura contemporanea, e divenne
una delle figure più rilevanti della «Ronda»; infine, l'avvicinamento
alla letteratura contemporanea lo portò ad accentuare i motivi di insoddisfazione che egli provava nell'idealismo, a sviluppare certi suoi
temi dottrinali. Ed ecco alcuni motivi della aggrovigliata situazione
in cui egli si trovò ad operare: persistenza dei grandi miti della «fine
del secolo»; nuova *filosofia idealistica*, polemica *Voce-Ronda, poesia
nuova...* Ebbene, Gargiulo fu quel che fu perché accettò la situazione, e, a suo modo, contribuì a chiarirla. Il suo testo è uno dei più sicuri per chi voglia risentire l'odore del tempo, e non solo in ciò che
si dice l'«assolutezza dei risultati», ma anche nel movimento attivo
della cultura poetica con una rete di richiami e di riferimenti molto
efficace. Così, se il saggio sul D'Annunzio indica nel «paesaggio poetico» e nel «mito naturalistico» il moto più vero dell'arte di un poeta
«visivo», che visse la tragedia della «sensualità», con certe ragioni di
«esteriorità» [22], il rifiuto verso il Pascoli fu molto più netto: «massa

---

[21] [A. Gargiulo, *Stile*, in «La Ronda», a. III, n. 8-9, 1921; poi in *Scritti di estetica*, cit. (alla
seguente nota n. 26), p. 266; ma si legge anche in *«La Ronda» 1919-23*, cit., p. 452].
[22] A. Gargiulo, *Gabriele D'Annunzio*, Napoli, Tronti, 1912 [Firenze, Vallecchi, 1941,
p. 27].

di vana sofferenza», «forma di tormento intimo» che «respingono» e «irrigidiscono» il critico[23]. Il *D'Annunzio* è del '12 e lo scritto sul Pascoli del '19 sulla «Ronda», e intanto sempre più dichiarata si faceva la consapevolezza della situazione letteraria italiana nella sua novità. Nello stesso tempo si vien chiarendo anche la posizione verso il nuovo idealismo: è una polemica del critico con se stesso, tra la rigida osservanza idealistica della sua formazione giovanile e le nuove ragioni, i nuovi motivi di poesia e di poetica che la dottrina non riusciva a comprendere in sé e a giustificare, mentre, d'altro canto, tra crepuscolari, impressionisti, futuristi, vociani, Gargiulo si univa alla nuova volontà rondista di ritrovare, come dice Cecchi[24], «un illuminante senso della nostra tradizione», rinnovandola con innesti opportuni, e si faceva il più severo tra i giudici nella definizione delle conquiste migliori contro le pretese velleitarie di una letteratura immatura o ambiziosa. Con una larga apertura sulla poesia, le poetiche e le dottrine estetiche del tempo − da Alain a Valéry − e con una attenzione precisa ai motivi fondamentali della nuova letteratura italiana (come «lirica pura» e «prosa d'arte»), Gargiulo si fece l'interprete di modi nuovi di letteratura distaccata, e in ogni momento responsabili, con i sapori di un classicismo ironico e riflessivo. Gargiulo fu un intelligente e sicuro giudice della situazione che significò, come giudice che si trovava egli stesso all'interno della situazione, colui che cercò di stabilire i valori, il sistema dei valori della situazione. Prima di tutto, il valore dato alla *critica*. Anche se lo pretende, la riflessione critica non ha per natura valore assoluto; il suo valore è un significato, anzi un sistema di significati, per una situazione particolare della letteratura: per un periodo, per un movimento, per una cultura particolare. E la cultura particolare del momento dava alla critica grande rilievo. Gargiulo visse questa esperienza nel modo più intimo; e diede a suo modo, e nelle forme di una riflessione attenta, le strutture interpretative convenienti alla letteratura del tempo che fu suo. Di fatti, l'operazione critica di Gargiulo fu una operazione fondata sui valori, sulla scelta di valori autentici rispetto a disvalori o a valori fittizi, e mai − come spesso accade − una protesta velleitaria in nome di valori inesistenti. Non per nulla il suo libro-panorama[25] si apre

---

[23] [A. Gargiulo, *Discussione sul Pascoli*, in «La Ronda», a. I, n. 7, 1919; ora in *«La Ronda» 1919-23*, cit., p. 154; qui, assieme a quella di Gargiulo, sono riedite le risposte date al referendum pascoliano indetto da «La Ronda» e pubblicate nei nn. 7 e 8, 1919 e 1, 1920].

[24] [E. Cecchi, *Letteratura italiana del Novecento*, Milano, Garzanti, 1972].

[25] [A. Gargiulo, *Il controllo della critica I-II*, in *Letteratura italiana del Novecento*, cit., pp. 3-7].

con uno scritto sul *controllo della critica*, una critica che, fondata sul criterio della *forma*, muove dal rilievo della validità artistica dello *stile* per procedere ad una distinzione delle *arti* e dei *generi*, istituita sui *mezzi espressivi*, e di qui, per quel che riguarda le lettere, l'*idea* di *lirica*, di *prosa d'arte*, di *narrativa*... Gli *Scritti di estetica*[26], pubblicati postumi nel 1952, raccolgono il movimento della sua riflessione fin dalle prime sue critiche e insoddisfazioni della estetica idealistica, che son del 1902.

Egli ebbe certamente una alta idea della critica e delle sue responsabilità. Prima di tutto, della critica verso se stessa; e qui egli mosse dal riconoscimento del «carattere estetico spiccatissimo» della critica del trentennio per cui essa si è fatta immune da ogni «residuale formalismo retorico» come da ogni sorta di «concettualismi o moralismi»[27]. Ma nello stesso tempo, avvertì anche le responsabilità della critica verso l'arte vivente, là dove parla di una sua doverosa «collaborazione»[28] alla poesia, e non mancò, poi, di significare la presenza critica, il contributo critico di scrittori e poeti, sia con i risultati dell'arte loro, sia per la forza critica di certo loro argomentare, sia per l'energia di ideologie letterarie come quelle della «poesia pura»[29] in un rinnovamento di sensibilità che precede il rinnovamento teorico.

Ma passiamo alle strutture teoriche. Una critica fondamentale al modo riduttivo con cui viene nell'idealismo concepita l'immediatezza della conoscenza intuitiva è già nei manoscritti di estetica del 1902, dei quali, negli *Scritti*, si danno, purtroppo, solo alcuni estratti, sotto il titolo, appunto, di *La conoscenza immediata*. Gargiulo descrive la complessità di questa conoscenza nella ricchezza delle sue determinazioni interne; e proprio qui, proprio in questa ritrovata complessità è da cercare il fondamento di una dottrina che, già proposta dall'autore a se stesso nell'aprile del 1902, continuò ad occuparlo a lungo, la dottrina, dico, di una *distinzione delle arti* in base al criterio dei mezzi espressivi: per la pittura, il *colore*; per la poesia, la *parola*; per la musica, il *suono*; e dei *generi letterari*[30], che si determinano in base a diversi modi di modulare e organizzare la parola, secondo di-

---

[26] [A. Gargiulo, *Scritti di estetica*, a cura di M. Castiglioni, Firenze, Le Monnier, 1952].
[27] A. Gargiulo, *Letteratura italiana del Novecento*, cit., p. 6.
[28] *Ivi*, p. VII.
[29] *Ivi*, pp. 4-7.
[30] Per le sottili argomentazioni in proposito si veda nel citato *Scritti di estetica* l'importante esame dei *Mezzi di espressione* (pp. 362-89); e poi tutto il libro (*passim* e in particolare pp. 61 ss.). Si vedano nello stesso volume gli scritti sulle *Arti della parola* (pp. 187-9), sull'*Idea di*

verse possibili «arti» della parola stessa: *narrativa* (in cui il mezzo *parola* è implicito solo in quanto significato, e *tono* del significato, e *necessità* del significato), *prosa d'arte* (in cui l'elemento *parola* è già usato con peso di motivi *letterari* e *fonici*), o, infine, *lirica*. Quanto all'idea di *lirica*, che adopera la parola in un più pieno e profondo impegno, ecco:

Ecco l'Estetica tedesca della grande epoca: attraverso filosofi, storici, poeti, l'idea della lirica vi si determina ad una profondità ove è già dato riscontrare, più che in germe, il complesso di tutti i futuri sviluppi. Mi basterà citare lo Hegel. Il rapporto del sentimento lirico in quanto soggettività pura, con l'«occasione» e l'esterno in genere, con gli stessi suoi propri elementi drammatici: il «tempo» del componimento lirico − l'«attualità vitale» della sua durata −, quale sarà poi inteso dal Valéry; i valori «evocativi» del suono nell'espressione lirica, e i loro vari gradi d'intensità nel concorso coi fattori di «significato»: questi punti essenziali, a non parlar d'altro, si trovano già in Hegel perfettamente definiti.

E ancora:

Ma allora, quando ogni premessa resti ben fondata, sarà anche agevole chiarire il contributo all'idea di lirica, o di «poesia pura» dei teorici più recenti e recentissimi; di quelli, in sostanza, la cui efficacia è oggi la sola direttamente viva. E son poeti la maggior parte: quindi più esigono, nei riguardi delle posizioni teoriche, un lavoro di sceveramento ed interpretazione. Indico ad esempio quanto dovrebbe risultare importante la situazione di un Poe e di un Valéry[31].

E per intendere quanto in questa nozione giochi l'idea di *analogia* e di *evocazione* si leggano le pagine su Ungaretti: la *Premessa* a *Sentimento del tempo*[32] e *Letteratura italiana del Novecento* (pp. 318-41). Senza la poesia di Ungaretti la poetica di Gargiulo non avrebbe avuto talune forme di cui si giovò. In ogni modo, lo «stile», la «forma», e poi i «mezzi d'espressione» e la «distinzione delle arti e dei generi» e l'«idea di lirica» (con la forza data alle operazioni della *analogia* e della *evocazione*)... Gargiulo tentò una apertura empiri-

---

lirica (pp. 181-6), sulla *Prosa d'arte* (p. 196), sulla *Narrativa* (pp. 190-5) e altri. In proposito, si veda anche il mio *Fenomenologia dei generi letterari*, in *Progetto di una sistematica dell'arte*, cit., pp. 93-112.

[31] [A. Gargiulo, *Scritti di estetica*, cit., p. 184].

[32] [Tale *Premessa*, che compare nella prima edizione (Firenze, Vallecchi, 1933) del *Sentimento del tempo*, si legge ora anche in G. Ungaretti, *Vita d'un uomo. Tutte le poesie*, a cura di L. Piccioni, Milano, Mondadori, 1988[12], pp. 423-5].

stica dello schema idealistico e portò in sé un grave dissidio: tra la formazione idealistica che fu sua e i nuovi vitali interessi. E se la riflessione non uscì dall'ambito di una sistemazione di poetica non priva di presupposti e di tentazioni filosofiche, e non pervenne alla proposta di una nuova filosofia, si deve al fatto che essa non poté aprirsi all'unico orizzonte speculativo che le avrebbe potuto dare uno sviluppo comprensivo, coerente, e organico: dico all'orizzonte della fenomenologia. Ma ritorniamo alla «Ronda».

2. «La Ronda». Tempestivo o no, il più chiaro tentativo di soddisfare la volontà di stile, di maturità che era nell'aria, fu, in ogni caso, il movimento che si raccolse intorno alla «Ronda», al suo programma, davvero abbastanza esplicito, di *revival* neo-classico. Lo si è accennato: è questa una disposizione del gusto presente in quegli anni in Europa: si pensi a certo Picasso, a certo Stravinskij, al Valéry che classicizza il simbolismo, a T.S. Eliot che a suo modo classicizza l'imagismo, e si ricordi la *pittura metafisica*... Si rileggano *Variété* e *The Sacred Wood*. È un classicismo costruito impavidamente, consciamente sul sentimento fondamentale del *vuoto*, del *nulla*, e spesso carico di una oscura e concentrata inquietudine esistenziale. Anche i rondisti, dopo tanti esperimenti, vogliono classicizzare l'impressionismo, le ricerche degli anni 1905-1915 a cui molti di essi, più giovani, avevano partecipato. Ma anche da noi, dopo Serra, un impegno così fatto non poteva che mostrarsi consapevolmente ironico, con certi suoi movimenti di alto gioco, non senza modi di saggistica tanto apodittica quando disillusa. Il movimento della «Ronda» ha certo vari interessi e significati, può essere letto su diversi piani. Qui converrà fermarci sopra un aspetto che, se non esaurisce tutto il senso del movimento, indica almeno una direzione che ci interessa, qualche cosa che riguarda la storia della cultura poetica: il particolare modo con cui sulla «Ronda» fu letto Leopardi[33]. Certo, se si intenda l'espressione con giusta misura, l'esito della «Ronda» fu quello di aver «rieducato gli italiani a scrivere». Dopo tanti modi di scrittura giornalistica, e di facile emozione, e di superficiale e volgare invenzione, tra il *Kitsch* e il *disordine* (di cui parla Cecchi a proposito degli anni precedenti alla guerra) questi uomini tornano a guardare ai secoli mag-

---

[33] [Sull'argomento si vedano: R. Negri, *Leopardi nella poesia italiana*, Firenze, Le Monnier, 1970; G. Lonardi, *Leopardismo. Saggio sugli usi di Leopardi dall'Ottocento al Novecento*, Firenze, Sansoni, 1974; S. Solmi, *Leopardi e la Ronda*, in AA.VV., *Leopardi e il Novecento*. Atti del III Convegno internazionale di studi leopardiani (Recanati, 2-5 dicembre 1972), Firenze, Olschki, 1974, pp. 127-48].

giori della letteratura italiana, e specie al maturo Cinquecento per trarne giovamento alla ricostruzione di un linguaggio letterario colto, responsabile, civile. Per quanto riguarda la poesia, e certa prosa, il mito che li sorresse, però, fu soprattutto il mito di Leopardi: dico, un Leopardi letto tenendo sempre presente lo *Zibaldone*, come alto insegnamento letterario e umano, di uomo che «volendo parere il più antico [...] fu in effetti il più moderno dei suoi contemporanei, quegli che meno idoleggiò il passato [...]».

Certo non fu nostra intenzione di perderci, sull'esempio di qualche svagato cultore di problemi estetico, dietro alle tante ingegnose argomentazioni metafisiche cui Leopardi dava nome di teorie, e che popolano di strani miraggi la solidissima opera sua, ma piuttosto di ricercare, specialmente trattandosi di pensieri letterari, la *sua volontà e il frutto della sua inapprezzabile esperienza espressi in pensieri autonomi e conclusivi.*

Nell'ordinare un polemico *Testamento letterario di Giacomo Leopardi*, l'intendimento degli uomini della «Ronda», e in particolare di Cardarelli[34], fu, infine, un intendimento di didattica superiore: videro il Leopardi come il «San Paolo del classicismo italiano»[35], e lo lessero nel desiderio di ricondurre lo stile a modi insieme classici e moderni. Negarono con fredda arguzia il De Sanctis, e spregiarono il romanticismo italiano. E quanto all'impressionismo della «Voce» (da cui taluni di loro uscivano) verso di esso di fatto assunsero il gesto dei restauratori, cercarono di consolidarlo, nella speranza di ritrovare la sostanza remota e storica della parola italiana. Di qui il rilievo delle osservazioni leopardiane sull'eleganza, sullo stile, sulla poeticità delle parole, e il proposito di servirsi di tutto il ricchissimo tesoro di una quotidiana inconsueta riflessione sul fare poetico. Fu un Leopardi particolare letto vicino a un particolare Baudelaire:

Se non mi inganno, i due poeti che ho finora più profondamente riconosciuti sono Leopardi e Baudelaire. Strana similitudine! Di troppi altri grandi non ho che vani sospetti di sangue[36].

---

[34] Si veda, appunto, il suo *Prologo* al *Testamento letterario di Giacomo Leopardi*, in «La Ronda», a. III, n. 3-4-5, 1921, di cui si ebbe più tardi una ristampa in volume (Roma, Società Poligrafica Nazionale, 1946). [Il *Prologo* cardarelliano si può leggere ora in G. Carrieri (a cura di), «La Ronda» 1919-23, cit., pp. 409-14 (i brani citati alle pp. 411 e 410)].

[35] [*Ivi*, p. 412. Questo passo e anche gli altri brani del *Prologo* di cui alla nota precedente si trovano rifusi nelle pagine che, sotto il titolo *Lo Zibaldone*, si leggono ora nel volume cardarelliano delle *Opere complete*, a cura di G. Raimondi, Milano, Mondadori, 1962, 1969², pp. 515-27].

[36] [Così Cardarelli in *Parole all'orecchio* (1929), ora in *Opere complete*, cit., p. 469].

nel desiderio di una letteratura ricca di forza lirica, responsabile, critica, sempre attenta a se stessa.

Non si vuol qui far discorso di tutta l'opera di Vincenzo Cardarelli [37]. C'è un Cardarelli che, per molti, fu maestro di letteratura; e c'è un Cardarelli moralista d'aspra indole, che si disse cinico, con un accento in ogni caso «sintetico e vibratissimo»; un Cardarelli gnomico, riflessivo... Qui converrà, invece, sottolineare il desiderio di dominio, d'intelligenza dominatrice, orgogliosamente fredda e intimidatrice:

Affermo il limite, principio della negazione: la realtà è l'eterno sottinteso. Gli uomini che tengono un poco alla mia compagnia bisogna che si preparino a lasciarsi annullare. Io divoro i fatti. La mia lirica (attenti alle pause e alle distanze) non suppone che sintesi. Luce senza colore, esistenza senza attributo, inni senza interiezioni, impassibilità e lontananza, ordini non figure, ecco quel che vi posso dare.

Ordini, non figure, luce fredda e, altrove, *ispirazione è per me indifferenza, arte di tacere*; e converrà, poi, sottolineare il lento chiarirsi del desiderio di dare nuovamente una sostanza di civiltà alla parola,

---

[37] Queste le opere di Cardarelli che verranno citate e le sigle con le quali saranno indicate: (P) *Prologhi*, Milano, Studio Ed. Lombardo, 1916; (V) *Viaggi nel Tempo*, Firenze, Vallecchi, 1920; (PO) *Parole all'orecchio*, Lanciano, Carabba, 1929; (PI) *Parliamo dell'Italia*, Firenze, Vallecchi, 1931; (LNS) *Lettere non spedite*, Roma, Astrolabio, 1946; (SA) *Solitario in Arcadia*, Milano, Mondadori, 1948 (ma ora si veda *Opere complete*, cit.; inoltre: *La poltrona vuota*, note di critica teatrale, Milano, Rizzoli, 1969; *Lettera a un vecchio amico e altri scritti*, a cura di M. Boni, Bologna, EDIM, 1970). [Di più recente edizione sono: *Lettere d'amore a Sibilla Aleramo*, a cura di G.A. Cibotto e B. Blasi, Roma, New Compton Italiana, 1974; *Epistolario*, 2 voll., a cura di B. Blasi, Tarquinia, Lions Club, 1979-81; *Così non si fece l'Italia. Scritti di impegno e di polemica*, Bologna, Boni, 1980; *Opere*, a cura di C. Martignoni, Milano, Mondadori, 1981; *Lettere a un adolescente*, a cura di G.M. Marini, Milano, Rizzoli, 1983. Le liriche di Cardarelli si leggono, ora, sia in *Opere complete* (e anche in un «Oscar» mondadoriano del 1961, con *Introduzione* di G. Ferrata) sia in *Opere*, sia in *Poesie*, a cura di E. Falqui, Alpignano, Tallone, 1971]. E leggiamo i «dati biografici» premessi alla prima edizione dei *Prologhi*: «Sulla mia dote eccessiva il demone dei compensi fa di buon'ora un'obbiezione formidabile. In seguito non ho mai potuto compiere un atto che non fosse ostacolato da un'immancabile contrarietà. All'innocenza ci son dovuto arrivare. Mi sono sempre alzato da una disfatta. La mia fiducia di creatore sta nei molti e profondi errori che ho da riparare.
La mia vera forza è quando mi ripiego. La mia massima musicalità quando mi giustifico. Non sono vittorioso che in certe fulminee ricapitolazioni. E dipende soltanto dai significati che son capace d'inventare, dalle conseguenze che ho il coraggio di riconoscere, che la mia vita non sia un ammasso orrendo di combinazioni.
Il segreto delle mie conoscenze è l'insoddisfazione. Di ogni cosa vedo l'ombra in cui culmina. Affermo il limite, principio della negazione: la realtà è l'eterno sottinteso. Gli uomini che tengono un poco alla mia compagnia bisogna che si preparino a lasciarsi annullare. Io divoro i fatti. La mia lirica (attenti alle pause, e alle distanze) non suppone che sintesi. Luce senza colore, esistenze senza attributo, inni senza interiezione, impassibilità e lontananza, ordini e non figure, ecco quel che vi posso dare». [In *Opere complete*, cit., p. 41].

col riscoprire e riscattarne, scavando, il gesto tradizionale, antico, illustre, in una inconsueta energia categoriale.

Quale è la parola più satura di verità, più poetica, e che si lascia scrivere con una mano leggera? Quella che a contatto di una certa impressione, che può rinnovarsi identica, abbiamo pensato e ripensato con maggiore insistenza, tenendola tuttavia silenziosa in noi, lasciandola riposare, e quasi rimettendo ogni volta il tempo di adoperarla, per un miscuglio d'irresolutezza, d'ottusità, o magari, che è lo stesso, di contentezza troppo profonda. Finché un giorno, a forza di durare, si finisce col credere in lei con una persuasione tale che, oltre a non aver bisogno di fastidiose riprove critiche serve anzi meravigliosamente a prevenirle, e, se mai, a rassicurarle. Questo parrebbe essere il lungo viaggio, naturale e organico, della parola intesa come creazione.

Ma, infine, appunto per questo le parole poetiche son poche[38].

L'ispirazione dottrinale di Cardarelli[39] e della «Ronda», e il senso di morale letteraria che ne vennero ebbero grande autorità, presto, nel paese; e tutto ciò che, poi, seguì nella cultura poetica o per consenso o per dissenso (ma pur sempre con un certo grado di assor-

---

[38] E si legga in P questa ferma ragione sulle parole: «Ci accade spesso di dettarci un comando quando meno lo vorremmo.
Le visioni logiche che paiono un momentaneo effetto della nostra ottica mentale, e in cui vanamente ci compiacciamo, sono invece il nostro reale domani che si annunzia. A ripensarci poi ci si meraviglia.
Guai a scordarsi delle proprie parole. Quello che ci si è presentato una volta come una candida invenzione della fantasia, tornerà a presentarcisi immancabilmente nella forma dolorosa di un fatto da accettare. Guai a non averci pensato. L'uomo non è un mago, e i sistemi ch'egli suscita non sono spettacoli che si contentano di finire. Bisogna stare attenti a discorrere. Ogni affermazione è un giuramento che facciamo, un impegno d'onore che ci accolliamo. Le parole non si dicono, *si dànno*. Si procede da quel che è detto. *In principio erat verbum*. La vita di un uomo può essere più o meno grave secondo che gli si sia più o meno permesso di parlare. E non giova aver parlato nella verità. Si può peccare anche per troppa fede. Si può avere sbagliato per soverchia disposizione. Si può scontare di aver avuto ragione troppo presto. Chi vi ha detto di predicarmi – può anche voler dire Iddio – avanti d'avermi sperimentato?» (*Le Parole*). [In *Opere complete*, cit., p. 52].
[39] E si legga in P: «La speranza è nell'opera. / Io sono un cinico a cui rimane / per la sua fede questo al di là. / Io sono un cinico che ha fede in quello che fa». Poi: sulla testimonianza della parola: «La vostra parola non testimonia. I vostri silenzi che cosa dicono? Non c'è sistema nei vostri silenzi e nelle vostre parole [...] Voi non sapete che le parole, se hanno qualche valore è solo in virtù dei loro sottintesi [...] Non immaginate i doppi fondi e le stregonerie e gli arbitrî della intelligenza tra uomini!» (*Commiato*). «Se c'è una cosa ch'io rispetti è il limite. Se c'è una cosa ch'io non conosca è il limite» (*Psicologia*), e «Ispirazione per me è indifferenza. / Poesia: salute e impassibilità. / Arte di tacere. / Come la tragedia è l'arte di mascherarsi» (*Definizioni*). Ancora: « Esprimere è restituirsi. L'opera che esce dalle nostre mani segue un suo destino. Giudicarlo non ci appartiene. Non hanno valore, del resto, se non le opere e le azioni dimenticate» e «Per esser degni della nostra condizione non possiamo desiderare se non lettori che ci distruggano [...]» (*Silenzio della creazione*). Senso dell'opera, valore della parola, indif-

bimento) fu condizionato dal vigore di quel richiamo ad una particolare storia letteraria d'Italia: da «Solaria» a «Letteratura», dall'«Italia Letteraria» a «Frontespizio», alle altre riviste [40] e agli altri movimenti che seguirono.

3. Nel ricostituire il movimento della cultura poetica del Novecento, siamo giunti al punto in cui dalle forme vaghe, gracili e giovani dell'impressionismo si è tentata una restaurazione o, comunque, un consolidamento, una maturazione; e la riflessione ha accompagnato questo processo con piena consapevolezza. Qualunque ne sia stato poi l'esito, s'è avuta piena continuità nello svolgimento: la

ferenza, limite, il lettore: ecco temi frequenti in Cardarelli che li vive nella tematica del tempo in un contrasto elementare e violentissimo tra razionale e irrazionale. E si veda in V: *Idea della morte*.

In PO, in PI, in SA (anche in LNS) si trovano gli accenti perentori, apodittici di Cardarelli nella sua riflessione sulla poesia, sulla tradizione, sul classicismo, sull'idealismo – non senza qualche nota di giudizio generale sulla propria generazione. Benché in un suo luogo (LNS, 42) si legga che «La poesia [...] è una cosa molto seria. Meno se ne discorre, meglio è», si può dire che tutto il suo lavoro critico è una continua riflessione nel fare poesia. «La poesia non è un dono gratuito, ma sopravviene, se mai, all'uomo che ha saputo privarsi d'ogni altra soddisfazione» (PO, 9). Il poeta deve tenersi sempre pronto a ricevere l'ispirazione, che viene dopo una «costante vigilia», «lasciarle [*le idee*] vivere in noi, dormire, maturare», finché non sia venuto il giorno che esse cadano, per così dire, «da sé»; «l'arte è un modo di giungere al tempo da padroni» (PO, 12-13), essa «è perché è» come il dio di Spinoza, e ha come carattere la sua «inevitabilità» (PO, 14-7) che si attua nello *stile* che è *genio morale*, un giungere, dopo aver pensato bene, a scrivere «nel più semplice, quasi sciatto» (PO, 22-4) e nel ritrovamento di quella *tradizione* che è il senso di una «responsabilità storica e capacità» (PI, 11) nella volontà di una «formale decenza» (PI, 23) e non si riconosce né nell'«accademismo», né nella filosofia «idealista», ma nel «costume» degli artisti e degli scrittori. Di qui le sue reazioni ad alcuni miti contemporanei. Non stima il gusto contemporaneo delle direzioni, degli «indirizzi artistici» (PO, 135); quel che conta è lo scrittore, il poeta: Dante, Baudelaire, Ibsen, Leopardi... (PO, 91, 109, 29, 43, 73) e uomini come Pascal, Nietzsche (PO, 91, 97). Il Cinquecento è il nostro secolo più ricco di «importanza storica e creativa»; e Leopardi il modello di un modo di sentire e «capire la tradizione e la modernità ad un tempo» (PI, 50-2). Tutto ciò sottintende un particolar modo di intendere la lingua come tipica e altissima istituzione letteraria: «La nostra lingua nacque illustre...» (con tutto quel che segue in PI, 84 ss.). Inutile insistere sulla polemica contro De Sanctis e l'idealismo. Va tenuta presente la forza della lezione cardarelliana; e questa specie di «esame di coscienza»: che «[...] nelle condizioni in cui siamo cresciuti la nostra generazione si sia permessa il lusso d'una mezza storia, d'una quasi civiltà letteraria [...] con ombre di continuità e di rassomiglianza nella tradizione»; e che «ha avuto, dopo tutto, una giovinezza, una limpida sorgente d'idee; che sa di dove viene, come è nata; sorta, come ha potuto, dai più sconsolati interessi di un'epoca di decadenza e di eclettismo confuso [...]»; che tutto ciò sia accaduto è quanto basta, dice Cardarelli, anche se nessuno se ne accorge (PO, 1-3; e vedi anche SA, 11-20). Un modo imperioso, e apodittico, un dogmatismo violento, qualche volta affascinante, di proporre la propria ideologia letteraria; ma proprio per questo anche uno sfiorar continuamente il ritrovamento del luogo comune, una vibrata caduta nel *banal* di opinioni facili dette con tono come intimidatorio in un orizzonte che si fa sempre più chiuso e ristretto, privo di sollecitazione e ricco, invece, di volontà d'intimidazione.

[40] [In proposito, per un primo orientamento, si veda G. Langella, *Le riviste di metà Novecento*, Brescia, La Scuola, 1981].

guerra non ha portato trasformazioni radicali. Aveva, nella situazione, visto bene Serra, nel suo dichiarare: «La letteratura non cambia. Potrà avere qualche interruzione, qualche pausa [...] ma come conquista spirituale, come esigenza e coscienza intima, essa resta al punto a cui l'aveva condotta il lavoro delle ultime generazioni; e, qualunque parte ne sopravviva, *di lì soltanto riprenderà, continuerà di lì*» [41].
Per altro, se rispetto al movimento generale della poetica, Saba appare di formazione (relativamente) un po' appartata; se Onofri opera secondo una maniera di ricerca propriamente religioso-poetica, che continua le istanze «impure» di certi «moralismi», due poeti particolarmente tentarono, venendo dal cuore stesso dei movimenti letterari, la soluzione del problema della parola secondo strutture, e sistemi, e finalità diverse. Essi furono, con volti diversi, Vincenzo Cardarelli e Giuseppe Ungaretti, ed espressero due indirizzi nuovi, due indicazioni di possibilità: il *nuovo classicismo*, cioè, e l'*ermetismo*. L'uno intese fermare con un gesto imperioso la parola in una sua dimensione storica, anticamente moderna, e fu gesto definitivo e irrevocabile, quasi un lucido delirio di lotta contro il tempo, l'altro avvertì il senso critico e problematico della parola del tempo [42], ten-

---

[41] [R. Serra, *Esame di coscienza di un letterato* (1915), in *Scritti*, vol. I, cit., p. 393].

[42] Gli scritti di Ungaretti intorno alla poesia si possono distinguere in due gruppi: gli scritti più propriamente di *poetica*, e quelli più propriamente di *critica*. Con il primo gruppo, egli accompagna il movimento della sua coscienza o sentimento del tempo al movimento della sua poesia, e dalle considerazioni più generali sulla situazione dell'uomo contemporaneo muove alle osservazioni più minute intorno al suo modo di avvertire il fare poetico; nel secondo gruppo si possono collocare studi su autori diversi (da Dante al Petrarca, dal Tasso al Leopardi; e poi da Gòngora a Shakespeare, a Mallarmé...). Per altro, la distinzione appare, a uno sguardo più profondo, illusoria. Anche quando parla di altri poeti, Ungaretti parla in modi di rara immedesimazione dei problemi della sua poesia. Diamo qui un elenco degli scritti fondamentali di poetica: *L'estetica di Bergson*, in «Lo Spettatore Italiano», n. 7, 1° agosto 1924, pp. 60-6; *La poesia contemporanea è viva o morta?* (Intervista con G.B. Angioletti), in «L'Italia letteraria», n. 11, 16 giugno 1929; *Difesa dell'endecasillabo*, in «Corrente di vita giovanile», a. II, n. 11, 15 giugno 1939, p. 7; *Riflessioni sullo stile*, in «Inventario», a. I, n. 2, 1946, pp. 11-7; *Ragioni di una poesia*, ivi, a. II, n. 1, 1949, pp. 6-19. Scritti su Gòngora, Shakespeare, Mallarmé e sulla crisi della poesia contemporanea in Europa («l'uomo buio»); saggi su Dante, Petrarca, Tasso, Leopardi in «L'Italia Letteraria», «Primato», «Paragone», «Nuova Antologia»; note e introduzioni ai vari volumi di traduzioni. Una raccolta di saggi letterari, nella traduzione francese di Ph. Jaccottet, è apparsa con il titolo *Innocence et mémoire*, Paris, Gallimard, 1969. Altri scritti in prosa si leggono in G. Ungaretti, *Il povero nella città*, Milano, Edizioni della Meridiana, 1949 e *Il Deserto e dopo*, Milano, Mondadori, 1961. Una scelta di saggi, prose e traduzioni, oltre che di poesie, con utili apparati, è data in L. Piccioni (a cura di), *Per conoscere Ungaretti*, Milano, Mondadori, 1971. [Una *Bibliografia degli scritti in prosa di G. Ungaretti* si legge, ora, in appendice al volume G. Ungaretti, *Vita d'un uomo. Saggi e interventi*, a cura di M. Diacono e L. Rebey, Milano, Mondadori, 1974, 1986 [4] (d'ora in poi siglato VUS), che di quegli scritti offre un'amplissima scelta. Di estremo interesse sono le lezioni universitarie raccolte in *Invenzione della poesia moderna. Lezioni brasiliane di letteratura (1937-1942)*, a cura di P. Montefoschi, Napoli, ESI, 1984; e si vedano inoltre le pagine inedite e rare di Ungaretti raccolte

ne la parola inquieta, in una perpetua rinnovazione, e non volle mai costringerla in una soluzione chiusa; neanche quando fu tentato da un suo petrarchismo [43]. Al Leopardi vagamente intimista di Saba, al Leopardi umanista e maestro di stile di Cardarelli, Ungaretti [44] primamente oppose la figura di un Leopardi «uomo buio», anticipatore della inquietudine straordinaria dei nostri anni, un Leopardi «europeo»:

> I poeti dei quali più si parla in Europa nel dopoguerra sono Blake, Hölderlin, Leopardi, e Lautréamont [...] Il motivo di quest' interesse è d'un genere che oltrepassa il fatto letterario [...] S'è sempre provato disagio a rinchiudere Blake, Hölderlin, Leopardi o Lautréamont nella prigione letteraria [45].

Al vagheggiamento, all'idillio storico e umanistico della parola Ungaretti volle contrapporre il senso di una parola storicamente au-

in «Letteratura Italiana Contemporanea», a. VIII, n. 20-21, 1987. Ricco di indicazioni di poetica è anche l'epistolario, per il quale si vedano i seguenti carteggi editi in volume: *Lettere a un fenomenologo*, con un saggio di E. Paci, Milano, All'Insegna del Pesce d'Oro, 1972; *Lettere dal fronte a Gherardo Marone (1916-1918)*, a cura di A. Marone e L. Piccioni, Milano, Mondadori, 1975; *Lettere a Soffici (1917-1930)*, a cura di P. Montefoschi e L. Piccioni, Firenze, Sansoni, 1981; *Lettere a Enrico Pea*, a cura di I. Soldateschi, Milano, All'Insegna del Pesce d'Oro, 1983; G. Ungaretti-G. De Robertis, *Carteggio (1931-1962)*, a cura di D. De Robertis, Milano, Il Saggiatore, 1984; G. Ungaretti, *Lettere a Papini*, a cura di M.A. Terzoli, Milano, Mondadori, 1988. Altro si legge in L. Piccioni, *Ungarettiana. Lettura della poesia, aneddoti, epistolari inediti*, Firenze, Vallecchi, 1980 e in F. Livi, *Ungaretti, Pea e altri. Lettere agli amici «egiziani»*, Napoli, ESI, 1988].

[43] Si veda G. Ungaretti, *Vita d'un uomo. Tutte le poesie*, a cura di L. Piccioni, Milano, Mondadori, 1969 [1988 [12] (d'ora in poi siglato VUP). Il volume raccoglie l'edizione definitiva di tutte le poesie, prefazioni alle varie edizioni, elenco dettagliato e completo di tutte le edizioni, varianti, poesie disperse, altre poesie ritrovate, elenco quasi completo delle traduzioni ungarettiane, bibliografia della critica. Va qui ricordato che in edizione critica sono apparsi *Il Porto Sepolto*, a cura di C. Ossola, Milano, Il Saggiatore, 1981 e *L'Allegria*, a cura di C. Maggi Romano, Milano, Fondazione Arnoldo e Alberto Mondadori, 1982; a E. Chierici ed E. Paradisi si devono le *Concordanze dell'«Allegria»*, Roma, Bulzoni, 1977].

[44] Ancora Pascoli e Ungaretti. Si è già detto dei limiti di generica liberazione della parola entro i quali Pascoli giovò a tutti i poeti seguenti, anche a Ungaretti; e si è già detto anche come Pascoli rappresenti una situazione di tipica perplessità: vi è ancora come una carica di fede nei miti del secolo scientista e nelle speranze dell'uomo, e, nello stesso tempo, la voce si fa carica d'inconscio, di irrazionalità, di mistero, di patetici dubbi. In una sua particolare figura, Pascoli ha liberato gli oggetti della poesia dal peso della storia; Ungaretti parlerà di una «cultura depauperata da ogni sostanza storica, divenuta prodigiosa e spaventosa come, per occhi primitivi, il sole, le stelle e la luna, e la nascita e la morte» (*Riflessioni sullo stile*, p. 11) [ora in VUS, 724]; ed è ben vero che il senso moderno dell'angoscia dell'«uomo buio», chiuso e deciso nella propria figura di disperazione, trova, per Ungaretti, le sue figure vere nel tardo romanticismo e nel simbolismo francese non senza certe violenze surrealiste; e un modo, caso mai, tutto particolare, nuovissimo, di leggere Leopardi.

[45] [G. Ungaretti, *Idee e lettere della Francia d'oggi* (I, *Perché scrivete voi?*; II, *L'uomo buio*), in «L'Italia Letteraria», 13 aprile 1930 (ora in VUS 237, 239)].

tentica, niente affatto pacificata, consapevole di «questa nostra epoca così a nudo tragica, che gioca il tutto per tutto, e in cui dovere e libertà si sono in noi fatti nemici, e nemici così crudeli». Nella sua risoluta vocazione poetica, nella sua formazione letteraria, tra «La Voce» e «Lacerba», Ungaretti portò un contatto diretto delle più rischiose correnti poetiche d'Europa: quelle che fanno della poesia sguardo conoscitivo, e totalmente conoscitivo; e per ciò riuscì a trafilare in sé una esperienza assai varia, a farla fruttare. Per altro, se l'atto poetico che dà forma è, come dice Paci, un atto di scelta, per cui «un molteplice senza relazione si trova riunito in una vivente armonia organica», la vita della poesia non può istituirsi se non come relazione, rapporto delle diverse forme tra di loro. Il compito del critico è fra gli altri il riconoscimento e la definizione della forma poetica nella sua unicità; ed è, pertanto, necessario che il critico avverta il poeta studiato, la sua «forma» particolare, nel tessuto delle relazioni con le altre forme del tempo, intenda gli svolgimenti, gli sviluppi di uno stile, di un gusto. Diciamo subito – è un giudizio di fatto che può trovar conforto sicuro nelle ricerche linguistiche – che nel «gusto» del Novecento la forma ungarettiana sembra quella che, con più resolutezza, ha riassunto in sé il senso delle radicali ricerche del tempo; e che essa s'individua per una specialissima problematica. La forma, in Ungaretti, sembra voler rifiutare ogni alterazione della situazione; e in *Allegria* l'identità tra l'«organismo di parole» in cui vive la poesia e la realtà della storia parve così, per la prima volta, stabilita nel nostro paese, nel nostro tempo.

A dichiarare come Ungaretti, agli esordi, abbia vissuto nel modo più aperto il problema della parola poetica italiana del tempo, basterebbe il saggio introduttivo di De Robertis alle *Disperse*; e l'utilissimo apparato delle varianti [46]. E se, nel suo movimento continuo, nel suo porsi come poesia *in progress* la parola ungarettiana sola «riuscì a profittare della libertà ch'era già in aria» [47] fu perché essa seppe nutrirsi di tutti i risultati del tempo, tecnici, espressivi, e teorici. Essa trova il suo *habitat* naturale, il suo terreno nutriente proprio nel cuore del movimento letterario; e sembra proprio evidente che crepuscolari, futuristi, impressionisti, in tutto il loro ricco e diverso manifestarsi e disporsi, sono il presupposto necessario, agli inizi, di

---

[46] [G. Ungaretti, *Vita d'un uomo. Poesie disperse*, con l'apparato critico di tutte le poesie e uno studio di G. De Robertis, Milano, Mondadori, 1945, 1968[5] (ora, il tutto, in VUP, con gli aggiornamenti di M. Diacono)].
[47] [E. Montale, *Ungaretti*, in «Letteratura», a. v, n. 35-36, 1958, p. 325; ora in *Sulla poesia*, cit., p. 306].

uno svolgimento della parola poetica che segna un momento fondamentale di questa nostra storia. Intanto, ai tempi della «Voce» e di «Lacerba», ancora incerta di sé tra mille tentazioni, la parola di Ungaretti mostra solo a tratti la forza del suo timbro vero. È un fatto: «le tentazioni» non furono eluse, furono, come conviene, riassorbite in una pronunzia nuova e ferma; e fu l'*Allegria*: «Stava nelle profonde aspirazioni una poesia di una immediatezza nuova; ed ecco, subito la si riconosce realizzata [...]» [48].

Ma con la consueta consapevolezza Ungaretti stesso dichiara in qual modo egli sia andato al di là della situazione in cui rimasero i crepuscolari, futuristi, vociani, in «mezzo ai quali», per altro, «egli fece i primi suoi passi». Egli avvertì subito che la parola oratoria o decorativa ed estetizzante, pittorescamente bozzettistica o malinconica e sensuale «falliva al suo scopo poetico»; la parola poetica è parola «soggettiva e universale», portata da una «tensione estrema che la colmi della pienezza del suo significato». Ed ecco la *parola* di Ungaretti nell'*Allegria*, l'esito di questa tensione rinnovatrice in cui le esperienze del tempo si annullano e veramente rivivono:

Ma le mie urla
feriscono
come fulmini
la campana fioca
del cielo

Sprofondano
impaurite

(*Solitudine*)

o in *Commiato*:

Quando trovo
in questo mio silenzio
una parola
scavata è nella mia vita
come un abisso.

Una *poetica della parola* che si istituisce come illuminazione abissale, innocente, «eco dell'essere» attraverso la trama rivelatrice delle analogie.

[48] [A. Gargiulo, *Premessa* a G. Ungaretti, *Il Sentimento del Tempo*, Firenze, Vallecchi, 1933; ora, anche la *Premessa*, in VUP (la citazione a p. 423)].

Nel primo dopoguerra e specie negli scritti tra il 1922 e il 1930, la preoccupazione di ritrovare un «ordine» prese anche Ungaretti: e gli propose così il problema del rinnovamento metrico, il ritrovamento del «canto della lingua italiana» anche attraverso il metro [49] e specie la ricostruzione dell'endecasillabo, e gli indicò tutto un modo di rileggere la tradizione della lirica del nostro paese: mentre si va precisando la dottrina della poesia, come forza sintetica, come analogia:

Se il carattere dell'800 era quello di stabilire legami a furia di rotaie, e di ponti e di pali, e di carbone e di fumo, il nuovo secolo ama di più alzare gli occhi al cielo e volare. Il poeta d'oggi cercherà dunque di mettere a contatto immagini lontane [50].

Siamo, ormai, in ben altro clima dall'immaginazione «senza fili» dei futuristi; anche la tecnica è altra, più aderente alle condizioni storiche della lingua poetica: «trapassi *bruschi* dalla realtà al sogno; uso ambiguo di parole, nel loro senso concreto e astratto; trasporto *inopinato* d'un soggetto alla funzione di oggetto, e viceversa», o, come si è visto, «nell'ordine della fantasia, spezzati al demone dell'analogia i ceppi, s'è cercato di scegliere quell'analogia che fosse il più possibile *illuminazione favolosa*; nell'ordine della psicologia, s'è dato soffio a quella sfumatura propensa a parere *fantasma* o *mito*; nell'ordine visivo, s'è cercato di scoprire la combinazione di oggetti che meglio

---

[49] G. Ungaretti, *Difesa dell'endecasillabo*, cit. Si tratta di una acuta, partecipata ricostruzione delle ragioni metriche della tradizione alla luce delle nuove motivazioni della poesia vivente. In polemica con Flora, Ungaretti afferma che «gli endecasillabi più contemporanei e più *nostri* sono, come dice bene Cecchi, quelli di Giacomo Leopardi. E per trovarne altri che ci commuovano, dobbiamo andare indietro sino precisamente al Tasso. Il Leopardi, come il Tasso, ha tolto all'endecasillabo ogni rimbombo, ogni lusso, ogni esteriorità, l'ha reso, direi, silenzioso. È poesia per sognarci sù, e non per declamatori» [ora in VUS, 154]. L'endecasillabo è forma originaria e costitutiva: settenari e quinari nascono dalla sua frantumazione, e non si dà affatto il contrario. Ungaretti da ragioni estremamente penetranti sull'uso nella nostra poesia di alternare endecasillabi e quinari, e settenari, e sul suo significato dall'angolo del fare poetico e della musica della parola; sulla sillaba, come unità metrica, della lingua italiana; sul significato degli accenti tonici, e del numero delle sillabe; sul rapporto tra metrica, ispirazione, gusto (come «officina» della poesia); sulle possibilità di sorpresa e di articolazione; sull'aiuto che il mestiere dà all'espressione; su metrica e organismo poetico... Considerazioni estremamente interessanti dall'angolo della *techne*.

[50] [G. Ungaretti, *Poesia e civiltà* (1933), in VUS, 321. Ripubblicando parte di questa conferenza in *Ragioni di una poesia* (1943), Ungaretti vi apporta radicali modificazioni e il brano citato vi si legge nella seguente diversa versione: «Se il carattere dell'800 era quello di stabilire legami a furia di rotaie e di ponti e di pali e di carbone e di fumo – il poeta d'oggi cercherà dunque di mettere a contatto immagini lontane, senza fili. Dalla memoria all'innocenza, quale lontananza da varcare; ma in un baleno» (in VUS, 760)].

evocassero una *divinazione metafisica*»[51]. Dove l'analogia, appunto, la cui teoria percorre discretamente tutto il pensiero poetico del secolo, assumeva il suo più diretto e intimo significato di rivelazione e di conoscenza, di ritrovamento dell'innocenza, di una primigenia purezza[52].

Con la sua teoria metafisica e tecnica sintattica della *elissi analogica* Ungaretti porta ad una sorta di musicale emblematica con un alto grado di efficacia una tradizione che, in questa storia della poetica del Novecento, è stata fin qui delineata come una delle strutture fondamentali della operatività poetica di ciò che diciamo «lirica del Novecento», appunto, l'istituto della analogia. La sua riflessione sulla poesia è sparsa nei saggi su Dante, Petrarca, Tasso, Leopardi; ma il suo senso generale sta nel rilievo di un «sommo potere di metamorfosi» che allude al «mistero» senza annullarlo, nel rilievo della poesia quale «forma per natura sua estremamente sintetica», con la sua «logica tanto più appassionata quanto più si presenti insolubilmente ricca d'incognite», in una sua velocissima allusività capace di portarci in un baleno dalla «memoria» all'«innocenza»[53]. La poetica di Ungaretti è stata la meditazione più intensa, certo, sugli aspetti allusivi e analogici della poesia; e proprio per questa via il poeta è giunto a ricostruire un suo Barocco:

Il «mirabil mostro» mi portava quella mattina a riflettere anche al Barocco, se riflettevo al Tasso, e a collegarlo, quasi peccato, felice peccato d'origine, alle moderne ricerche[54].

Nelle *Riflessioni sullo stile* Ungaretti muove da una idea di stile in cui lo stile è inteso come «segno generale d'un'epoca nel segno particolare d'un singolo»; e quel segno egli ritrovava nelle rigide for-

---

[51] G. Ungaretti, *La poesia contemporanea è viva o morta?*, cit. [ora in VUS, 191, 192].

[52] Va considerato anche l'interesse di Ungaretti per la filosofia di Bergson. Nel saggio pubblicato sullo «Spettatore italiano» (1924), movendo dai noti studi del Thibaudet, Ungaretti ha considerazioni che interessano diversi ordini di attenzioni: sulla «fortuna» di Bergson, per esempio; sulla influenza del suo pensiero nella letteratura e nelle arti figurative; sulla fondamentale natura *estetica* della filosofia dell'intuizione. Nello stesso tempo, lo scritto ha aperture interessanti, talora legate anche ai temi dell'*homo faber,* dell'*uomo profondo, del tempo,* e, in una nota di libera divagazione, non manca di sue punte polemiche, qua e là, verso motivi e aspetti del pensiero e della letteratura italiana. E vorremmo anche considerare che l'interpretazione di Ungaretti pare inclinata a mettere in luce taluni aspetti del pensiero bergsoniano che portarono poi il filosofo verso le soluzioni dualistiche dei suoi ultimi studi con implicazione religiosa. [Il saggio cui si fa riferimento, *L'estetica di Bergson*, si legge ora in VUS, 79-86; ma, qui pure, si veda anche *Lo stile di Bergson*, pp. 87-9].

[53] G. Ungaretti, *Ragioni di una poesia* (1949), cit. [ora in VUS, 750, 758, 760].

[54] G. Ungaretti, *Riflessioni sullo stile*, cit. [ora in VUS, 732].

me tradizionali di artisti egiziani la cui arte recava «l'impronta di una così individuale emozione», il «segno vivo e universale che legittime-rebbe e renderebbe eloquente qualsiasi stile [...]» [55]. L'arte d'oggi, dice Ungaretti, soffre d'una *ingiusta impotenza* che le viene dalla cri-si proprio dello *stile*: l'arte si tormenta nel rinnovamento dei suoi mezzi espressivi, cerca ancora la propria lingua, e proprio ha dimen-ticato lo stile, ha perduto la sua memoria, e si affida a decifrazioni di individuali segreti...

Dico che possa perfettamente ammettersi che il giudizio morale e quel-lo estetico siano, come sono, di ordine diverso, e che possa un'opera d'arte essere esteticamente riprovevole e moralmente meritoria, o viceversa; ma dico che del pari non si possa fondatamente non rilevare che un'anarchia nelle credenze non possa se non risultare di grave scapito ai doveri d'un lin-guaggio, paralizzandogli la funzione sociale.

Vi è una «amnesia storica da parte del linguaggio», e vi è «una in-giustizia storica e sociale», che allontana molti uomini dall'arte:

Non è l'arte, non è la scienza, non è la cultura che devono arrestarsi nel-le loro ricerche rivolte ad arricchire il patrimonio umano: è la società che deve conseguire un assetto più umano. Nessuno sente più dell'artista, se si tratta di un vero artista, la pena che la sua parola rimanga indecifrabile a tanta parte degli uomini, come se la sua arte fosse opera straordinaria, mo-struosa per la sua specie [...] [56].

4. La formazione di Eugenio Montale è davvero diversa da quel-la di Giuseppe Ungaretti. Egli riscatta altre tradizioni, altre memo-

---

[55] [*Ivi*, pp. 726, 727].

[56] [*Ivi*, pp. 725, 735-6]. Per Ungaretti non si trattava già come voleva certo simbolismo di *cambiare la vita*; Ungaretti, nel rifacimento (1935, *Dostoievski e la precisione*) di uno scritto del 1922 (*A proposito di un saggio su Dostojevski*), poi ripreso, con ulteriori modifiche, in *Ragioni di una poesia*, cit. [ora in VUS, 747-51], accetta il mistero come una condizione necessa-ria dell'uomo: «Il mistero c'è, è in noi. Basta non dimenticarcene. Il mistero c'è, e col mistero, di pari passo, la misura; ma non la misura del mistero, cosa umanamente insensata; ma di qual-che cosa che in un certo senso al mistero s'opponga, pure essendone per noi la manifestazione più alta: questo mondo terreno considerato come continua invenzione dell'uomo» (p. 749). «Perciò per noi l'arte avrà sempre un fondamento di predestinazione e di naturalezza; ma in-sieme avrà un carattere razionale, ammesse tutte le probabilità e le complicazioni del calcolo [...]». «Ho detto, e vorrei ripetere, che il mistero non può negarsi ed è in noi costante, ma vor-rei dire che la logica in un'opera d'arte precede perfino la fantasia, se logica e fantasia non si generassero a vicenda [...]» (p. 750). «Certo il dono degli artisti veri sarà quello di riuscire a dissimulare questa forza, come la grazia della vita nasconde lo scheletro» (pp. 750-1). «Trova-ta la via della logica, un ciottolino può diventare un macigno o viceversa, e tenersi sul filo in bilico [...]» (p. 749). Gli sviluppi poi del pensiero di Ungaretti saranno più complessi e si tro-vano nei successivi scritti raccolti in *Ragioni di una poesia*.

rie, altri autori, e il suo linguaggio s'articola in una dimensione sintattica affatto disforme. La sua terra nutriente è, si sa, quella natale, dei poeti liguri: da Ceccardo a Sbarbaro, con le loro solenni e radicali desolazioni e negazioni, col loro nudo, aspro paese emblematico. Su queste esperienze «native» s'innestano – e si veda anche il saggio su Gozzano – talune ragioni crepuscolari e impressionistiche; ed è pertanto evidente che, se egli volle cercare una sua Europa, dovette trovarla tra alcuni contemporanei anglosassoni, singolarmente, in questo senso, consonanti e leali; e specie in T.S. Eliot[57].

La via di Montale è la via della negazione. L'uomo deserto... il mondo senza significato... il nulla in cui viviamo... questa materia oscura dell'uomo d'oggi senza miti viene assunta da Montale con una tale concentrata forza interiore, con una così acuta e fulminea percezione della verità del tempo, con una così energica capacità di dare ai pensieri figure d'immagini, che egli fu subito una delle voci più significative, un poeta che, venendo dal cuore del tempo, vince il tempo, va oltre il tempo, il segno di una situazione.

Anche Montale, dunque, nasce da una crisi, in una crisi (Gargiulo parlava di una «materia costituita da un mordente processo di disgregazione critica»[58]); il senso di un mondo che si dissolve, cui manca il segno, e non trova ragioni di vita e di azione. Egli vive la crisi, non ne esce; e tenta con la sua poesia di dare, per così dire, il significato di ciò che rifiuta di essere significato.

Certo Montale è di quasi dieci anni più giovane di Cardarelli e di Ungaretti; e la sua mente è la mente di un intellettuale formatosi *dopo la reazione* (che fu, ovunque, in vari modi) al nuovo Barocco della fine del secolo, e anche *dopo* i nuovi classicismi; d'ispirazione nordica ed europea, e di luce così fredda e secca e distaccata da essere talora acre, come di rado talora accade anche alle nature più disperate, o addirittura alle nature più sofistiche. Nel rifiutare la lezione «rondista», ne conservò forse un certo impegno di rigore; e, tuttavia, collaboratore di «Primo Tempo», del «Baretti», di «Solaria», egli contrappose alle inadeguate speranze di maturità e di classicità

---

[57] Il saggio montaliano su Gozzano è il già citato *Gozzano, dopo trent'anni*, apparso nel 1951 su «Lo Smeraldo», poi ripreso in «il verri», a. II, n. 2, 1957, pp. 3-13 e come «Saggio introduttivo» a G. Gozzano, *Le poesie*, Milano, Garzanti, 1960. [Ora si legge in VUS, 54-62. Qui pure sono raccolti tre interventi montaliani su Eliot (*Eliot e noi*, 1947; *Invito a T.S. Eliot*, 1950; *Ricordo di T.S. Eliot*, 1965 – mentre non vi compaiono: *T.S. Eliot*, in «Circoli», novembre-dicembre 1933 e *Il poeta T.S. Eliot, premio Nobel 1948*, in «Il Corriere della Sera», 5 novembre 1948) e altri, pure importanti, su E. Pound].
[58] [A. Gargiulo, *Introduzione* a E. Montale, *Ossi di seppia*, Torino, Ribet, 1928²; poi in *Letteratura italiana del Novecento*, cit., p. 460].

un senso consapevole e riflesso di tempo non risolto, un'Europa perplessa che gli si figurava negli emblemi di un particolare paesaggio ligure. In tale atmosfera morale non sembrano affatto sorprendenti le parole di uno scritto con cui veramente s'aprì l'attività pubblica del poeta, lo scritto *Stile e tradizione*:

Un primo dovere potrebb'essere dunque nello sforzo verso la semplicità e la chiarezza, a costo di sembrar poveri. In Italia non esiste, quasi, forse non esisterà mai una letteratura civile, colta e popolare insieme; questa manca come e perché manca una società mediana, un abito, un giro di consuetudini non volgari: come a dire un diffuso benessere e comfort intellettuale senza cime ma senza vaste bassure. Si dovrà dunque lavorare in solitudine, e per pochi: di fronte non è che grossezza, e non solo quella borghese, ma quell'altra verniciata di cultura e di sufficienza.

E ancora:

Non vorremmo accettare alcuna mitologia [...]. Troppo lavoro rimane da compiere oggi, perché ci tentino questi salti nel buio; ed è [...] un ingrato travaglio senza luce e senza gioia: la creazione di un tono, di una lingua d'intesa che ci leghi alla folla per cui si lavora, inascoltati, che ci conceda l'uso del sottinteso e dell'allusione, e la speranza di una collaborazione; la creazione di un centro di risonanza che permetta alla poesia di tornare ancora a costituire il decoro e il vanto del nostro paese, e non più una solitaria vergogna individuale.

E quanti altri avvisi in questa figura chiara e desolata di tempo «senza miti»!: «[...] gli uomini migliori d'oggi saranno un giorno veduti meglio inquadrati nella storia del nostro paese, che non li esclude dal loro posto di cittadini europei». «La verità è un'altra; ed è che, debba o non debba risorgere la nuova arte del tormento critico, essa non sarà cosa *nostra* se non risponderà alle più imperiose esigenze che in noi si sono maturate. La sua semplicità dovrà essere ricca e vasta; e chi non sente venir meno la fiducia nei profeti ingenui [...]».
Infine:

pochi si figurano quel che può essere un dilettante di grande classe [...] Noi per conto nostro ci riterremmo fortunati se con l'opera nostra potessimo collaborare alla formazione di un ambiente cordiale... [59].

---

[59] E. Montale, *Stile e tradizione*, in «Il Baretti», a. II, n. 1, 15 gennaio 1925; poi, con variazioni, in *Auto da fé*, Milano, Il Saggiatore, 1966, pp. 15-9 (i brani citati alle pp. 16, 18, 19).

L'*ambiente cordiale*, poi, non fu, sembra; e tuttavia, se pensiamo alle date, si resta sorpresi (siamo nel 1925) come Montale sia andato tanto avanti. Comunque, nel suo anti-programmatico programma per un'arte *critica*, per uno stile che nasce, deve nascere dal costume, di una semplicità ricca e vasta, e che rifiuta ogni maniera d'infatuazione mitologica o di discorso *per universalia*, Montale rendeva il clima — dal «Baretti», appunto, a quel che fu, poi, «Solaria» — di una civiltà senza illusioni, di una civiltà che non si arrende ai deliri letterari e morali del tempo, alla carica astratta delle parole generali, attenta, invece, con una sua crudezza a certe realtà di fatto, e conscia dei limiti delle condizioni storiche e morali. Come in qualsiasi altro poeta ci sono in Montale momenti più o meno riusciti, più o meno felicemente conclusi, ma nel senso storico che qui ci interessa non si troverà davvero nessuna inadeguatezza in lui né stilistica né morale: s'avvertirà, anzi, sempre la più nuda, essenziale, e fin cruda identità con se stesso e con la situazione.

Dagli *Ossi di seppia* (1925) a *Le Occasioni* (1939) al terzo libro *La Bufera* (1956), Montale[60], nel salvare con assoluta coerenza questa sua aspra musica, s'è costruito una sintassi che consente di modularla fino alle estreme disponibilità. La sua parola sottintende molte esperienze contemporanee; e si badi con quale forza e autorità egli riscatti subito certa immaginazione crepuscolare:

> il vento che nasce e muore
> nell'ora che lenta s'annera
> suonasse te pure stasera
> scordato strumento,
> cuore.

> (*Corno inglese,* in *Ossi di seppia*)

Qui pure (pp. 54-7) si legge l'importante scritto *La solitudine dell'artista*, originariamente apparso in *I problemi del nostro tempo*, n. 7, Roma, Associazione italiana per la libertà della cultura, 1950.

[60] [E. Montale, *Ossi di seppia*, Torino, Gobetti, 1925; II ed. accresciuta, Torino, Ribet, 1928; III ed. Lanciano, Carabba, 1931; IV ed. Torino, Einaudi, 1939; poi Milano, Mondadori, 1948; *Le occasioni*, Torino, Einaudi, 1939; II ed. accresciuta, *ivi*, 1940; poi, Milano, Mondadori, 1949; *La bufera e altro*, Venezia, Neri Pozza, 1956; poi Milano, Mondadori, 1957. Queste prime tre raccolte montaliane (di cui abbiamo indicato le principali edizioni) assieme alle successive — *Satura* (1962-1970), Milano, Mondadori, 1971; *Diario del '71 e del '72, ivi*, 1973; *Quaderno di quattro anni, ivi*, 1977 — si leggono ora in *Tutte le poesie*, a cura di G. Zampa, *ivi*, 1984. Ma l'intera produzione, comprensiva delle disperse edite e inedite, è consultabile anche in *L'opera in versi*, ed. critica a cura di R. Bettarini e G. Contini, Torino, Einaudi, 1980. Tale volume includeva anche la prima edizione della serie intitolata *Altri versi* (74 testi, scritti per lo più tra il 1978 e il 1980), poi riedita in volume a sé, a cura di G. Zampa (Milano, Mondadori, 1981) e infine ripresa nel citato volume di *Tutte le poesie*].

Per quel che ci riguarda, in particolare, qui va ricordato un suo scritto sulla «Gazzetta del Popolo» che documenta certe relazioni culturali e precisa certi programmi:

[...] l'architettura prestabilita, la rima ecc. [...] hanno avuto un significato più profondo di quanto non credano i poeti liberisti. Esse sono sostanzialmente ostacoli e artifizi. Ma non si dà poesia senza artifizio. Il poeta non deve soltanto effondere il proprio sentimento, ma deve altresì lavorare una sua materia, verbale, fino a un certo segno, dare della propria intuizione quello che Eliot chiama un «correlativo obiettivo». Solo quando è giunta a questo stadio la poesia esiste, e lascia un'eco, un'ossessione di sé [61].

Nel 1940, rispondendo a una inchiesta sull'ermetismo, dirà che il poeta nuovo e oscuro è

colui che lavora il proprio poema come un oggetto, accumulandovi d'istinto sensi e soprasensi, conciliandovi dentro gl'inconciliabili, fino a farne il più fermo, il più irripetibile, il più definito correlativo della propria esperienza interiore [...] Ma una resta, pur nelle infinite varianti, la tendenza, che è verso l'oggetto, verso l'arte investita, incarnata nel mezzo espressivo, verso la passione diventata *cosa* [62].

Più innanzi ancora, nel 1946, dirà: «ammesso che in arte esista una bilancia tra il di fuori e il di dentro, tra l'occasione e l'opera-oggetto bisognava esprimere l'oggetto e tacere l'occasione spinta», ottenere «un totale assorbimento delle intenzioni nei risultati oggettivi» [63].

Nei suoi modi, ora colloquiali, ora sentenziosi, con un vocabolario qua e là «dialettale», qua e là (ma in tono appena un poco nasale) prezioso, la lingua poetica di Montale vive in una «lotta drammatica

---

[61] E. Montale, *Della poesia oggi*, in «La Gazzetta del Popolo», 4 novembre 1931. [Ora in *Sulla poesia*, cit., p. 558].

[62] E. Montale, *Parliamo dell'ermetismo*, in «Primato», a. I, n. 7, 1940, p. 78. [Ora in *Sulla poesia*, cit., p. 560].

[63] E. Montale, *Intenzioni (Intervista immaginaria)*, in «La Rassegna d'Italia», a. I, n. 1, gennaio 1946, pp. 84-9. [Ora in *Sulla poesia*, cit., p. 567. Ma questo volume – che è la parziale realizzazione di una antologia di saggi montaliani progettata da L. Anceschi all'inizio degli anni Cinquanta – risulta per intero di estremo interesse per la ricostruzione della poetica di Montale. Altrettanto interessanti – assieme ai saggi del citato *Auto da fé* – sono i «bozzetti, elzevirini, culs de lampe» raccolti in *Farfalla di Dinard*, Vicenza, Neri Pozza, 1956 (poi, ampliato, Milano, Mondadori, 1960 e 1969, 1976[4]); così pure, gli scritti di viaggio raccolti in *Fuori di casa*, Milano-Napoli, Ricciardi, 1969 (poi, Milano, Mondadori, 1975, 1976[2]). Per ogni altra indicazione, si faccia riferimento alla pregevole *Bibliografia montaliana* (Milano, Mondadori, 1977), che si deve a L. Barile, curatrice anche del *Quaderno genovese* (*ivi*, 1983)].

del poeta con l'oggetto» [64], in figure di *emblemi oggettivi*, sfiorando il «correlativo oggettivo» degli anglosassoni, la loro immagine metafisica. E vedi con quale energia tutta interiore e vera egli sollevi una materia che Sbarbaro aveva, per così dire, oscuramente predisposta:

> Spesso il male di vivere ho incontrato [...]

Montale recupera, sì, una materia cara a Sbarbaro, ma la esalta per forza morale e d'arte, accresce l'autorità del verso, rafforza i simboli in emblemi, e libera il dettato dai compiacimenti di una soggettività troppo particolare.

È una poesia – e una poetica – che nascono da non so che negazione estrema, che estrema *decisione* (De Robertis) [65] con un gesto sicuro, e che riempie di significato metafisico i particolari più semplici e consueti («povere creature, grandi simboli») in una inerzia crepitante di tempo desolato [66].

Dagli *Ossi* alle *Occasioni*: Contini ha esplorato questo passaggio in ogni angolo; e certo v'è un internarsi più fondo della parola oggettiva, ci si ingolfa nel tempo psicologico, si disegna la storia intima di una desolazione [67].

[64] [G. Contini, *Introduzione a Eugenio Montale*, in «Rivista rosminiana», gennaio-marzo 1933; ora, tra l'altro, con titolo *Introduzione a «Ossi di Seppia»*, in *Una lunga fedeltà. Scritti su Eugenio Montale*, Torino, Einaudi, 1974, pp. 3-16 (la citazione a p. 11). Qui pure si legge (pp. 17-46) il saggio *Dagli «Ossi» alle «Occasioni»*, originariamente apparso con altro titolo in «Letteratura», n. 8, 1938, cui più innanzi si fa riferimento nel testo anceschiano].

[65] [Si veda G. De Robertis, *Ossi di seppia*, in «Pegaso», n. 8, agosto 1931; poi in *Scrittori del Novecento*, cit., p. 50: «Io direi una parola sola: "decisione". Decisione nel linguaggio, nella forza e novità delle immagini, e nel modo col quale sa dare alle verità più sofferte un aspetto simbolico»].

[66] Nel citato *Parliamo dell'ermetismo* (1940), alcune considerazioni: «Non ho mai cercato di proposito l'oscurità [...]»; ma converrà chiarire il fatto di «poesie che *non si capiscono* e pure chiedano con evidenza di essere capite [...]». Il fenomeno si spiega con il «processo di liberazione, di raggiunta *autonomia* del fatto artistico», fino al punto che la poesia trae «diretta ispirazione da questa raggiunta autocoscienza», nel limite del «poema breve» e nei prestiti che il poema fa dalle altre arti nel loro «progressivo sensibilizzarsi. [...] Ora è chiaro che il poema breve doveva guadagnare in intensità ciò che perdeva in estensione; dal poema breve al poema intenso, concentrato, è corto il passo; ancora più corto il passo dal poema intenso al poema oscuro», e, infine, a quella poetica degli *oggetti* e delle *cose*, a quella *tendenza verso l'oggetto*, che si riconosce fondamentale nella poesia stessa di Montale. [I brani citati, ora in *Sulla poesia*, pp. 558, 559, 560].

[67] Nel 1946 in *Intenzioni*, cit. [ora in *Sulla poesia*, pp. 561-9], Montale ha scritto una sorta di «intervista immaginaria» molto significativa. Quanto all'*essersi riconosciuto poeta*: «Non ci fu mai in me una infatuazione poetica, né alcun desiderio di "specializzarmi" in quel senso» (p. 561). «Se ne sono sicuro oggi? Non saprei. La poesia, del resto, è una delle tante possibili positività della vita. Non credo che un poeta stia più in alto di un altr'uomo che veramente esista, che sia qualcuno. Mi procurai anch'io, a suo tempo, un'infarinatura di psicanalisi, ma pur

Là dove c'era un paesaggio immobile di emblemi, si scatena l'inquietudine degli emblemi:

> [...] forse
> ti salva un amuleto che tu tieni
> vicino alla matita delle labbra,
> al piumino, alla lima: un topo bianco
> d'avorio; e così esisti!

Infine, se Ungaretti porta al massimo di tensione e di consapevolezza l'istituzione della *allusione analogica*, Montale dà il massimo di energia morale alla poetica della *emblematica oggettiva*; e, si sa, sono queste le due variabili istituzioni che percorrono, come si è visto, con diversi toni e accenti, tutto lo sviluppo di ciò che diciamo «lirica del Novecento». Anche se non raggiunse quella maturità che era nella sua vocazione, e che altre situazioni poetiche in altri paesi trovarono, l'ermetismo, con Ungaretti e Montale, espresse nel nostro paese la situazione di crisi esistenziale dell'uomo, con una consapevolezza profonda. Così: da Gozzano a Montale, da Palazzeschi a Ungaretti l'uomo della crisi è descritto nelle sue diverse, e pur necessarie, figure. Se pure in un modo meno rigoroso e con una intensità meno intellettuale, Umberto Saba avvertì le stesse inquietudini; i poeti più

senza ricorrere a quei lumi pensai presto, e ancora penso, che l'arte sia la forma di vita di chi veramente non vive: un compenso o un surrogato. Ciò peraltro non giustifica alcuna deliberata *turris eburnea:* un poeta non deve rinunciare alla vita. È la vita che s'incarica di sfuggirgli» (p. 562). Quanto ai suoi *legami con i poeti liguri:* «Sì, conobbi presto (non di persona, se si eccettua Sbarbaro) alcuni poeti liguri: Ceccardo e Boine, fra gli altri. Dov'essi meglio aderivano alle fibre del nostro suolo rappresentarono senza dubbio un insegnamento per me» (pp. 562-3). Circa la *conoscenza delle altre arti:* «Quando cominciai a scrivere le prime poesie degli *Ossi di seppia* avevo certo un'idea della musica nuova e della nuova pittura»: Debussy e gli Impressionisti (attraverso Vittorio Pica) (p. 563). Su *descrizione e poesia,* e su *arte e documento:* «sapevo anche allora distinguere tra descrizione e poesia, ma ero consapevole che la poesia non può macinare a vuoto e che non può aversi concentrazione se non dopo diffusione. Non ho detto spreco» (p. 563). Sulla *formazione del poeta: importanza delle letture e della prosa* (p. 564); sul *linguaggio poetico:* «Il linguaggio di un poeta è un linguaggio storicizzato, un rapporto» (p. 564). Sulla *poesia:* «mezzo di conoscenza» più che di «rappresentazione» (p. 564). Sul *poeta* come uno «che canti ciò che unisce l'uomo agli altri uomini» ma nello stesso tempo «non neghi ciò che lo rende unico e irrepetibile»; sui rapporti coll'esistenzialismo (p. 565), con il simbolismo francese; quanto alla *lirica pura:* «non pensai a una lirica pura nel senso ch'essa poi ebbe anche da noi, un gioco di suggestioni sonore; ma piuttosto a un frutto che dovesse contenere i suoi motivi senza rivelarli, o meglio senza spiattellarli». Quanto al primo libro: «No, scrivendo il mio primo libro (un libro che si scrisse da sé) non mi affidai a idee del genere. Le intenzioni che oggi le espongo sono tutte *a posteriori.* Ubbidii a un bisogno di espressione musicale. Volevo che la mia parola fosse più aderente di quella degli altri poeti che avevo conosciuto. Più aderente a che? Mi pareva di vivere sotto una campana di vetro, eppure sentivo di essere vicino a qualche cosa di essenziale» (p. 565). E si vedano le ultime parole: «domani altri seguiranno vie diverse. Io stesso posso mutare» (p. 569) ecc., con accenti vivi.

giovani stemperarono quei modi, li svolsero, e tentarono, forse senza riuscirvi, nuove vie di uscita dalla situazione.

5. Saba esce da quel laboratorio inquieto, fervido, e tutto particolare di cultura poetica che fu la Trieste della fine e dell'inizio del secolo. Periferica rispetto alla cultura italiana, ricca di fermenti moralistici, attenta alle influenze della cultura medio-europea, la Trieste di Saba è un capitolo della storia letteraria d'Italia in cui si iscrivono i nomi di Svevo, di Slataper, di altri vociani, e di certi «dialettali» come Giotti e Marin [68]. In questo ambiente Saba visse e si formò. E se la storia della sua parola poetica può essere seguita nelle pagine dell'amplissimo *Canzoniere* [69], si tengano presenti anche taluni accenni meno polemici e più documentari di *Storia e cronistoria del Canzoniere*; e anche talune pagine di *Scorciatoie e raccontini* [70] che, tra un particolare Nietzsche e un particolare Freud, non avrebbero potuto essere scritte se non nell'aria di Trieste:

I poeti (intendo particolarmente i poeti lirici) o sono fanciulli che cantano le loro madri (Petrarca), o madri che cantano i loro fanciulli [...] o [...] una cosa e l'altra;

[68] [Per la poesia dialettale del Novecento si vedano, tra le altre, le seguenti due antologie di più recente edizione (entrambe corredate di utilissima bibliografia): *Le parole di legno. Poesia in dialetto del '900 italiano*, 2 voll., a cura di M. Chiesa e G. Tesio, Milano, Mondadori, 1984; *Poeti dialettali del Novecento*, a cura di F. Brevini, Torino, Einaudi, 1987].

[69] [Se ne veda l'edizione, riveduta dall'autore, del 1957 (Torino, Einaudi, come pure le successive), poi ampliata nella postuma quinta edizione «definitiva» del 1961, a sua volta riveduta nel 1965. Per la storia editoriale e le questioni testuali del *Canzoniere*, si vedano gli studi di G. Castellani: *Bibliografia delle edizioni originali di Umberto Saba*, Trieste, Biblioteca Civica, 1983, e *Il «Canzoniere» di Saba. Note di bibliografia e questioni testuali. Proposte per una nuova edizione*, in «Studi di Filologia Italiana», a. XL, n. 13, 1982, pp. 177-92. Allo stesso Castellani si deve l'ed. critica del *Canzoniere 1921*, Milano, Fondazione Arnoldo e Alberto Mondadori, 1981. Ma ora, per i testi e le questioni testuali, si veda il volume di *Tutte le poesie*, a cura di A. Stara e con una *Introduzione* di M. Lavagetto, Milano, Mondadori, 1988].

[70] U. Saba, *Scorciatoie e raccontini*, Milano, Mondadori, 1946; *Storia e cronistoria del Canzoniere*, ivi, 1948; *Quel che resta da fare ai poeti* (1911), Trieste, Edizioni dello Zibaldone, 1959; *Prose*, a cura di L. Saba, Milano, Mondadori, 1964 [questo volume comprende: *Ricordi-Racconti* (1910-1947); *Altri ricordi - Altri racconti* (1913-1957); *Scorciatoie e raccontini* (1934-1948); *Storia e cronistoria del Canzoniere* (1944-1947); *Prose varie* (1912-1954), distinte in «Prefazioni e discorsi», «Note critiche e saggi», «Articoli». Non vi è compreso il romanzo *Ernesto*, edito da Mondadori nel 1975]. Per l'epistolario: *Il vecchio e il giovane*, carteggio (1930-1957) con P. Quarantotti Gambini, a cura di L. Saba, Milano, Mondadori, 1965; *Lettere a un amico*, carteggio con N. Baldi, Torino, Einaudi, 1966; Saba-Svevo-Comisso, *Lettere inedite*, a cura di M. Sutor e con *Prefazione* di G. Pullini, Padova, Gruppo di Lettere Moderne, 1968. [Inoltre: *Storia di un vecchio poeta e di un giovane canarino*, a cura di C. Levi, Milano, Mondadori, 1976; *La spada d'amore. Lettere scelte 1902-1957*, a cura di A. Marcovecchio, ivi, 1983; *Atroce paese che amo. Lettere famigliari (1945-1953)*, a cura di G. Lavezzi e R. Saccani, Milano, Fabbri-Bompiani-Sonzogno, 1987; numerosi altri i carteggi editi in rivista, di cui si dà notizia in *Tutte le poesie*, cit., pp. 1167-8].

e anche:

I poeti (questo lo sanno tutti) sono *egocentrici*. Per essi, il mondo esterno *esiste*; solo gira esclusivamente intorno alla loro persona. I filosofi hanno fatto un passo più avanti nel cammino della regressione: erano *egoco-
smici*[71].

Lo svolgimento della parola di Saba dalle prime disposizioni che
furon dette, in senso non storico, «neoclassiche» fino agli ultimi il-
limpidimenti e alle straordinarie rarefazioni è uno svolgimento fede-
le e continuo; e così quello dei temi e dei motivi continuamente va-
gheggiati e ripresi. In *Storia e cronistoria* il poeta stesso ha parlato
della formazione e della «contrastata fortuna» della sua poesia, definendo i limiti della situazione culturale di «periferia», in cui egli si
trovò con tutte le implicazioni dell'indole triestina. Saba si muove in
un primo tempo naturalmente in un mondo di cultura della parola
facilmente rilevabile nei suoi motivi interni: «Dal punto di vista della
cultura, nascere a Trieste nel 1883 era come nascere altrove nel
1850» e, d'altra parte, «il poeta viveva in un ambiente dove nessuno
aveva parlato a lui di buoni o cattivi autori», «una cultura se la fece
da sé»[72], e resta rivelatrice l'intonazione vagamente intimista con cui
egli intese la lettura leopardiana:

Io seggo alla finestra,
e parlo mitemente alla mia stella,
così sola fra gli astri, e grande e bella[73].

Naturalmente, è pieno di richiami letterari; altri, e lo stesso Saba,
ha definito con diversa esattezza i precisi riferimenti; qui basti, intanto, notare che, sia pure nei modi di facile incanto da *arietta* sette-
centesca, gentilmente metaforica e moraleggiante, e su un fondo
convenzionale di linguaggio, in *Ammonizione* già affiora un sospetto
di quella dimessa leggerezza e felicità, e, per così dire, ilarità della
parola, che è tutta sabiana, e che, qua e là, confina col generico e col
prosastico, che, anzi, più avanti maturerà in un prosastico così vagamente sillabato da suggerire un ritmo tanto più penetrante quanto
più dissolto, e quasi dimenticato:

[71] [Le due citazioni da *Scorciatoie e raccontini*, ora in *Prose*, cit., p. 322].
[72] [Le due citazioni da *Storia e cronistoria del Canzoniere*, ora in *Prose*, cit., pp. 407, 420].
[73] [Sono i primi tre versi della poesia *Alla mia stella* da Saba data per intero in *Storia e
cronistoria...* (in *Prose*, cit., p. 419) e che ora, col titolo *A una stella* e con variazioni, si legge in
Tutte le poesie, cit., pp. 884-5].

La rima può essere ovvia come fiore amore, o creare impensati accostamenti. Ma solo allora è al suo luogo, quando, se volti in prosa il componimento, non puoi sostituire, senza danno del significato, le parole che rimano [74].

Ma con *Parole* [75] Saba, in seguito a una «chiarificazione interiore», raggiunge un «illimpidimento di forma», e trova suoi modi di parola leggera, libera, di straordinaria dolcezza, con equilibri perfetti di musica e di figure. Saba stesso ha parlato di questi versi come di quelli di un «lirico puro». Proprio nel momento in cui il poeta tocca il suo «chiarimento» e il suo alto esito, proprio in quel momento egli esce dall'«isolamento» della parola. Si leggono spesso in Saba affermazioni di una «poetica dell'amore», o l'idea di una poesia «imperturbabile alle mode»; ormai queste espressioni non possono essere intese nel loro senso immediato; esse devono essere lette nel contesto della inquieta riflessione del poeta più attenta alle ragioni psicologiche della sua poesia che alle ragioni tecniche e dottrinali: è il pensiero di un uomo che intende la poesia come la madre, di un poeta di cultura ritardatamente romantica su cui si sono inseriti i fermenti della cultura dell'Europa centrale, e polemicamente, ma anche con certi recuperi, i rapporti con l'ermetismo.

Con la sua «poetica della parola» Quasimodo [76] ebbe la sua parte nell'ermetismo. Egli intese la parola come «parola assoluta» e sentimento di una parola assoluta da avvertire nella «quantità che le è propria nella piega della voce che la pronunzia», nel suo valore, non di tono, ma di «durata»; e riuscì a piegare per la prima volta la parola poetica contemporanea (dei «lirici nuovi») alla interpretazione dei «classici», e specie dei lirici greci. Una sua nuova poetica si manifestò nel dopoguerra. I suoi pensieri sono ora raccolti nel volume *Il poeta il politico e altri saggi* [77] in cui si leggono i vari discorsi, le varie

---

[74] [La citazione da *Scorciatoie e raccontini*, ora in *Prose*, cit., p. 273].

[75] [U. Saba, *Parole*, Lanciano, Carabba, 1934].

[76] [L'intera produzione poetica di S. Quasimodo – da *Acque e terre* (Firenze, Edizioni di «Solaria», 1930) a *Dare e avere* (Milano, Mondadori, 1966) – si legge nel volume *Poesie e Discorsi sulla poesia*, curato da G. Finzi e pubblicato da Mondadori nel 1971 (la VII ed., riveduta e ampliata, è del 1987). In tale volume si legge, tra l'altro, anche la primissima raccolta poetica quasimodiana mai edita a stampa, dal titolo *Bacia la soglia della tua casa* e risalente agli anni 1921-22. Vi si legge anche l'intera opera traduttiva quasimodiana da poeti classici e moderni. Le traduzioni dai poeti greci si leggono anche in volume separato: S. Quasimodo, *Lirici greci*, a cura di N. Lorenzini e con *Introduzioni* di L. Anceschi, Milano, Mondadori, 1985].

[77] S. Quasimodo, *Il poeta il politico e altri saggi*, Milano, Schwarz, 1960.

proposte sulla poesia che il poeta ha fatto in questi anni. In *Poesia contemporanea* (1946) si legga:

> Oggi, poi, dopo due guerre nelle quali l'«eroe» è diventato un numero sterminato di morti, l'impegno del poeta è ancora più grave, perché deve «rifare l'uomo», quest'uomo disperso sulla terra, del quale conosce i più oscuri pensieri, quest'uomo che giustifica il male come una necessità[78].

E il poeta tocca una tematica assai urgente sui rapporti tra *poesia* e *politica*.

6. Gozzano; e Soffici e Papini con i loro fermenti; e Rebora; e Palazzeschi e Campana; e poi Cardarelli con il suo magistero; e Ungaretti e Montale; e Saba, poi; infine, Quasimodo, con la sua rilettura dei classici: ecco diversi momenti della storia della poetica della «lirica del Novecento» nelle sue personalità emergenti, e nelle linee generali del suo sviluppo. La *poetica del razionale* è lontana, ormai; la *poetica dell'irrazionale come rifugio e protesta*, che ha per protagonista la «Scapigliatura», appare come qualche cosa che ha un significato nella situazione in cui si determinò, appare anche come una sorta di protensione e di oscura premonizione rispetto alla «poetica del Novecento»; la *poetica dell'irrazionale* come tentativo d'istituire sull'irrazionale stesso il valore, che ha per protagonisti Pascoli e D'Annunzio, oltre a ciò che significa per se stessa, prepara talune strutture che poi avranno fondamentale importanza nella poetica del Novecento. Infine, la *poetica del Novecento* appare orientata intorno alla nozione di «lirica»; si istituisce sui due sistemi di organizzazione fondamentali della *analogia allusiva* e del *simbolo oggettivo*; tende a una purezza dell'impegno poetico come assoluta *intimità* o *lirica pura* con quel senso *artistico* del fare che si è in precedenza descritto: essa presuppone, in ogni caso, la fondamentale lezione da Poe a Baudelaire, al surrealismo, quella lezione di cui T.S. Eliot, con una affermazione che vale anche per il nostro paese, dice:

> [...] nella seconda metà del secolo diciannovesimo il massimo contributo alla poesia europea fu senza dubbio apportato dalla Francia. Mi riferisco alla tradizione che comincia con Baudelaire e culmina con Paul Valéry. Oso dire che senza questa tradizione francese, l'opera di tre poeti in lingue diverse — e assai diversi l'uno dall'altro — mi riferisco a W. B. Yeats, a Rai-

---

[78] [La citazione, appunto da *Poesia contemporanea*, ora anche in *Poesie e Discorsi...*, cit., p. 271].

ner Maria Rilke e, se mi è lecito, a me stesso – sarebbe difficilmente immaginabile[79];

ed è coerente alla situazione europea, anche se non vi contribuisce. Essa è – senza che ciò implichi in nessun modo pregiudizio al valore poetico, o una qualsiasi riduzione preliminare – essa è *poetica della crisi* nel senso che siamo andati descrivendo, è la poetica di un'autentica disperazione esistenziale tra tentazione d'intensità nuovamente *classicistica* o nuovamente *barocca*. È la poetica di un tempo percosso e perplesso, di un tempo in cui l'uomo si riconobbe nella propria miseria, e non trovò il significato del suo esserci. La si consideri poesia dell'alienazione o si veda in essa un momento della vita dell'uomo quale si fa nel suo mutare, un poeta ha trovato per l'uomo che essa rappresenta l'espressione «uomo buio».

---

[79] [T.S. Eliot, *Notes towards the Definition of Culture* (1948), trad. it. *Appunti per una definizione della cultura*, Milano, Bompiani, 1952, 1967², p. 142].

PARTE QUARTA

CONCLUSIONI STORICHE E TEORICHE *

* [Pare opportuno segnalare in questa sezione conclusiva del volume – e lo faremo, via via, nelle note – almeno alcuni dei molti scritti di Anceschi concernenti gli stessi temi e autori trattati nelle *Poetiche*. Apparsi in svariate sedi, e di data sia anteriore che posteriore alla iniziale stesura delle *Poetiche* (risalente agli anni 1959-61), tali scritti si rivelano utili per una lettura comprensiva. Mentre, infatti, fanno luce sulle larghe premesse di ricerca dello studio delle *Poetiche*, al tempo stesso ne documentano anche il prolungato e continuo svolgimento, nell'un caso e nell'altro sempre arricchendo di ulteriori considerazioni storiografiche e dottrinali, ora più generali ora più circostanziate, il discorso già tanto denso e serrato che si legge nel volume.

Per la bibliografia generale degli scritti di L. Anceschi, si veda A. Serra, *Per un catalogo (1928-1981)*, in AA.VV., *Studi in onore di Luciano Anceschi*, a cura di L. Rossi e E. Scolari, Modena, Mucchi, 1982; un aggiornamento (1981-86) si trova in appendice al volume di S. Verdino, *Luciano Anceschi: esperienza della poesia e metodo*, Genova, Il Melangolo, 1987].

PREMESSA

I rilievi che sono stati fatti nel corso della ricerca non intendono essere rilievi di critica letteraria, non riguardano in se stessi il giudizio della poesia: essi riguardano strutture di così fatta indole che *possono contribuire*, nell'orizzonte pragmatico in cui si inscrivono, al giudizio, quando un giudizio si voglia o si debba dare; che, per altro, mentre non esauriscono affatto se stessi nell'attività del giudicare, non risolvono non dico tutte le possibilità di una teoria generale del giudizio letterario, ma neppure tutti i procedimenti del giudizio nei limiti dell'orizzonte parziale in cui solo han significato. In realtà, si tratta di rilievi intesi a definire i principi di quei *sistemi di poetica* che organizzano la riflessione che la poesia esercita sul proprio fare per rendersi conto della propria situazione, dei propri orizzonti operativi, e, infine, delle proprie istituzioni.

Il motivo fondamentale della ricerca è, appunto, la delineazione di una zona di vissuta realtà di queste *artes* come campo che offre la possibilità, da un lato, di renderci conto dello svolgersi storico della riflessione poetica nei suoi ideali, nei suoi istituti, nei suoi precetti; dall'altro, di procedere a modi di comprensione non pregiudicata del significato teorico del concreto manifestarsi della riflessione stessa. Perché fosse efficace, occorreva delimitare l'ambito della ricerca; e la ricerca si è limitata all'ambito di un territorio storico definito, e, cioè, all'*ambito del territorio dei sistemi di poetica della poesia letteraria nel nostro paese che si collocano in un periodo che va tra la «fine del secolo» e l'«ermetismo»*. Si tratta di un periodo che si articola in tre momenti abbastanza distinti della nostra storia letteraria e morale: la «fine del secolo», appunto; il quindicennio che precede la prima guerra mondiale; il ventennio tra le due guerre; ed è un periodo fertile, assai ricco di determinazioni particolari. Se, infatti, consideriamo la varietà e la molteplice figura dei movimenti artistici e letterari, le varie arti, i vari «generi», e le loro poetiche particolari, ebbene le dottrine studiate direttamente nel corso della ricerca sono solo un aspetto parziale della civiltà artistica del tempo; epperò sono molte, di diversa indole, di istituzioni sempre nuove. Per altro, va anche detto subito che, come si è venuta delineando nel corso della ricerca, la storia delle poetiche non figura affatto come un coacervo insensato di esperienze prive di relazioni tra loro. In realtà, esse non solo appaiono così strettamente connesse tra loro che l'esistenza stessa di una *ars* nella forma in cui storicamente si presenta in figura propria sembra davvero impensabile fuori dal contesto vivente delle *artes* nei loro rapporti di tradizionalità e di innovazione e fuori dalla situazione in cui si significa; ma, nello stesso tempo, esse, le poetiche, trovano nella prospettiva storica in cui si manifestano una direzione o un senso generale che può anche esprimersi sotto la forma della tensione tra due o più sensi e direzioni[1]. Le seguenti conclusioni storiche e teoriche intorno alle poetiche della poesia italiana del Novecento van lette tenendo conto di queste considerazioni generali.

---

[1] Si veda il nostro *Orizzonte della poesia*, in «il verri», n. 1, 1962, pp. 6-21 (ora in *Le istituzioni della poesia*, Milano, Bompiani, 1968, 1970[2] [1983[3], pp. 237-55]), ove è indicata una fondamentale polarità della poetica del Novecento.

CONCLUSIONI STORICHE

1. Le poetiche della «fine del secolo» si determinano nel senso che si è visto (qui, Parte I e II) secondo tre direzioni fondamentali che sono: *la poetica del razionale, la poetica del rifugio nell'irrazionale, la poetica dell'irrazionale come tentativo di trovare nell'irrazionale stesso una nuova positività*; ma esse non acquistano il loro vero significato se non si tiene conto che, in questo àmbito, ogni gesto appare fatto per rapporto a quella cultura positivista che è il referente di significazione fondamentale del tempo. Se si trascura il positivismo nella sua emergente e condizionante presenza, le poetiche perdono uno dei connotati essenziali alla loro caratterizzazione: così l'*ars* carducciana, ma anche, se pure in senso diverso, le poetiche degli Scapigliati e degli altri movimenti contemporanei, e quelle del Pascoli e del D'Annunzio.

Quanto alla estetica positivista dell'arte, siamo ormai lontani dalle condanne dogmatiche e sommarie, dalle condanne capitali che secondo prospettive allora urgenti furono pronunziate nel primo quarto del secolo. In realtà, specie se si consideri (qui, pp. 24-27) la chiara delineazione che ne diede il Taine, in essa possiamo rilevare vari motivi speculativi, e di essi sceglierne alcuni recuperabili, di altri riconoscere la parzialità e il dogmatismo. Così si vedrà presto come in siffatto contesto dottrinale tendenze disposte verso una fertile apertura si alternino a motivi riduttivi che presto irrigidiscono lo slancio della ricerca. Si veda:

(A) L'estetica positivistica vuole avere un senso *organico* della vita dell'arte, per cui l'opera d'arte non appare isolata, ma vive, ed è comprensibile solo in un sistema di relazioni che considera i rapporti dell'opera singola con l'opera complessiva di un artista, con la scuola di cui l'artista fa parte, con il gusto del tempo e della società (qui, p. 25).

(B) Tale senso organico porta in sé un impulso che vorrebbe istituirsi − e le frequenti dichiarazioni di antidogmatismo, di volontà di comprensione storica si iscrivono in questo orizzonte − in un sistema aperto *non essenzialista*, non metafisico (qui, p. 27). Pertanto tale aperta intenzione pare presto chiudersi, limitarsi, curvarsi in senso dogmatico. Infatti,

(C) si ha una estensione allo studio della vita dell'arte del metodo delle scienze naturali quale era allora sentito, secondo cioè una rigida interpretazione deterministica della realtà della natura (qui, pp. 26-27); ciò comporta

(D) una chiusura del sistema secondo una legge univoca per cui la vita dell'arte appare assolutamente determinata dalle fondamentali strutture di *ambiente, razza, tempo*.

II. Una impostazione di questo genere o si risolve in una forma particolare di poetica (e Taine, parlò, appunto, del «caratteristico»), oppure riduce l'interpretazione dell'arte ad una sorta di botanica estetica (qui, pp. 25-26) o ad una particolare tecnica della storiografia artistica e letteraria. Si tratta della riduzione della vita dell'arte ad un piano rigido e inerte di oggettività scientista, in cui si annullano gli slanci di apertura, di antidogmatismo, di volontà di comprensione che pure si sono sottolineati. Posto su questo piano, il problema dei rapporti tra *arte* e *scienza*, avvertito in quegli anni da tutti gli uomini di cultura, e tale che, in un ordine di significati come quello che abbiamo descritto, appare fondamentale, si risolve nel modo più chiuso e più pregiudicato possibile: con l'*affermazione della morte (storica) dell'arte*. L'arte è *mito* oscuro che scompare non appena si accenda la luce liberatrice e progressiva della *scienza*. Il Labriola darà a questa idea una impronta marxista (qui, pp. 39-41). Ma, in altro senso, di *morte dell'arte* si potrà parlare anche a proposito di quella scuola storica che, alla fine, vede nell'arte solo un dato, e come una materia predisposta per le sue ricerche scientifiche (qui, pp. 28-30).

Il Carducci visse in quegli anni; e davvero la sua dottrina, per certi suoi aspetti emergenti, appare incomprensibile o figura letta in modo parziale fuori da quel fondamentale referente di significazione (intendo, appunto, ciò che diciamo «cultura positivista») che nel suo discorso attraversa e colora di sé anche le nozioni critiche più tradizionali. Se si esamina, per esempio, come si è esaminato (qui, pp. 32 ss.) l'idea di *forma, forma viva,* o *forma d'immagini viventi* – si troverà facilmente come essa si individui per i seguenti connotati:

(I) La *forma* è l'*ars* tradizionale, il lavorìo dell'artista, ciò che «i più chiamano troppo facilmente ispirazione», qualche cosa che deve essere fatta «passare per il travaglio delle fredde ricerche» e «il lavoro degli strumenti critici»; e qui, e solo qui, ha senso l'espressione *autonomia dell'arte.*

(II) Essa implica una sorta di forza sistematica come capacità di proporre *istituzioni* organiche della poesia.

(III) *Le forme hanno una loro storia,* maturano, si modificano... e il variare è determinato da condizioni generali obiettive, che appaiono molto simili a quelle indicate dal Taine.

Questi connotati svelano un senso esatto solo con riferimento al loro tempo, a un tempo in cui l'idea della forma si sottrasse alle accentuazioni soggettivistiche del romanticismo: essi non si riducono forse nel senso più stretto alla filosofia del positivismo, ma implicano il fatto di un rinnovamento della tradizione umanistica entro un orizzonte positivista. Giovano, infine, a chiarire come, in definitiva, la somiglianza di taluni costrutti ed espressioni nel De Sanctis e nel Carducci sia irrilevante, se i due autori si leggano nella loro profonda intenzione, e cioè il De Sanctis nel suo referente romantico-idealistico-risorgimentale, il Carducci nel suo che è classicista-positivista-post-risorgimentale (qui, pp. 30-38). Trapassando poi nel Serra e nel De Robertis, e incontrando altri referenti, l'*ars* carducciana si farà tutt'altra cosa: una realtà sottile, inquieta, critica (qui, pp. 200-208), ricca di implicazioni nuove e di rapporti con nuovi e diversi referenti.

III. Il positivismo rivelò i propri limiti dogmatici tra l'altro nella sua ambizione di interpretare compiutamente e definitivamente l'uomo contemporaneo, e, di fatto, operò una riduzione nel significato della vita dell'uomo, ed escluse troppi aspetti di quello stesso uomo moderno di cui pretendeva dar l'immagine (qui, pp. 43-44, e *passim*).

L'insofferenza e l'insopportabilità di una situazione così limitata dell'uomo si manifestarono nella poesia del nostro paese, e non solo nella poesia del nostro paese, sotto la forma del *rifugio nell'irraziona-le*. La poetica si fece protesta contro una filosofia che dava il tono – un tono avvertito come ridotto e costrittivo – alla vita sociale; e il poeta cercò nella malattia, nella bestemmia, negli istinti, o in che altro un simbolo per la propria protesta o per la propria disperazione. L'estetismo, il simbolismo... hanno anche questo senso nella cultura del tempo; e, nel nostro paese, questo senso hanno la Scapigliatura e tutta la poetica della «fine del secolo» (qui, pp. 43-132). A questo punto, almeno per quel che si riferisce al campo che più direttamente riguarda lo studio presente, va definita la nozione di *irrazionale* perché sia chiara la accezione che qui se ne dà. Eccone alcuni connotati influenti:

(1) Non si tratta qui fondamentalmente di quell'irrazionale di cui si parla a proposito dei mistici, e neppure di quello dei romantici; né scelta soprarazionale della fede, né slancio verso l'ideale, né abbandono al sogno.

(2) Inteso come va inteso nel senso della sua situazione storica, l'irrazionale di cui parliamo implica l'esistenza di una Ragione che riconosce se stessa solo nella impersonale scientificità, nel generico progressismo, nel tecnicismo fine a se stesso; pertanto, movendo da questa Ragione, la volontà di protesta non solo implica una sperimentazione vissuta di quella razionalità, ma anche ne è condizionata, e in qualche modo la porta in sé, e ne è come segnata.

(3) L'irrazionale di cui si dice è denuncia di limiti, è dichiarazione d'insofferenza. Non va perciò al di là dello stato d'animo; e se mai giunge alla proposta di una nuova istituzione di valori (qui, p. 77 ss.), non supera mai l'enunciazione di ipotesi programmatiche.

(4) Anche se pronunziato con accento perplesso, o dubitativo, o addirittura negativo, il referente di significazione – almeno fino alle prime manifestazioni della *lirica del Novecento* – resta in ogni caso la cultura positivista; e la Scapigliatura è il primo movimento in cui si esprima una situazione critica di questo genere.

IV. La Scapigliatura (qui, pp. 44-73) merita forse maggiore attenzione dall'angolo – che ci riguarda – della storia delle poetiche che da quello della poesia (comunque si voglia intenderla); certamente merita maggiore attenzione di quella che – a parte gli studi ancora utili del Nardi – le sia stata da questo angolo data. Uno studio di poetica è sempre anche uno studio di rapporti tra poesia e cultura; e certo la Scapigliatura, nell'insieme delle sue ricerche morali e istituzionali, segnò lo sforzo di rinnovare la tradizione e la lingua poetica italiana, portandovi fermenti inquietissimi, nuove esperienze europee, e tra esse il secondo romanticismo francese della poesia e certe ragioni morali. Non a caso la Scapigliatura ebbe il suo centro a Milano, dove ci fu sempre una *élite* attenta alla cultura d'oltralpe, e una letteratura in questo senso attiva, con certe sue esigenze etiche. Milano poi in quegli anni si avviava ad essere una moderna città industriale.

Il Rovani offrì un principio fondamentale alla poetica della Scapigliatura, quando, riprendendo nozioni frequenti nella contemporanea poesia europea, parlò di *simultaneità delle arti* (nel cammino delle tre arti sorelle) e di *contaminazione tra le arti* (mettere l'arte propria sulla via delle altre arti). Così la poesia volle essere *poesia musicale* (Boito, Camerana), *poesia pittorica* (con Praga...) e per questa via si tentarono nuove sperimentazioni della lingua e della metrica. Si volle una operazione viva di *forma* contro ogni inerzia di *formula*; e, mentre Boito vagheggiava una «poetica del melodramma», in realtà nella lirica si rifiutò ogni genere di composizioni complesse e macchinose. Tutto ciò, per altro, assume un senso particolare, una curvatura significante se lo si intenda vissuto nello stato d'animo di protesta e di rifiuto che fu proprio del momento, e che si manifestò in gesti d'accettazione polemica, quando non di forsennata esaltazione, delle condizioni di malattia, del grido della bestemmia e della paura, del *canto anatemico e macabro*, dei «reietti fuggiti da Adamo», della «stirpe fosca» e «malata», della «pallida giostra di poeti suicidi». In questo gusto verbale che implica tutto un atteggiamento, la ispirazione viene detta *lues deifica*, una condizione di larve, un turbinìo della mente... Una tematica comune e comuni usanze di linguaggio fino allo scambio dei simboli tra i diversi poeti e alla ripetizione di certe parole-chiave porta i testi ad una sorta di comune fragore ossessivo, ma tale coerenza resta un fatto significativo indicando una comune situazione che se, da un lato, condiziona la poesia entro certe scelte, dall'altro propone taluni problemi morali evidentemente diffusi. Nel particolare uso dei simboli, in una luce talora grottesca, macabra e spettrale si rinnova il gusto tradizionale ai lombardi di una *poetica degli oggetti*. E se per suggerire il rapporto ad una contemporanea poesia europea possiamo usare una famosa immagine di un acuto inglese del Seicento a proposito delle traduzioni, che sono come «veder la luna riflessa in un secchio d'acqua», d'altro canto, va anche tenuto presente che qui furono i primi segni nel nostro paese della poesia critica dell'uomo moderno – e che – non penso solo al Lucini – fruttarono poi.

v. Se non altro, la Scapigliatura fu un indice significativo abbastanza nitido e coerente sia nel linguaggio che nei motivi di una situazione avvertita anche da altri poeti, in altri ambienti, con altri caratteri. Si pensi, per esempio, al Graf (qui, pp. 60-65). In questa luce, il Graf acquista singolare interesse: negli scritti critici egli dibatte a lungo e in varie riprese come tema fondamentale il problema dei rapporti tra *poesia* e *scienza*; e vuol contrastare, pur mettendosi dalla parte dei positivisti, la tesi della *morte dell'arte*. Così, contro una parziale teoria dell'arte come mito, ora egli indica la forza poetica delle grandi idee naturalistiche e delle scoperte scientifiche per se stesse; ora mostra le infinite possibilità di nuove associazioni e invenzioni che la scienza può suggerire alla poesia; ora indica la scienza come il mezzo che può salvare nel rigore la poesia dai mali della «decadenza»; da ultimo, con argomenti tratti appunto dalla filosofia del positivismo, e in particolare dallo Spencer, mostra come la poesia per la stessa meccanica dei processi evolutivi debba necessariamente salvarsi, anzi progredire, e come raffinarsi. Se il Graf critico entra in un ordine di significati scientisti, il Graf poeta implica tutt'altro ordine: una «bieca Medusa», egli dice, avvolge tutti i pensieri della poesia, e nascono «inni venenati», il cui senso si svela in una tipica oscura simbologia negativa di «teschi», di «tombe», e «torva luna»... tra un gusto di torinese *liberty* e certi modi scapigliati. Nessuna speranza solleva quella desolazione della poesia, nessuna possibilità di riscatto, nemmeno quella scientifica. La poetica del Graf critico ha ben poco da spartire con la poetica del Graf poeta; là *scientista*, qui *irrazionale* il Graf vive in modo flagrante le contraddizioni della situazione; e, pur nei suoi limiti, non è questo certo il primo caso di una contraddizione vivente che porta in se stessa il suo significato. Il Betteloni parlerà della poesia come di quelle «piccole cose» che sono le gentili e chiare «circostanze della vita quotidiana». In modo piuttosto generico, e abbastanza vuoto, rispetto alla complessità della situazione, e pertanto con una percezione epidermica, l'Orsini parlerà di una volontà di «apertura» della vita della poesia. Con qualche spunto vivo, e qualche movimento *en avant*, con certe sue ragioni di cultura poetica e morale, la *poetica dell'irrazionale*, esaurisce così il primo slancio (pp. 71-73). Con il Pascoli e con il D'Annunzio, poi, essa tenterà di proporre un nuovo ordine di valori, di dare un contenuto positivo all'irrazionale, e infine di proporlo come unico accettabile principio di vita.

VI. La poetica dell'irrazionale con il Pascoli e con il D'Annunzio acquista nuovi significati. In primo luogo, essa si definisce secondo due direzioni: la *poetica delle cose* e l'*estetismo* (Parte II); in secondo luogo, essa assume altri connotati: se fin qui si è manifestata solo come *protesta* e *rifiuto* nelle particolari prospettive espressive che siffatti atteggiamenti comportavano nella situazione, ora, pur conservando anche questi caratteri, tenta di trasformarsi in una organica e positiva visione del mondo, vuol proporre nuovi valori. Nel caso del Pascoli, questa visione e questi valori portano il segno di una nozione di *poesia come nuova gnoseologia che tien conto di tutti gli aspetti di mistero impliciti nella stessa filosofia del positivismo, e li accentua* (qui, p. 74, *passim*); nel caso del D'Annunzio, il segno di un singolare vitalismo (qui, pp. 95, *passim*).

Quanto al Pascoli[1], il suo metodo poetico si atteggia schematicamente in vari atti, e prima di tutto:

— implica una operazione liberatrice: il poeta deve *ritrovarsi fanciullo*, liberare se stesso dagli idoli, dalle tradizioni, dai pregiudizi, dalle convenzioni che gli impediscono di vedere, di conoscere, veramente *le cose, la realtà* (qui, pp. 79 ss.); nello stesso tempo egli si libererà anche dalle forme convenute e alterate della poesia stessa, che non è moralità, né razionalità, né didattismo, né oratoria (qui, p. 84), che, anzi, tende ad una sua *purezza* (qui, p. 84, *passim);*

— se, dunque, la poesia è ritrovamento di uno sguardo innocente, che vede le cose in modo nuovo e rivelatore, essa delle cose scopre le essenze; non già gli archetipi ideali o modelli assoluti, ma le essenze celate nelle cose, nel fenomeno, e perciò esige nel modo più perentorio il *particolare*, il particolare determinato, determinatissimo («il particolare inavvertito dentro e fuori di noi») e un nominare *par-*

---

[1] [Le pagine di Anceschi sul Pascoli, che si leggono nelle *Poetiche*, possono integrarsi con quelle, di data posteriore, ora presenti, sotto il titolo *Pascoli e le istituzioni del Novecento* (1963), in *Le istituzioni della poesia*, cit., pp. 135-77 (ma, in questo stesso volume, si vedano anche le pp. 80-4); sono inoltre da ricordare due precedenti scritti: *Questioni del Novecento*, in «Aut Aut», n. 20, 1954, pp. 139-43 e *Pascoli verso il Novecento* (1958), in *Barocco e Novecento*, Milano, Rusconi e Paolazzi, 1960, pp. 95-123].

ticolarissimo tra la scienza e il dialetto. Il poeta non crea, anzi *vede* e *nomina* (qui, p. 83);

— occorrono pertanto al poeta alcune tecniche di comunicazione: il suo stupore e la sua meraviglia per il nuovo vedere vogliono esprimersi e chiedono modi *oggettivi* o *analogici* di trattare le cose: ma la tecnica della analogia nel Pascoli è resolutamente secondaria, e caso mai, al servizio della particolare maniera di forzare gli oggetti che è propria del poeta; e che tende a compromettere il lettore in una sorta di complicità emotiva (qui, p. 81);

— tale comunicazione emotiva non è che il senso pascoliano del mistero, o il suo, come fu erroneamente detto, misticismo. Ma il mistero pascoliano non è che la trasposizione poetica del riconoscimento dell'*ignoto* e dell'*inconoscibile* che furono propri della filosofia positivista, e di cui egli accentuò il senso nella sua interpretazione del mondo. Così, nonostante le frequenti professioni pascoliane di fede nella scienza, la poetica delle cose può essere, infine, considerata un esempio emergente di *poetica dell'irrazionale*, nata nell'ambito stesso della cultura positivista (qui, p. 87).

VII. Se il Pascoli sviluppa i motivi di irrazionalismo impliciti nella stessa visione generale del positivismo, il sistema di referenti in cui opera il D'Annunzio implica altri connotati[2]. Egli porta nella vita e nella cultura del nostro paese un tipo di esperienza e di moralità nuova per riguardo alla nostra anche recente tradizione[3]: un irrazionalismo di timbro estetico che in Inghilterra (Swinburne, Wilde) si manifestò come reazione al moralismo vittoriano; in Francia si dichiarò nelle correnti simboliste e «decadenti» della fine del secolo; e in Germania si esaltò nella visione vitalistico-estetica del giovane Nietzsche. Il D'Annunzio portò in Italia, nei limiti che si son detti (qui, pp. 106-7, e *passim*) questo estetismo; gli diede un codice nel

---

[2] [Quanto a D'Annunzio, si vedano i seguenti altri scritti di Anceschi: *Risposta* al «Referendum» su D'Annunzio, in «Letteratura», marzo 1939, p. 85; *Ipotesi di lavoro sui rapporti tra D'Annunzio e la «lirica del Novecento»* (1958), in *Barocco e Novecento*, cit, pp. 126-36; *D'Annunzio e il sistema dell'analogia* (1973), in *Da Ungaretti a D'Annunzio*, Milano, Il Saggiatore, 1976, pp. 99-135; *Introduzione* a G. D'Annunzio, *Versi d'amore e di gloria*, vol. I, Milano, Mondadori, 1982, pp. VII-CXI; *Con D'Annunzio senza condizioni*, in «Stampa sera», 11 novembre 1985; *Rileggere D'Annunzio*, in «Alfabeta», n. 80, 1986, pp. V-VI].

[3] Quanto al Pascoli e ai suoi rapporti con le culture straniere, oltre alla già citata testimonianza del Lugli, si veda C. Pellegrini, *Il Pascoli e la Francia*, che svolge pienamente un tema attentamente studiato (in *Da Constant a Croce*, Pisa, Nistri-Lischi, 1958, pp. 159 ss.): il primo affettuoso studio del Pellegrini sull'argomento è del 1919. Altri scritti sui rapporti tra Pascoli e le letterature straniere in AA.VV., *Omaggio a Giovanni Pascoli nel Centenario della nascita*, Milano, Mondadori, 1955.

Piacere; e la prima regola di questo codice fu in ogni caso uno scambio continuo fra *arte* e *vita*, tra l'etica del vivere e l'estetica dell'arte. Così che le diverse poetiche dell'arte che il D'Annunzio venne successivamente sperimentando si istituiscono *entro* questo modo del vivere; mentre il modo del vivere si modificò o meglio si colorò diversamente volta a volta *secondo il diverso sentimento dell'arte*.

Per l'idea di poesia il D'Annunzio muove dalla nozione carducciana di *forma* (qui, pp. 103-4); e la rende sensibile a contatto delle esperienze della «fine del secolo»: la forma appare, successivamente, nel giovanile estetismo naturalistico, un modo di far risuonare nella parola l'«immenso poema di tutte le cose» (qui, p. 91); poi, nella intenzione dell'*artifex gloriosus*, senso acuto e prodigioso della tecnica letteraria nella volontà di un'indifferente perfezione parnassiana (qui, p. 92); anche come modo di eccitare la parola per ottenere un particolare stato di comunicazione emotiva (qui, p. 95), *forma nuova* per un *poema moderno* (qui, p. 103)... Tutti questi sensi si raccolgono e si significano nel *Piacere* e nel *Fuoco*, e poi nei saggi, nelle prefazioni, nei taccuini, nelle infinite maniere di intervento per dichiarare «encomi», moralità, segreti dell'arte; e certo in questo gusto eccitato ed eccitante della parola affiora qua e là e senza una chiara consapevolezza della sua forza l'idea della *analogia* come un «cogliere qualche accordo insolito tra la mia forma mentale e la forma universa», un legare «il visibile all'invisibile» (qui, pp. 97-98, *passim*); ma si tratta di un oscuro presentimento che affiora vagamente nelle oscure ed esaltate teorizzazioni.

Pascoli e D'Annunzio non si identificano con ciò che diciamo «lirica del Novecento» (qui, pp. 109-32); prepararono, però, le condizioni di un gusto nuovo (pp. 107, *passim*); e le prepararono, in particolare, secondo modi diversi di consapevolezza e di azione sui poeti successivi (pp. 107-8), in quanto iniziarono la pratica o ebbero il presentimento di due sistemi operativi della poesia (*la poetica degli oggetti* e quella della *analogia*) che ebbero poi gran fortuna nei successivi movimenti della poesia (p. 132, *passim*).

VIII. In ciò che più strettamente e propriamente diciamo «lirica del Novecento» (Parte III) tra il 1905 e il 1945, e che nel modo più diretto costituisce il tema del nostro lavoro [4], continua l'impulso irra-

---

[4] [Sull'argomento si veda, di Anceschi, la *Introduzione* (pp. 9-24) all'antologia *Lirici Nuovi*, Milano, Hoepli, 1943, poi ripresa nella II ed. (Milano, Mursia, 1964), ove si legge anche una ampia e chiarificatrice *Premessa 1964*, che occupa le pp. V-XXIII, in seguito ripubblicata in *Le*

zionalistico che si è constatato come un referente fondamentale della «fine del secolo»; ma esso si pone sotto altro segno, e trova altri significati e diverse relazioni. La presenza nel nostro paese di una nuova filosofia, il neo-idealismo, agì sulle poetiche solo per certa sollecitazione istituzionale nel senso di un riesame dei problemi di *autonomia* e di *liricità* dell'arte; d'altro canto, i nuovi poeti avvertirono il loro tempo non già nella prospettiva dell'ottimismo storicista che fu propria di quella filosofia, anzi nei suoi motivi di inquietudine esistenziale, di *insecuritas*, e di crisi dell'uomo (p. 137, e *passim*). Anche dalla fine del secolo si protesero verso la nuova poetica alcune istituzioni:

— l'idea carducciana della *forma* continuò trasformandosi in due critici, in Serra e in De Robertis; e, attraverso di essi, continuò con nuove sollecitazioni l'autorità dell'*ars* tradizionale (pp. 200 ss.).

—il rapporto tra *arte* e *vita* perde ogni carattere estetistico, e si fa sempre più intimo; anzi, nel modo più interiore (e introverso) la poesia vuole essere una assoluta decisione intorno al senso della vita (pp. 113 ss., *passim*);

— in questa luce prende nuovi aspetti e nuove forme, volta a volta, l'attenzione alla poesia contemporanea dell'Europa nella ricerca di affinità concordanze suggestioni indispensabili a una corretta operazione letteraria;

— anche se qui non interessa un giudizio sulla poesia della Scapigliatura, sembra ormai chiaro che, dall'angolo della cultura poetica, la Scapigliatura rappresentò una apertura singolare, il cui senso è stato troppo presto dimenticato. Lucini rappresenta poi un tramite fecondo (qui, pp. 151-156).

— le tecniche della *oggettivazione* e della *analogia* (anche in rapporto a quel sempre più fondo internarsi) si fecero sempre più nitide nella loro forza di rivelazione conoscitiva; e troveranno il momento della loro più adeguata evidenza in Montale e Ungaretti.

IX. La cultura poetica del quindicennio precedente alla prima guerra mondiale è ricca di toni critici, varia di tendenze, talora con una notevole forza innovatrice della situazione; e, per certi aspetti, è disposta a modi di «forme aperte», nuovissime.

Crepuscolari, Futuristi, Vociani nelle loro diverse correnti...

---

istituzioni della poesia, cit., pp. 219-36. Si veda, inoltre, la *Introduzione* alla successiva antologia di Anceschi, *Lirica del Novecento*, Firenze, Vallecchi, 1953, 1961[2], pp. VII-CVI. Va infine segnalato lo scritto *Di una antologia impaziente*, in «il verri», n. 33-34, 1970, pp. 148-54, che tratta diffusamente dell'antologia *Poesia del Novecento* di E. Sanguineti].

Quanto ai Crepuscolari, la loro poetica appare una variante introversa e angosciosa della *poetica delle cose* e del *fanciullino*, che, per altro, si svuota di ogni ambizione di conoscenza entro un compiacimento di dolore, di morte, di annullamento. Govoni e Corazzini sono gli iniziatori (anche istituzionalmente) di questo movimento (qui, pp. 139-147); di Govoni si dirà più innanzi. Quanto a Corazzini, egli vuole esprimere la «vita semplice delle *cose*», tra le «tristezze comuni» e le «stanchezze malate» in un perpetuo «sentirsi morire» (qui, pp. 139-142), e intreccia i modi di una sua poetica *oggettiva* a quelli meno emergenti di procedimenti *analogici* (qui, p. 143); Moretti[5] parla della poesia come di qualche cosa di cui «non sa dire», di un intreccio «prosa-poesia», che vien nutrendo di oggetti modesti talora fino allo squallore, volutamente, senza gesti; d'altro canto egli non manca di tracciare i limiti della cultura poetica e del gusto crepuscolare nel tempo del suo formarsi (qui, pp. 143-145). Gozzano si richiama alle «buone *cose* di pessimo gusto», e vuole esprimere un tempo chiaroveggente e senza miti: vuole una poesia di «cose non serie» disposta tra un modo di sentire la poesia come «infermità» e un esercizio di *ars* parnassiana intesa ad una sorta di «fenomeno di perfezione» artistica (qui, pp. 145 ss.). È noto, poi, che se Govoni e Palazzeschi vissero con vivace autorità questa esperienza, e anzi contribuirono ad istituirla (qui, p. 148), non vi è dubbio che di essa risentirono anche Sbarbaro e Saba, e quanti altri (qui, p. 150). Govoni e Corazzini soprattutto portarono nella cultura di questa poesia la presenza di taluni poeti affini di lingua francese (qui, pp. 148-149). D'altro canto, proprio con loro, che pure per certi aspetti non mancarono di risentire di un certo D'Annunzio, il D'Annunzio della «stanchezza», appunto, incomincia l'inesauribile capitolo della polemica antidannunziana, capitolo che percorre tutto il Novecento (qui, p. 149). Sul duplice volto della poetica crepuscolare *verso* la fine del secolo e *verso* il Novecento s'è detto altrove (qui, p. 150) e altrove s'è detto del significato morale della presenza crepuscolare nella cultura del tempo (qui, p. 150). In ogni caso, sotto un certo aspetto, essi iniziarono il Novecento, e prima di tutto contribuirono a liberare il secolo da molti miti. Quanto alle istituzioni va considerato che in essi, sia nell'*ars* come dottrina che nell'*ars* come pratica, la *poetica degli oggetti* ha il massimo prestigio, e la *poetica della analogia* appare se-

---

[5] [Su Moretti, si veda lo studio di Anceschi *Nascita di un'idea di poesia*, in AA.VV., *Marino Moretti*. Atti del Convegno di studio (Cesenatico 1975), Milano, Il Saggiatore, 1977, pp. 137-49].

condaria (qui, pp. 146 ss.). Nel futurismo, invece, il motivo fondamentale appare quello proprio della «immaginazione senza fili», della invenzione analogica della parola.

x. Lucini e il futurismo[6]. La riflessione del Lucini, ingegno farraginoso ed esaltato, sì, ma anche ingegno carico di suggestioni e di germi, si articola su due piani: *A)* una *filosofia generale,* o, come egli veramente dice, una *fenomenalogia* dell'arte, che giustifica l'infinita varietà dei sistemi poetici, e ne considera la validità relativa, e ne critica la illusoria pretesa dogmatica di assolutezza; *B)* una dottrina legata alla attualità, alla situazione della poesia vivente. Egli intende dare tale dottrina al suo tempo. E, pertanto, criticati Pascoli e D'Annunzio e il *vuoto* da essi creato (qui, p. 153), egli vede la possibilità di una rinascita della poesia nel nostro paese solo in un sistema che tenga conto della situazione, e la apra sul piano europeo, e, nello stesso tempo, risponda ai bisogni, alle esigenze della nostra poesia. In questo senso, egli parla di un «nuovo simbolismo» italiano, che rinnovi secondo diverse ragioni il simbolismo europeo in una «forma» diversa «uscita» dalle «nostre intime necessità». Una poetica della *parola,* fondata sulla *analogia simbolica,* e non *allegorica* con quelle *dissonanze* e *oscurità* che mancano alla nostra poesia, e sono le sole capaci di sollecitare nuove operazioni poetiche in nuove ragioni di linguaggio. Lucini, dapprima, credette di vedere nel futurismo una espressione viva di questo simbolismo italiano, e subito vi aderì; ma anche ben presto se ne ritrasse, come era nel suo stile, con un giudizio aspro, durissimo (qui, pp. 152-156). Guardato dall'angolo della storia delle istituzioni letterarie, il futurismo appare certo come un movimento attivo e nuovo della *poetica della analogia.* L'analogia vi appare di fatto il principio chiaramente posto come centrale al sistema di una nuova sintassi e di una nuova grammatica poetica: esso consente l'uso del verbo all'infinito, l'abolizione del *come,* l'abolizione dell'aggettivo, e l'uso del *doppio* di ogni sostantivo in funzione aggettivale, l'abolizione della punteggiatura... (qui, p. 159).

---

[6] [Sull'argomento si veda l'*Intervento* di Anceschi che apre il fascicolo monografico del «verri» dedicato appunto a «Lucini e il Futurismo» (n. 33-34, 1970, pp. 3-6), poi riedito in L. Anceschi, *Interventi per «il verri» (1956-1987),* a cura di L. Vetri, Ravenna, Longo, 1988, pp. 95-8. Altre annotazioni anceschiane, anche nei seguenti scritti: *Recensione ad una edizione molto accurata* (1970), in *Da Ungaretti a D'Annunzio,* cit., pp. 81-97; *Marinetti e gli altri* e *Difficoltà della luna,* in «il verri», n. 2, 1973, pp. 153-5; *Lucini. Contemporaneo: di adesso o di allora?,* in «Il Giorno», 7 agosto 1975; *Esplorando Marinetti,* in «Il Resto del Carlino», 27 maggio 1982; *E Marinetti liberò il verso,* ivi, 5 giugno 1982 (poi ripreso in AA.VV., *Futurismo, futurismi,* Milano, Intrapresa, 1986].

Il poeta deve stendere una *rete di analogie* sul mondo secondo una *immaginazione senza fili,* con parole essenziali, *in libertà* (qui, pp. 159-160, *nota*). Siamo in una situazione di cultura nuova: la crisi della lingua poetica, portata innanzi dai crepuscolari, è giunta all'estremo; si tenta una rinnovazione che sia adeguata alla nuova mentalità creata dagli sviluppi scientifici, mentre in essa risuonano nuovi referenti speculativi: le filosofie dell'azione e dell'intuizione (qui, p. 156, *passim*). Sì, il futurismo figura un deteriore simbolismo tradotto frettolosamente in italiano; peraltro, esso viene ad inserirsi in una situazione nuova ed è, sia pur confusamente, animato da nuovi impulsi dottrinali. Ciò gli dà senso attivo; e di fatto, in rapporto alla situazione della nostra poesia, il futurismo sollecita nuove ricerche e prepara talune soluzioni, che fruttarono, poi (qui, p. 161).

XI. Il futurismo ebbe una sua influente variante tra i fiorentini, e specie in «Lacerba». Soffici e Papini considerarono il futurismo non già come una scuola o un dogma, ma come una «bandiera di raccolta» di tutte le nuove ricerche letterarie, artistiche, e poetiche, liberamente disposte ad una rinnovazione. Pertanto, alle nuove istituzioni marinettiane contrapposero una diversa *ars:* alla *lotta contro la cultura* contrapposero una *volontà di supercultura*; alle *parole in libertà* le *immagini in libertà*; al *tecnicismo nuovo* la *nuova sensibilità...* (qui, p. 167). Soffici stabilì i principi di questa poetica che volle essere una riflessione «che rampolla solo dal fatto artistico»: e qui l'arte si fa «clownismo lirico»: *inutilità* e *artificio* in un gesto di *lucida freddezza, disinteressato,* che rifiuta ogni funzione, gioco fine a se stesso, divertimento, ironia, *cosa non seria,* esercizio per pochi e inteso da pochi della «casta dei compari»: *immagini in libertà* e *lirismo essenziale* in una *sensibilità nuova.* Quanto a lui, Soffici, alla sua personale poetica di artista, *arte pura* vorrà dire *concreto* o *assoluto sensibile,* un *posar le parole come il pittore i colori* nei modi di un impressionismo, in cui la parola si fa suggestiva e si allarga in una infinità di *evocazioni analogiche,* in un contesto *tutto verbale evocativo* (qui, pp. 166-167). Anche Papini vorrà operare sulle *analogie,* ma saranno *analogie intellettuali,* vissute con una cupa, tesa intensità e concentrazione, troppo spesso solo intenzionale (qui, p. 172). Govoni [7], che ha dei

---

[7] [Si veda la recensione di Anceschi del 1937 a C. Govoni, *Splendore della poesia italiana dalle origini ai giorni nostri,* poi ripresa, con il titolo *Quattro schede per una antologia,* in *Saggi di poetica e di poesia,* Firenze, Parenti, 1942; nuova ed. corretta e ampliata, Bologna, Boni, 1972, pp. 208-13].

meriti nella fondazione delle istituzioni crepuscolari (qui, p. 162), ma che ha fatto esperienze futuriste e vociane, muove spesso nei suoi *elenchi* un po' meccanicamente tra suggestioni *analogiche* e presenze *oggettive*; Sbarbaro, d'altro canto, vuol esplicitamente tradurre i suoi «innumerevoli stupori» in «oggetti», e tenta così una intellettuale organizzazione, e quasi stilizzazione, dell'impressionismo letterario e del frammentismo (qui, p. 173).

Analogia. Oggettività. Personalità singolarmente emergente, Palazzeschi, quando non le fonda, sperimenta successivamente e con eguale frutto le istituzioni crepuscolari, quelle futuriste, e quelle vociane[8]. Anche in lui la poetica emergente è quella dell'oggettivazione, ma i suoi oggetti son fatti leggeri e come lievitanti, non senza modi di analogia. Nel muovere i suoi oggetti, egli resta, per altro, soprattutto il poeta che vuole lo si lasci «divertire», il «saltimbanco dell'anima» in un esercizio da circo, tra *follia, nostalgia, malinconia*, che ha una disperata volontà di libertà. La poesia è gioia scoperta nel dolore, è politica dello spirito in cui l'ironia è l'estrema punta; è un produrre senza scopo «piccole corbellerie» (qui, pp. 189-193); già Gozzano aveva parlato di una *poesia di cose non serie* (qui, p. 146); Soffici dell'arte in se stessa come di *cosa non seria* (qui, p. 169): così la situazione di Palazzeschi è una situazione felicemente tipica, di una moralità vissuta e autentica in quel momento. Infine, ecco Campana. Ecco il suo sforzo di rassodare l'impressionismo, non già per calcolata operazione di stile, e neppure per una sorta di condensazione etica o religiosa, quanto per via di mito o di luce simbolica in una «poesia musicale colorata», con un nuovo «senso del colore», «effetti musicali», «note musicali». Egli vuole armonizzare «colori e forme»; e tutto fa consistere in una nuova energia verbale per una straordinaria forza visionaria, in un delirio senza speranza (qui, p. 194).

Ma − crepuscolari, futuristi, Soffici e Papini nel loro migliore momento, Palazzeschi, Campana... − non vi è dubbio che essi espressero momenti diversi di quella *fenomenologia dell'uomo della crisi* che nel nostro paese fu avvertita profondamente in quegli anni; e in modo tanto più acuto quanto più indiretto in uomini che spesso espressero la loro volontà di essere *puri artisti, puri poeti*.

---

[8] [In proposito è necessario il rinvio all'*Intervento* di Anceschi che apre i fascicoli monografici del «verri» (nn. 5 e 6, 1974) interamente dedicati a Palazzeschi. Lo scritto − poi ripreso in *Da Ungaretti a D'Annunzio*, cit., pp. 197-203 − può leggersi ora in *Interventi per «il verri» (1956-1987)*, cit., pp. 125-30. Si tenga anche presente *Rivediamo le carte in Parnaso*, in «Il Giorno», 31 dicembre 1974].

XII. Se tale è la prospettiva – e indica evidentemente un comune orizzonte morale – di coloro che vissero l'arte come un fine degno di essere vissuto per se stesso, degli «artisti», altri connotati presenta istituzionalmente la prospettiva di coloro che vissero l'arte come un mezzo per chiarire i loro problemi etici o religiosi; coloro che furono detti i «moralisti» della «Voce». In realtà, i connotati sono diversi; ma l'esito è tale che ben presto rientra in uno stesso orizzonte di situazione umana e storica; e Michelstaedter, Boine, Jahier, Rebora, Onofri... anch'essi contribuirono ad una descrizione esistenziale dell'uomo, o almeno ad una fenomenologia della crisi. Gli uni parlarono di *ironia*, di *divertimento*, di *scelta per l'arte*, di *gioco*... gli altri di *volontà di essere*, o di *scelta tremenda*, o si rifugiarono in ideali astratti di assoluta integrazione. Nel suo movimento alterno tra *vita* e *morte*, Michelstaedter parla di un *artista forte* che non *vuole* già *essere artista*, ma *vuole essere*, e non può sfuggire a questa decisione, ed è tutto presente in ogni punto del suo dire, tutto assolutamente, e tutto persuaso, fino alla morte che è *salute* (qui, pp. 175-177). Nella sua oscura metafisica, che pone come fondamentale la dialettica *pensiero-vita*, Boine vede l'arte come testimonianza di quella inesauribilità vitale che travolge ogni schema; e distingue una estetica dei *fruitori dell'arte* da una *estetica dei creatori*, aderente alla azione, ai bisogni dell'arte; in quest'ordine l'arte si presenta come *atto di vita*; la poesia offre un *mondo umano vivo*; e, perciò, sia, dunque, *obiettiva*, e, nello stesso tempo, *lirica* per una espressione intera dell'uomo in nuove libere forme (qui, pp. 178-181). Quanto a Rebora[9], egli parlerà della poesia come un mezzo di comunicazione *attraverso simboli intelligibili* (oggettivamente istituiti) di un rapporto vivo con il lettore che è un *dono* (*prodigare il frutto*) che implica una *contemplazione* (*suggere il sole*) per giungere, infine, a una *scelta tremenda* (qui, pp. 181-185). Da ultimo, Onofri. In Onofri si trovano chiaramente distinti due momenti di riflessione: un primo tempo, nettamente impegnato nella *poetica del frammento*, tra Soffici e De Robertis (qui, pp. 185-186), e un secondo tempo, tutto preso in una visione religiosa e metafisica, in cui l'io romantico e moderno vuole essere oltrepassato in una speranza di umana integrazione, e l'artista si trasforma da sé in una «coscienza aperta a tutti gli interessi umani» (qui, pp. 186), nel rilievo di una trama complessa di archetipi e di analogie: «un'età di grandissimi artisti deve sorgere ancora sulla terra».

---

[9] [Su questo autore, di Anceschi, si vedano: lo scritto *Lettere di Rebora*, in *Il modello della poesia*, Milano, Scheiwiller, 1966, pp. 267-74 e la *Testimonianza*, in AA.VV., *Omaggio a Cle-*

XIII. «La Voce», e tutto ciò che collochiamo, ormai, sotto questa etichetta, rappresenta un momento particolarmente attivo nella storia delle poetiche del nostro paese. I referenti furono l'idealismo e la filosofia francese antiintellettualistica vissuta spesso con un tono di crisi e di angoscia; e pure non mancò mai la coscienza della fertilità della cultura, la volontà di creare una classe dirigente moderna e preparata, l'idea di dare al paese uno stato moderno. Molti dei propositi non si attuarono (qui, p. 197); ma se i referenti filosofici vanno mutando, se vi è l'arte, l'arte nuova nei suoi movimenti veri: dall'impressionismo al cubismo; e se vi sono taluni aspetti della letteratura nuova d'Europa e specie di Francia (qui, p. 148), vi fu anche la volontà di dare un linguaggio adeguato alla nuova moralità, di ritornare in accordo con l'Europa e di portare un contributo a una più ampia cultura. È certo, in ogni caso, che la rivista rappresentò, con i suoi pericoli e le sue speranze, una situazione *aperta*, ricca di relazioni, e tale da offrire al paese la possibilità di una cultura attiva, varia, e mossa nella consapevolezza che, nello scambio tra le letterature delle nazioni, nella circolazione delle idee, nel possesso delle tecniche nuove e nell'impulso che ad esse si dà servendosene sta la garanzia dell'esito e del livello delle opere. Comunque sia, due nomi: quelli di Palazzeschi e di Campana bastano a significare un tempo nel suo valore. Presto peraltro lo slancio si arrestò; e i primi accenni di questa involuzione si trovano già nella «Voce Letteraria» (qui, p. 197).

XIV. Nell'area della «Voce» vivono anche due saggisti la cui attività critica è molto influente negli ultimi anni avanti la prima guerra mondiale, dico: Serra e De Robertis [10]. Sono due figure tra loro connesse per vario genere di rapporti, ma emergenti per diversi caratteri; il Serra muove dal Carducci e dalla *poetica del lettore* fino alla radicale *Unwertung* dell'*Esame*, con un discorso coerentissimo; De Robertis, invece, anche lui a suo modo coerente, muove dalla lezione del Serra ad un gusto del frammentismo, e poi verso un recupero neo-classico. Serra nasconde una inquieta meditazione dell'esistenza entro le forme di una letteratura educata, piena di stupori, tutta tentazioni; De Robertis insiste tutta la vita sui modi di una moralità *let-*

---

mente Rebora, Bologna, Boni, 1971, pp. 41-2; ma vanno pure ricordati gli accenni a Rebora nella *Introduzione* a *Linea lombarda*, Varese, Magenta, 1952].

[10] [Su queste due figure di critico, Anceschi si è soffermato particolarmente negli scritti: *Giuseppe De Robertis tra la «Voce» e «La Ronda»* (1941), in *Saggi di poetica e di poesia*, cit., pp. 113-83; *Situazione di Renato Serra* (1953), in *Da Ungaretti a D'Annunzio*, cit., pp. 205-20].

teraria in una lezione *letteraria*, esclusivamente, che si appaga della propria acutezza e della propria sensibilità.

La poetica del lettore del Serra contrappone il critico di idee generali, il critico filosofo, più attento alle categorie che all'arte, all'*uomo del mestiere*: essa implica tutta l'*ars* carducciana, ma collocata in un nuovo sistema di referenti; non più il positivismo, ma l'irrazionalismo vociano. Il *lettore* è un *uomo del mestiere* che giudica la letteratura secondo i modi di una sicura esperienza letteraria, uno che legge i classici per impararne la lezione, e che giunge a tale esperienza che in questo senso *sa scegliere*. Egli o riduce la lettura a *frammenti* (*esclusivismo lirico*) o *tenta l'imitazione spirituale*; o *fa dei segni in margine* o un *libro di mille pagine*, tenendo presente che «l'Ariosto è lui in poche ottave: ma l'Ariosto di quelle ottave è anche in tutte, poi». Ma questa *lettura* sicura, di uno che sa scegliere, implica la *religio* letteraria, una fiducia nei classici, nella loro lezione; ecco questa lezione farsi problematica: essa non resiste alle inquietudini dell'irrazionalismo contemporaneo (*Intorno al modo di leggere i Greci*), e il carduccianesimo si rivela a poco a poco per una *superstizione* che nasconde il *diritto all'eresia*; che è poi il colorire di un tono sempre più esistenziale, di una angoscia sempre più stringente il sentire vivente della vita (qui, pp. 200-207).

Anche per De Robertis l'*ars* cade in un sistema di referenti irrazionalistici. Dietro al suo gusto di *lettore* vi è l'impressionismo di Soffici con il suo rifiuto della filosofia o al massimo con una dottrina che sgorga dall'arte stessa. Così il *lettore* non ha bisogno di *teorie* ma di sensibilità, di sensibilità capace di cogliere il frammento che vale per sé, in un gusto acuto dell'essenziale: tra la nota rapida sintetica, fatta di scorcio e il *libro di mille pagine*, alla fine De Robertis sceglierà per sé sempre la *nota* (qui, pp. 207-209). Ben presto − coerentemente con gli sviluppi della letteratura − questo impressionismo tenderà nel De Robertis a consolidarsi in un nuovo classicismo. E qui gli gioverà l'idea di *stile*, come segno di dominio dell'artista sulla materia e alta moralità dello scrivere. De Robertis insisterà poi su questo punto; e non a caso lettori responsabili videro nella «Voce letteraria» una sensibile preparazione del *ritorno all'ordine* che si volle poi con la «Ronda». Di fatto, nella «Ronda», l'ideologia dello stile diverrà dominante, e si farà, come dire?, sistematica.

xv. L'impulso della «Voce letteraria» ad oltrepassare i modi dell'impressionismo letterario con nuove ragioni di organizzazione stilistica e di approfondimento storico della parola maturò nella «Ronda» che intese consolidare la lingua letteraria italiana dall'impressionismo e dallo sperimentalismo in una sorta di nuovo classicismo. Fu un classicismo che sorse in una situazione di referente irrazionalistico; e di qui i suoi caratteri di classicismo *ironico*; di strutture tese come sul *vuoto*, il suo *credere solo nell'opera*... In realtà, la «Ronda» – e si pensi per questo movimento all'autorità del *dito didattico* di Cardarelli – si richiamò a Leopardi e al Cinquecento nel desiderio di una letteratura di urbanità «antica e moderna», ma, nello stesso tempo, *lirica* e, insieme, *critica*, sempre attenta dall'interno ad una acuta responsabilità storica della parola, d'una parola pensata e ripensata, rarissima. *Ordini non figure, ispirazione è per me indifferenza, impassibilità* (qui, p. 216): tali furono le ragioni fondamentali di quella *ideologia dello stile* che in Serra aveva avuto il suo scacco, e che i rondisti volevano salvare oltre le tempeste del mondo, raccogliendo in essa come tutto il significato del loro vivere. Con altri referenti – tra Croce e Valéry – il Gargiulo [11] volle teorizzare questa *ars*: e di qui nacque quel considerare l'arte letteraria esclusivamente come arte della parola che pone lo *stile* come struttura fondamentale della riflessione specifica; e che insiste polemicamente contro ogni genere di contenutismo non solo nella interpretazione della vita dell'arte, ma anche nella formulazione stessa della *idea dell'arte*. Un formalismo siffatto giustifica una *distinzione delle arti e dei generi* fatta esclusivamente attraverso i *mezzi espressivi*; e pertanto, per le lettere, *l'idea di lirica*, di *prosa d'arte*, di *narrativa*... e di qui il continuo controllo (prima di tutto interno all'arte stessa) della *critica*. Gargiulo fu certo il primo teorico della *idea di lirica*; e non mancò di sottolineare quanto in quest'ordine si dovesse confidare in quegli anni sui mezzi della *analogia* e della *evocazione*. In ogni modo, con l'idea di «stile» e quella di «forma», con la teoria dei «mezzi di espressione», con la distinzione delle «arti» e dei «generi», e soprattutto con l'*idea di lirica* il Gargiulo, se da un lato *organizzò il sistema della poetica neo-classica*, dall'altro canto, *tentò una fertile apertura empiristica dello schema idealistico* in cui si era formato (qui, pp. 210-214); e qui fu il suo limite.

Nato in parte dagli sviluppi stessi della letteratura precedente alla guerra, il neo-classicismo rondista si svolse in un momento in cui il gusto europeo sembrava orientato in questo ordine di scelte (qui, p. 213); ebbe, come tutto il neo-classicismo europeo, il suo significa-

---

[11] [Si veda, di Anceschi, *Alfredo Gargiulo e la critica* (1956), in *Barocco e Novecento*, cit., pp. 205-9].

to più vero in un sistema di riferimenti irrazionalistici non senza accenti di fredda angoscia e rifiuto. Ma segnò anche la fine della ricca e fertile inquietudine problematica della «Voce», e alla fervida e aperta volontà di una organizzazione ideale e adeguata della mente nazionale contrappose l'*ideologia dello stile*, e offrì risultati di buona educazione letteraria (qui, pp. 210-14), in questo senso apprezzabili. Con la «Ronda», si inizia un periodo di civiltà letteraria «chiusa» nel senso che, in seguito alla sua lezione,

— ci si piegò pericolosamente su una tradizione che fu sentita come tale da porre in difficoltà i rapporti con la letteratura degli altri paesi e con la realtà storica del mondo;

— si giunse a progressivi processi di introversione per cui, infine, la poesia si espresse in «forme chiuse» e con un internarsi sempre più sottile e difficile dei problemi della forma.

Una così fatta situazione di «chiusura» (e si consideri anche rispetto alle ragioni della cultura la particolare condizione della vita politica del nostro paese) si accentuò con gli anni; e la letteratura e la poesia si condussero a forme sempre più internate e suggestive, sempre più celate. Il referente di significazione culturale fu sempre l'irrazionalismo, non più ora nelle sue figure prammatistiche, bergsoniane, o vitalistiche, come al tempo della «Voce», anzi con accenti sempre più vibratamente portati su motivi esistenziali. Ermetica non fu solo la letteratura del nostro paese; una situazione con caratteri analoghi si può trovare in tutte le letterature occidentali, e accenni si trovano anche nella letteratura russa; ma nel nostro paese essa ebbe accenti particolarmente acuti, e forme per ovvie ragioni più evidenti ed esclusive. In questa disposizione la parola perdette molto del suo spessore logico, si fece allusiva, evocativa, inquietamente sfuggente; cercò forme e sintesi indirette, simboliche, oscuratamente rivelatrici. Giuseppe Ungaretti[12], fra tutti, avvertì con acutezza il senso critico e problematico della parola del tempo, e la tenne inquieta, in una perpetua rinnovazione: al Leopardi umanista e maestro di stile di Cardarelli, Ungaretti primamente oppose la figura di un Leopardi «uomo buio», anticipatore del sentimento del nostro tempo, tra altri anticipatori come Blake, Hölderlin, Lautréamont.... La *parola* unga-

---

[12] [Numerosi gli interventi di Anceschi su Ungaretti. In particolare, ricordiamo: *Umanità di Ungaretti*, in «Cronache latine», a. II, n. 8-9, 1932, p. 4; *Di Ungaretti e della «critica»*, in «Questi giorni», n. 2-3, dicembre 1945; *Ragioni della poesia 1945*, in «Le Tre Arti», marzo-aprile 1946; *Ungaretti e la critica* (1958) in *Barocco e Novecento*, cit.,pp. 137-55; *Vita di un uomo*, in «il verri», n. 32, 1970, pp. 136-7; *Ungaretti*, ivi, n. 37, 1971, pp. 129-30; *Ungaretti 1919-1927: la parola «staccata in pause»* (1974), in *Da Ungaretti a D'Annunzio*, cit., pp. 67-80].

rettiana si riconosce parola *analogica* («il poeta d'oggi cercherà di mettere a contatto immagini lontane, senza filo»), la sintassi si rinnova per nuovi modi («trapassi *bruschi* dalla realtà al sogno; uso *ambiguo* di parole nel loro senso concreto e astratto; trasporto *inopinato* d'un soggetto alla funzione di oggetto...») ma, sia detto subito, l'analogia non vuole essere una operazione letteraria, né si limita all'ambito della percezione, o della psicologia, né si diverte in ingegnosità e trovate; l'analogia vuole essere un modo di conoscenza totale, di rivelazione metafisica, di ritrovamento dell'essere, dello stato edenico perduto, della innocenza primigenia (qui, pp. 220-225). Ungaretti opera nei modi della sintassi analogica secondo una ben definita prospettiva metafisica; una diversa prospettiva metafisica è, invece, sottintesa alla poetica secondo cui opera Eugenio Montale (qui, pp. 225-232). Montale [13] si formò originariamente tra i così detti «liguri» e i crepuscolari. Tutto ciò lo portava verso i modi di una *poetica degli oggetti*, sulla quale più tardi egli seppe inserire un prudente accoglimento della lezione eliotiana del «correlativo oggettivo» (qui, p. 205). I simboli oggettivi di Montale si fanno veri emblemi di una situazione umana risoluta nella sua decisione per il nulla, e la poesia fu veramente poesia del *tormento critico*, con una materia che porta in sé un *mordente processo di disgregazione critica* (qui, p. 226). L'uomo senza miti, il mondo senza significato, la vita vissuta nel *nulla* accettato... tutti questi sono i significati impliciti negli emblemi montaliani, in questa che è, per il nostro paese, la poesia della più radicale negazione, di una negazione senza attese, di un nulla attivo solo in se stesso.

XVI. Le strutture di poetica che in questa storia si sono inseguite come motivi fondamentalmente costitutivi delle poetiche stesse sembrano essere tre:

— l'idea di *stile*, e di *forma*, che nell'ambito della nostra ricerca ha la sua dottrina primamente nel Carducci [14], e che, poi, attraverso diverse trasformazioni e accettando vari significati e pronunzie storiche, prosegue nel Serra, nel De Robertis, nei Rondisti, come principio operativo e criterio valutativo della poesia;

— la *poetica degli oggetti* che ha la sua prima, e non sempre ri-

---

[13] [Si veda L. Anceschi, *Osservazioni su un poeta come critico* (1966), in *Fenomenologia della critica*, Bologna, Patron, 1966, 1974², pp 53-4].
[14] [Si veda L. Anceschi, *Note d'estetica e di poetica*, in «Rivista di Estetica», n. 3, 1973, pp. 233-48].

flessa, manifestazione nella Scapigliatura, trova nel Pascoli il primo dottrinario, prosegue attraverso i «liguri» (fino a Sbarbaro) e i Crepuscolari, ha talune applicazioni particolari in Vociani, come Palazzeschi e Rebora, e si conclude con l'ermetismo, con gli emblemi montaliani;

— la *poetica della analogia*, la cui intuizione balenò oscuramente in taluni pensieri dannunziani, trovò qualche accento nei Crepuscolari, si fece principio organizzativo del nuovo linguaggio poetico per i futuristi, acquistò accenti particolari in Soffici e in Papini, si ritrova come motivo profondo nelle oscure dottrine di Onofri, e finalmente si fa il motivo fondamentale della poetica ungarettiana.

Ognuna di queste poetiche ha subìto particolari curvature semantiche, in rapporto sia alla situazione della poesia e al referente di significazione in cui si sono trovate ad operare, sia alla particolare maniera di reagire del poeta a situazione e referente; ed, infine, esse rappresentano tre diverse tecniche della comunicazione poetica. Da quel che risulta nella ricerca, e nell'ambito della ricerca che ci riguarda possiamo constatare che la nozione di *stile*, movendo da una struttura razionalistica come quella della riflessione carducciana, ha subìto diverse trasformazioni nel suo successivo essere accolta in strutture che vivono nella esperienza dell'irrazionale, comunque qualificato; mentre le poetiche della *analogia* e degli *oggetti* acquistano rilievo fondamentale e forza operativa nelle riflessioni che hanno per referente l'irrazionalismo, con variazioni particolari secondo le particolari accezioni dell'irrazionalismo stesso [15].

---

[15] Per una valutazione politica e morale del periodo storico qui studiato si veda E. Garin, *Cronache di filosofia italiana*, Bari, Laterza, 1955 [1975 4]. Lo scritto va integrato con il saggio sulla *Cultura universitaria e le riviste fiorentine*, in «Paragone», n. 2, 1958. Per i riferimenti linguistici, si veda A. Schiaffini, in *Mille anni della lingua italiana*, Milano, All'Insegna del Pesce d'Oro, 1962, pp. 39 ss.

CONCLUSIONI TEORICHE

I. I lineamenti di storia delle idee di poetica che, movendo dalla fine dell'Ottocento e giungendo fino alla metà del Novecento, sono stati tracciati nel corso della ricerca si prestano nel modo più conveniente al rilievo di taluni problemi teorici e al controllo di talune soluzioni [1]. Del controllo, si dirà più innanzi; quanto ai rilievi, essi ri-

---

[1] [Per altri tentativi di storia delle poetiche da un angolo fenomenologico, si vedano: L. Anceschi, *Autonomia ed eteronomia dell'arte*, Firenze, Sansoni, 1936 (II ed. riveduta, Firenze, Vallecchi, 1959; III ed., Milano, Garzanti, 1976, cui è aggiunto un *Intenzioni 1976*, pp. VI-XII) e *Le poetiche del Barocco* (1959), in *Idea del Barocco*, Bologna, Nuova Alfa, 1984, pp. 63-166. A questi ampi studi si affiancano le indagini settoriali, in parte già ricordate, raccolte sia in *Saggi di poetica e di poesia*, cit.; sia in *Poetica americana*, Pisa, Nistri Lischi, 1953 (II ed., Firenze, Alinea, 1988); sia in *Da Ungaretti a D'Annunzio*, cit. e sia in *Da Pound ai Novissimi*, Salerno, Ripostes, 1982. Nello stesso novero va compreso lo studio *Poetiche dell'Ermetismo* (1977), in «il verri», n. 11, 1978, pp. 10-43.

Oltre che in *Autonomia...*, i fondamenti teorici del discorso dottrinale di Anceschi sulle poetiche si trovano, principalmente, anche in *Progetto di una sistematica dell'arte*, Milano, Mursia, 1962, 1968² (III ed., Modena, Mucchi, 1983); in *Fenomenologia della critica*, cit.; in *Il caos, il metodo*, Napoli, Tempi Moderni, 1981; in *Che cosa è la poesia?*, Bologna, Clueb, 1981 (II ed. ampliata, Bologna, Zanichelli, 1986) e in vari altri scritti non raccolti in volume, tra i quali si ricorderanno almeno i seguenti, di data più recente: *L'insegnamento di Antonio Banfi* (1978), poi ripreso in *Due ricordi*, apparso su «il verri», n. 13-16, 1979, pp. 7-23; *Sugli studi di estetica*, in AA.VV., *Orizzonte e progetti dell'estetica*, Parma, Pratiche, 1980, pp. 8-17; *Ultima lezione, e programma*, in «Studi di Estetica», n. 1, 1981, pp. 56-64; «*Macerie», e umanesimo*, in «il verri», n. 20-21, 1980-81, pp. 9-20. Inoltre, il discorso teorico anceschiano trova continua dichiarazione in tutte le pagine del citato *Interventi per «il verri» (1956-1987)*.

Più in particolare, sullo specifico tema delle poetiche e delle istituzioni letterarie, si veda l'analisi condotta nel saggio *Problematica delle istituzioni letterarie*, in *Le istituzioni della poesia*, cit., pp. 7-100 e nei successivi: *Delle istituzioni*, in «il verri», n. 31, 1969, pp. 186-8; *Problematica e fenomenologia delle istituzioni*, in «Strutture ambientali», n. 3, 1970, pp. 4-9, 124-30; *Delle istituzioni letterarie* (1971), in *Da Ungaretti a D'Annunzio*, cit., pp. 165-76; *Della poetica e del metodo* (1975), in *Il caos, il metodo*, cit., pp. 33-93; *Variazioni sull'idea di poetica, e circostanze*, in «L'altro versante», n. 2, 1982, pp. 5-11; *Metodo, e arte poetica* (1982), in *Che cosa è la poesia?*, cit., pp. 164-77; *Cinque lezioni sulle istituzioni letterarie*, Milano, Guerini e Associati, 1989].

guardano soprattutto l'indole, la natura, noi diremmo il *senso* delle istituzioni letterarie e artistiche; e proprio questo problema qui vorremmo affrontare *ab imis*. Quali sono i rapporti tra *istituzioni* e *arte*, tra *istituzioni* e *cultura*, tra *istituzioni* e *storia* e *società*? E, in questo ordine di rapporti, quale parte ha la relazione tra *istituzioni* e *poetica*? Osserviamo subito che le istituzioni mutano e si trasformano, che si organizzano in diversi sistemi di relazione, e che sempre diverse sono, poi, le istituzioni – nell'ambito che ci riguarda abbiamo visto, tra l'altro, *stile, analogia, simbolo oggettivo* – che emergono volta a volta come fondamentali e costitutive. È possibile trovare in questo mutare una linea di continuità, un significato generale, una finalità comune? In altre parole, *come* vivono le istituzioni? E noi, secondo quale idea, secondo quale principio possiamo ordinarle, unificarle in modo da comprenderle? Se siamo d'accordo che un pensiero verifica idealmente *al limite* la propria forza teorica nella sua capacità di cogliere la pregnanza autentica del particolare, ebbene converrà dir subito che la forma in cui tale principio potrà presentarsi non sarà quella del Modello assoluto e dogmatico, esclusivo ed escludente; ma quella, comprensiva, di una *legalità aperta* tale da salvaguardare in ogni caso i diritti naturali di tutte le possibili specifiche disposizioni e determinazioni. Ci sono, infatti, buone ragioni nel sospetto che in genere gli artisti e i letterati mostrano verso la filosofia; e certo prima di tutto vi è il timore che lo schema teorico e dottrinario irrigidisca astrattamente il sensibile movimento della invenzione critica, e mortifichi l'imprevedibile novità della vita dell'arte. Veramente se un timore siffatto si giustifica nell'ambito di un particolare modo di intendere la ricerca e propriamente in quel modo per cui il *sistema significa le strutture*, esso non ha più senso, invece, nell'ambito di quel modo per cui il *sistema si significa attraverso le strutture*[2]. Nel primo caso, il pensiero si fa rigido, dogmatico e limitante; nel secondo caso, esso mira alla integrazione organica degli aspetti parziali di cui l'esperienza stessa è infinitamente intessuta. Nel primo caso, il pensiero si fa assertorio, definitivo, vincolante; nel secondo, ipotetico, modificabile, aperto e pronto ad aprire.

II. Per iniziare la ricerca converrà:

(A) stabilire un significato elementare ed introduttivo, anche se approssimativo, della nozione di istituzione letteraria e artistica.

---

[2] Si veda, a questo proposito, il nostro scritto *Della critica letteraria e artistica in generale* (1959), in *Progetto...*, cit., pp. 19-43.

Esso potrà, alla fine della indagine, venir rifiutato o accettato, corretto, verificato, o integrato; ma, se è vero che il risultato si ha solo nell'insieme che comprende tutto il movimento della ricerca, tale significato farà parte integrante del processo che conduce al risultato;

(B) descrivere alcuni orientamenti generalissimi di interpretazione delle istituzioni stesse. Si tratta di momenti fondamentali della riflessione che le riguarda, di motivi che devono essere compresi nel movimento della ricerca.

Quanto ad (A) va detto subito che la nozione di *istituto* e di *istituzione* implica per se stessa le idee di *fondazione*, di *regola*, di *insegnamento*, e, quindi, anche di *scopo*. Di fatto, nel caso delle istituzioni letterarie si tratta della *fondazione* di una *regola*, o, meglio, di un *sistema di regole*, di *precetti*, di *norme* che si propongono l'insegnamento dell'arte, e, pertanto, il buon esito nel lavoro letterario e artistico. Sembra proprio che Quintiliano nelle *Institutiones* si sia servito della nozione in questo modo, disponendo i suoi precetti («optimis *institutis* mentes... informare») così che essi giovino a formare il buon oratore attraverso una efficace *doctrina dicendi*, una *bene dicendi scientia*. Molti autori si servono della nozione in questo senso *tecnico-artistico* o *didattico-artistico*; in ogni caso, tale sembra essere quell'accezione originaria e quel primo movimento della riflessione che costituiscono il significato iniziale della nozione, e da cui solamente può muovere la ricerca.

III. In realtà, secondo la più lontana tradizione dottrinale – nelle τέχναι ποιητικαί e nelle *artes poëticae* – i connotati delle istituzioni sono i seguenti: si tratta in generale 1) di *norme tecniche* disposte a favorire e ad assicurare la nascita della poesia; 2) di *norme didattiche*, disposte all'insegnamento degli aspetti *pratici* della invenzione poetica; 3) di *norme tradizionali*, che servono a trasmettere di generazione in generazione una sapienza letteraria conservata dai maggiori e utile al lavoro; 4) di *norme ricavate dalla esperienza dell'arte*, e la sacralità dell'attività poetica, quando ad essa ci si richiama, serve in questo ordine solo a garantire la legittimità della esperienza stessa. Per altro, le istituzioni assumono ben presto altri connotati, e cioè: 5) secondo il tipico dogmatismo delle tecniche, esse tendono a proporsi come *modelli* infrangibili, a erigersi come precetti vincolanti, sotto la forma di una sorta di *assolutizzazione* della loro validità. E per questa via: 6) esse pervengono a dettare strutture e a fissare limiti, *entro i quali e solo entro i quali sia possibile fare*, e, nello stesso tempo, *riconoscere* ed *apprezzare l'arte*. Così, da norme *tecnico-didattiche* riferibili ad esperienze parziali e ben determinate le istituzioni tendono fatalmente a trasformarsi, da un lato, in una generale *canonica* del fare artistico, dall'altro, in *criteri assoluti di stima e di giudizio*, in *principi necessari della critica*. Ora, se non vogliamo tornare a riferirci a Quintiliano, alla sua descrizione esperta e circostanziata della *inventio*, della *dispositio*, della *elocutio* e di tutte le altre istituzioni dell'antica arte oratoria, ma vogliamo richiamarci a poeti, ebbene Orazio e Boileau ci dàn l'esempio di due autori che, in lontanissimi ambienti di cultura, in un diversissimo sistema di referenti, han dettato modelli letterari di prolungata autorità, appunto gli equilibrati ed assestati modelli di quel classicismo che è uno dei motivi fondamentali, tradizionali, e ricorrenti nel gusto letterario e artistico e nello stile morale delle culture europee. Riapriamo, dunque, Orazio[3].

A questo punto (B), di fatto, van considerate alcune interpretazioni del significato delle istituzioni letterarie e della loro funzione, e soprattutto le due interpretazioni fondamentali: quella del *classicismo* tradizionale (B₁) e quella *romantico-idealistica* (B₂). Si tratta di due orizzonti assai ampi di cultura estetica in cui le istituzioni si motivano e si giustificano in modi radicalmente diversi. Alla fine (C) un *rilievo fenomenologico* vorrà consentirci di integrare le varie interpretazioni collocandole in un terzo orizzonte capace di comprenderle nella loro funzione particolare, nella loro storica relatività, nella loro reciproca complementarità. Ma, dicevo, riapriamo Orazio.

IV. Se, in modo coerente con la particolare prospettiva speculativa in cui si qualificano, le *estetiche* tradizionali si propongono di *trovare un senso dell'arte* entro *un sistema di valori e di principi,* le *poetiche,* invece, tendono a *coordinare tutta una particolare realtà di esperienza e di cultura in un sistema orientato ai fini dell'arte,* e a questo scopo, curvano, recuperandole, anche precedenti e contemporanee correnti filosofiche e critico-letterarie. Secondo i rilievi degli studiosi[4] più autorevoli, le istituzioni dell'*ars* oraziana confermano in

---

[3] [Si veda L. Anceschi, *La poetica di Orazio,* in «Studi di Estetica», n. 1-2, 1986, pp. 13-24].

[4] Si veda, soprattutto, la chiara *Introduzione* di A. Rostagni, che riassume vaste ricerche storiografico-filologiche, alla edizione dell'*Arte Poetica* dal Rostagni stesso curata, Torino, 1930. Assai interessante poi per il rilievo e la conferma di taluni procedimenti di Orazio lo scritto di C. Del Grande, *Orazio, ode diciottesima del primo libro,* in «il verri», n. 5, 1961, pp. 3-17. Il saggio integra acutamente le precedenti ricerche del Pasquali. (Ma va qui segnalato anche un breve studio di P. Valesio, *Un termine della poetica antica:* ποιεῖν, in «Quaderni dell'Istituto di Glottologia» dell'Università di Bologna, v, 1960, pp. 94-111: con un'attenta analisi semantica e con procedimenti convincenti che si accordano a tutto un gusto storico contem-

modo evidente questa considerazione: e, di fatto, tutto un filone della cultura estetica e della riflessione poetica classica – o, se si vuole, col Rostagni, una fondamentale tradizione *estetica* e *storico-letteraria degli antichi* – viene da Orazio recuperata.

Tutta l'*ars poëtica* è una riflessione particolare che tien conto fondamentalmente del rapporto tra il *poeta* e la *poesia*, tra l'*autore* e l'*opera*; così, movendosi in questa relazione, le stesse istituzioni vengono richiamate varie volte nel discorso ora sotto l'aspetto della formazione e del lavoro del poeta, ora sotto quello dell'opera compiuta; infine, una immagine riassuntiva del *perfetto poeta* chiude il discorso. Orazio fa una scelta resoluta. La poesia, egli pensa, può raggiungere una sua idea di *perfezione*, e deve raggiungerla. Ma per far ciò il poeta non può essere l'invasato, il maniaco, il *demens poëta*, che infuria *velut ursus*. Vi è tutta una tradizione speculativa che nel pensiero greco si muove entro questo orizzonte. Orazio la rifiuta; e si appropria, invece, di molti motivi della tradizione aristotelica e dei grammatici alessandrini. Ecco: il poeta non può essere mediocre. Perché possa raggiungere la perfezione egli ha da essere uomo completo, consapevole, civile, con una sapienza che gli consenta di «fare il suo gioco» con la stessa agilità del buon ginnasta sul trapezio. Egli sa accordare nel modo più armonico e conveniente *vena* e *studio*; e, timoroso di fiacchezze, gesti vani o oscuri, durezze, cadute, rispetta in sé e negli altri l'autorità della *critica*, di cui avverte l'utilità di controllo. Allora, *sapienza artistica, studio umano, controllo critico*: ecco quel che riguarda la formazione dell'artista e del letterato, ed ecco anche le istituzioni fondamentalissime che, nella volontà di una perfezione raggiungibile con sani criteri e convenienti accorgimenti, sono sottese alle istituzioni più specificamente artistico-normative, e in qualche modo le significano. E così: modi di *semplicità, unità, organicità, verosimiglianza*, e *convenienza* predisporranno bene la materia; quanto alla lingua, una *callida junctura* («*notum* si callida *verbum* / reddiderit junctura *novum*») s'unirà all'uso meditato delle metafore, dei neologismi, delle parole di origine greca, dei vocaboli rari e antichi rinnovati nelle nuove pronunzie. I metri sian scelti secondo gli argomenti... Per altro – materiali, lingua, metro – tutto vive nello *stile* e per lo *stile*, e vi prende senso; ciò che fa l'arte è la *forma*, e qui sta il sigillo del poeta, e, infine, la sua vera *originalità*. Così che:

poraneo, il giovane studioso contribuisce a delimitare l'interpretazione del concetto originario di ποιεῖν letterario e artistico, quando venga reso con le parole «creare» «creazione», entro l'ambito di un referente romantico-idealistico).

... tantum series juncturaque pollet,
tantum de medio sumptis accedit honoris!

Uno *stile* che è *ordine, organicità,* e *misura* nella compostezza del gesto letterario e nella fecondità della cultura: si tratta di una poetica orientata nel senso di una civiltà che si sente a un alto livello di riflessività e di maturità estetica: come sotto la guida di Rostagni si è accennato, Orazio riscatta e ravviva con nuovi colori la grande tradizione di ricerca estetica e poetica dei peripatetici, e poi dei grammatici alessandrini, e in particolare Neottolemo; e se ne serve, e riesce a piegarla in modo che essa si faccia precisa risposta alla situazione vivente della poesia latina nell'età che fu sua. Si è detto, infatti, che l'*Ars* è il «programma della poesia augustea», e certo Orazio si propose di elaborare – anche nei modi di un superiore, sciolto ed immaginoso didattismo – le tavole di gusto e le strutture di poetica per una nuova civiltà di poeti. In ogni caso i limiti e il senso della sua ricerca sono chiari: in lui una larga, profonda, personale, esperienza della vita della poesia cerca di fissare, di fondare le sue norme, i suoi principi; e per far ciò, fa fruttare, servendosene strumentalmente, tutta una particolare autorevole tradizione di riflessione filosofica e letteraria dell'arte, e così da un lato si rende conto di sé istituzionalmente, dall'altro può proporsi di preparare un orizzonte di lavoro per la nuova poesia romana. Ma, nonostante che il pensiero dell'*Ars* viva entro termini storici così ben definiti, anche in Orazio le istituzioni tendono ad ordinarsi in un sistema in cui acquistano tono definitivo e assertorio, in un *sapere* in cui si fanno acroniche, immutabili, e, per così dire, necessarie, assolute. Un sistema di istituzioni *ne varietur* secondo un rapporto poeta-poesia presupposto come statico e invariabile nei suoi elementi costitutivi e nella relazione che li lega; e così neanche la cautela ed il sospetto filosofico di Orazio riuscirono a impedire che si determinasse quel processo di irrigidimento che è proprio della riflessione operativa, suo limite e, insieme, sua forza.

v. Una estetica filosofica che intenda veramente presentarsi come tale potrà vincere le obbiezioni che le si portano – anche quella estrema e tutta ingenua di una *crisi* definitiva ed irreparabile, di un fallimento – se, anziché riconoscere il proprio principio in una obiettiva ed univoca struttura ideale, o in un modello che si affermi assoluto, o in un definitivo ed immutabile «momento dello Spirito», lo riconoscerà in una *legge d'integrazione* (sulla cui forma si vedrà) capace non solo di comprendere la infinita proliferazione delle forme estetiche particolari, ma anche tale da unificare e ordinare la molteplicità dei sistemi normativi, delle precettistiche, degli ideali, e, insomma, tutta la varietà delle forme e dei modi della riflessione estetica, così che, se le istituzioni sono una singolare manifestazione di questo riflettere, una fenomenologia delle strutture estetico-riflessive appare ormai non solo fertile di sviluppi, ma anche preliminarmente necessaria ad ogni ulteriore ricerca sulle istituzioni[5]. Occorre, per altro, eliminare subito alcuni idoli, e, in particolare, riconoscere la parzialità, la limitatezza, e la presunzione dogmatica di due modi di vedere molto diffusi, e, cioè (1) quel modo che risolve ogni genere di riflessione estetica nel *concetto* filosofico dell'arte (o interpretazione *puramente filosofica*, e ne è tipico esempio l'estetica idealistica); e (2) quel modo che risolve ogni maniera di riflessione estetica nella riflessione interna dell'arte, nella poetica (o interpretazione puramente artistica pronta a rifiutare ogni orizzonte propriamente speculativo). In (1), nello stesso momento in cui si propone una prospettiva di universalità e di razionalità, si compie una operazione singolare di riduzione, e, cioè, si riduce ogni genere di riflessività alla ipostasi di una astratta obiettività ideale, ed in essa si appiattiscono le diverse forme in cui la riflessione dell'arte può attuarsi secondo diverse motivazioni funzionali. In (2), la riflessione poetica, richiamando alla immediatezza della esperienza vissuta, mentre convince l'estetica che si presenta come filosofica (1) di incompetenza, di astrattismo, e di schematismo, cade anche essa in una singolare riduzione: riconosce legittima solo se stessa secondo le strutture che le sono proprie, e sembra ignorare ogni altro motivo e necessità della ricerca. Si cade così in due modi di tipico dogmatismo: da un lato (1) si impoverisce l'esperienza, si rifiutano le sue sollecitazioni, o la si falsifica, o si tenta di imporle strutture eterogenee; dall'altro (2), mentre ogni principio che si presenti come fondamentale nelle singole poetiche pretende di valere come unico, necessario, e universale, la riflessione si risolve in una somma disorganica e irrelata di prospettive prive di unità. Con le loro diverse riduzioni, nessuno di questi due modi di vedere (1) e (2) esaurisce di fatto la teoria della riflessione: l'uno riduce tutto il riflettere alla pura ragione speculativa, l'altro alla pura riflessione pratica. In realtà, quel che interessa è esaminare qui il rapporto tra questi due tipi di riflessione in modo da porre tra loro una relazione non

---

[5] Sulla fondazione teorica dei vari piani di riflessione estetica, e, in particolare, di riflessione artistica vedi: A. Banfi, *I problemi di una estetica filosofica*, cit., pp. 37, 87, e *passim*; ma soprattutto l'allegato *E/26*, sulla *Riflessione e la problematica dell'arte*, ivi, pp 219-63.

dogmatica, non rigida, capace anzi di giustificare i vari piani in cui la riflessione stessa si articola.

VI. La riflessione estetica che riguarda l'arte e i suoi problemi si esercita secondo diverse esigenze su diversi piani che stanno tra loro in un complesso sistema di autonomia e di relazione. Per altro, nel rilievo dei passaggi da un piano all'altro non converrà mai parlare di «superamento»: ognuno di essi risponde a una finalità particolare, e di superamento si potrebbe parlare solo mettendosi dall'angolo di una particolare finalità. In realtà, si incontra, in primo luogo, un modo di riflessione particolare che muove dal lavoro dell'arte – dalla *mano*, per così dire –; e tale riflessione si dirà *prammatica* o *operativa*. Essa si qualifica soprattutto come consapevolezza del fare, tale da proporre precetti norme o ideali al fare stesso. In questo ordine sono compresi le poetiche dell'arte e i sistemi della critica militante, infine, tutte quelle strutture di pensiero in cui si chiariscono e si risolvono le esigenze, i problemi, e le soluzioni della vita concreta dell'arte in quanto tale. Perciò se ogni riflessione ha per progetto una conoscenza, e se le poetiche e i sistemi critici si propongono di conoscere il campo che li riguarda, in essi il proposito conoscitivo è curvato, e in qualche modo ridotto, dalla prepotente urgenza di motivazioni operative. Per fare, bisogna scegliere; per scegliere, ridurre. Proprio Valéry, nei suoi modi, ha suggerito idee fruttuose circa la funzione del concetto di *situation* nell'interpretazione della concreta vita della poesia; e, pertanto, se il fondamentale rapporto *soggetto-oggetto* si propone come rapporto tra l'*artista* e la particolare realtà del *mondo dell'arte* in cui l'artista stesso si trova ad agire, la scelta si determinerà prima di tutto come un modo di ordinare l'esperienza e di orientare il lavoro in rapporto a un sistema capace di risolvere nel modo migliore i precisi problemi del ποιεῖν. Baudelaire sceglierà il suo *sistema* poetico an... e in rapporto alla così detta *assenza di sistema* della poesia del pri... ...o romanticismo francese. Pertanto, la riflessione operativa proprio per essere il rilievo di strutture di scelta e di azione è segnata da una pressione fortemente programmatica, da una molto impegnata volontà istituzionale. Orazio, Baudelaire propongono le strutture su cui liberamente lavoreranno a lungo i poeti seguenti. Vi sono vari momenti e gradi della riflessione operativa: penso qui al piano *precettistico*, a quello *normativo*, a quello *idealizzante*, ma non è possibile qui descriverli minutamente: basta, in ogni caso, considerare come il passaggio da un piano all'altro si attui per modi organici e continui, e, pertanto, rilevabili per sfumature e trapassi sottili che si articolano entro un sempre più consapevole impegno di universalità e di sistematicità; per cui, infine, si giunge alla soglia di quel primo modo di riflessione che intende presentarsi come «filosofico», il cui principio si fa nello stesso tempo rilievo della obiettività ideale del campo, criterio valutativo, strumento metodologico, modello dell'arte in quanto tale.

VII. Per ritornare alla teoria delle istituzioni letterarie, vi è tutta una tradizione di pensiero il cui senso fondamentale sta in ciò: che le istituzioni quali si presentano nella precettistica perdono ogni significato là dove l'universalità dell'arte si identifichi con l'individualità, la genialità, l'intuitività dell'arte stessa. È ben vero: questa svalutazione assume diverse formulazioni secondo diverse situazioni di cultura e diverse angolazioni speculative: e, p.e., nel platonismo, nel libretto *Del Sublime*, in talune pagine del Bruno contro i «regolisti», anche in testi barocchi ed empiristi; ma ha la sua espessione più organica e sistematica nella tradizione che diremo romantico-idealistica del pensiero estetico moderno. Prendiamo, per altro, e prima di tutto, un esempio illustre, il trattatello *Del Sublime*[6]; con quel suo movimento caldo e raccolto, immaginoso e prezioso, con quella sua energica e luminosa partecipazione. Alla dottrina di origine aristotelica che considera l'oratoria una *scienza* e una *tecnica* disposta ad ottenere, con mezzi preordinati e gesti stilistici istituzionalmente prestabiliti, la *persuasione* dell'uditore (Apollodoro), il trattatello contrappone l'idea, in cui sviluppa motivi platonici e teodoriani, di una oratoria del *sublime* e della *passione*, che conclude ad un'*estasi*, in cui l'uditore resta preso, vinto, e soggiogato. Una tale oratoria si forma da un lato con l'*attitudine alle grandi concezioni* e con *passione profonda e ispirata*, dall'altro, con l'*esperienza*, l'*esercizio*, il *mestiere* (I, VII-XIV), infine con l'*entusiasmo* e con l'*arte*. Dove l'*arte* è continuamente oltrepassata dall'*entusiasmo*, e quasi ne è strumento. Una oratoria siffata smuove gli animi con un vigore tale che non bada all'ordine precostituito degli stili tradizionali, che, anzi «scompiglia tutto a modo di fulmine» (II), e dispone l'animo a grandezza, e sollecita la mente oltre ciò che è espresso (VI). Un grande animo e grandi idee con energia di passione e straordinari impulsi suggestivi, ecco il sublime, e l'organo artistico del sublime sarà la φαντασία, una attività presentatrice, una attività per cui «ciò che tu dici per effetto di entu-

---

[6] Tengo presente l'edizione *Del Sublime*, testo con apparato critico, traduzione, e note a cura di A. Rostagni, Milano, Istituto Editoriale Italiano, 1947.

siasmo e di passione pare a te di vederlo, e agli uditori lo pone come sotto gli occhi» (xv). Natura grande, facondia, e forza presentatrice e visionaria, e, dunque, μεγαλοφροσύνη, φαντασία, πάθος, ἔκστασις: ecco i principi fondamentali di questa poetica e, accanto ad essi, strumentale, l'arte, l'esercizio dell'arte. Che, tra l'altro, se è anche un modo di mimesi dei classici, lo è non già nelle forme di una imitazione stilistica e canonica, ma sì in quelle di una emulazione – ζήλωσις – capace di rielaborare una materia altrui, rivivendola nella comprensione profonda anche dei motivi precedenti la resa letteraria.

Sottoposta al reagente, tutto corrosivo in questo ordine, del sublime, la precettistica tradizionale perde significato e vigore. Gli σχήματα, le figure della rettorica acquistano pregio nel discorso dell'anonimo *solo* ove sian necessari al movimento della passione e in esso si nascondano «pressoché come le *deboli luci* scompaiono sotto i raggi del sole» (xvii) o appaiano tali «che l'occasione li abbia fatti nascere» (xviii), o, da ultimo, essi, in ogni caso, dipendano «dall'imprevisto della passione» e del «sorprendente» (xxiv, e anche, a proposito delle metafore, xxxii). Così, alla precettistica che si poneva come criterio valutativo si sostituisce un μέθοδος (ii, viii), un *metodo critico* fondato sulla conoscenza vivente del sublime, che, per essere continuamente partecipata nell'esperienza attraverso il continuo esercizio, si fa capace di ogni più sottile dosatura di giudizio, mentre, d'altro canto, è pronta a respingere i pericoli e a togliere i vizi (ampollosità, vacuità infantile, parentirso...) in cui il sublime è predisposto a cadere. In realtà, occorre tenere presente che le «espressioni riuscite» «sono la luce del pensiero», e dunque, non sono altro sostanzialmente dal pensiero. La riflessione estetica si attua, come si è visto, su diversi piani; e qui converrà dir subito che l'*Ars poëtica* di Orazio, con le sue norme e i suoi precetti ordinati secondo un fine di equilibrio e di misura letteraria e morale e secondo una particolare *manière de sentir* di gusto classicistico, è tutta nei modi della riflessione prammatica; tutto nei modi della riflessione prammatica è anche il *Sublime*, se pure in esso il tono non sia precettistico né normativo, ma, per così dire, idealizzante, e inquietamente invidii infine i modi della filosofia[7].

---

[7] Una pagina ricca di stimoli e, per noi, pressoché tutta da condividere è quella (p. 115, con quel che segue) di C. Diano, *Linee per una fenomenologia dell'arte*, Venezia 1956 [1967²]. Considerati i vari gradi in cui la sintesi dell'arte può attuarsi e la conseguente infinità delle poetiche, il Diano osserva che «ogni poetica, come espressione di uno di quei gradi, *si riduce ad una determinata metafisica* e cioè a una determinata logica, che, se non è stata ancora pensata da nessun filosofo, intanto è in atto nell'opera». E si badi a quel che l'Autore dice poi circa il *sistema delle arti*.

VIII. Alcune osservazioni intorno alle diverse soluzioni del problema delle istituzioni letterarie sui diversi piani di riflessione estetica che abbiamo finora indicato cadono, a questo punto, opportune; e non c'è nemmeno bisogno di insistere sul fatto che la distinzione dei piani implica, prima di tutto, la consapevolezza della organica continuità che li lega in una autonomia affatto relativa. Le osservazioni sono le seguenti: prima di tutto, con riferimento ai nostri esempi, le istituzioni, passando, nella riflessione prammatica, dal piano precettistico al piano idealizzante, subiscono un mutamento radicale, passano, per così dire, *in altro genere*, e cioè:

— sul *piano precettistico* (α), le istituzioni si presentano sotto la forma della ingiunzione, o, eventualmente, del consiglio di prudenza (*callida junctura*);

— sul *piano idealizzante* (β), le istituzioni si presentano come condizioni ideali del fare (μεγαλοφϱοσύνη).

E, di fatto:

— quanto ad (α), e valga l'esempio di Orazio, le istituzioni appaiono il prodotto di una *diretta* riflessione dell'artista sul suo fare e in vista del fare. Tale riflessione *operativa*, che si determina, sì, per rapporto alla vissuta esperienza dell'arte, va oltre alla *mano* dell'artista, anzi convoglia in sé tutto un insieme di tradizioni: la cultura artistica o poetica in cui l'artista o il poeta si trovano collocati e a cui, in un senso o nell'altro, reagiscono; il pensiero filosofico-estetico in una corrente conveniente (per Orazio, l'aristotelismo); i rilievi della critica; le regole dei grammatici... Tutte queste tradizioni vengono, per così dire, fuse e orientate secondo le pressanti esigenze del gusto, e in questo gusto curvate in modo da contribuire alla soluzione dei problemi che il poeta e l'artista si trovano direttamente ad affrontare. Presto le istituzioni si fan *regole*, ed assumono tono didattico, ed esigono obbedienza. Esse, così, da un lato, costituiscono un piano di obiettività artistico-operativa che si sottende al lavoro dell'artista e del poeta, e gli vuol garantire una salda continuità tradizionale, dall'altro, sono indici rivelatori della cultura artistica e poetica e dei suoi rapporti con la generale cultura. Inoltre, se, da un lato, le istituzioni rappresentano un modo di risolvere precisi e ben definiti problemi di situazione, dall'altro, tendono a presentarsi in ogni caso come tali da valere per sempre;

— quanto a (β), sul piano della *riflessione idealizzante*, secondo l'esempio *Del Sublime*, non ci si domanda più quali siano in ogni caso i *migliori mezzi* per rispondere ad una determinata situazione dell'arte, ma quali siano le *condizioni ideali* per fare arte. Non si tratta più di accorgimenti stilistici, come la *callida junctura*; ma di una forza irrazionale dell'animo che si fa forza poetica: l'*entusiasmo*, la *passione*, come stato necessario e naturale dell'arte. Le istituzioni così cambiano indole: non più regole, precetti, o norme di esperienza, ma indicazioni dello *stato* (spirituale) del fare: la *grandezza dell'animo*; o *organi* (spirituali) del fare: la *fantasia*; o mezzi del fare: l'*arte, in quanto esercizio letterario*; e da ultimo *fini* dell'arte: l'*estasi*. Quanto alle istituzioni precettistiche, esse, da questo angolo, non figurano più se non «deboli luci» che si rafforzano, e acquistano senso e verità solo nella nuova presenza della passione.

Con il *Sublime* siamo ancora nell'ordine delle poetiche; per altro, rispètto alle precettistiche, qui si perde di immediata sperimentalità, quanto si acquista di unitaria coerenza ideale in una più risoluta esigenza di universalità e di assolutezza. Così, i principi poetici tendono a comporsi tra loro in un sistema di rapporti ideali che ha per motivo centrale il πάθος. Per altro, anche su questo piano le istituzioni appaiono rivelatrici di particolari tensioni e sintesi culturali, e non proposte per risolvere una precisa situazione dell'arte[8], mentre, nello stesso tempo, in un contesto dottrinale ricco di accenti platonici, esse non mancano di proporsi come definitive, necessarie, assolute, e, in qualche modo, esclusive.

IX. Si son dati qui alcuni esempi di riflessione operativa; altri possono essere tratti dalle poetiche studiate nella parte storica del presente studio. In ogni caso, il rilievo di un interno svolgimento − al quale va senz'altro sottratta qualsiasi idea di «superamento» − dalla precettistica alla idealizzazione suggerisce la considerazione che, in questo sviluppo, l'esigenza di universalità, di assolutezza, di sistematicità si fa sempre più perentoria. Ogni tentativo di definire non già regole e norme, ma proprio un ideale dell'arte (qualunque ne sia la natura) coinvolge sempre, più o meno esplicita, più o meno coerente, una volontà sistematico-metafisica: si tratta, infatti, di definire *che cosa sia l'arte* e di definirla nell'ambito di un *sistema di valori*. Il *Sublime* è anche un tentativo di stabilire un luogo teorico della passione. Certo, le poetiche che sottintendono, o implicano, o propongono in abbozzo tali sistemi di significati sono potenzialmente infinite; in ogni caso, esse implicano una sorta di teleologia, e la forma della loro perfezione è la filosofia. Per altro, se le poetiche idealiz-

---

[8] Si veda l'*Introduzione* del Rostagni a *Del Sublime*, cit., pp. XXV-VIII.

zanti invidiano, appunto, la filosofia, ci sono anche filosofie che, in qualche modo, invidiano le poetiche: sono quelle filosofie che piegano la purezza della loro intenzione teoretica a funzioni prammatiche.

Il più alto esempio, almeno per quel che riguarda il nostro paese, di *filosofia dell'arte* in questo senso è stato il *neo-idealismo italiano*. In esso un forte impulso filosofico e metodologico si è ben presto come irrigidito in un recupero sistematico di taluni presentimenti romantici; e ciò ha davvero particolare significato per quel che riguarda le istituzioni. L'idealismo giunge così alla più radicale e coerente negazione della loro validità razionale. Dirà il Croce:

> Si sogliono dare lunghi cataloghi dei *caratteri dell'arte*; ma a noi [...] è dato agevolmente scorgere che quelle numerose e svariate determinazioni [...] non fanno altro che ripresentare ciò che abbiamo già conosciuto [9]:

in sostanza, *vi è una sola categoria dell'arte, ed è quella filosofica*: l'arte che si fa «momento dello Spirito», sintesi a priori estetica, espressione intuitiva individuale. Le *istituzioni* o *categorie rettoriche* sono o *varianti verbali* di questa categoria filosofica, o indicazione dell'antiestetico, o strumenti logici e scientifici che nulla hanno a che vedere con l'arte direttamente.

Siffatta *unica* e *filosofica* categoria dell'arte ha un forte orientamento metodologico; ben presto, per altro, essa si fa anche rilievo di una obiettività metafisica ed ideale dell'esteticità (si fa, appunto, «momento dello Spirito»); e anche si pone come criterio di un metodo critico valutativo (serve a distinguere la *poesia* dalla *non-poesia*); infine, in un senso che è compatibile anche in rapporto al moderno idealismo, si erige, per così dire, a modello. Pertanto, nel momento stesso in cui essa si pone come intenzione di pura e universale teoresi, proprio allora vuol presentarsi anche come giustificazione di un certo tipo di scelte artistiche e critiche.

x. *Istituzione* come elaborazione precettistica e normativa dell'esperienza e della cultura artistica; *istituzione* come proposta di *ideali* della artisticità; *istituzione* come unica categoria filosofica dell'arte, momento *a priori* dello spirito... Se, in questo svolgimento si ha, da un lato, un progressivo accrescimento delle connotazioni di universalità e di necessità, si avverte anche nello stesso tempo un sempre più accentuato allontanarsi della diretta esperienza della sperimenta-

[9] B. Croce, *Estetica*, cit., I, IX; G. Gentile, *La filosofia dell'arte*, cit., pp. 233 ss. Su tutto ciò M. Fubini, *Genesi e storia dei generi letterari*, in *Critica e poesia*, Bari, Laterza, 1956, pp.

lità dell'arte. Inoltre, mentre in ognuno dei piani di riflessione che abbiamo delineato, non cessa di operare la flessione prammatica dei principi, va anche considerato che i rapporti tra i piani si presentano come rapporti di reciproca esclusione. Ciò accade anche sul piano della riflessione che si dichiara come «filosofica», se, come si è visto nell'esame dell'idealismo,

— il concetto dell'arte appaia come rielaborazione e sistemazione speculativa di definite suggestioni di un gusto storico (e, nel caso, di suggestioni *intuitive* e *sentimentali* del gusto e delle poetiche post-romantiche della *fine del secolo*);

— se esso rinunzi, come nel caso rinunzia, alla pura ispirazione teoretica per una forte pressione di interessi critici e valutativi;

— se, infine, come nel caso delle istituzioni letterarie, procede a condanne dogmatiche.

In realtà, i vari piani tendono reciprocamente ad escludersi; ognuno di essi pretende di risolvere in sé l'universale problematica estetica; e pertanto, nessuno dei piani di riflessione che siamo venuti descrivendo può veramente corrispondere alla fondamentale esigenza speculativa il cui principio è sotteso a tutta la nostra ricerca. Essa consiste nel muoversi, ricercando, secondo l'idea di una ragione che non si faccia esclusiva o normativa o dogmatica, o che si istituisca secondo un ordine rigido di Modelli, o che chiuda ogni campo in una specifica obbiettività concettuale... di una ragione, anzi, che si ponga come universale principio di correlazione dell'esperienza, immanente all'esperienza stessa, e tale da garantire la possibilità di una organizzazione non dogmatica e non riduttiva della molteplicità degli aspetti parziali della vissuta o vivente realtà.

I piani di riflessione estetica che si son venuti così descrivendo e che implicano anche diversi modi di interpretazione del significato delle istituzioni letterarie e artistiche non rispondono a questa esigenza speculativa, anzi rinviano ad un piano che possiamo chiamare di *comprensione fenomenologica* (C); e l'attingerlo esige un preliminare atto di *epoché* e di sospensione del giudizio. Va detto subito che la sospensione riguarda i significati dell'esperienza; non l'esperienza pura di cui si vuol dichiarare la struttura; e, d'altro canto, questi significati si sono rivelati, come si è visto, frammentari, parziali, e tali da escludersi reciprocamente. A questo punto, occorrerà, dunque,

---

142 ss. [ora, Roma, Bonacci, 1973[3], pp. 121-212], anche per una autorevole interpretazione degli sviluppi del pensiero crociano.

riprendere contatto *con le cose*; e si può fin d'ora anticipare che in questa prospettiva di comprensione acquisteranno nuovo senso tutti quei significati parziali e dogmatici che, per ora, siamo costretti a collocare tra parentesi.

XI. (C) Nella parte storica dello studio si son dati larghi e particolarissimi lineamenti delle poetiche e delle istituzioni letterarie nella cultura del nostro paese dal Carducci fino ad Ungaretti e Montale per l'arco di circa un secolo. Si tratta di anni assai mossi, inquieti, e fertili con una ricchezza di orizzonti e di direzioni sempre nuove, utili, pertanto, a chiarire la problematica che qui ci interessa; tanto più che, rispetto alla esperienza pura, la riflessione storica figura come uno dei rilievi più diretti. Richiamiamo ora da questi lineamenti le strutture e le relazioni di una tipica istituzione letteraria, e cioè della *poetica degli oggetti*. Va detto subito che dai presentimenti della Scapigliatura fino a Montale, tale poetica passa attraverso diversi momenti di diverso significato; e, pertanto, se si tenga presente il tracciato che si è dato nella prima parte dello studio, si deve riconoscere che in essa si riscontrano i seguenti caratteri:

— essa si presenta come una tecnica di organizzazione verbale che consiste in un particolare trattamento degli oggetti presentati nella poesia in modo che essi tendano a farsi o si facciano *simboli* o *emblemi*;

— la tecnica dell'oggettivazione non è una tecnica statica che presupponga l'idea di una sorta di immobilità del rapporto tra l'*artista* e l'*arte*; anzi, nello svolgersi dalla Scapigliatura all'Ermetismo, pur col tener fermo il generale orientamento prammatico che l'operazione artistica consiste nel dare una sorta di equivalente oggettivo al pensiero poetico, comunque esso sia, la tecnica muta necessariamente taluni suoi connotati operativi;

— i mutamenti di questa tecnica son connessi a diverse tipiche necessità espressive; ma va anche considerato come tali necessità siano in qualche modo condizionate dal referente di significazione culturale. Pascoli si serve di questa tecnica in un sistema di relazioni che, nei limiti indicati, ha accento positivistico, e ci dà la *poetica delle cose*; Montale in un sistema che ha accento esistenzialistico, di metafisica negativa, ci dà i suoi *emblemi oggettivi*. Il rapporto si rileva facilmente; e così il diverso referente di significazione condiziona un «campo di possibilità» diverse nelle scelte orientative necessarie all'uso pratico della istituzione. E si vedano qui le variazioni del concetto di *forma viva* o di *forma vivente* nel De Sanctis, nel Carducci, nel D'Annunzio [10]; e i rilievi a proposito dell'idea di *stile* o di *analogia*.

XII. Sembra che dai rilievi fatti si possa legittimamente inferire (un *inferire* che è un puro *esplicitare*) il seguente:

— le istituzioni, nei loro vari modi e piani, hanno un fondamento propriamente prammatico: esse, di fatto, si presentano come la risposta ad un bisogno di orientamento e di organizzazione particolare della vita dell'arte;

— non vi sono istituzioni necessarie e assolute, neanche quelle che si presentano come filosoficamente fondate (nel senso che abbiamo visto a proposito dell'idealismo). Il connotato di assolutezza e necessità è legittimo solo nell'ambito della situazione come gesto simbolico della certezza della scelta;

— pertanto le istituzioni sono potenzialmente infinite;

— esse mutano [11] sia nella loro natura che nei loro modi di relazione in rapporto al mutare della situazione della poesia e alle connesse necessità di scelta di sistemi espressivi; esse, pertanto, sono correlative agli orientamenti del gusto, della cultura, della società;

— esse costituiscono talora dei principi di direzione dell'opere poetico su cui lavorano intere generazioni (penso qui alla dottrina delle *corrispondenze*, della *analogia* per la poesia francese da Baudelaire a Mallarmé a Valéry; o alle istituzioni fondamentali del Novecento). Esse, per tanto, si pongono come una continuità di direzioni e di possibilità generali a cui soccorrono soluzioni particolari e variabili (la *poetica degli oggetti* dalla Scapigliatura, attraverso Pascoli e Gozzano, a Montale); sono per così dire, concetti *vettoriali*;

— le istituzioni appaiono anche come particolari *tecniche* della comunicazione poetica: alla *analogia* corrispondono diversi modi di fiducia nel potere *allusivo* della parola; la *poetica degli oggetti* si avvale di diversi modi di organizzazione *simbolica* della parola per una comunicazione spesso indiretta; la *poetica dello stile* implica l'ipotesi di un lettore letterariamente educato a cui si rivolge, a diversi livelli,

---

[10] Analoghi rilievi suggerisce lo studio di altre istituzioni in diversi momenti storici. Mi richiamo qui a un esempio illustre: quello della nozione di *wit* nella cultura inglese dal XVI al XVIII secolo. Per quanto riguarda i suoi mutamenti di significato e di tecnica espressiva dal platonismo rinascimentale del Sidney, attraverso l'empirismo associazionistico di Bacone, Hobbes, Locke, e dei saggisti fino ai nuovi recuperi platonici dello Shaftesbury si veda la nostra *Estetica dell'empirismo inglese* (1958), ora in *Da Bacone a Kant*, Bologna, Il Mulino, 1972.

[11] Si tenga presente il citato saggio di P. Valéry, *Situation de Baudelaire*, e la famosa incompiuta prefazione di Baudelaire alle *Fleurs*.

con modi diversi di civiltà espressiva;

— ogni istituzione come ogni tecnica implica una scelta metafisica, o vive e si caratterizza *entro* una scelta metafisica (e si pensi alla diversità in questo senso tra la poesia pascoliana *delle cose* e quella montaliana degli *emblemi*) [12];

— le istituzioni tendono a comporsi in più o meno organici sistemi operativi; si organizzano nelle *poetiche*, e hanno tanta maggior forza quanto è maggiore la responsabilità con cui affrontano quel problema situazionale della poesia che intendono risolvere;

— esse sono, per così dire, correlative alla cultura, alla società, alla civiltà del tempo; e pertanto, attraverso i loro processi di operatività, sono uno dei modi con cui la poesia si connette alle strutture generali della storicità. Si può provare che la storia delle poetiche del Novecento in Italia non è nient'altro che un volto emblematico della storia politica del nostro paese [13].

Ancora:

— le istituzioni e i loro sistemi non costituiscono affatto un coacervo insensato di esperienze prive di relazioni tra loro. In realtà, esse non solo appaiono così strettamente legate tra loro che l'esistenza stessa di una *ars* nella forma in cui storicamente si presenta in figura propria sembra davvero impensabile fuori del contesto vivente delle *artes* nei loro rapporti di tradizionalità e di innovazione e fuori dalla situazione in cui si significa, ma, nello stesso tempo, esse, le poetiche, trovano nella prospettiva storica in cui si manifestano una direzione o un senso generale che può anche esprimersi sotto la forma della tensione tra due o più sensi e direzioni.

E:

— l'istituzione emerge, sì, da un determinato mondo, da una determinata situazione dell'arte; ma a sua volta si riflette sull'arte stessa [14]. Essa determina, per così dire, un *campo di possibilità* di soluzioni tecniche e organizzative entro (o contro) il quale, ma in ogni caso

---

[12] Si veda E. Paci, *Esistenza ed immagine*, Milano, A. Tarantola, 1947, nella *Prefazione*, p. 9: «Le categorie metodologiche dell'estetica sono [...] principi che ci permettono di comprendere l'arte. Ma sono anche le linee ideali secondo le quali l'arte si costituisce e si forma, sono, nel senso dell'arte, categorie operanti e perciò vengono sentite dall'artista come cardine della sua visione del mondo, e quindi come filosofia».

[13] Una ricerca che appare fondamentale e rivelatrice intorno alle strutture di una istituzione letteraria capitale della civiltà greca è Τραγῳδία, Napoli, Ricciardi, 1952¹, 1962², di C. Del Grande. Il libro dà la riprova della pregnanza etica politica religiosa ed estetica, e cioè storico-culturale, di una istituzione nel suo vivente e organico sviluppo.

[14] A proposito di analoghe reazioni dell'*istituto linguistico* si veda G. Devoto, *I fondamenti della linguistica* (cap. III, § 12), Firenze, Sansoni, 1951.

consapevolmente, è possibile la scelta del proprio sistema operativo da parte del poeta, e, nello stesso tempo, un segno di autenticità storica della scelta stessa.

Da ultimo:

— quanto alla *lettura*, va detto che anche per essa la conoscenza delle istituzioni ha pregnante significato. È vero: possiamo benissimo leggere i *Canti* senza tener conto della meditazione sulla poesia consegnata giorno per giorno nello *Zibaldone*, ma penetriamo molto più profondamente nella invenzione di quella poesia se scopriamo il sistema delle intenzioni operative su cui il poeta lavorò, sui cui tenne sempre fermo il pensiero, di cui infine, a suo modo, si esaltava [15].

---

[15] L'indagine, oggi assai frequente dei rapporti tra *poesia* e *poetica* ne è una chiara riprova. (Ma per intendere il senso che, secondo noi, va attribuito a questa relazione, si veda *Autonomia*, cit., che è del 1936). Quanto alle istituzioni, un modo stimolante di intenderle si trova in F. Battaglia, *Forme chiuse e forme aperte: la classificazione delle arti* (1955), in *Il valore estetico*, Brescia, Morcelliana, 1963; assai pregnante C. Diano, *Linee per una fenomenologia dell'arte*, cit., pp. 155 ss.; L. Pareyson, con l'*Estetica e i suoi problemi*, Milano, Marzorati, 1961, porta innanzi con nuove prospettive i problemi già dichiarati nella sua *Estetica*, cit.; dall'angolo dell'estetica marxista, fa progredire assai autorevolmente la problematica G. Della Volpe, *Critica del gusto*. Vanno poi considerate per la loro diversa forza e autorità: Alain, Banfi (con le postume *Osservazioni sui generi artistici*, in «Società», Milano 1959, n. 6), Baratono, Empson, Kenneth Burke, Flora, Fubini, Gargiulo, Stefanini, Warren, Wellek, Wimsatt e, ultimamente, le considerazioni eleganti, dotte di M. Corti, *I generi letterari in prospettiva semiologica*, in «Strumenti critici», n. 17, 1972, pp. 1-18. [Ora si veda M. Corti, *Principi della comunicazione letteraria*, Milano, Bompiani, 1976, pp. 148-81].

APPENDICE

ANTEGUERRA, E SECONDO NOVECENTO (DALL'«ERMETISMO» ALLA «NEO-AVANGUARDIA»)

DI LUCIO VETRI

1. PREMESSA

Anzitutto, e in via preliminare, sono doverose alcune precisazioni circa la finalità e la natura di queste pagine, poste in appendice alla nuova edizione delle *Poetiche del Novecento in Italia* di Luciano Anceschi, che è studio il cui arco temporale abbraccia il periodo che va dalla fine dell'Ottocento alla metà circa del nostro secolo.

Dirò, dunque, che la ragion d'essere delle pagine qui aggiunte consiste nel fornire una agile carta di orientamento sia a chi voglia ancora trattenersi, brevemente, sulla soglia cui reca lo studio anceschiano, per indugiare un poco in una considerazione più larga e circostanziata degli anni immediatamente precedenti la seconda guerra; e sia a chi voglia, invece, varcare quella soglia e così, spingendosi oltre, addentrarsi, per un certo tratto almeno, nel territorio della poesia italiana del secondo Novecento. Ma detto questo, occorre subito aggiungere che, nell'adempiere a tale finalità, la mia trattazione non pretende affatto di «proseguire», nel pieno senso del termine, l'indagine anceschiana, quanto invece — ben più modestamente — di integrarla con l'aggiunta in margine di un supplemento di notizie sulle poetiche della poesia dagli anni trenta in poi: un supplemento di svelte notizie, un selezionato resoconto sintetico, che vuole essere di semplice corredo informativo. Sono, insomma, pagine a sé stanti, le mie, da leggersi in libera concomitanza con quelle di Anceschi.

Fatta questa precisazione, altre ancora si rendono necessarie con riferimento all'itinerario e al taglio della mia ricognizione. Quanto all'itinerario, né breve né agevole, esso procede lungo le fasi salienti in cui si snoda la vicenda della poesia italiana nel suo svolgersi dagli ultimi anni anteguerra via via, di là dalla data spartiacque del 1945, nel dopoguerra fino al decennio sessanta. Una vicenda, questa, che par lecito scandire in tre distinte fasi consecutive, ciascuna delle quali si spazia in un suo proprio terreno di esperienze coeve, con sufficiente definitezza di contorni e con specifiche articolazioni settoriali interne. Tre fasi, che possiamo di già, fin d'ora, così distinguere e identificare, seppure in maniera ancora volutamente generica, ma intanto notando subito che il passaggio dall'una all'altra è anche un abbastanza nitido scarto di generazioni. Eccole, allora, in sequenza: I) la fase del quindicennio 1930-45, in cui, a stretto ridosso dei maestri della «lirica nuova», fa le sue prove iniziali la «terza» generazione poetica del secolo: tale fase ha la sua dominante nelle poetiche dell'«ermetismo»; II) la fase che copre l'arco del decennio 1946-55, contrassegnata, nel quadro della polemica anti-ermetica, dalle poetiche di «quarta» generazione: tra «neorealismo», «realismo lombardo» e «neo-sperimentalismo»; III) la fase, infine, che va dalla metà degli anni cinquanta a tutti gli anni sessanta, soprattutto caratterizzata dalle poetiche della cosiddetta «neo-avanguardia», i cui principali esponenti appartengono per gran parte alla «quinta» generazione novecentesca. Non oltre si spinge la mia ricognizione, benché non manchi anche una ulteriore fase della vicenda della poesia del secondo Novecento: quella, attualmente in corso, dai confini non ben precisati, anzi largamente sfumati, avviatasi dalla metà del decennio settanta, con le prove d'esordio dei poeti che, nati per lo più nel corso degli anni quaranta e cinquanta, possono ascriversi a una «sesta» e a una «settima» generazione novecentesca[1]. Ma a questa fase, appunto perché così ravvicinata e ancora in animato svolgimento, sarà opportuno dedicare uno studio in altra sede, essendo al momento, non

---

[1] Del loro lavoro danno testimonianza, con diversa qualità e ampiezza di scelta, numerose antologie, tra le quali merita ricordare almeno le seguenti: *Il pubblico della poesia*, a cura di A. Berardinelli e F. Cordelli (Cosenza, Lerici, 1975); *La parola innamorata. I poeti nuovi 1976-78*, a cura di G. Pontiggia e E. Di Mauro (Milano, Feltrinelli, 1978); *Poesia degli anni Sessanta*, a cura di A. Porta (ivi, 1979); *La pratica del desiderio. I giovani poeti negli anni Ottanta*, a cura di I. Vincentini (Caltanissetta-Roma, Sciascia, 1986); *Canti dell'universo. Dieci poeti italiani degli anni '80*, a cura di T. Broggiato (Milano, Marcos y Marcos, 1987). Per un più largo orientamento, offrono validissimo ausilio le *Tavole bibliografiche*, a cura di S. Verdino, che corredano i fascicoli monografici della rivista «Nuova corrente» (nn. 88 e 89, 1982), intitolati alla *Poesia per gli anni '80*. Saranno poi da considerare utilmente sia i nn. 1 e 2, 1976 della rivista «il verri» (rispettivamente dedicati ai «Novissimi, e dopo» e agli «Equilibri della poesia») sia i volumi che raccolgono, a cura di T. Kemeny e C. Viviani, gli atti di due «seminari» tenutisi nel 1978 e nel 1979: *Il movimento della poesia italiana negli anni '70* (Bari, Dedalo, 1979) e *I percorsi della nuova poesia italiana* (Napoli, Guida, 1980).

solo arduo e azzardato distinguervi delle tendenze che abbiano definita fisionomia, ma anche prematuro tentarne una caratterizzazione d'insieme.

Quello che precede — e che ho voluto anticipare per fornire subito alcune comode coordinate di primo orientamento, e che seguirò, poi, per chiarezza argomentativa — è, va da sé, appena uno schema, che richiede beninteso di essere verificato e confermato con precisi riscontri, e opportunamente integrato. Niente più che uno schema, dunque, non però arbitrario, anzi affatto legittimo e sostanzialmente accettabile, pur con tutti gli ovvi margini di approssimazione che ogni schema comporta: sempre che non se ne faccia un quadro irrigidito di distinzione. A questo riguardo, giova forse indugiare in qualche considerazione che serva di chiarimento. Per un verso, non si può non riconoscere che ognuna delle fasi indicate, a seguito dell'esordio operativo d'una nuova generazione di poeti, è effettivamente contraddistinta dall'emergenza di peculiari esperienze che valgono a conferirle una caratterizzazione differenziale, più o meno marcata, rispetto alle altre. E ciò, proprio ciò, legittima la scansione per tempi interni, quale s'è proposta, della poesia italiana nel periodo che consideriamo. Ma se questo è vero, per un altro verso bisogna anche riconoscere che tra le varie fasi non è tuttavia possibile tracciare rigidi confini quasi a farne delle sequenze disgiunte, in tutto slegate. Al contrario, pur nel loro distinguersi per caratteri propri, esse anche si concatenano per fila interne. Una scansione incisiva, dunque, la loro, ma non una netta scissione, non una separazione drastica e statica. I «legamenti dinamici» tra fase e fase sono in verità più d'uno. Una linea di continuità è tracciata dallo svolgimento che le esperienze dei singoli poeti, avviatesi in una certa fase del nostro periodo, conoscono nelle successive, talora con coerenti variazioni e esiti molto significativi. Una ulteriore linea di continuità è tracciata da quelle altre esperienze individuali che, mentre percorrono il nostro periodo, a propria volta annodandone le varie fasi, al tempo stesso lo collegano nel suo insieme al periodo precedente: sono le esperienze dei poeti appartenenti alle prime due generazioni novecentesche, dei poeti che hanno esordito entro il primo ventennio del secolo e che, nel nostro periodo, ora proseguono per breve o lungo tratto un loro ininterrotto lavoro ora, invece, ritornano alla poesia, con vivace ripresa, dopo un certo tempo di silenzio. Tra queste stesse esperienze nel loro parallelo svolgersi — sia che si avviino e proseguano nell'arco del nostro periodo sia che vi si prolunghino dal precedente — e anche tra di esse e quelle che frattanto, di fase in fase, sono appena agli esordi o di già in corso e prossime a maturazione, non manca di instaurarsi una trama fitta e ricca di tensioni, di relazioni, di mutue e feconde interferenze. In questo incontro, ravvicinato o a distanza, tra esperienze di poeti appartenenti a generazioni diverse possono prevalere, con effetto divaricante, i motivi di conflitto, oppure, con effetto fusivo, i motivi di consonanza. In questo secondo caso, lungo i punti in cui più stretto si fa il contatto, più esplicito il richiamo e più consistente il tramando vengono allora a disegnarsi ulteriori linee di continuità e legamento tra le fasi del periodo che consideriamo. Se così stanno le cose, un esame esauriente, che ambisse a completezza, della poesia italiana di nostro interesse, dovrebbe seguirne lo svolgimento, dando pari rilievo dettagliato tanto alle molteplici relazioni, celate o esibite, che ne legano le varie fasi in un tessuto continuo (quell'intrecciato fascio di «linee», cui si accennava or ora) quanto agli «strappi», più o meno larghi e profondi, che purtuttavia, al contempo, ne smagliano in parte la trama nel transito da una fase all'altra. Ma qui, s'intende, non è il luogo per un'indagine siffatta, troppo estesa e di tanto impegno, per la quale sarebbe occorso, se non altro, uno spazio ben più ampio di quello che mi è concesso e che mi obbliga, invece, a trattenere la ricognizione entro ambiti forzatamente circoscritti. Quanto a questo, va in primo luogo precisato che, nel ripercorrere la vicenda della poesia italiana dagli anni trenta agli anni sessanta, dovendo di necessità schizzarne, con sommario tratteggio e per rapidi scorci sintetici, niente più che un conciso profilo generale, ho preferito dar conto delle più caratterizzanti variazioni via via intervenute, limitandomi a sottolineare, volta a volta, delle varie stazioni del suo iter, soprattutto i rispettivi tratti distintivi. Inoltre va precisato che, anche muovendomi in questa esclusiva direzione, non ho potuto estendere il campo d'osservazione alla intera gamma dei fattori e segnali di variazione, ma sono stato costretto a restringerlo solo ad alcuni di essi, seppure tra i più incisivi e evidenti: per l'esattezza, unicamente alle poetiche innovative, vere o presunte, di solo tentata o anche riuscita innovazione, che ciascuna giovane generazione di poeti con naturale e consueta mossa reattiva, ora più ora meno polemica nei confronti dei predecessori più immediati — ha formulato e proposto nella sua fase d'esordio e di prima affermazione. E va infine precisato che l'economia specifica della mia rassegna mi ha altresì obbligato a puntare e fermare l'attenzione sulle direzioni di discorso poetico che presentassero più spiccata e autonoma fisionomia, con particolarissimo riguardo alle tendenze collettive piuttosto che alle esperienze individuali.

2. LA «TERZA GENERAZIONE» DEL SECOLO (1930-45)

Conviene, dunque, riprendere il cammino dal punto in cui Anceschi interrompe il proprio, nelle ultime pagine delle *Poetiche*. Queste si spingono a fondo nell'*entre-deux-guerres* poetico italiano e hanno il loro punto di approdo nel periodo che va dal 1930 al 1945: una difficile e dura stagione, certo, giacché coincide con gli anni del consolidamento pieno del fascismo come regime politico, ma fertilissima di poesia per il fecondo lavoro concomitante di tre generazioni di poeti[2], strette — pur con tutto quello che le divide — in un rapporto di attive sollecitazioni reciproche. Appunto nel quindicennio che consideriamo[3], tra i poeti più anziani, appartenenti alla «prima» generazione novecentesca, Umberto Saba pubblica, tra l'altro, *Parole* (1934), *Ultime cose* (1944) e il secondo *Canzoniere* (1945), inclusivo del primo, risalente al 1921, e delle raccolte ad esso seguite. Quanto poi a Giuseppe Ungaretti, che è della stessa generazione del poeta triestino, egli si impegna nel lavoro correttorio dell'*Allegria* (di cui escono la terza edizione, nel 1931, la quarta, nel 1936, e la «definitiva» nel 1942), di pari passo alla composizione e alla revisione delle liriche del *Sentimento del tempo*, raccolta pubblicata nel 1933 e riedita, in versione «definitiva», nel 1943. Principale esponente della «seconda» generazione novecentesca, Eugenio Montale dà alle stampe *La casa dei doganieri e altri versi* (1932), cui seguono *Le occasioni* (1939; II ed. ampliata, 1940) e *Finisterre* (1943; II ed. ampliata 1945), primo nucleo della futura terza raccolta, *La bufera e altro*, che sarà edita nel 1956. Oltre ai «maggiori» di cui si è appena detto[4], anche altri poeti, egualmente appartenenti alla «prima» e alla «seconda» generazione del Novecento, sempre intorno o poco oltre il 1930, concludono, o anche avviano, la fase iniziale della loro esperienza: da Valeri a Fallacara a Comi, da Bartolini a Vigolo a Pavolini a Be-

---

[2] Si tratta delle prime tre generazioni novecentesche. Secondo lo schema proposto da O. Macrì, che si ordina secondo un ritmo settennale delle nascite cui corrisponde un ritmo decennale dei libri pubblicati, la «prima» generazione comprende i poeti nati fra il 1883 e il '90; la «seconda», quelli fra il 1894 e il 1910; la «terza», i nati fra il 1906 e il '14 (cfr. O. Macrì, *Caratteri e figure della poesia italiana contemporanea*, Firenze, Vallecchi, 1956, pp. 75-90).

[3] Per una considerazione globale del periodo, si vedano: L. Anceschi, *Introduzione a Lirica del Novecento* (Firenze, Vallecchi, 1953, 1961[2]); G. Manacorda, *Storia della letteratura italiana tra le due guerre 1919-1943* (Roma, Editori Riuniti, 1980); F. Fortini, *I poeti del Novecento* (Roma-Bari, Laterza, 1977, 1988[2]); R. Luperini, *Il Novecento*, vol. II (Torino, Loescher, 1981); S. Ramat, *Storia della poesia italiana del Novecento* (Milano, Mursia, 1976).

[4] Relativamente all'intera opera poetica di Saba, Ungaretti e Montale si vedano le indicazioni bibliografiche date in nota al testo anceschiano; per la bibliografia della critica si rimanda al repertorio generale che lo conclude.

tocchi a Solmi[5] fino a Quasimodo[6] e a Gatto, il quale ultimo, nato nel 1906, di qualche anno più giovane di Quasimodo, agisce come elemento di raccordo fra la «seconda» generazione e quella successiva, cui egli stesso appartiene, dei nati fra il 1906 e il 1914 (la «terza», secondo il già ricordato schema tracciato da Macrì), il cui esordio costituisce l'ulteriore elemento che contrassegna in misura saliente la stagione degli anni trenta. Quanto a questa più giovane generazione, a questa esordiente generazione post-montaliana, sulla quale in particolare devo intrattenermi, essa è assai folta di presenze diversificate. Nella sua larga e variegata compagine, la componente da segnalare, quella che vi assume una posizione di preminenza, è costituita dagli esponenti del cosiddetto «terzo ermetismo» o — come altri preferisce — dell'«ermetismo» *tout court*. E qui, circa questa disparità di dizione, che sottende una discorde individuazione dei legittimi confini dell'ambito di riferimento della nozione di «ermetismo», occorre aprire una breve parentesi per qualche parola di chiarimento. Schematicamente, si può dire che c'è chi, come Anceschi, è dell'opinione (già formulata nei primi anni quaranta e poi più volte ribadita)[7] che con la nozione di «ermetismo» — invertita di segno rispetto all'accezione negativa in cui ebbe inizialmente a usarla il Flora e corretta quanto alla portata di indicazione e di comprensione assegnatale dal

---

[5] Si veda, per il lavoro dei poeti qui ricordati e per la relativa bibliografia della critica, il quadro d'insieme disegnato da D. Valli nell'ampio studio *Contributo di una generazione*, che si legge in AA.VV., *Storia della letteratura italiana*, diretta da G. Mariani e M. Petrucciani, vol. II (Roma, Lucarini, 1980, pp. 259-326).

[6] Le opere quasimodiane d'anteguerra sono: *Acque e terre* (Firenze, Solaria, 1930); *Òboe sommerso* (Genova, Circoli, 1932); *Odore di eucalyptus e altri versi* (Firenze, Ed. dell'Antico Fattore, 1932); *Erato e Apòllion* (Milano, Scheiwiller, 1936); *Poesie* (Milano, Primi piani, 1938); *Ed è subito sera* (Milano, Mondadori, 1942), che raccoglie le precedenti assieme ad una sezione di «Nuove poesie». Nel dopoguerra, Quasimodo pubblica: *Con il piede straniero sopra il cuore* (Milano, Ed. di Costume, 1946); *Giorno dopo giorno* (Milano, Mondadori, 1947); *La vita non è sogno* (ivi, 1949); *Il falso e vero verde* (ivi, 1956²); *La terra impareggiabile* (ivi, 1958); *Dare e avere* (ivi, 1966). L'intera opera è riunita in *Poesie e discorsi sulla poesia*, a cura di G. Finzi (ivi, 1987⁷). Per la bibliografia della critica, si veda il repertorio generale che correda il presente volume.

[7] Tra i testi più remoti, è di fondamentale riferimento l'antologia *Lirici nuovi*, che Anceschi pubblica, appunto, nel 1942, presso Hoepli. Introducendone la seconda edizione (Milano, Mursia, 1964), egli la presenta come una antologia della «poesia del secondo periodo del secolo, nella sua variante ermetica», ovvero come una «antologia fenomenologica della *lirica nuova*, dell'ermetismo». Il discorso di Anceschi ha poi svolgimento nella citata *Introduzione* all'antologia *Lirica del Novecento* (1953). Sull'argomento, l'intervento anceschiano più recente, da cui verrò citando nel mio testo, è la «voce» *Ermetismo*, inclusa nel II volume della *Enciclopedia del Novecento* (Roma 1977), ma che si legge anche in «il verri», n. 11, 1978, pp. 10-43.

medesimo critico[8] — vada indicata «una tendenza della letteratura italiana tra le due guerre, che, venuta dopo l'esperienza dei crepuscolari e gli esperimenti dei futuristi, si distinse nettamente dal rondismo come corrente dell'ultimo gusto neo-classico; e da ogni genere di ritornante realismo». Tale tendenza, che Anceschi dice anche dei «lirici nuovi» e che indica come la linea preminente della poesia novecentesca del primo cinquantennio del secolo, «non è strettamente e univocamente unitaria», però «rilevabile in una unità processuale e variata». Essa, precisa Anceschi, con premesse che si trovano «già, nel primo Novecento, in Onofri, in "certo" Soffici, in Campana», si articola in «diverse disposizioni dottrinali e di poetica» e — imperniandosi via via sui nomi, tra gli altri più rappresentativi, di Ungaretti, dei più giovani Montale, Quasimodo, Gatto, Sinisgalli, e dei giovanissimi Luzi e Sereni — si «prolunga e vive per tre generazioni», tra le quali e all'interno delle quali intervengono, sí, appunto, «variazioni che sono temporali e programmatiche insieme», ma anche ricorrono «fatti comuni», si stringono legami di «fili sottili, ma resistenti», vigono «rapporti non eludibili e vincolanti». Diversamente da Anceschi, c'è chi, come Silvio Ramat[9], ritiene invece necessario «distinguere una fase "preistorica" e una "storica" dell'ermetismo», la prima dovendosi «valutare, rispetto all'autentico ermetismo, solo come una premessa quantunque essenziale». A tale fase appartengono, per limitarci a due soli nomi, il primo Ungaretti, l'Ungaretti dell'*Allegria*, e il primo Montale, il Montale di *Ossi di seppia*, i quali son dunque da considerare non come esponenti a pieno titolo dell'ermetismo, ma come suoi «ravvicinati precursori», come «(partecipi) precursori», come i «maestri più imminenti». Anziché, dunque, per un uso lato alla maniera anceschiana, Ramat (come altri con lui) propende per un uso ristretto e assai circostanziato del termine «ermetismo», che viene esclusivamente riservato a designare il lavoro, che si attua nella poesia e nella critica, di alcuni esponenti della generazione successiva a quelle di Ungaretti e di Montale. Tale loro lavoro — il cui arco di svolgimento è sostanzialmente compreso tra il 1932 (anno di pubblicazione di *Isola*, il libro con cui esordisce Gatto) e il 1945 (anno di pubblicazione del *Qua-*

---

[8] Cfr. F. Flora, *La poesia ermetica* (Bari, Laterza, 1936, 1942²).

[9] Se ne veda, per le citazioni date nel mio testo, la «voce» *Ermetismo* nel *Dizionario critico della letteratura italiana*, diretto da V. Branca (vol. II, Torino, Utet, 1986, pp. 193-201). Ma occorre soprattutto rinviare al volume *L'ermetismo* (Firenze, La Nuova Italia, 1969, 1973²) e alle pagine della già citata *Storia della poesia italiana del Novecento*.

derno gotico di Mario Luzi) — trova a Firenze il principale centro di elaborazione e d'esercizio, ma ha anche presenza operante, con distinta identità, a Milano. Non indugio a discutere in dettaglio, nei rispettivi argomenti, le tesi appena ricordate — e quante altre, simili e dissimili, in tutto o in parte [10]. Occorrerebbe, per questo, troppo lunga analisi, che in questa sede non si può fare, per ragioni di spazio, né importa fare, giacché non è compito che qui veramente mi riguardi quello di giungere alla dichiarazione di una scelta motivata tra le due opposte tesi. Basti averne accennato, anche nel convincimento che esse, anziché elidersi l'un l'altra, possono in certa misura completarsi a vicenda e concorrere, ciascuna per la sua parte, alla migliore comprensione dell'«ermetismo» della più giovane generazione anteguerra: al quale «ermetismo» in ogni caso, comunque classificandolo (*terzo* «ermetismo» o *unico* «ermetismo»), entrambe le tesi si trovano concordi nel riconoscere ben individuata presenza tra anni trenta e anni quaranta. Ciò posto, e chiusa la parentesi di chiarimento, il mio discorso può riprendere, meglio circostanziandolo, da un dato segnalato poco sopra, sul quale non ci sono motivi di dissenso. Mi riferisco all'indicazione di Firenze quale principale centro di elaborazione, di espressione e di diffusione dell'«ermetismo» negli anni che ci interessano. Cerchiamo allora di aggiungere qualche ulteriore elemento di identificazione. A Firenze, il nucleo attivante dell'«ermetismo» va senz'altro individuato nel «gruppo» di giovani poeti e critici — fiorentini o "fiorentinizzati", nati negli anni dieci, ma con presenze affiliate di diversa residenza ed età — dapprima gravitanti fra «Solaria» (1926-1934) e la rivista cattolica «Il Frontespizio» (1929-1938) e poi, dopo l'esodo da questa rivista, fra «Campo di Marte» (quindicinale «d'azione letteraria e artistica», redatto da Pratolini e Gatto nel 1938-39), «Letteratura» (1937-1947) di Bonsanti e altre riviste fiorentine, fino a «Prospettive» (nella sua seconda serie, diretta da Malaparte fra il 1939 e il 1943). Tra i critici, fiorentini solo di formazione, spiccano soprattutto i nomi di Carlo Bo, di Oreste Macrì, di Piero Bigongiari [11]. Tra i poeti — sui quali

---

[10] Per una rassegna ampia e dettagliata di tali tesi, si veda D. Valli, *Storia degli ermetici* (Brescia, La Scuola, 1983), che fornisce anche una esauriente bibliografia critica generale sull'«ermetismo».

[11] Sul loro lavoro e, più in generale, sul modo in cui la critica è intesa ed esercitata nell'ambito dell'«ermetismo» fiorentino, si vedano: A. Noferi, *Le poetiche critiche novecentesche* (Firenze, Le Monnier, 1970); S. Pautasso, *Profilo della critica ermetica*, in *Le frontiere della critica* (Milano, Rizzoli, 1972); V. Stella, *Estetica, critica e cultura letteraria tra le due guerre. II.*

forte e decisiva è l'influenza tanto dell'Ungaretti del *Sentimento del tempo* quanto di Quasimodo [12] — il ruolo di punta spetta al già ricordato Alfonso Gatto [13] (salernitano di nascita, trasferitosi a Firenze nel 1938, dopo un primo soggiorno milanese negli anni dal 1932 al 1937) e ai più giovani Mario Luzi [14], Alessandro Parronchi [15], Piero Bigongiari [16] (tutt'e tre del 1914, i primi due fiorentini, il terzo di Novacchio in provincia di Pisa), cui si tiene vicinissimo l'anziano Fallacara. Ai nomi appena fatti, vanno accostati, ma marginalmente, solo per una certa fase o per certi aspetti della loro ricerca, quello di Carlo Betocchi (nato a Torino, ma operante a Firenze, ove, nelle edizioni del «Frontespizio», pubblica nel 1932 la sua prima raccolta

Le poetiche critiche dell'ermetismo, in AA.VV., *Letteratura italiana contemporanea*, cit., Appendice II (1982), pp. 289-317.

[12] Rilevante incidenza hanno, oltre alle sue prime raccolte poetiche, anche le traduzioni dei *Lirici greci*, volume apparso nel 1940, con un saggio di L. Anceschi (Milano, Ed. di «Corrente»).

[13] La prima raccolta di A. Gatto è *Isola* (Napoli, Ed. Libreria del '900, 1932), cui segue *Morto ai paesi* (Modena, Guanda, 1937), entrambe riprese nel volume *Poesie* (1939), che nelle successive edizioni (1941 e 1943) fino alla definitiva del 1961, edita da Mondadori, comprende due sezioni di testi, *La memoria felice* e *Arie e ricordi*, datati 1937-41. La produzione poetica successiva a quest'ultima data, dopo essere stata in parte edita in singole raccolte, ha trovato sistemazione nei seguenti volumi mondadoriani: *La forza degli occhi* (1954; 1967²); *Osteria flegrea* (1962); *La storia delle vittime* (1966); *Rime per la terra dipinta* (1969); *Poesie d'amore* (1973). Postuma è apparsa la raccolta *Desinenze* (1977), a cura di R. Jacobelli e M.P. Minucci. Allo stesso Gatto si deve la scelta di *Poesie (1929-1969)*, pubblicata sempre da Mondadori nel 1972. Su Gatto, si vedano: B. Pento, *Alfonso Gatto*, Firenze, La Nuova Italia, 1976; AA.VV., *Stratigrafie di un poeta: Alfonso Gatto*, Galatina, Congedo, 1980.

[14] Le prime opere di M. Luzi sono: *La barca* (Modena, Guanda, 1935; II ed. ampliata, Firenze, Vallecchi, 1942); *Avvento notturno* (ivi, 1940); *Un brindisi* (Firenze, Sansoni, 1946); *Quaderno gotico* (Firenze, Vallecchi, 1947); *Primizie del deserto* (Milano, Schwarz, 1952); *Onore del vero* (Venezia, Pozza, 1957), tutte riunite ne *Il giusto della vita* (Milano, Garzanti, 1960). Queste e le successive — *Dal fondo delle campagne* (1965); *Nel magma* (1963); *Su fondamenti invisibili* (1971); *Al fuoco della controversia* (1978); *Per il battesimo dei nostri frammenti* (1985) — sono ora riproposte unitamente in *Tutte le poesie* (Milano, Garzanti, 1988). Su Luzi, si vedano: G. Zagarrio, *Luzi* (Firenze, La Nuova Italia, 1968) e A. Panicali, *Saggio su Mario Luzi* (Milano, Garzanti, 1983).

[15] Limitatamente alla fase iniziale della sua attività poetica, vanno qui ricordate le raccolte: *I giorni sensibili* (Firenze, Vallecchi, 1941); *I visi* (Firenze, Ed. del «Fiore», 1943); *Un'attesa* (Modena, Guanda, 1949). Su Parronchi, anche per l'indicazione e l'esame delle sue opere successive, si vedano: G. Bàrberi Squarotti, *Alessandro Parronchi*, in AA.VV., *Letteratura italiana. I contemporanei*, vol. III (Milano, Marzorati, 1969), pp. 781-94; D. Valli, *Alessandro Parronchi*, in AA.VV., *Letteratura italiana contemporanea*, cit. vol. II, pp. 411-8.

[16] Alla raccolta d'esordio, *La figlia di Babilonia* (Firenze, Parenti, 1942), seguono: *Rogo* (Milano, Ed. della Meridiana, 1955); *Il corvo bianco* (ivi, 1955) — tutte poi riunite in *Stato di cose* (Milano, Mondadori, 1968) —; *Le mura di Pistoia* (ivi, 1958); *Torre di Arnolfo* (ivi, 1964); *Antimateria* (ivi, 1972); *Moses* (ivi, 1979); *Col dito in terra* (ivi, 1986); *Nel delta del poema* (ivi, 1989). Va anche segnalato l'interessante *Autoritratto poetico* (Firenze, Sansoni, 1985) e l'antologia curata da S. Ramat (Milano, Mondadori, 1982). Su Bigongiari, si vedano: S. Ramat, *Invito alla lettura di Bigongiari* (Milano, Mursia, 1979); AA.VV., *Cinque saggi per Piero Bigongiari* (Firenze, 1986).

Realtà vince il sogno [17]) e quelli di Leonardo Sinisgalli [18] e Libero De Libero [19], operanti invece a Roma, i quali svolgono, per così dire, un ruolo collaterale, quasi da compagni di strada. In che misura e in che senso, per gli autori citati, si può parlare di «gruppo»? Forse è preferibile usare altre e più rispondenti espressioni, «costellazione» o «movimento di individualità», giacché si tratta per certo di personalità dalla distinta fisionomia, anche marcatamente distinta talora (e, per esempio, alcune sono di formazione e orientamento cattolico-spiritualista, come Bo e Luzi, altre invece di formazione e orientamento laico, come Macrì, Gatto, Bigongiari); personalità, però, che lavorano in contatto stretto, continuo e trovano una loro unità (senza che unità voglia dire necessariamente univocità) sia per il concorde richiamo a una certa linea culturale e poetica, che è quella della tradizione post-romantica e simbolista; sia perché si riconoscono solidali nell'idea di una «letteratura come vita», quale si esprime nell'omonimo «manifesto contromanifesto» di Bo (uscito sul «Frontespizio» nel 1938) [20], ma alla cui formulazione concorrono insieme, con spontanea convergenze di autonomi contributi personali. Assidua e spiccata presenza ha, appunto, questa idea negli scritti di tutti gli autori, ove ricorre con fondamentale identità di significato, seppure non manchino differenze e molte sfumature di accento, tutt'altro che dissonanti però, anzi tali da figurare come armoniche variazioni su una costante. Proprio ciò autorizza a individuare nell'equazione «letteratura come vita» uno dei principali elementi della poetica del-

---

[17] A questa raccolta (poi riedita: Firenze, Vallecchi, 1943), seguono: *Altre poesie* (ivi, 1939); *Notizie di prosa e di poesia* (ivi, 1947); *Un ponte nella pianura* (Milano, Schwarz, 1953); *L'estate di San Martino* (Milano, Mondadori, 1961); *Un passo, un altro passo* (ivi, 1967); *Prime e ultimissime* (ivi, 1974). Un'antologia della poesia betocchiana è stata curata da C.Bo (ivi, 1978); per l'intera produzione, si veda il volume *Tutte le poesie* (ivi, 1984). Su Betocchi, si veda: P. Civitareale, *Carlo Betocchi* (Milano, Mursia, 1977).

[18] Le prime tre raccolte di Sinisgalli — *18 poesie* (Milano, Scheiwiller, 1936); *Poesie* (Venezia, Il Cavallino, 1938) e *Campi Elisi* (Milano, Scheiwiller, 1939) — confluiscono in *Vidi le Muse* (Milano, Mondadori, 1943). Tra le successive raccolte, vanno soprattutto ricordate: *L'età della luna* (ivi, 1962); *Il passero e il lebbroso* (ivi, 1970); *Mosche in bottiglia* (ivi, 1975); *Dimenticatoio 1975-1978* (ivi, 1978). Un'antologia della poesia sinisgalliana è stata curata da G. Pontiggia (ivi, 1974). Su Sinisgalli, si veda; G. Mariani, *L'orologio del Pincio. Leonardo Sinisgalli tra certezza e illusione* (Roma, Bonacci, 1981).

[19] La sua produzione d'anteguerra è documentata dalle raccolte: *Solstizio* (Roma, Novissima, 1934); *Proverbi* (Roma, Ed. della Cometa, 1937); *Testa* (ivi, 1937); *Eclisse* (ivi, 1940); *Epigrammi* (Milano, Scheiwiller, 1942); tra le successive, possono ricordarsi: *Di brace in brace* (Milano, Mondadori, 1971) e *Circostanze 1971-1975* (ivi, 1976). Su De Libero, si veda G. Mariani, *Poesia e tecnica nella lirica del Novecento* (Padova, 1983, pp. 326-73).

[20] È stato poi ripubblicato in C. Bo, *Otto studi* (Firenze, Vallecchi, 1939, pp. 7-28); ma si veda anche, dello stesso Bo, *L'assenza, la poesia* (Milano, Ed. Uomo, 1945).

l'«ermetismo» fiorentino, l'elemento da cui si può muovere per deli-nearne un brevissimo profilo. Svolgiamo, allora, la suddetta equazio-ne nei particolari significati che vi sono condensati in formula. Pen-sare la «letteratura come vita» vuol dire identificarvi sia un'attività che pretende dedizione integrale, totale impegno esistenziale, sia un'attività, la sola, che consente piena realizzazione esistenziale. Nel-la letteratura e con la letteratura la vita trova il suo proprio orienta-mento e riconoscimento di senso. La letteratura è autentica condi-zione vitale contrapposta a quella inautentica della realtà, della cro-naca-storia, ove la vita è continuamente mortificata nella banalità della routine quotidiana, travolta e sfigurata dall'incontrollato e cruento accadere dei fatti, illusa da mille ingannevoli parvenze di ve-rità. La letteratura è il luogo d'esilio e d'asilo di chi si fa estraneo al mondo per essere «all'erta nel paese della propria anima» (Gatto) e coltivarvi una volontà d'«assoluto» che il mondo soffoca. Impossibi-le è il dialogo col mondo, sterile la denunzia della sua realtà difettiva, vano ogni tentativo e proposito trasformativi nella sfera del sociale e del politico. Vale solo un gesto rigido e radicale di difesa: un gesto di cancellazione della presenza storica del mondo; un gesto con cui aprire un liberante spazio d'«assenza», quale appropriato orizzonte per un'esperienza ostinata e risoluta di ripiegamento interiore, di in-troverso scandaglio, di internamento, di penetrante discesa nel pro-fondo, chiuso e segreto, della coscienza: luogo dell'«anima»: luogo di «memoria» e di «attesa», di anelante evocazione d'una «Verità» che salvi e rigeneri: luogo in cui questa, nella «memoria» e nell'«atte-sa», balugina e traluce in oscuri simboli, lasciando trasparire velati segni della «presenza» di sé. La letteratura è la chiave d'apertura e la via d'ingresso in questo luogo, e la sua voce cifrata di rivelazione: una coltivatissima voce monotonale, che parla dalla lontananza, in-cavata nel silenzio, chiusa e segreta, e ha parole di estrema concen-trazione semantica, di scarnificata vaghezza, di indeterminata allusi-vità: parole insieme sospese in una irrelata fissità e intessute in una addensante rete di arditi e impreveduti legami.

A questa pronunzia «fiorentina» della poetica dell'«ermetismo» se ne affianca, nello stesso torno di anni, anche un'altra, solo parzial-mente affine, che può indicarsi come «milanese». Essa trova dizione nell'ambito della rivista «Corrente» [21] e si fa cogliere particolarmente

---

[21] La rivista, fondata e diretta da E. Treccani, ha vita tra il 1938 e il 1940. Se ne vedano la ristampa anastatica, a cura di V. Fagone (Macerata, Altro-La Nuova Foglio, 1978) e gli «In-

incisiva nella poesia di Vittorio Sereni [22] da *Frontiera* (1941) a *Diario d'Algeria* (1947), che risente fortemente della lezione montaliana. Comune alle due pronunzie è il riconoscimento negativo del mondo, il riconoscimento della negatività del mondo: insomma, l'insoddisfazione totale della realtà storica, realtà ostile, che è tale da sottrarsi a ogni consenso e ossequio, da precludere ogni maniera di adesione, di partecipazione attiva, da dissuadere da ogni intervento diretto, e tale perciò da spingere a una ritrazione interiore, a un ripiegamento intimo e alla concentrazione d'ogni impegno nella letteratura: a fare della letteratura la vita. Ma, in Sereni, diversamente da quanto si dichiara nel discorso dei «fiorentini», vivere nella letteratura non risarcisce dell'esperienza negativa del mondo, anzi l'acutizza e acumina il senso della irrelazione da esso: è vivere nell'avvertimento dolente d'una sconfortata solitudine che tanto protegge quanto esclude ed estranea. Quello della letteratura non è uno spazio che illimita, ma che imprigiona: una angusta condizione di separazione dal mondo, non una liberante condizione di rinuncia al mondo. Non, dunque, vivere nella letteratura per distogliere lo sguardo dal mondo, con l'ambizione, con la volontà orgogliosa di volgersi alla rivelazione di una verità metastorica, di tendersi a un positivo attingibile oltre la realtà. Invece, vivere nella letteratura sapendosi esclusi dal mondo eppure radicati in esso, distanti eppure avvinti, respinti eppure mossi da una non sopita volontà di contatto, assenti nella sua presenza incancellabile. Ora discreta ora minacciosa, essa assedia e insidia il riparato spazio della letteratura, ne viola i confini, vi s'infiltra e insinua, turbandolo; e ne trattiene la voce dal librarsi in un puro e incontaminato dettato, come a sondare il dominio dell'ineffabile, pie-

---

dici ragionati», a cura di M. Luzi (Roma, Ed. dell'Ateneo, 1975). Tra i molti contributi critici che la riguardano, possono segnalarsi: F. Porzio, *Letteratura e idee estetiche*, in AA.VV., *Gli Anni Trenta* (Milano, Mazzotta, 1982, pp. 204-7); S. Crespi, *L'esperienza del periodico milanese «Corrente»*, in «Otto/Novecento», n. 2, 1977, pp. 23-40; G. Desideri, *Antologia della rivista «Corrente»* (Napoli, Guida, 1978).

[22] Alle sue due prime raccolte — *Frontiera* (Milano, Ed. di «Corrente», 1941) e *Diario d'Algeria* (Firenze, Vallecchi, 1947) — ne seguono varie altre, poi confluite ne *Gli strumenti umani* (Torino, Einaudi, 1965; 1975²); la quarta raccolta principale di Sereni è *Stella variabile* (Milano, Garzanti, 1981), edita contemporaneamente al «quaderno di traduzioni» costituito da *Il musicante di Saint-Mery e altri versi tradotti* (Torino, Einaudi, 1981). L'intera produzione è ora riunita nel postumo volume di *Tutte le poesie* (Milano, Mondadori, 1986). Su Sereni, si vedano: M. Grillandi, *Vittorio Sereni* (Firenze, La Nuova Italia, 1972); F.P. Memmo, *Vittorio Sereni* (Milano, Mursia, 1973); R. Pagnanelli, *La ripetizione dell'esistere. Lettura dell'opera poetica di Vittorio Sereni* (Milano, Scheiwiller, 1980); AA.VV., *La poesia di Vittorio Sereni* (Milano, 1985); R. Schuerch, *Vittorio Sereni e i messaggi sentimentali* (Firenze, Vallecchi, 1985); M.L. Baffoni Licata, *La poesia di Vittorio Sereni*: alienazione e impegno (Ravenna, Longo, 1986).

gandola invece a nominare la realtà, a riconoscerla nella sua nitida e vivida concretezza di cose, di eventi, di luoghi, di figure, di circostanze.

Oltre alla tendenza collettiva dell'«ermetismo», appena veduta, il panorama poetico della «terza generazione» presenta, tra il 1930 e il '45, alcune autonome esperienze individuali — esperienze «tangenziali all'ermetismo o addirittura ad esso alternative»[23] — che meriterebbe larga attenzione, anche considerandone i talora cospicui svolgimenti successivi e gli esiti di grande rilevanza raggiunti in anni recenti, ma alle quali devo qui limitarmi a fare solo un fugace riferimento. Merita anzitutto ricordare Sandro Penna, le cui *Poesie*[24], edite nel 1939, si ispirano a «una forma di materialismo contrapponente la realtà del piacere immediatamente possibile a qualsiasi lusinga metafisica»[25]. Va poi menzionata la poesia di Attilio Bertolucci, con le raccolte da *Sirio* (1929) a *Fuochi in novembre* (1934) a *La capanna indiana* (1951), nelle quali[26] la «scelta di una lingua umile [...] per dire paesaggi e situazioni georgiche, sentimenti misurati e decorosi si accompagna» — come sostiene Franco Fortini — «a una sostenutezza metrica che è dichiarazione di coscienza letteraria»; i «toni smorzati» e lo «svolgimento ritmico e lento» sono i moduli caratteristici e appropriati di questa poesia, che predilige «realtà oggettivamente patetiche come la compagnia, il mutare delle stagioni e degli anni, il passare dell'esistenza»: ne traspare una sorta di crepuscolare «fiducia negli oggetti», che muove spesso il poeta alla «rappresentazione partecipe e appena ironica del costume e della sua età, a mezza via fra il poemetto narrativo-didascalico e la diaristica»[27]. Non si può inoltre ignorare la produzione giovanile di Giorgio Caproni, da

---

[23] P.V. Mengaldo, *Introduzione* a *Poeti italiani del Novecento* (Milano, Mondadori, 1978, p. LVI).

[24] A questa raccolta (Firenze, Parenti, 1939) seguono, nel dopoguerra: *Appunti* (Milano, La Meridiana, 1950); *Una strana gioia di vivere* (Milano, Scheiwiller, 1956); *Poesie* (Milano, Garzanti, 1957); *Croce e delizia* (Milano, Longanesi, 1958). Queste raccolte e le successive — da *L'ombra e la luce* (1975) a *Stranezze 1957-1976* (1976) e alle postume *Il viaggiatore insonne* (1977) e *Confuso sogno* (1980) — sono riunite nel volume di *Poesie* (Milano, Garzanti, 1988). Su Penna, anche per la storia e la bibliografia della critica, si veda: G. De Santi, *Sandro Penna* (Firenze, La Nuova Italia, 1982).

[25] R. Luperini, *Il Novecento*, vol. II, cit., p. 645.

[26] Queste tre raccolte — *Sirio* (Parma, Minardi, 1929); *Fuochi in novembre* (ivi, 1934); *La capanna indiana* (Firenze, Sansoni, 1951; Milano, Garzanti, 1973³) — documentano il primo tempo della poesia di Bertolucci; ne rappresentano il secondo tempo *Viaggio d'inverno* (Milano, Garzanti, 1984) e *La camera da letto* (ivi, 1988). Su Bertolucci, anche per la bibliografia della critica, si veda P. Lagazzi, *Attilio Bertolucci* (Firenze, La Nuova Italia, 1982).

[27] F. Fortini, *I poeti del Novecento*, cit., p. 96.

Come un'allegoria (1936) a *Ballo a Fontanigarda* (1938), i cui due termini essenziali sono «il motivo autobiografico affettuoso, gentile,
commosso senza sdolcinature, e un tentativo deciso di restaurazione
metrica»: proprio tali elementi pongono Caproni in una «situazione
abbastanza personale e non facilmente riconducibile alla temperie
ermetica, alla quale più si accosta, se mai, negli anni successivi con
Finzioni (1941) e soprattutto *Cronistoria* (1943)»[28]. Per concludere,
un accenno è necessario alla prima raccolta di Cesare Pavese, *Lavorare stanca*, pubblicata nel 1936 e riproposta, in una nuova edizione
rimaneggiata e ampliata, nel 1943[29]. In tale raccolta, che a giudizio
di Pier Vincenzo Mengaldo rappresenta un vero e proprio «controcanto» dell'ermetismo, si afferma quello «stile oggettivo» che è proprio anche della narrativa pavesiana e che qui si concreta nella forma
della «poesia-racconto», caratterizzata da «versi lunghi narrativi accostati paratatticamente»; i testi poetici sono microstorie, il più delle
volte monologhi di personaggi «tipizzati, che oscillano fra referto
realistico e proiezioni dell'autore stesso», collocati «su uno sfondo in
cui s'alternano una campagna semplificata (o stilizzata) e il grigio
squallore della città e della sua periferia, camera di risonanza l'una e
l'altra della solitudine dell'individuo e del fallimento dei suoi rapporti sociali»[30].

---

[28] G. Manacorda, *Storia della letteratura italiana tra le due guerre*, cit., p. 296. Le quattro
prime raccolte di Caproni qui citate sono confluite nel volume *Il passaggio d'Enea* (Firenze,
Vallecchi, 1959); le successive raccolte, tutte edite da Garzanti, sono: *Il seme del piangere*
(1959); *Congedo del viaggiatore cerimonioso e altre prosopopee* (1965); *Il muro della terra*
(1975); *Il franco cacciatore* (1982); *Il Conte di Kevenhüller* (1986). L'intera opera di Caproni è
ora riproposta nel volume di *Tutte le poesie 1932-1986*, sempre edito da Garzanti nel 1989. Su
Caproni, anche per la bibliografia della critica, si veda: AA.VV., *Genova a Giorgio Caproni*, a
cura di G. Devoto e S. Verdino (Genova 1982).
[29] Pubblicata dapprima a Firenze per le Edizioni di «Solaria», viene riedita a Torino da
Einaudi. Presso questo stesso editore apparirà, postuma, *Verrà la morte e avrà i tuoi occhi*
(1951). Alla cura di I. Calvino si deve il volume complessivo delle *Poesie edite e inedite* (ivi,
1962). Per la critica, basti qui segnalare solo pochi contributi specifici: M. Forti, *Sulla poesia
di Pavese*, in *Le proposte della poesia e nuove proposte* (Milano, Mursia, 1971, pp. 199-212);
A.M. Mutterle, *Appunti sulla lingua di Pavese lirico*, in AA.VV., *Ricerche sulla lingua poetica dei
contemporanei* (Padova, Liviana, 1967, pp. 264-313); A.M. Andreoli, *Il mestiere della letteratura. Saggio sulla poesia di Pavese* (Pisa 1977); per un rapido profilo generale dell'autore e per
altre indicazioni bibliografiche, si veda la «voce» di C. De Michelis nel vol. III del *Dizionario
critico della letteratura italiana* (Torino, Utet, 1986, pp. 394-401).
[30] P.V. Mengaldo, *Poeti italiani del Novecento*, cit., pp. 680-1 *passim*.

3. TRA «NEOREALISMO» E «NEO-SPERIMENTALISMO» (1946-55)

Volendo caratterizzare e differenziare, rispetto a quella del periodo considerato fin qui, la situazione del decennio 1945-55, arduo decennio di transizione tra primo e secondo Novecento [31], si potrà dire, con Angelo Romanò, che essa fa registrare il passaggio (o la tensione al transito) da una poesia «tesa verso esperienze essenziali nel dominio della parola e della vita interiore» — quale era coltivata dalla tradizione lirica novecentesca culminata nell'«ermetismo» degli anni trenta — a una poesia «tesa verso esperienze essenziali nel dominio della realtà e della vita di relazione» [32]. Ovvero — con altri termini, suggeritici da Anceschi — si potrà parlare del passaggio da una poesia in cui «si ha una esasperazione (in qualche modo demiurgica e sacra) dell'io con una riduzione dei contenuti oggettivi» a una poesia in cui «si ha invece una riduzione (che è riduzione del demiurgico, del sacro) dell'io, e quasi uno scatenarsi dei contenuti oggettivi»; ovvero, ancora, del passaggio da una poesia «come fuga e rifugio; come estrema voce del soggetto nascosto e introverso; come modo analogico ed evocativo di trovare negli abissi dell'io, di un io sempre più profondo e tutto abbandonato a se stesso, il nulla, il silenzio modulato in una maniera di "abolizione degli oggetti" o figurato in una maniera di esaltazione e di concentrazione simbolica degli oggetti stessi», a una poesia «dissacrata, estroversa, che si ritrova in un mondo di oggetti reali, [...] tale che si è resa conto della propria temporalità, e può farsi capace di critica di vita, di un'azione per la trasformazione dell'uomo» [33]. Con processi, modalità ed esiti assai vari, tale passaggio — che si prolungherà operante, con decisione ed efficacia maggiori, anche nel successivo quindicennio — è rilevabile tanto nel lavoro dei poeti affermatisi tra le due guerre, che dunque conosce ora una significativa "modificazione" interna, quanto in quello dei

[31] Per una completa visione d'insieme della poesia del secondo Novecento, si considerino: G. Bàrberi Squarotti, *Poesia e narrativa del secondo Novecento* (Milano, Mursia, 1961; 1973³); Id., *La cultura e la poesia italiana del dopoguerra* (Bologna, Cappelli, 1966); M. Forti, *Le proposte della poesia e nuove proposte*, cit.; G. Manacorda, *Storia della letteratura italiana contemporanea 1940-1975* (Roma, Ed. Riuniti, 1977); Id., *Letteratura italiana d'oggi 1965-1985* (ivi, 1987); R. Luperini, *Il Novecento*, vol. II, cit.; S. Ramat, *Storia della poesia italiana del Novecento*, cit.; G. Raboni, *Poeti del secondo Novecento*, in AA.VV., *Storia della letteratura italiana. Il Novecento*, vol. IX, t. II (Milano, Garzanti, 1969, pp. 207-48); N. Lorenzini, *La poesia italiana degli ultimi trent'anni*, in «Poesia», nn. 5, 6, 9, 10, 12, 1989. Altri studi particolari su singoli movimenti ed autori segnalerò via via nelle note successive.

[32] A. Romanò, *Analisi critico-bibliografiche*, I, in «Officina», n. 1, 1955, p. 27.

[33] L. Anceschi, *Orizzonte della poesia* (1962), in *Le istituzioni della poesia* (Milano, Bompiani, 1983³, pp. 248-9).

poeti di «quarta» generazione (la generazione dei nati nel corso degli anni venti), che fanno il loro esordio e vengono alla ribalta proprio nel decennio seguito alla fine della seconda guerra. E sono proprio le traumatiche esperienze della guerra e della resistenza, direttamente vissute o indirettamente partecipate, e il clima politico e sociale del dopoguerra, a incidere sensibilmente nel determinare il nuovo orientamento della ricerca poetica. Della sua novità, come già accennato, danno acuta e significativa testimonianza, con una gamma quanto mai larga di accenti, le opere del dopoguerra dei poeti appartenenti alle prime tre generazioni novecentesche. Basti ricordarne alcune soltanto: da *Il Dolore* (1947) di Ungaretti ai testi montaliani che, assieme a *Finisterre*, confluiranno ne *La bufera e altro* (1956); da *Giorno dopo giorno* (1947) e *Il falso e vero verde* (1956) di Quasimodo a *Il capo sulla neve* (1949) di Gatto; da *Un brindisi* (1946) e *Quaderno gotico* (1947) di Luzi a il *Diario d'Algeria* (1947) di Sereni. E sono, queste e altre ancora (di Penna, di Bertolucci, di Caproni, di Fortini [34]), tutte opere di notevole rilievo non soltanto per il peso della loro testimonianza storica o per quanto di nuovo arricchiscono l'esperienza *in fieri* dei rispettivi autori e quella generale della poesia stessa, ma anche, per l'influenza, talora molto fruttuosa, che esercitano — già subito e anche in seguito — sul lavoro dei poeti più giovani. Relativamente a questi — cui deve andare in particolare la mia attenzione — sarà anzitutto da ricordare che le loro prove si danno, con programmi e testi, sin dai primissimi anni del dopoguerra e che esse, poco oltre, vengono censite, con distinti criteri, da alcune antologie di varia impostazione: *Nuovi poeti* di Ugo Fasolo (1950, 1958), *Linea lombarda* di Luciano Anceschi (1952), *Quarta generazione* di Luciano Erba e Piero Chiara (1954), *La giovane poesia* di Enrico Falqui (1956, 1957). L'indagine documentaria condotta dagli antologisti figura essa stessa come un primo tentativo di interpretazione, cui numerosi altri, anche per diretta sollecitazione, se ne affiancano nel medesimo torno di anni e in quelli immediatamente successivi. Da questa ricca messe di interventi critici — che qui non è possibile re-

---

[34] F. Fortini esordisce con *Foglio di via e altri versi* (Torino, Einaudi, 1946), raccolta confluita, con altre *plaquettes* successive, in *Poesia ed errore* (Milano, Feltrinelli, 1959; poi, con modifiche, Milano, Mondadori, 1969). La produzione relativa al periodo 1958-1972 è documentata dalle raccolte *Una volta per sempre* (ivi, 1963) e *Questo muro* (ivi, 1966). Alla silloge complessiva *Una volta per sempre* (Torino, Einaudi, 1978) hanno fatto seguito i volumi: *Una obbedienza. 18 poesie 1969-1979* (Genova 1980) e *Paesaggio con serpente. Poesie 1973-1983* (Torino, Einaudi, 1984). Un'antologia della poesia fortiniana è stata curata da P.V. Mengaldo (Milano, Mondadori, 1974): ad essa si rimanda sia per l'*Introduzione* del curatore sia per la bibliografia della critica che la correda.

gistrare in dettaglio — emerge un discorde, molto discorde giudizio di merito sulla «giovane poesia» *post '45*, mentre è concorde il riconoscimento che essa si atteggia, nei confronti della poesia d'anteguerra, in maniera tutt'altro che uniforme, pur nell'accomunante volontà di una reazione all'«ermetismo». Gli atteggiamenti vanno, con varie sfumature, dal rifiuto netto e indiscriminato ad una più cauta presa di distanza, con operazioni di ripresa selettiva o di «attraversamento» o di «aggiramento». Da qui, anche da qui, oltre che dal rilievo di altri tratti caratterizzanti, viene la possibilità, per la critica coeva, di operare, entro lo spazio di movimento della «giovane poesia», delle distinzioni orientative, identificandovi il profilarsi di almeno tre linee collettive di tendenza, secondo una partizione che ancor oggi potremmo fare nostra. Vediamole, dunque, più da vicino, seppure in rapido scorcio.

Va anzitutto segnalato il dichiararsi di quella «poesia dell'engagement» che, per dirla con Pasolini, subito dopo il '45, «si definisce come un momento del neorealismo nato col cinema e particolarmente proliferante nella narrativa»[35]. Tale poesia «neorealista», sotto il segno di una marcata, spesso velleitaria, istanza di impegno politico-sociale e nei termini di una polemica per lo più superficiale e grossolana, punta su una perentoria rottura, quanto a scelte sia tematiche che linguistiche, dalla cultura poetica italiana d'anteguerra, e particolarmente nei confronti della poesia ermetica, accusata di essere non popolare e non comunicativa, ma aristocratica, dotta e di classe; accusata di formalismo, di lontananza dalla realtà, di astrattezza, di elusività dei problemi della società, delle vicende della storia. Sulla scorta di tale polemica anti-ermetica, mossi dall'opposto proposito di una poesia popolare e comunicativa, che si faccia illustrazione e testimonianza politicamente impegnata dei fatti e dei problemi della realtà sociale, i poeti neorealisti operano ora «recuperi nelle regioni più semplificate e comunicative del Pascoli, del Carducci, dei crepuscolari, dei minori tra Betteloni e Zanella, ora un'imitazione esterna, priva di coscienza ideologica e di sapienza della situazione, dei grandi poeti populisti degli anni trenta, da Eluard a Neruda, da Lorca a Auden, da Alberti a Hernàndez», senza andare oltre «l'esito tutto rovesciato all'esterno di un semplice capovolgimento pressoché "bernesco" della poesia dotta e ufficiale dell'ermetismo, attuato con la semplice sostituzione dei segni, ponendo là dove era la preziosa

[35] P.P. Pasolini, *Fine dell'engagement* (1957), in *Passione e ideologia* (Milano, Garzanti, 1973, p. 461).

sostanza formale la violenza del verbo popolare, là dove era la tensione del dramma esistenziale l'esperienza delle condizioni contadine e operaie, la lotta di liberazione, ecc...» [36]. Nell'ambito largo del neorealismo post-bellico, rispetto ai settori del cinema e della narrativa, quello della poesia risulta decisamente «minore»: se non per quantità di autori e opere e per durata di frequentazione, certo per scarsità, in generale, di risultati significativi. Fanno eccezione alcuni testi, fra gli altri, di Luigi Di Ruscio (*Non possiamo rassegnarci a morire* [1953]), di Franco Matacotta (*Fisarmonica rossa* [1945], *I mesi* [1956], *Versi copernicani* [1957]), di Elio Filippo Accrocca (*Portonaccio* [1949], *Caserma 1950* [1951]), di Rocco Scotellaro (*È fatto giorno* [1945]). Di quest'avviso è anche Sergio Turconi, cui si deve il primo, più ampio e minuzioso studio critico-documentario sulla poesia neorealistica: questa — informa il critico — trova nella rivista romana «La strada» (1946-1947) di Russi «una specie di ribalta teorica e programmatica» e nella rivista torinese «Momenti» (1951-1954) la sede di più radicale proposizione; va nettamente distinta — ancora secondo Turconi — dalle «correnti spurie» sia del «realismo mistico» che del «realismo lirico» e conosce un processo formativo scandibile in tre fasi: un «periodo di decantazione» dal 1945 al 1948, un «periodo di attestamento» negli anni che vanno dal 1949 al 1952 e la «vera stagione» tra il 1953 e il 1957, «quinquennio in cui comparvero una cinquantina di volumi che massicciamente consacrarono e nello stesso tempo esaurirono il tentativo di imporre questo tipo di poesia» [37].

Parallela alla poesia «neorealista», ma di diversa identità, è quella dei giovani poeti (Nelo Risi [38], Renzo Modesti [39], Giorgio Orelli [40],

---

[36] G. Bàrberi Squarotti, *La cultura e la poesia italiana del dopoguerra*, cit., p. 174.

[37] S. Turconi, *La poesia neorealista italiana* (Milano, Mursia, 1972, pp. 23-59 *passim*. Si veda anche W. Siti, *Il neorealismo nella poesia italiana. 1941-1956* (Torino, Einaudi, 1980).

[38] Risi esordisce con le prose poetiche di *Le opere e i giorni* (Milano, Scheiwiller, 1941) e con le poesie di *L'esperienza* (Milano, La Meridiana, 1948). La successiva produzione in versi trova via via sistemazione in alcuni volumi riassuntivi: *Polso teso* (Milano, Mondadori, 1956; II ed. variata 1973); *Pensieri elementari* (ivi, 1961); *Dentro la sostanza* (ivi, 1965). Seguono, sempre edite da Mondadori, altre raccolte autonome: *Di certe cose* (1970); *Amica mia nemica* (1976); *I fabbricanti del «bello»* (1983) e *Le risonanze* (1987). Su Risi, si vedano: M.L. Vecchi, *Nelo Risi*, in «Belfagor», XXXVIII (1983), pp. 415-32; S. Ramat, *Nelo Risi, un poeta «dans le plâtre»*, in «Studi novecenteschi», XIII (1986), pp. 87-114.

[39] Modesti, dopo la raccolta d'esordio, *E quando canterò* (Milano, Ed. dell'Esame, 1950), ha pubblicato: *Due di briscola* (Varese, Magenta, 1954); *Romanzo* (Milano, Scheiwiller, 1961); *Romanzo I* (Milano, Novarco, 1968); *Dentro e fuori misura* (Milano, Guanda, 1978); *La rabbia la paura e altro* (Milano, Scheiwiller, 1981); *Sintesi?* (Firenze, Vallecchi, 1982); *Il testimone scomodo* (ivi, 1988).

[40] Orelli esordisce con la raccolta *Né bianco né viola* (Lugano, 1944); una scelta di quelle

Luciano Erba[41]), che Anceschi, nel 1952, raccoglie nella citata antologia *Linea lombarda*, assieme ai più anziani Sereni e Roberto Rebora[42]. Questo accostamento è di per sé già indicativo delle scelte di poetica compiute dai giovani «lombardi». Soprattutto l'immediato rinvio a Sereni, suggerito da Anceschi; a Sereni e, per suo tramite, a Montale, e per il tramite di entrambi alla tradizione novecentesca della «poetica degli oggetti» — nonché alla tradizione lombarda dell'illuminismo (Parini e Manzoni) e alla poesia anglosassone (Pound, Eliot) — sta chiaramente a significare che ai giovani cui va l'attenzione anceschiana è estranea ogni pretesa di radicale e indiscriminata "rottura" col passato. La loro polemica nei confronti della poesia d'anteguerra è, invece, misurata e mirata: mossi, come la maggior parte dei coetanei, da un'esigenza di realismo, essi pure si sentono lontani e si tengono distanti dall'«ermetismo» fiorentino, dalla sua «poetica dell'assenza»; diversamente dai coetanei neorealisti, però, non disconoscono la lezione di concretezza esistenziale insita nell'opera montaliana e sereniana, anzi vi riconoscono la sola lezione attiva e feconda per un'adeguata «poesia *in re*», che sappia autenticamente aprirsi e aderire alla realtà, senza per questo né operarne una semplificata e unilaterale riduzione al solo ambito dei «fatti» pubblici e collettivi (le vicende tragiche ed eroiche di guerra e di Resistenza, i problemi della ricostruzione dopo la Liberazione, la miseria contadina e operaia, le rivendicazioni e i conflitti di classe) né scadere a forme di grezzo contenutismo e di spoglio parlato, di epica sociale, di parenesi ideologica, fondata su più o meno manifeste professioni di fede politica. Avversa a tali soluzioni, la poesia dei «lombardi» — una poesia che «presuppone una certa condizione di pro-

immediatamente successive — *Prima dell'anno nuovo* (1952); *Poesie* (1953); *Nel cerchio familiare* (1960) — si legge, assieme a nuovi testi, nel volume *L'ora del tempo* (Milano, Mondadori, 1962), cui hanno fatto seguito: *Sinopie* (ivi, 1977) e *Spiracoli* (1989).
[41] Le prime raccolte di Erba — *Linea K.* (Modena, Guanda, 1951); *Il Bel Paese* (Milano, La Meridiana, 1955); *Il prete di Ratanà* (Milano, Scheiwiller, 1959) — sono riunite nel volume *Il male minore* (Milano, Mondadori, 1960). L'insieme di tale produzione è riproposta, assieme alla successiva raccolta *Il prato più verde* (Milano, Guanda, 1977), ne *Il nastro di Moebius* (Milano, Mondadori, 1980). In seguito, Erba ha pubblicato *Il cerchio aperto* (Milano, Scheiwiller, 1983) e *Il tranviere metafisico* (ivi, 1987), che ora figurano, con testi inediti, nel volume *L'ippopotamo* (Torino, Einaudi, 1989). Su Erba, si vedano: A. Di Benedetto, *Luciano Erba*, in AA.VV., *Letteratura italiana. I contemporanei*, vol. VI, cit., pp. 1385-97. G. Luzzi, *La poesia di Erba*, in «Paragone», n. 340, 1978, pp. 83-96.
[42] Rebora, il cui esordio poetico risale all'inizio degli anni quaranta (con *Misura*, Modena, Guanda, 1940), pubblica nel dopoguerra la raccolta *Dieci anni* (Milano, Ed. Il Piccolo Teatro, 1950). I suoi successivi volumi, tutti apparsi presso l'editore Scheiwiller di Milano, sono: *Il verbo essere* (1965): *Non Altro* (1977): *Per il momento* (1983); *Parole cose* (1987); *Non ancora* (1989).

sa» e a cui non è estranea «una certa indole moralistica»; una poesia che preferisce «la corposa allegoria alla diafana analogia» (Anceschi); una poesia che ha movenze epigrammatiche e diaristiche, con punte di iperletterarietà — fa credito di realtà alle tante presenze (luoghi, cose, persone), presenze della veglia e del sogno, vaste e minute, rammemorate e instanti, nette e sfumate, possedute e smarrite, ferme e fuggitive, che marginano, arredano e popolano il familiare paesaggio della quotidianità: spazio d'esistenza d'un «io», che si rifiuta alla chiusa e segreta privatezza dell'auscultazione interiore e alla cifrata dizione di velate verità, quanto allo sperdimento nell'anonimato d'una storia collettiva e di una voce corale, per mostrarsi, invece, e dirsi — nel sottotono d'una poesia ora confidente ora distaccata ora turbata, fra tenerezza elegiaca e ironia — alle prese con l'«umano mestiere di vivere» (Erba). Per l'«io», non più un liberante «vuoto» di realtà né ancora un radicante «pieno» di realtà, ma un discreto rifarsi presente della realtà, un suo trapelare per minute epifanie, per vivide apparizioni di oggetti concreti, di immagini domestiche e familiari. Per l'«io», per un «io» che ha rinunciato alla tentazione della vertigine, che ha rinunciato a spingersi sul precipizio spalancato dell'«assenza», questi «oggetti» e queste «immagini», questi nuclei o grumi di concentrata densità esistenziale, sono i soli punti di appiglio, i più saldi punti di appiglio per un nuovo incontro e per un nuovo colloquio col mondo.

Per continuare il rapido esame relativo al decennio 1945-55, tocca ora prestare attenzione al terzo orientamento che si delinea nell'ambito della poesia di «quarta generazione» e la cui fisionomia viene a disegnarsi con più nettezza di tratti proprio sul finire del periodo che sto considerando e poco oltre. Per darne conto va fatto riferimento all'esperienza della rivista «Officina» [43], che incentra il suo di-

---

[43] La rivista si pubblica dal 1955 al 1959. Inizialmente ne sono redattori P.P. Pasolini, F. Leonetti e R. Roversi, cui in seguito si affiancano i più assidui collaboratori A. Romanò, G. Scalia, F. Fortini. Un'ampia scelta antologica delle pagine della rivista, corredata da un lungo *Saggio introduttivo*, è in G.C. Ferretti, «*Officina*». *Cultura, letteratura e politica negli anni cinquanta* (Torino, Einaudi, 1975).
Quando si avvia l'esperienza di «Officina», Pasolini, il cui esordio risale al 1942 (con le poesie friulane di *Poesie a Casarsa*, edite a Bologna da Palmaverde), ha altresì pubblicato: *La meglio gioventù* (Firenze, Sansoni, 1954; ma ora, variata e ampliata, sotto il titolo *La nuova gioventù*, Torino, Einaudi, 1975); *L'usignolo della Chiesa Cattolica* (Milano, Longanesi, 1958; Torino, Einaudi, 1976²); *Le ceneri di Gramsci* (Milano, Garzanti, 1957). Seguono altre tre raccolte: *La religione del mio tempo* (ivi, 1961); *Poesia in forma di rosa* (ivi, 1964); *Transumanar e organizzar* (ivi, 1971). Una postuma silloge dell'opera pasoliniana è nel volume *Poesie* (ivi, 1976). Su Pasolini, per un primo orientamento interpretativo e bibliografico, si vedano: F.

scorso su un'insistita polemica sia nei confronti dell'«ermetismo» — «attribuendo a questo movimento significazioni sintetiche e quasi simboliche, ed eleggendolo a movimento consuntivo»[44] (Romanò) degli anni novecenteschi tra il 1920 e il '40 — sia nei confronti del «neorealismo» postbellico. L'accusa rivolta all'«ermetismo» è di «tetro apoliticismo e misticismo tecnico» (Pasolini), di «intimismo all'ombra del potere» (Leonetti), di «evasione e distacco dalla storia» (Romanò), di «elusività, tipica via di resistenza passiva alle coazioni della realtà» (Pasolini), di rinuncia a ogni «desiderio e speranza di conoscere, possedere e modificare la realtà» (Romanò). Donde, appunto, un «rifiuto angoscioso opposto alla realtà (e la realtà si chiamava fascismo)», un «inabissarsi nella solitudine dell'anima», con una ricerca di rifugio «nell'assolutezza della parola usata come esorcisma» (Romanò). La parallela accusa rivolta al neorealismo è di operare un «ingenuo e disarmato tentativo di trasferire nel terreno letterario un contenuto e un ethos essenzialmente politici» (Romanò). Pur mosso da una fondata istanza di impegno politico-sociale, il neorealismo promuove un'assunzione della realtà storica in poesia che risulta velleitaria, in quanto operata per via di immediata trascrizione documentaria, senza alcun preventivo sforzo di analisi e di interpretazione culturale: da ciò il greve contenutismo dei suoi testi e il suo approdo a grossolane ed equivoche forme di populismo. Un comune limite, sotto differenti maschere, «Officina» riscontra nel «disimpegnato» ermetismo d'anteguerra e nell'«impegnato» neorealismo postbellico: la stessa elusione del problema del rapporto tra «sfera privata e pubblica», tra «vita interiore e vita di relazione», tra «piccolo mondo» e «grande mondo» (Leonetti), accantonato me-

---

Panzeri, *Guida alla lettura di Pasolini* (Milano, Mondadori, 1988); L. Martellini, *Introduzione a Pasolini* (Roma-Bari, Laterza, 1989).

Oltre a Pasolini, i poeti di «Officina» sono principalmente Roversi e Leonetti. Le prime raccolte di Roversi, tutte pubblicate dall'antiquario Landi di Bologna, sono: *Poesie* (1942); *Umano* (1943); *Rime* (1943); *Ai tempi di re Gioacchino* (1952); seguono: *Poesie per l'amatore di stampe* (Caltanissetta, Sciascia, 1954); *Dopo Campoformio* (Milano, Feltrinelli, 1962; II ed. ampliata, Torino, Einaudi, 1965); *Descrizioni in atto* (Bologna 1969). Su Roversi, si veda: L. Caruso-S.M. Martini, *Roberto Roversi* (Firenze, La Nuova Italia, 1978). Anche le prime raccolte di Leonetti — *Sopra una perduta estate* (1942); *Antiporta* (1952); *Poemi* (1952) — sono pubblicate a Bologna presso Landi; seguono: *Arlecchinata* (Caltanissetta, Sciascia, 1955); *La cantica* (Milano, Mondadori, 1959); *Percorso logico* (Torino, Einaudi, 1976); *In uno scacco* (ivi, 1979); *Palla di filo* (Lecce, Manni, 1986). Su Leonetti, si veda: F. Piemontese, *Francesco Leonetti*, in AA.VV., *Letteratura italiana. I contemporanei*, vol. VI, cit., 1974, pp. 1709-21.

[44] Questa citazione e le altre che compaiono nel mio testo sono tratte, salvo diversa indicazione, da scritti apparsi in «Officina» e in gran parte riproposti nell'antologia curata da G.C. Ferretti, di cui alla nota precedente.

diante l'emarginazione ora dell'uno ora dell'altro termine di relazione. Da ciò il contrapposto esito, eppure identico, ora di «una *introversione* dove è esclusa la sfera mondana», per «un'assoluta e totale identificazione del "poeta" col suo interiore demonio o dio, senza altra faccia» (Leonetti); ora di «un immaturo e rapido celarsi, con avida impazienza» (Roversi), per «fretta ideologica» e «facile mitologia attivistica» (Scalia), con la pretesa di abolire ogni interiorità, in quel «di fuori» che è il mondo storico sociale. Questa requisitoria di «Officina» contro l'«ontologia della poesia e della *realtà*»[45], conclude nella proposta di uno «sperimentalismo», che Pasolini definisce «sprofondato in un'esperienza interiore» e «tentato» nei confronti della «storia»: uno sperimentalismo che si qualifica in sostanza come sforzo orientato a sanare la «rottura esistenziale tra il soggetto lirico e la vita oggettiva» (Leonetti), in modo che la poesia riacquisti compiuta, coefficiente capacità d'azione tanto sul «fronte interno» — ove esclusivamente la relega l'ermetismo — quanto sul «fronte esterno» (Pasolini) — ove invece interamente la proietta il neorealismo. Tale «sperimentalismo» (o «neo-sperimentalismo») — quale «poetica del dentro-fuori», secondo la calzante definizione di Ferretti, «in cui il rapporto (e conflitto) tra dentro e fuori si pone [...] sul filo di una tensione, contrastata ma consapevole, a far entrare in attrito l'un termine con l'altro»[46] — è sí, come ancora sostiene Pasolini, «assolutamente antitradizionalista» nella «coscienza ideologica», ma allo stesso tempo volto, polemicamente volto, alla riadozione di «moduli stilistici tradizionali», di «moduli stilistici prenovecenteschi». Questa voluta «regressione nella tradizione (che avviene contemporaneamente alla rivalutazione del filone non novecentista di Penna, Bertolucci, Caproni)» è in concreto operata tramite il «recupero dei modi della tradizione tardottocentesca e primonovecentesca, fra Carducci, Pascoli e i vociani»[47]. Il che comporta più precisamente, e particolarmente in Pasolini, «due ordini di scelte stilistiche. Sul piano delle forme il recupero degli schemi discorsivi della poesia "impegnata" dell'Ottocento italiano ed europeo, attuato soprattutto attraverso i *Poemetti* del Pascoli [...]. Sul piano della lingua la contrapposizione, al monolinguismo dominante nella linea egemonica della lirica contemporanea, di un plurilinguismo magmatico che si vuole ancora una volta autorizzato dal Pascoli»[48].

[45] G. Scalia, *Catalogo e litania (forse corsari)*, in «Il Ponte», nn. 11-12, 1976, p. 1388.
[46] G.C. Ferretti, *Saggio introduttivo*, cit., p. 55.
[47] R. Luperini, *Il Novecento*, vol. II, cit., p. 796.
[48] P.V. Mengaldo, *Poeti italiani del Novecento*, cit., p. 783.

Per integrare, conclusivamente, il sintetico e schematico quadro di tendenze collettive fin qui delineato, non si può trascurare di far cenno, seppur rapidissimo, almeno a due esperienze poetiche individuali. Tornano utili, a tal fine, alcune notazioni di Raboni. Il critico, in una sua rassegna della «quarta generazione»[49], richiama opportunamente l'attenzione sulle figure di Andrea Zanzotto e Giovanni Giudici, «figure isolate, non verosimilmente raggruppabili», che esordiscono nei primi anni cinquanta, ma definiscono a pieno la loro identità e si affermano con presenza di rilevante spicco nel corso dei successivi decenni. Nel lavoro di entrambi i poeti, nella loro «vicenda evolutiva», si può individuare un momento di «svolta» decisiva. Quanto a Zanzotto[50], dopo avere ricordato che i suoi primi libri (*Dietro il paesaggio*, 1951; *Vocativo*, 1957) lo accreditavano come un «prestigioso (il più prestigioso nella sua generazione) e un po' anacronistico continuatore della linea ungarettiano-ermetica», Raboni sostiene che gli «sviluppi successivi del suo lavoro, pur confermando una fortissima tensione verso l'assolutezza lirica e la tenerezza elegiaca, hanno reso semplicistica e del tutto insufficiente questa collocazione»; più precisamente, sono le *IX Ecloghe* (1962) a segnare una «svolta» nel discorso di Zanzotto: esso, infatti, «si complica e si ramifica sia a livello psicologico, con l'introduzione di un io autobiografico carico di ansie e interrogativi sul proprio rapporto con la realtà (e, con l'andar del tempo, sul futuro stesso della realtà, del mondo, della specie umana), sia — parallelamente — a livello formale, con la totale messa in discussione degli strumenti comunicativi ed espressivi e una sempre più accentuata propensione del linguaggio a crescere autonomamente su se stesso, a svilupparsi come per partenogenesi, secondo procedimenti parzialmente assimilabili ai meccanismi del sogno e dell'inconscio». Anche nella poesia di Giudici[51], secondo Raboni, può cogliersi «una svolta, una scoperta che

---

[49] G. Raboni, *Poeti del secondo Novecento*, cit., pp. 227-31 *passim*.
[50] Zanzotto esordisce con *Dietro il paesaggio* (Milano, Mondadori, 1951), cui fanno seguito: *Elegie e altri versi* (Milano, Ed. della Meridiana, 1954); *Vocativo* (Milano, Mondadori, 1957); *IX Ecloghe* (ivi, 1962); *La Beltà* (ivi, 1968); *Gli sguardi i fatti e senhal* (Pieve di Soligo, 1969); *Pasque* (Milano, Mondadori, 1973); *Filò* (Venezia, Ed. del Ruzzante, 1975). Il più recente lavoro poetico è documentato dalla «trilogia» delle raccolte *Galateo in bosco* (Milano, Mondadori, 1978), *Fosfeni* (ivi, 1983) e *Idioma* (ivi, 1986). Un'antologia della poesia zanzottiana è stata curata da S. Agosti (ivi, 1973). Su Zanzotto, oltre che l'*Introduzione* di Agosti alla citata antologia, si vedano: G. Nuvoli, *Andrea Zanzotto* (Firenze, La Nuova Italia, 1979, con ampia *Nota* bibliografica); L. Conti Bertini, *Andrea Zanzotto o la sacra menzogna* (Venezia, Marsilio, 1984).
[51] L'elenco completo delle raccolte poetiche di Giudici è il seguente: *Fiorì d'improvviso*

ne segna il vero principio»: essa — situabile tra *L'intelligenza col nemico* (1957) e *L'educazione cattolica* (1963), ma soprattutto evidente nella sua prima raccolta riassuntiva, *La vita in versi* (1965) — va identificata «nell'abbandono dell'io lirico-autobiografico a favore di un io-personaggio, un intellettuale di estrazione e destino emblematicamente piccolo-borghese che assume su di sé — ma deformandole, distanziandole, ironizzandole — vicende, aspirazioni e amarezze dell'autore. Da quel momento in poi, la storia della poesia di Giudici diventa in larga misura la storia [...] dei rapporti tra il poeta e il suo doppio, o meglio [...] tra il poeta e il suo sosia».

4. LE POETICHE DEGLI ANNI SESSANTA

È ora la volta di passare ad esaminare la successiva fase della vicenda della poesia italiana del secondo Novecento. Naturalmente, vale anche per questa parte della mia ricognizione, che ora si avvia, l'avviso fatto in sede di premessa generale. Devo quindi ribadirne il circoscritto intento panoramico, limitato — pur così, senza alcuna ambizione di completezza — al solo rilievo, come sempre molto sintetico, delle direzioni collettive di discorso poetico secondo le quali prevalentemente si orienta il lavoro della nuova generazione, la «quinta generazione» novecentesca (dei nati intorno al '30 e nel corso del decennio), che esordisce e si afferma nel periodo compreso tra il 1956 e la fine degli anni sessanta. Si può procedere nell'indagine di questo periodo, seguendo una traccia di Marco Forti, secondo il quale, nell'ambito della «giovane poesia», accanto ad una «linea neosimbolista e neoermetica», sono da «indicare da un lato il complesso e mobilissimo coacervo della nuova avanguardia [...] e dall'altro la famiglia dei poeti ideologici e neocrepuscolari» [52].

Quanto alla «linea neosimbolista e neoermetica» segnalata da Forti, essa si profila e ha corso ad opera di alcuni poeti che si richiamano alla ripresa del discorso ermetico di cui si fa promotrice la rivi-

---

(Roma, Ed. del Canzoniere, 1953); *La stazione di Pisa* (Urbino 1954); *L'intelligenza col nemico* (Milano, Scheiwiller, 1957); *L'educazione cattolica* (ivi, 1963); *La vita in versi* (Milano, Mondadori, 1965); *Autobiologia* (ivi, 1969); *O beatrice* (ivi, 1972); *Il male dei creditori* (ivi, 1977); *Il ristorante dei morti* (ivi, 1981); *Lume dei tuoi misteri* (ivi, 1984); *Salutz* (Torino, Einaudi, 1986). Su Giudici, si vedano: O. Cecchi, *Giovanni Giudici*, in AA.VV., *Letteratura italiana. I contemporanei*, vol. VI, cit., pp. 1645-60; F. Bandini, *Introduzione* a G. Giudici, *Poesie scelte* (1957-1974), Milano, Mondadori, 1975; la «voce» di L. Troisio nel vol. II del *Dizionario critico della letteratura italiana*, cit., pp. 394-96.
[52] M. Forti, *Le proposte della poesia e nuove proposte*, cit., p. 448.

sta «La Chimera» negli anni 1954-55, ma che soprattutto traggono stimolo e alimento dalla «apertura esistenziale» che Luzi imprime alla propria poesia tra tardi anni cinquanta e anni sessanta. Viene così a costituirsi, intorno al '60, come ricorda Silvio Ramat, «una "piccola scuola" luziana», che ha «centro in Firenze» e «il cui perno è costituito dai poeti della rivista "Quartiere" (eccetto Pignotti)»: i nomi da farsi, a tal proposito, sono quelli di Eugenio Miccini e Sergio Salvi, e quelli dei più anziani Gerola e Zagarrio[53]. Né mancano, della medesima «scuola», altri esponenti (tra i quali può annoverarsi lo stesso Ramat[54]) nonché ulteriori e successive sedi (sono queste, derivanti per scissione da «Quartiere», gli inserti dissimili di «Protocolli» (1961-62), almeno in parte, e dell'«Oggidì» (1961-64) gli uni e gli altri ospitati dalla rivista «Letteratura»; come pure, tra il 1969 e il 1971, gli inserti della rivista «Arte e Poesia»).

Sorvolo momentaneamente, col proposito di tornarvi tra breve, sulla cosiddetta «neo-avanguardia» cui pure fa riferimento Forti, per anticipare invece qualche considerazione relativa a quanto lo stesso critico indica come la «famiglia dei poeti ideologici e neocrepuscolari», comprendente, tra gli altri, Giancarlo Majorino[55], Giorgio Cesarano[56], Giovanni Raboni[57], Tiziano Rossi[58]. Con il loro lavoro —

[53] Cfr. S. Ramat, *Storia della poesia italiana del Novecento*, cit., pp. 664 e 689. Il critico ricorda, in particolare, le raccolte *Il vento di Firenze* di Salvi, *La valle* di Gerola, *Senza più verità* di Miccini e *Tra il dubbio e la ragione* di Zagarrio. Sull'argomento, ancora di Ramat, si veda anche *Crisi e coscienza critica*, in *La pianta della poesia* (Firenze, Vallecchi, 1972), particolarmente alle pp. 270-2; inoltre, sono da tenere presenti: le considerazioni di A. Folin, nella *Introduzione* alla ristampa anastatica delle prime annate (1958-1960) della rivista «Quartiere» (Bologna, Forni, 1978, specie alle pp. 7-12); lo studio di G. Bàrberi Squarotti, *La durata di Parnaso*, in AA.VV., *La poesia in Toscana dagli anni quaranta agli anni settanta* (Messina-Firenze, D'Anna, 1981, pp. 99-115); le testimonianze di G. Zagarrio, in *Febbre, furore e fiele* (Milano, Mursia, 1983).

[54] Tra le sue raccolte, vanno almeno ricordate: *Gli sproni ardenti* (Milano 1964); *Corpo e cosmo* (Milano, Scheiwiller, 1973); *Fisica dell'immagine* (Manduria, Lacaita, 1973); *L'inverno delle teorie* (Milano, Mondadori, 1980).

[55] Alla raccolta d'esordio, *La capitale del Nord* (Milano, Schwarz, 1959), seguono: *Lotte secondarie* (Milano, Mondadori, 1967); *Equilibrio in pezzi* (ivi, 1971); *Sirena* (Milano, Guanda, 1976); *Provvisorio* (Milano, Mondadori, 1984).

[56] Cesarano ha pubblicato: *L'erba bianca* (Milano, Schwarz, 1959); *La pura verità* (Milano, Mondadori, 1963); *La tartaruga di Jastov* (ivi, 1966); *Romanzi naturali* (Milano, Guanda, 1980).

[57] Le sue principali raccolte sono: *Il catalogo è questo* (1961) e *L'insalubrità dell'aria* (1963), rispettivamente edite da Lampugnani Nigri e da Scheiwiller e poi riprese in *Le case della Vetra* (Milano, Mondadori, 1966). Altre raccolte successive sono: *Cadenza d'inganno* (ivi, 1975); *Nel grave sogno* (ivi, 1981); *A tanto caro sangue* (ivi, 1988).

[58] Il lavoro poetico di T. Rossi è documentato dalle seguenti raccolte: *Il Cominciamondo* (Urbino, Argalia, 1964); *La talpa imperfetta* (Milano, Mondadori, 1968); *Dallo sdrucciolare al rialzarsi* (Milano, Guanda, 1976); *Quasi costellazione* (Milano, Società di poesia, 1982); *Miele e no* (Milano, Garzanti, 1988).

che trova soprattutto nella poesia del Sereni degli *Strumenti umani* (1964) il fondamentale punto di più ravvicinato riferimento — prende avvio e ha svolgimento il «secondo tempo»[59] di quella «linea lombarda», di cui era stato Anceschi, in anni precedenti, a cogliere e registrare il «primo tempo». Appunto facendo propria l'indicazione della «poesia *in re*» suggerita dall'antologia anceschiana del '52, i quattro giovani poeti si orientano concordemente, con spontanea consonanza di intenti, anche se ciascuno a suo modo, «verso una poesia di oggetti»: cioè, più precisamente, nella direzione di una poesia che — come risulta dai propositi ripetutamente dichiarati da uno di loro, Raboni, che è il più incline ad aperte e circostanziate formulazioni di poetica, emergenti bene in vista tra le righe delle sue pagine di critica militante[60] — vuole essere «*impura* e, al limite, *impoetica*, infinitamente inclusiva, capace di compromettersi con la realtà e di registrare le tensioni del campo ideologico senza mimare la realtà e senza sottomettersi all'ideologia». Un'articolata polemica è implicita in questa idea di poesia. Raboni intende nettamente differenziare la «linea poetica» propria e dei compagni di strada da quelle che altri coetanei vengono contemporaneamente seguendo nei primi anni sessanta e che egli giudica parimenti improprie e sterili. La polemica è anzitutto indirizzata nei confronti dell'«*arcadia* di una visione e di un linguaggio ancora legati, assurdamente o per assurdo, alle forme e agli oggetti della grande tradizione lirica»: a questa posizione corrisponde una poesia che, mentre pretende di dire la realtà, si condanna invece al mutismo e allo smarrimento della realtà, perché parla con un linguaggio e nomina oggetti dell'esperienza ormai inesistenti, che non sono più *nel* presente e *del* presente. La poesia, obietta Raboni, non può né deve chiudersi, trincerarsi in un pacifico, solido, composto e immobile universo fittizio di «cose» e di «parole», per proteggersi e salvaguardare, così facendo, una presunta sua propria voce incontaminata, dalla «crisi della realtà esistenziale (economica, sociale, psicologica, ecc.)» e dalla babele linguistica che caratterizzano il mondo contemporaneo. Occorre invece che la poesia, se

---

[59] È la tesi sostenuta da R. Luperini, in *Il Novecento*, vol. II, cit., pp. 816-30; a queste pagine si rimanda per un primo accostamento ai quattro poeti qui in questione. Per altre indicazioni, anche con riferimento all'intero percorso della «linea lombarda» tra «primo» e «secondo» tempo (e ulteriori svolgimenti), sono da consultare: G. Luzzi, *Poeti della Linea lombarda 1952-1985* (Milano, Cens, 1987) e Id., *Poesia italiana 1941-1988: la via lombarda* (Milano, Marcos y Marcos, 1989).

[60] Si vedano quelle, da cui citerò nel mio testo, raccolte in *Poesia italiana degli anni sessanta* (Roma, Ed. Riuniti, 1976).

davvero si voglia «impegnata nel senso della storia», operi un «allargamento della percezione»: compia, cioè, una «continua, incessante inclusione di realtà nello spazio del discorso», non tema di compromettersi «con i diversi piani e con le molteplici asperità del reale» e operi un'«abilitazione in senso espressivo di vastissime zone del repertorio linguistico corrente». Occorre, insomma, che la poesia si confronti, si ponga in contatto e in attrito con la «situazione di "crisi"», con il disordine esistenziale e linguistico della realtà. E qui veniamo al secondo obiettivo della polemica raboniana. Al detto e auspicato «rapporto-scontro» con la realtà — una realtà «sempre più frantumata, e destituita di senso unitario», profondamente segnata da un «processo di dispersione e di alienazione» — non si sottraggono, riconosce Raboni, la «poesia schizomorfa» e la «poesia tecnologica» dei coetanei che militano nella «neo-avanguardia», ma instaurandolo secondo modalità non condivisibili. A suo parere, tali forme di poesia scadono nel «cosismo di una sperimentazione perpetua e oggettivamente neutrale», che non va oltre la «rappresentazione nevrotica», la «frigida e ostile rappresentazione» della crisi, risolvendosi in «rinunciataria e mimetica adesione» ad essa. A siffatto «realismo», che giudica «radicalmente privo di risvolti, di prospettive e di implicazioni fantastiche», Raboni oppone l'idea di una poesia che dia voce ad un discorso «cosciente della crisi, ma non assorbito nella crisi»: una poesia, dunque, impegnata «al ritrovamento di una figura e di un ritmo umani dentro e attraverso e per ciò stesso in qualche modo *al di là* della crisi».

Dopo i ripetuti accenni fugaci che precedono, è tempo ora di trattare più diffusamente, e in modo diretto, della cosiddetta «neo-avanguardia»: un largo e sfaccettato movimento di ricerca letteraria (poetica e narrativa) e culturale, i cui esercizi preparatori, condotti ancora fuori da ogni programma, e le primissime e ancora embrionali manifestazioni risalgono ai secondi anni cinquanta [61]. Del settembre 1956 è il primo fascicolo della rivista milanese «il verri», fondata da Anceschi, che a buon diritto deve considerarsi la «casa madre» della «neo-avanguardia»: il luogo ove essa ha trovato un terreno sollecitante e nutriente, l'atmosfera adatta al proprio riconoscimento. Appunto dal «verri» si diparte una — la prima in data e per impor-

---

[61] Per una considerazione generale del movimento sono da consultare le monografie di F. Muzzioli (*Teoria e critica della letteratura nelle avanguardie italiane degli anni sessanta*, Roma, Istituto della Enciclopedia Italiana, 1982) e di L. Vetri (*Letteratura e caos. Poetiche della «neo-avanguardia» italiana degli anni sessanta*, Mantova, Ed. del Verri, 1986 — di imminente ristampa presso l'editore Mursia di Milano).

tanza — delle "vie" principali di costituzione della «neo-avanguardia»: su tale "via" si situano successivamente, prolungandone il percorso su varie piste e segnandone altrettanti punti concatenati di transito, la pubblicazione dell'antologia *I novissimi* (1961), la costituzione del «Gruppo 63» (che dal 1963 al 1967 tiene vari convegni e riunioni annuali), l'attività di alcune riviste gravitanti intorno allo stesso «Gruppo 63»: ultima, tra queste, «il Quindici» (1967-1969), che della "via" facente capo al «verri» segna la stazione ultima[62]. Con più tardo principio e con percorso più breve, ma parallelo, corre — con tratti di tangenza e punti d'incrocio — il tracciato di una seconda "via" della «neo-avanguardia»: la via del «Gruppo 70» che, tra il 1963 e il 1965, organizza varie manifestazioni culturali, raccogliendo e riunendo in tre successivi convegni numerosi letterati assieme a pittori, architetti e musicisti[63]. Le "vie" appena ricordate, seppure ne costituiscono l'itinerario maggiore, tuttavia non sono le sole che, in seno alla «neo-avanguardia» la ricerca letteraria abbia percorso. Per una parte non esigua essa ha trovato infatti svolgimento anche per altre "vie", o sentieri periferici, ad opera di alcuni vivacissimi gruppi di artisti (ma gruppi, diciamo così, "informali"), impegnati in una fervida e multiforme attività editoriale[64], principalmente concretatasi nella pubblicazione di numerose riviste, che sono state soprattutto sede di invenzione, di esercizio e di diffusione della cosiddetta «poesia totale», su cui tornerò in seguito. Date queste rapidissime notizie in ordine al movimento della «neo-avanguardia» nel suo complesso, veniamo ora al suo caratterizzarsi nell'ambito sul quale, in questa sede, mi interessa soffermarmi: l'ambito della ricerca poetica, col proposito di giungere alla identificazione dei suoi principali orientamenti operativi, che sono, tra loro ben distinti, sostanzialmente tre: quello della «poesia schizomorfa», quello della «poesia tecnologica» e quello, poc'anzi ricordato, della «poesia totale». Vediamo allora di illustrarli singolarmente, con discorso a parte per ciascuno, considerandone le rispettive poetiche[65].

Procedendo nell'ordine, soffermiamoci dapprima sulla poetica

---

[62] Per ripercorrere tale "via", oltre alle due monografie già citate, si veda AA.VV., *Gruppo 63. Critica e teoria*, a cura di R. Barilli e A. Guglielmi (Milano, Feltrinelli, 1976).

[63] Per ripercorrere questa seconda "via", si vedano: S. Stefanelli, *Per una storia del Gruppo 70. Primo tempo: 1963-1965*, in «Es.», n. 6, 1977, pp. 103-10; S. Salvi, *Il primo Gruppo 70*, in «Nac», n.1, 1973, pp. 10-11; L. Pignotti, *Il secondo Gruppo 70*, ivi, pp. 11-2.

[64] Su di essa informano dettagliatamente le monografie e i cataloghi segnalati più avanti, alla nota n. 90.

[65] Per un loro esame ben più ampio e approfondito, rimando al mio già citato *Letteratura e caos*, rispettivamente alle pp. 129-88 e 267-360.

della «poesia schizomorfa». Alla sua formulazione concorrono alcuni poeti che, radunatisi intorno alla rivista «il verri», presto costituiscono quella *équipe* dei «novissimi» che, nel 1961, si impone all'attenzione con una collettiva raccolta, in cui la «neo-avanguardia» trova la sua prima antologia di movimento[66]. Questa, pubblicata a cura di Alfredo Giuliani, presenta poesie di cinque poeti: dello stesso Giuliani[67], di Elio Pagliarani[68], di Edoardo Sanguineti[69], di Nanni Balestrini[70] e di Antonio Porta[71]. Ciascuno vi accompagna i propri

[66] Cfr. AA.VV., *I novissimi. Poesie per gli anni sessanta* (Milano, Rusconi e Paolazzi, 1961; Torino, Einaudi, 1965²); è anche disponibile una quinta edizione (ivi, 1979), aggiornata negli apparati bio-bibliografici.

[67] Di Giuliani, l'antologia propone testi già editi (tratti da *Il cuore zoppo*, Varese, Magenta, 1955) e inediti, poi tutti confluiti nella raccolta *Povera Juliet e altre poesie* (Milano, Feltrinelli, 1965); una successiva più ricca raccolta s'intitola *Chi l'avrebbe detto* (Torino, Einaudi, 1973), ora ripresa, assieme ai testi de *Il tautofono* (Milano, Feltrinelli, 1969) e de *Il giovane Max* (Milano, Adelphi, 1972), nel volume *Versi e non versi* (Milano, Feltrinelli, 1986). Su Giuliani, si vedano: G. Ferroni, *Alfredo Giuliani*, in AA.VV., *Letteratura italiana. I contemporanei*, vol. VI, cit., 1974, pp. 1683-708 e L. Vetri, *Saggio d'antologia*, in «il verri», n. 9-10, 1986, pp. 103-25.

[68] Nell'antologia, Pagliarani è presente con testi tratti da *Cronache e altre poesie* (Milano, Schwarz, 1954) e con alcune sezioni del poemetto *La ragazza Carla*, precedentemente pubblicato su «Il menabò», n. 2, 1960. Di data anteriore all'antologia è anche un'altra raccolta: *Inventario privato* (Milano, Veronelli, 1959); invece, posteriore: *Lezione di fisica e fecaloro* (Milano, Feltrinelli, 1968). Per il complesso di tale produzione si veda *La ragazza Carla e nuove poesie*, a cura di A. Asor Rosa, Milano, Mondadori, 1978 (con bibliografia della critica), cui hanno fatto seguito i testi di *Rosso corpo lingua* (Roma, Cooperativa Scrittori, 1977). Più recenti sono gli *Esercizi platonici* (Palermo, Acquario, 1985) e gli *Epigrammi ferraresi* (Lecce, Manni, 1987).

[69] Di Sanguineti, l'antologia reca alcune sezioni dei già editi poemetti *Laborintus* ed *Erotopaegnia* [il primo apparso autonomamente (Varese, Magenta, 1956) e poi riproposto assieme al secondo in *Opus metricum* (Milano, Rusconi e Paolazzi, 1960)], cui si aggiunge un testo intitolato *Alphabetum*, che figurerà in seguito come prima sezione del nuovo poemetto *Purgatorio de l'Inferno*, successivamente edito, con i due precedenti, nel volume *Triperuno* (Milano, Feltrinelli, 1964). Tutti e tre i poemetti, assieme alle ulteriori raccolte via via pubblicate — da *Wirrwarr* (1972) a *Postkarten* (1978) a *Stracciafoglio* (1980) a *Scartabello* (1981) — si leggono ora in *Segnalibro* (Milano, Feltrinelli, 1982, 1989²). Le più recenti raccolte autonome sono; *Novissimum testamentum* (Lecce, Manni, 1986) e *Bisbidis* (Milano, Feltrinelli, 1987). Su Sanguineti, si vedano: G. Sica, *Edoardo Sanguineti* (Firenze, La Nuova Italia, 1974); T. Wlassics, *Edoardo Sanguineti*, in AA.VV., *Letteratura italiana. I contemporanei*, vol. VI, cit., pp, 1917-92 (con bibliografia della critica); F. Curi, *Questo mostro che non comunica*, in *Parodia e utopia* (Napoli, Liguori, 1987, pp. 272-301; ma se ne vedano anche le altre pagine dedicate a Sanguineti nei volumi di cui, più avanti, alla nota n. 72).

[70] Di Balestrini, l'antologia presenta testi già editi, tratti da *Il sasso appeso* (Milano, Scheiwiller, 1961), e inediti: tutti confluiranno nel volume *Come si agisce* (Milano, Feltrinelli, 1963), cui hanno fatto seguito le raccolte *Altri procedimenti* (Milano, Scheiwiller, 1965) e *Ma noi facciamone un'altra* (Milano, Feltrinelli, 1968). Un'antologia del lavoro poetico balestriniano, per il periodo 1954-1969, si legge in *Poesie pratiche* (Torino, Einaudi, 1976). Di più recente edizione sono: *Le ballate della signorina Richmond* (Roma, Cooperativa Scrittori, 1977); *Blachout* (Milano, Feltrinelli, 1980); *Ipocalisse* (Milano, Scheiwiller, 1986); *Il ritorno della signorina Richmond* (Odenzo, Ed. Becco Giallo, 1987); *Osservazioni sul volo degli uccelli. Poesie 1954-1956* (Milano, Scheiwiller, 1988). Su Balestrini, ma anche per gli altri «novissimi», si veda N. Lorenzini, *Il laboratorio della poesia* (Roma, Bulzoni, 1978).

[71] I testi di Porta presenti nell'antologia, in parte tratti da *La palpebra rovesciata* (Milano,

versi con uno o più scritti programmatici, ed è anche da essi che Giuliani trae spunto e argomenti di discorso per la stesura dell'*Introduzione* all'antologia e delle pagine di aggiornamento e chiarimento della *Prefazione* alla sua seconda edizione[72]. Proprio nel complesso di tali scritti la poetica della «poesia schizomorfa» ha la sua iniziale dichiarazione più organica[73]. I «novissimi» pensano la poesia nei termini di una stretta e profonda inerenza al mondo, assegnandole, come dice Giuliani, un compito di «mimesi critica», di «rispecchiamento e contestazione» della realtà. Tale compito prescrive, anzitutto, una decisa «riduzione dell'io» (Giuliani): rende necessario, insomma, «contrarre la soggettività per lasciare spazio alle cose»[74]. Un atteggiamento mondanamente estroverso si addice al poeta: al «poeta-io» va opposto il «poeta-oggettivo» (Porta), che inclina «a far parlare i pensieri e gli oggetti dell'esperienza» (Giuliani), che non tenta «di imprigionare, ma di seguire le cose» (Balestrini), muovendosi alla «ricerca delle immagini dell'uomo e degli uomini, delle cose e dei fatti che operano all'esterno e all'interno dell'esistenza» (Porta). La «riduzione dell'io» pone il poeta in condizione di aprirsi e protendersi all'incontro con le cose, di «calarsi nella realtà» (Porta) e, attingendola da una posizione di massima prossimità, di «rispecchiare la realtà» (Giuliani), rilevandola «mediante un'estrema aderenza» (Balestrini). Poesia, appunto — già lo si diceva — come «rispecchiamento», che non è però da intendersi come «mimesi» ingenua — come passiva registrazione e trascrizione speculare dell'«apparenza reale» (Giuliani), ossia della realtà quale si dà nelle sue configurazio-

---

«Quaderni di Azimuth», 1960), sono confluiti nelle raccolte *Aprire* (Milano, Scheiwiller, 1964) e *I rapporti* (Milano, Feltrinelli, 1965). L'ulteriore lavoro poetico di Porta è documentato dai volumi *Cara* (ivi, 1969); *Metropolis* (ivi, 1971) e *Week-end* (Roma, Cooperativa Scrittori, 1974). A queste raccolte, poi riunite in *Quanto ho da dirvi* (Milano, Feltrinelli, 1977), altre ne sono seguite: *Passi passaggi* (Milano, Mondadori, 1980); *Invasioni* (ivi, 1984); *Il giardiniere contro il becchino* (ivi, 1988). Va infine segnalata l'autoantologia (con commento) dal titolo *Nel fare poesia* (Firenze, Sansoni, 1985). Su Porta, si vedano: L. Sasso, *Antonio Porta* (Firenze, La Nuova Italia, 1980) e il fascicolo monografico della rivista «Nuova corrente» (n. 98, 1986).

[72] Particolare interesse rivestono anche le pagine che Giuliani ha dedicato ai colleghi d'antologia, prima e dopo la sua pubblicazione: le si legga nei volumi *Immagini e maniere* (Milano, Feltrinelli, 1965), *Le droghe di Marsiglia* (Milano, Adelphi, 1977) e *Autunno del Novecento* (Milano, Feltrinelli, 1984). Lo stesso dicasi dei contributi teorico-critici di Sanguineti, raccolti in *Ideologia e linguaggio* (ivi, 1965, 1973[3]). Indispensabili, per la lettura della poesia «novissima» e per la comprensione della relativa poetica, sono gli studi di F. Curi: da *Ordine e disordine* (Milano, Feltrinelli, 1965) a *Metodo, storia, strutture* (Torino, Paravia, 1971) a *Perdita d'aureola* (Torino, Einaudi, 1977).

[73] Appunto da alcuni degli scritti che corredano l'antologia sono tratte, salvo diversa indicazione, le citazioni che compaiono nel mio testo.

[74] F. Curi, *Ordine e disordine*, cit., p. 81.

ni costituite, nelle sue superficiali «forme altamente pregiudicate» (Giuliani) — ma come «mimesi critica». Il «rispecchiamento» si pone, infatti, come «problema di verità» (Giuliani) e pone, per questo, un preciso «bisogno di penetrazione»: il poeta è, sì, chiamato a calarsi nella realtà, ma a calarvisi appunto penetrando, «nello sforzo di aderire alla verità» (Porta), al di là dell'«apparenza reale». Per rispecchiare la realtà, perché essa si faccia «pronunciabile senza falsità», perché sia garantita l'«emergenza del presente» (Giuliani), occorre aprire uno «spiraglio tra le cupe ragnatele dei conformismi e dei dogmi che senza tregua si avvolgono intorno a ciò che siamo e in mezzo a cui viviamo» (Balestrini); occorre, per l'appunto, rompere e penetrare oltre lo schermo ostruente, falsificante delle apparenze e provocare la realtà a rivelarsi, spoglia dai clichés che la travestono. Si tratta, allora, per il poeta, di assumere una «ideologia che è incompatibile con l'ideologia imperante»: di straniarsi, insomma, dalla «visione normale, e normalmente sancita e riconosciuta, della realtà contemporanea» [75], rifiutando l'immagine ingannevole d'una realtà storico-sociale ordinata e armonica che in tale «visione», con parvenza illusoria di indubitabilità, si configura. Nel suo straniarsi: nel liberarsi dalla «oppressione dei significati imposti» (Giuliani), nel sottrarsi alla presa del loro condizionamento che induce ad un vedere che non vede, il poeta può pervenire ad una «percezione autentica del reale» [76]. Allo sguardo straniante fatto proprio dal poeta, straniata nel suo carattere di apparenza, la realtà svela, in trasparenza perfetta, la sua condizione effettiva: si dà nella sua condizione di «insensatezza», nella sua identità «schizofrenica» (Giuliani). Operando questa smascherante «penetrazione» oltre l'«apparenza reale», il poeta si pone nel «rigore dell'anarchia» (Giuliani): disocculta lo stato di crisi della realtà che l'ideologia dominante è mobilitata ad occultare; sconfessa, con crudeltà straniante, in verità di disordine, la menzogna di una realtà istituita come ordine garantito di valori. Operata questa smascherante «penetrazione» oltre l'«apparenza reale», il poeta è chiamato all'esercizio di un lucido cinismo: gli spetta di affrontare apertamente il «negativo», la crisi della realtà, calandovisi in cosciente compromissione, in vigile implicazione; gli spetta di fare fino in fondo l'esperienza del «negativo», impietosamente indagandolo, e darne lucida testimonianza, per via di esibizione mimeti-

---

[75] E. Sanguineti, *Arte e morale*, in «Il Marcatrè», n. 11-12-13, 1965, p. 31.
[76] E. Sanguineti, *Intervista*, in F. Camon, *Il mestiere di poeta* (Milano, Garzanti, 1982, p. 196).

ca, con voluta enfatizzazione. Solo questa cinica azione di «rispecchiamento», di intelligenza e denuncia della crisi della realtà autorizza la speranza e garantisce la possibilità di «spostare i limiti dell'oggettivo»[77]: solo per suo tramite — non eludendolo appunto, ma af-
frontandolo; prendendone consapevolezza e portandolo a chiarezza
— è dato difendersi dal «negativo», strapparsi alla sua morsa, «op-
porsi efficacemente alla continua sedimentazione» (Balestrini). Perché si renda operante, nella poesia e con la poesia, tale cinica azione
di «rispecchiamento» e «contestazione» della crisi della realtà, del
suo stato di disordine, occorre «mettere tra parentesi, in una sorta di
epoché linguistica, i fondamenti della comunicazione» (Giuliani).
Questa esigenza, l'esigenza che il poeta si ponga in rapporto di tensione, di conflitto, di rifiuto con il linguaggio istituzionalizzato: che,
insomma, non si limiti ad accettarne l'esistenza come una garanzia di
effabilità, è dettata dalla consapevolezza che «una situazione di linguaggio non è mai soltanto una situazione di linguaggio», bensì un
«universo ideologico-linguistico»[78]. Il sistema linguistico-comunica-
tivo codificato è il costrittivo apparato di persuasione che il potere
elabora e di cui si avvale per proporre e imporre, come categoriche,
le proprie norme di interpretazione della realtà; il linguaggio istituzionalizzato, nel proprio assetto normativo e per suo tramite, altro
non fa che riflettere, accreditare e divulgare l'«apparenza reale»:
quanto, cioè, l'ideologia dominante spaccia come realtà, dissimulan-
done lo stato di disordine sotto spoglie rassicuranti: camuffandolo,
per perpetuarlo, in parvenza d'ordine. Ove accettasse il linguaggio
istituzionalizzato, il «poeta-oggettivo» si troverebbe dunque ad affermare proprio ciò che si propone di negare. Fattiva ed efficace, invece, sarà la sua negazione della visione normale e normalmente sancita della realtà, la sua smentita dell'apparenza di una realtà illusiva-
mente statuita come ordine, solo tramite l'esercizio di una scrittura
antagonista, solo mediante una effrazione del sistema linguistico-co-
municativo. Il poeta agirà sul linguaggio, «straniandolo dalle sue
proprietà semantiche, lacerandone il tessuto sintattico, scomponen-
done l'armonia» (Giuliani); sarà, il suo modo d'agire, «lo "stuzzica-
re" le parole, il tendere loro un agguato mentre si allacciano in periodi, l'imporre violenza alle strutture del linguaggio, lo spingere a limiti di rottura tutte le sue proprietà» (Balestrini). Tale pratica dello
«schizomorfismo», tale violenta deformazione operata sulle parole,

---

[77] A. Giuliani, *Immagini e maniere*, cit., p. 97.
[78] F. Curi, *Ordine e disordine*, cit., p. 112.

proprio perché ne rovescia l'apparente e falsa effabilità in afasia, consente di «restituire autenticità linguistica al mondo»[79]: nel loro procurato disordine, nella loro procurata afasia, le parole si fanno davvero eloquenti: esse dicono, mimandolo, il disordine della realtà; ne rispecchiano, portandola allo scoperto, la complicazione radicale. È così che la poesia adempie al compito assegnatole: facendosi «parola polemica, e controparola»[80], costituendosi come *negazione comunicativa* e *comunicazione negativa*.

Passiamo ora alla poetica della «poesia tecnologica», la cui proposta si deve ad alcuni poeti facenti capo al già ricordato «Gruppo 70». Per affrontarla nel modo più diretto, si può cominciare citando da una pagina di Lamberto Pignotti[81], che fornisce subito una precisa e utile indicazione interpretativa. «Il moltiplicarsi e l'estendersi di linguaggi particolari» — vi si legge — «come quello giornalistico, burocratico, pubblicitario, sportivo, commerciale e così via, considerati nella odierna dimensione delle comunicazioni sempre più affidate a mezzi di massa (radio, televisione, manifesti murali, messaggi pubblicitari, cinema, eccetera) può ragionevolmente far supporre che stiamo vivendo un'epoca di bilinguismo, inconscio per alcuni, consapevole per altri. Da una parte la lingua "scritta" sorretta dalla tradizione letteraria. Il "nuovo latino" insomma. Dall'altra la lingua che non ha ascendenze immediatamente letterarie ma che non si può neanche definire "parlata": rende maggiormente l'idea dire [...] che si tratta di una lingua "confezionata" (linguaggio tecnologico o logotecnica [...]) dalla radio, dal cinema, dalla televisione, dal giornale, dalla pubblicità. È una lingua a ogni modo la cui matrice, o la cui effettiva, massiccia e capillare diffusione, è costituita dalle comunicazioni di massa»[82]. Di fronte, appunto, al saldo e perentorio imporsi

[79] Ivi, p. 13.

[80] G. Guglielmi, *Ironia e negazione* (Torino, Einaudi, 1974, p. 16).

[81] Pignotti è il principale teorico-operatore della «poesia tecnologica», di cui ha anche coniato l'etichetta (cfr. *La poesia tecnologica*, in «Questo e altro», n. 2, 1962, pp. 60-8; ora in *Istruzioni per l'uso degli ultimi modelli di poesia*, Roma, Lerici, 1968, pp. 78-81, ove sono raccolti anche altri testi di poetica). Tra le sue raccolte poetiche, vanno ricordate: *Nozione di uomo* (Milano, Mondadori, 1964); *Una forma di lotta* (ivi, 1967); *Parola per parola, diversamente* (Venezia, Marsilio, 1976); *Questa storia o un'altra* (Napoli, Guida, 1984). Con Pignotti, alla definizione della «poesia tecnologica» hanno collaborato, tra gli altri, con contributi teorici e creativi, anche E. Miccini (*Il senso comune*, Firenze, Téchne, 1979) e M. Perfetti (*Frammenti quotidiani*, Taranto, Italsider, 1969; *L'uomo in carne*, Firenze, Téchne, 1971; *Poesaggio*, Codigoro, Biblioteca comunale, 1981). Per l'indicazione di altri nomi e testi, si vedano: AA.VV., *Proposte di poesia tecnologica*, in «Il Portico», n. 6, 1965, pp. 22-34; AA.VV., *Proposte e testi del Gruppo '70*, in «Nuova presenza», n. 19-20, 1965-66, pp. 4-39.

[82] L. Pignotti, *Il Supernulla. Ideologia e linguaggio della pubblicità* (Rimini-Firenze, Guaraldi, 1974, p. 81).

di questo «nuovo volgare»; di fronte al suo profondo e largo innesto entro il corpo permeabilissimo della lingua comune e al suo farsi di sempre più larga circolazione e d'uso corrente, l'atteggiamento del poeta non può essere di negazione totale e d'insofferenza, né d'indifferenza. Sono da respingere decisamente i gesti di chi, per scampare e porre argine alla dilagante «orda linguistica» [83] dei «gerghi tecnologici», rifugia la poesia nella «spelonca dei dialetti» o nel «tempio dei linguaggi "culti"» [84]. In entrambi i casi, il distacco dal sistema della lingua vivente «non può che dare effetti linguistici di anacronismo» [85]; in tutti e due i casi, la poesia patisce paralizzanti restrizioni linguistiche, si chiude in effetti di parola stantii, andando per ciò stesso incontro alla «morte comunicativa» [86]. Perché non isterilisca né le sia preclusa la capacità di parlare della realtà di tutti e di parlare a tutti, occorre, al contrario, che la poesia si sintonizzi sulla collettiva esperienza verbale della realtà che prende voce nella lingua corale dei mass-media e ne faccia la propria voce. Ciò che spetta alla poesia, insomma, è una spregiudicata operazione di ricalco-trapianto, di «calco» e «trascrizione» da quell'ibrido «neo-volgare» tecnologico, di cui sopra si diceva. Va subito precisato, però, che questa assunzione dei vari «gerghi specifici» della «tecno-lingua» usata nella comunicazione di massa (per esempio, del più diffuso «gergo pubblicitario» [87]) non ne implica affatto la pacifica assimilazione nei modi di una neutrale, meccanica e passiva mimesi. I linguaggi tecnologici sono tali da costituire, per la poesia, un polo insieme di attrazione e di repulsione: il loro accoglimento non può che coniugarsi con una profonda riserva, motivata dalla consapevolezza degli usi distorti cui vanno soggetti e degli effetti deleteri che ne conseguono. Infatti, coniati artificialmente, diffusi capillarmente e imposti forzatamente dai mass-media, i linguaggi tecnologici (si pensi, ancora, a quello pubblicitario), penetrando come s'è detto nella lingua comune, agiscono al suo interno creando dei modelli di discorso standardizzati, che vengono assunti e usati automaticamente dai parlanti. Tale azione ha una funzione occultamente ideologica, nel senso che risponde a un disegno di informazione che orienti in direzione della conformità sociale. Il condizionamento linguistico si fa strumento della pratica

---

[83] Ivi, p. 143.
[84] E. Miccini, *La poesia e il presente futuro*, in «Arte e poesia», n. 11-14, 1971, p. 148.
[85] L. Pignotti, *Istruzioni per l'uso...*, cit., p. 20.
[86] E. Miccini, *Poesia e senso comune*, in «Nuova corrente», n. 37, 1966, p. 117.
[87] L. Pignotti, *Il Supernulla*, cit., pp. 57-80.

d'un «dominio intellettuale» [88]: mentre persuadono ad adottare modelli comunicativi impersonali e stereotipati, e proprio perché abituano a una ricezione passiva e meccanica, i mass-media vengono fatti servire come veicoli per introiettare nell'individuo, tramite la martellante ripetizione di messaggi mistificanti, un modo di pensare e di comportarsi che si adattino e contribuiscano a mantenere la realtà sociale data, eretta a norma. Non sarà, dunque, per farsene complice eco che la poesia si calerà e prenderà dimora nell'universo di discorso dei mass-media. A muovere la poesia sarà, invece, una volontà contestativa; l'assunzione dei linguaggi tecnologici varrà come un espediente strategico, una mossa tattica: varrà come punto di appoggio per un'«azione di guerriglia» [89] contro la fonte e i veicoli della loro emissione e trasmissione. A tal fine, la strategia da adottare consisterà nel montaggio incongruo, in chiave ironica, con congiunzioni forzate e accostamenti eterodossi, dei brani linguistici prelevati dagli ambiti più disparati, cosicché vengano a stabilirsi tra loro scarti, urti, attriti, produttivi d'un vitale effetto di straniamento. In virtù degli eccentrici connubi, gli enunciati dei vari «linguaggi settoriali» attraverso cui ha luogo la comunicazione di massa sono deviati dagli usi consueti e prestabiliti, e forzati a caricarsi di nuovi significati imprevisti, del tutto divergenti da quelli del contesto d'origine. Gli ipnotici messaggi dei mass-media sono disturbati, dirottati, rovesciati di senso, e spiazzati, spostati dal livello di una fruizione passiva sul piano di una fruizione critica. Dalla *persuasione occulta*, dunque, alla *dissuasione palese*.

Oltre a quelli della «poesia schizomorfa» e della «poesia tecnologica», le cui poetiche abbiamo fin qui rapidamente schizzato, anche un terzo orientamento si delinea nell'area della ricerca poetica della «neo-avanguardia». Si tratta di molteplici esperienze, di svariata configurazione, che si è soliti rubricare complessivamente sotto la sigla generale di «poesia totale» e distinguere nei settori particolari della «poesia visuale», della «poesia fonetico-sonora» e della «poesia gestuale» [90]. Ciò che costituisce il comune denominatore di tali espe-

---

[88] Ivi, p. 51.

[89] Ivi, p. 61.

[90] Un primo censimento di quanti hanno lavorato e di quanto è stato fatto all'insegna della «poesia totale» e una prima rassegna degli studi critici sull'argomento si trovano in M. D'Ambrosio, *Bibliografia della poesia italiana d'avanguardia* (Roma, Bulzoni, 1977). Ulteriori indicazioni, a completamento e aggiornamento, possono trarsi dai repertori bibliografici che corredano le monografie e i cataloghi qui di seguito citati: A. Spatola, *Verso la poesia totale* (1969; Torino, Paravia, 1978²); L. Ballerini, *La piramide capovolta* (Venezia-Padova, Marsilio,

rienze è il loro impegnarsi a trasferire, con proiezione più o meno larga e profonda, l'esercizio della poesia fuori dalla letteratura in quanto tale (in quanto «arte» specifica e separata), e per ciò stesso fuori dallo spazio della pagina e dal corpo del libro, portandolo a invadere i territori delle altre arti (delle arti grafiche, della pittura, della musica, delle arti dello spettacolo) e facendolo entrare in sinergia, in fattiva interazione con esse, tramite l'adozione di materiali linguistici, di tecniche, di strumenti di loro prerogativa. Le esperienze di «poesia totale» continuano, sì, a impiegare il mezzo espressivo caratteristico della letteratura, cioè il segno verbale (la parola), ma appunto affrancandosi — per via di infrazione ora generale ora parziale — dai vincoli artistici che la letteratura stessa tradizionalmente fissa e prescrive quanto al suo trattamento, alla sua trasmissione, alla sua fruizione. Al riguardo, può dirsi che hanno corso, tra loro strettamente congiunte in un rapporto di mutua implicazione, una ricerca *sulla* e *oltre* la parola e una ricerca *sulla* e *oltre* la scrittura. In alcuni casi, il «fare poetico» si affida ancora all'atto dello scrivere, ma avvalendosi di molteplici tecniche scritturali (tipografiche, dattilografiche, collagistiche, chirografiche, fotografiche) e liberando la scrittura dal condizionamento guthemberghiano (violandone, cioè, la consueta codificazione lineare) e tendendo decisamente ad una *visualizzazione* del materiale verbale, delle parole. Queste sono fatte promotrici o partecipi di un campo ottico, sia mediante una *intensificazione* del loro corpo grafico sia mediante una loro *associazione* con altri tipi di segni (grafici, iconici) e con materiali extra-linguistici di diversa natura (segni materici: sassi, vetri, legno, sabbia). Il processo di *visualizzazione* del segno verbale varia col variare delle decisioni di scrittura e produce alterazioni/variazioni della semanticità del segno stesso volta a volta differenti. In altri casi, il «fare poetico» prescinde dalla scrittura (o ne fa un uso soltanto accessorio), privilengiando altri modi espressivi, che rendono tra l'altro necessario il ricorso a sofisticati strumenti di esecuzione/registrazione, quali l'audio-nastro e il

1975); V. Accame, *Il segno poetico* ([1977] Milano, Zarathustra-Spirali, 1981); R. Barilli, *Parlare e scrivere* (Pollenza, La Nuova Foglio, 1977); M. Teresa Balboni, *La pratica visuale del linguaggio* (ivi, 1977); AA.VV., *Raccolta italiana di nuova scrittura* (Milano, Galleria Mercato del Sale, 1977); AA.VV., *La performance* (Pollenza, La Nuova Foglio, 1978); A. Lora Totino, *Futura. Audio-antologia di poesia sonora* (Milano, Ed. Cramps, 1978); AA.VV., *La poesia visiva 1963-1979* (Firenze, Vallecchi, 1979); F. Caroli-L. Caramel, *Testuale* (Milano, Mazzotta, 1979); AA.VV., *Il colpo di glottide* (Firenze, Vallecchi, 1980); S. Stefanelli-L. Pignotti, *La scrittura verbovisiva* (Milano, Espresso-Strumenti, 1980); AA.VV., *Poesia visiva 1963-1988* (Verona, Galleria d'arte moderna, 1988).

video-nastro; può, infatti, affidarsi alla pura oralità (sfruttando linguisticamente il solo spessore sonoro della parola) o al «comportamento» (in tal caso, sono utilizzati come strumenti linguistici il corpo e la gestualità); né mancano casi di «ibridazione» tra i diversi sistemi espressivi: di quello orale con quello gestuale e con quello scritturale. Poesia, dunque, come trattamento *pluriartistico* della parola: ora essa è forzata, nella sua stessa corporeità segnica, a farsi produttrice di significati non più, o non più soltanto, lessicali, ma anche ottico-fonetici; ora, cancellata come segno grafico, messa a tacere come segno fonetico, è invece ripristinata come «parola del corpo», come segno gestuale; ora è attivata, nelle sue stesse potenzialità espressive e comunicative, mediante articolazione in un più vasto universo di segni. Ciò che si intende e si viene così a realizzare è una «trasfigurazione» della poesia in «arte totale»: la poesia, insomma, «cessa di essere una categoria chiusa, una istituzione letteraria», allargandosi ad abbracciare un'«ampia fascia di operazioni creative che comportano l'uso di segni».

BIBLIOGRAFIA *

A CURA DI LUCIO VETRI

1. OPERE DI CARATTERE GENERALE

Bibliografie

E. Falqui, *Pezze d'appoggio antiche e nuove*, Roma, Casini, 1951³; A. Vallone, *Supplemento bibliografico* a A. Galetti, *Il Novecento*, Milano, Vallardi, 1951³, pp. I-LXIV; A. Mazzotti, *Repertorio bibliografico aggiunto ai «Contemporanei» (1881-1963)*, Milano, Marzorati, 1964; A. Andreoli-N. Lorenzini, *Il Novecento*, in AA.VV., *Guida allo studio della letteratura italiana*, a cura di E. Pasquini, Bologna, Il Mulino, 1985, pp. 455-506; M. Guglielminetti, *Il Novecento*, in AA.VV., *Letteratura italiana*, a cura di P. Cudini, Milano, Garzanti, 1988, pp. 239-93; P. Cudini, *Bibliografia essenziale sul Novecento* e *Schedario dei poeti e dei prosatori*, in AA.VV., *Storia della letteratura italiana*, diretta da E. Cecchi e N. Sapegno, vol. IX, Il Novecento, t. II, Milano, Garzanti, 1987², pp. 867-1042.

Dizionari

Dizionario universale della letteratura contemporanea, 5 voll., Milano, Mondadori, 1959-63; *Dizionario generale degli autori contemporanei*, 2 voll., Firenze, Vallec-

* Per la bibliografia delle opere degli autori di cui tratta lo studio di Anceschi, si vedano nel testo, via via, le note a pie' di pagina.

Qui, ad integrazione delle indicazioni pure date nel testo, si propone un'essenziale, seppur ampia, bibliografia della critica.

Il presente repertorio è suddiviso in più sezioni. La prima elenca opere di carattere generale. Le quattro successive corrispondono, si riferiscono e rinviano alla *Premessa*, alla *Parte prima*, alla *Parte seconda* e alla *Parte terza*, in cui si articola lo studio anceschiano, dando notizia di studi specifici sulle tematiche e sui singoli movimenti e autori, che vi sono, nell'ordine, volta a volta trattati.

Per l'indicazione dettagliata degli scritti critici anceschiani di argomento novecentesco, si rimanda alle note bibliografiche che corredano, nel testo, le *Conclusioni storiche*, alle pp. 241-61.

chi, 1974; *Dizionario della letteratura mondiale del Novecento*, diretto da F.L. Galati, 3 voll., Roma, Ed. Paoline, 1980; *Dizionario Motta della letteratura contemporanea*, 4 voll., Milano, Motta, 1982; *Dizionario della poesia italiana*, a cura di M. Cucchi, Milano, Mondadori, 1983; AA.VV., *Poeti italiani del Novecento*, a cura di G. Luti, Roma, NIS, 1985; *Dizionario critico della letteratura italiana*, diretto da V. Branca, 4 voll., Torino, Utet, 1986².

Sintesi e panorami storici

S. Antonielli, *Dal Decadentismo al Neorealismo*, in AA.VV., *Letteratura italiana. Le correnti*, vol. II, Milano, Marzorati, 1956, pp. 897-936; AA.VV., *Letteratura italiana. I contemporanei*, 6 voll., ivi, 1963-74; G. Pozzi, *La poesia italiana del Novecento. Da Gozzano agli Ermetici*, Torino, Einaudi, 1965, 1970³; L. Baldacci, *Introduzione alla poesia italiana del Novecento* (1966), in *Le idee correnti*, Firenze, Vallecchi, 1968, pp. 140-52; Id., *Movimenti letterari del Novecento italiano*, in *Dizionario generale degli autori italiani contemporanei*, cit., pp. VII-XLIV; S. Guarnieri, *Motivi e caratteri della poesia italiana da Gozzano a Montale* (1968) e *Tesi per una storia della poesia italiana del Novecento* (1970), in *La condizione della letteratura*, Roma, Ed. Riuniti, 1975, pp. 115-50 e pp. 151-222; AA.VV., *Letteratura italiana. I critici*, 5 voll., Milano, Marzorati, 1969; E. Falqui, *Novecento letterario* (1959-1969), 6 voll., Firenze, Vallecchi, 1970-79²; AA.VV., *Storia della letteratura italiana*, diretta da E. Cecchi e N. Sapegno, vol. VIII (*Dall'Ottocento al Novecento*) e vol. IX, 2 tomi (*Il Novecento*), Milano, Garzanti, 1969, 1987²; AA.VV., *Poesia e non poesia*, in «I problemi di Ulisse», n. 71, 1972 (fascicolo monografico); E. Cecchi, *Letteratura italiana del Novecento*, a cura di P. Citati, 2 voll., Milano, Mondadori, 1972; AA.VV., *Storia e antologia della letteratura italiana*, diretta da A. Asor Rosa, voll. 18-23, Firenze, La Nuova Italia, 1973-1981; G. Debenedetti, *Poesia italiana del Novecento*, Milano, Garzanti, 1974; P.V. Mengaldo, *La tradizione del Novecento*, Milano, Feltrinelli, 1975, 1980²; Id., *La tradizione del Novecento. Nuova serie*, Firenze, Vallecchi, 1987; G. Spagnoletti, *Profilo della letteratura italiana del Novecento*, Roma, Gremese, 1975; Id., *La letteratura italiana del nostro secolo*, 3 voll., Milano, Mondadori, 1985; A. Asor Rosa, *La cultura*, in AA.VV., *Storia d'Italia*, vol. IV, t. II, Torino, Einaudi, 1975; AA.VV., *La letteratura italiana. Storia e testi*, diretta da C. Muscetta, vol. IX, 2 tomi (*Il Novecento dal decadentismo alla crisi dei modelli*) e vol. X, 2 tomi (*L'età presente dal fascismo agli anni settanta*), Roma-Bari, Laterza, 1976 e 1980; E. Gioanola, *Storia letteraria del Novecento in Italia*, Torino 1976; S. Ramat, *Storia della poesia italiana del Novecento*, Milano, Mursia, 1976; F. Fortini, *I poeti del Novecento*, Roma-Bari, Laterza, 1977, 1988²; Id., *Saggi italiani* (1974) e *Nuovi saggi italiani*, Milano, Garzanti, 1987; P. Bigongiari, *Poesia italiana del Novecento*, 2 voll., Milano, Il Saggiatore, 1978-80; AA.VV., *Novecento*, a cura di G. Grana, 10 voll., Milano, Marzorati, 1979; AA.VV., *Letteratura italiana contemporanea*, diretta da G. Mariani e M. Petrucciani, 3 voll. (con varie appendici annuali), Roma, Lucarini, 1979-82 (1983-87 ...); G. Manacorda, *Storia della letteratura italiana tra le due guerre. 1919-1943*, Roma, Ed. Riuniti, 1980; Id., *Storia della letteratura italiana contemporanea. 1940-1975*, ivi, 1977²; Id., *Letteratura italiana d'oggi. 1965-1985*, ivi, 1987; R. Luperini, *Il Novecento*, 2 voll., Torino, Loescher, 1981; G. Luti, *Introduzione alla letteratura italiana del Novecento. La poesia, la critica, le riviste e i movimenti letterari*, Roma, NIS, 1985; Id., *Critici, movimenti e riviste del Novecento letterario italiano*, ivi, 1986; A. Asor Rosa, *Storia della letteratura italiana*, Firenze, La Nuova Italia, 1985; AA.VV., *Le avanguardie letterarie. Cultura e politica, scienza e arte dalla scapigliatura alla neoavanguardia attraverso il fascismo*, Milano, Marzorati, 1986; C.Bo, *La nuova poesia*, in AA.VV., Storia della letteratura italiana, vol. IX, t. I, cit., pp. 7-205; E. Raimondi, *Le poetiche della modernità e la vita letteraria*, ivi, vol. IX, t. II, cit., pp. 215-84; AA.VV., *Scrittori e opere*, vol. III, t. II (*Dalla crisi del positivismo agli anni '70*), a cura di R. Marchese e A. Grillini, Firenze, La Nuova Italia, 1988; AA.VV., *Letteratura italiana. Storia e geografia*, diretta da A. Asor Rosa, vol. III (L'età contemporanea), Torino, Einaudi, 1989.

Riviste

Per una prima e generale informazione sui periodici novecenteschi, si veda l'agile volumetto di R. Bertacchini, *Le riviste del Novecento*, Firenze, Le Monnier, 1980, che dà anche notizia delle numerosissime antologie e ristampe anastatiche. (In proposito, alcune dettagliate indicazioni si sono date, a suo luogo, nelle note al testo anceschiano, mentre altre potranno ritrovarsi nelle successive sezioni del presente repertorio bibliografico). Di altrettanto utile informazione, anche perché arricchiti da una larga sezione antologica, sono i volumi di A. Accame Bobbio, *Le riviste del primo Novecento*, Brescia, La Scuola, 1985, di G. Langella, *Le riviste di metà Novecento*, ivi, 1981 e di E. Mondello, *Gli anni delle riviste. Le riviste letterarie dal 1945 agli anni ottanta*, Lecce, Milella, 1985. Sempre utili restano: A. Hermet, *La ventura delle riviste*, Firenze, Vallecchi, 1941 (nuova ed., a cura di M. Biondi, ivi, 1987) e E. Falqui, *Novecento letterario italiano*, vol. I, cit. Per la vastissima bibliografia critica sulle riviste si rimanda sia ai testi appena citati sia a: G. Luti, *La letteratura nel ventennio fascista. Cronache letterarie tra le due guerre. 1920-1940*, Firenze, La Nuova Italia, 1972; G. Luti-P. Rossi, *Le idee e le lettere. Un intervento su trent'anni di cultura italiana con un repertorio delle riviste di cultura dal 1945 a oggi*, Milano, Longanesi, 1976; L. Mangoni, *Le riviste del Novecento*, in AA.VV., *Letteratura italiana*, diretta da A. Asor Rosa, vol. I, Torino, Einaudi, 1982, pp. 945-81; D. Marchi, *Le riviste dal «Politecnico» a «Quindici»: nuove proposte per l'idea di letteratura*, in AA.VV., *Letteratura italiana contemporanea*, vol. III, cit., pp. 199-212.

Antologie

Antologie generali, in tutto o in parte dedicate alla poesia del Novecento: G. Papini-P. Pancrazi, *Poeti d'oggi* (1920), Firenze, Vallecchi, 1925[2]; E. Falqui-E. Vittorini, *Scrittori nuovi*, Lanciano, Carabba, 1930; L. Anceschi, *Lirici nuovi*, Milano, Hoepli, 1943; Milano, Mursia, 1964[2]; B. Dal Fabbro, *Poeti contemporanei*, Milano, Edizioni della Conchiglia, 1945; G. De Robertis, *Poeti lirici moderni e contemporanei*, Firenze, Le Monnier, 1945, 1948[2]; G. Spagnoletti, *Antologia della poesia italiana contemporanea*, Firenze, Vallecchi, 1946; Id., *Antologia della poesia italiana (1909-1949)*, Parma, Guanda, 1950; Id., *Poeti del Novecento*, Milano, Mondadori, 1952, 1973[2]; V. Volpini, *Antologia della poesia religiosa italiana contemporanea*, Firenze, Vallecchi, 1952; P.P. Pasolini-M. Dell'Arco, *Poesia dialettale del Novecento*, Parma, Guanda, 1952; L. Anceschi-S. Antonielli, *Lirica del Novecento*, Firenze, Vallecchi, 1953, 1961[2]; V. Masselli-G.A. Cibotto, *Antologia popolare di poeti del Novecento*, ivi, 1955, 1964; G. Getto-F. Portinari, *Dal Carducci ai contemporanei*, Bologna, Zanichelli, 1956; G. Spagnoletti, *Poeti italiani contemporanei (1909-1959)*, Parma, Guanda, 1959; G. Bàrberi Squarotti-S. Jacomuzzi, *La poesia italiana contemporanea dal Carducci ai nostri giorni, con appendice di poeti stranieri*, Messina-Firenze, D'Anna, 1961, 1971[2]; G. Ravegnani-G. Titta Rosa, *L'antologia dei poeti italiani dell'ultimo secolo*, Milano, Martello, 1963, 1972[2]; C. Vivaldi, *Poesia satirica nell'Italia d'oggi*, Parma, Guanda, 1964; G. Contini, *Letteratura dell'Italia unita 1861-1968*,

Firenze, Sansoni, 1968; M. Guglielminetti, *I poeti contemporanei*, Torino, SEI, 1968; S. Romagnoli, *Il Novecento*, Milano, Rizzoli, 1968; E. Sanguineti, *Poesia italiana del Novecento*, Torino, Einaudi, 1969, 1972²; M. Cicognani-A. Giordano, *Testi del Novecento italiano*, Bologna, Zanichelli, 1972; G. Rispoli-A. Quondam, *Poesia contemporanea*, Firenze, Le Monnier, 1973⁵; A. Frattini-P. Tuscano, *Poeti italiani del XX secolo*, Brescia, La Scuola, 1974; G. Petronio-L. Martinelli, *Il Novecento letterario in Italia*, 3 voll., Palermo, Palumbo, 1974-75; V. Boarini-P. Bonfiglioli, *Avanguardia e restaurazione. La cultura del Novecento: testi e interpretazioni*, Bologna, Zanichelli, 1976; P.V. Mengaldo, *Poeti italiani del Novecento*, Milano, Mondadori, 1978; P. Gelli-G. Lagorio, *Poesia italiana del Novecento*, 2 voll., Milano, Garzanti, 1980; G. Raboni, *Poesia italiana contemporanea*, Firenze, Sansoni, 1981; M. Bersani-M. Braschi, *Viaggio nel Novecento*, a cura di M. Corti, Milano, Mondadori, 1984; M. Chiesa-G. Tesio, *Le parole di legno. Poesia in dialetto del Novecento italiano*, 2 voll., ivi, 1984; E. Gioanola, *Poesia italiana del Novecento. Testi e commenti*, Milano, Librex, 1986; F. Brevini, *Poeti dialettali del Novecento*, Torino, Einaudi, 1987.

Antologie settoriali, relative alla poesia del Primo Novecento: *I poeti futuristi*, Milano, «Poesia», 1912; *I nuovi poeti futuristi*, Roma, «Poesia», 1925; V. Scheiwiller, *Piccola antologia di poeti futuristi*, Milano, Scheiwiller, 1958; G. Ravegnani, *Poeti futuristi*, Milano, Nuova Accademia, 1963; E. Falqui, *Tutte le poesie della «Voce»*, Firenze, Vallecchi, 1966; G. Viazzi-V. Scheiwiller, *Poeti simbolisti e liberty in Italia*, Milano, Scheiwiller, 1967-72; R. Jacobbi, *Poesia futurista italiana*, Parma, Guanda, 1968; G. Viazzi-V. Scheiwiller, *Poeti del secondo futurismo italiano*, Milano, Scheiwiller, 1973; Id., *Poeti futuristi, dadaisti e modernisti in Italia*, ivi, 1973; L. Caruso-S.M. Martini, *Tavole parolibere futuriste (1912-1944)*, Napoli, Liguori, 1974; G. Viazzi, *I poeti del futurismo. 1909-1914*, Milano, Longanesi, 1978; L. Mondo, *Poeti liguri di «Resine»*, Genova 1979; G. Viazzi, *Dal simbolismo al déco*, 2 voll., Torino, Einaudi, 1981. (Un elenco di antologie della poesia crepuscolare s'è dato nelle note al testo [cfr. p. 148, nota n. 14]).

Antologie settoriali, relative alla poesia del secondo Novecento: L. Anceschi, *Linea lombarda. Sei poeti*, Varese, Magenta, 1952; U. Fasolo, *Nuovi poeti*, Firenze, Vallecchi, 1950; *Prima antologia di poeti nuovi*, Milano, Edizioni della Meridiana, 1950; *Seconda antologia di poeti nuovi*, ivi, 1951; P. Chiara-Ł. Erba, *Quarta generazione. La giovane poesia (1945-54)*, Varese, Magenta, 1954; E.F. Accrocca-V. Volpini, *Antologia poetica della resistenza italiana*, S. Giovanni Valdarno-Roma, Landi, 1955; E. Falqui, *La giovane poesia. Saggio e repertorio*, Roma, Colombo, 1956 (II ed. aumentata, ivi, 1959); U. Fasolo, *Nuovi poeti. Seconda scelta*, Firenze, Vallecchi, 1958; S. Quasimodo, *Poesia italiana del dopoguerra*, Milano, Schwarz, 1958; A. Giuliani, *I novissimi. Poesie per gli anni '60*, Milano, Rusconi e Paolazzi, 1961 (II ed. riveduta, Torino, Einaudi, 1965; III ed. riv. e aggiornata, ivi, 1972); L. Pignotti, *Antologia della poesia visiva*, 4 voll., Bologna, Sampietro, 1965; G. Guglielmi-E. Pagliarani, *Manuale di poesia sperimentale*, Milano, Mondadori, 1966; L. Caruso-C. Piancastelli, *Il gesto poetico. Antologia della nuova poesia d'avanguardia*, fascicolo monografico della rivista «Uomini e idee», n. 12, 1968; A. Giuliani-N. Balestrini, *Gruppo 63*, Milano, Feltrinelli, 1964; B. Basile, *La poesia contemporanea. 1945-1972*, Firenze, Sansoni, 1973; F. Cavallo, *Zero. Testi e antitesti di poesia*, Marano di Napoli, Altri Termini, 1975; G. Bonoldi, *1945-1975. Poesia in Italia*, Milano, Moizzi, 1975; A. Berardinelli-F. Cordelli, *Il pubblico della poesia*, Cosenza, Lerici, 1975; B. Frabotta, *Donne in poesia. Antologia della poesia femminile in Italia dal dopoguerra a oggi*, Roma, Savelli, 1976, 1977²; G. Majorino, *Poesie e realtà. '45-75*, 2 voll., ivi, 1977; E.

Pagliarani, *Poesie tra avanguardia e restaurazione*, fascicolo monografico della rivista «Periodo ipotetico», nn. 10-11, 1977; G. Pontiggia-E. Di Mauro, *La parola innamorata. I nuovi poeti 1976-1978*, Milano, Feltrinelli, 1978; A. Porta, *Poesia italiana degli anni Settanta*, ivi, 1979; S. Ramat-C. Ruffato-L. Troisio, *By Logos. Espo-esproprio transpoetico*, Manduria, Lacaita, 1979; M. D'Ambrosio-F. Piemontese, *Poesia della voce e del corpo*, Napoli, Pironti, 1980; Sarenco-F. Verdi, *Una rosa è una rosa è una rosa. Antologia della poesia lineare italiana. 1960-1980*, Verona, Factotum Art, 1980; S. Folliero, *Avventoviri*, Padova, Rebellato, 1980; M. D'Ambrosio, *Perverso controverso*, Roma, Shakespeare & Company, 1981; M. Lunetta, *Poesia italiana oggi*, Roma, Newton Compton, 1981; C. Ruffato-L. Troisio, *Folia sine nomina. Il nome taciuto. Testi poetici italiani inediti degli anni Ottanta*, Bologna, Selezioni, 1981; S. Fabbri-G. Lauretano-M. Quagliotti, *La doppia dimenticanza. Poeti della Sesta Generazione*, Forlì, Forum, 1983; M. Marchi, *W la poesia!*, Firenze, Vallecchi, 1985; F. Cavallo, *Coscienza & Evanescenza. Antologia di poeti degli anni Ottanta*, Napoli, Società Editrice Napoletana, 1986; C.M. Conti-L. Pignotti, *... a cominciare da zeta. Ricognizione sulla poesia contemporanea italiana*, fascicolo monografico della rivista «Zeta», n. 9, 1986; I. Vicentini, *La pratica del desiderio. I giovani poeti negli anni Ottanta*, Caltanissetta-Roma, Sciascia, 1986; T. Broggiato, *Canti dall'universo. Dieci poeti italiani degli anni Ottanta*, Milano, Marcos y Marcos, 1987; G. Luzzi, *Poesia italiana 1941-1988: la via lombarda*, ivi, 1989; F. Cavallo-M. Lunetta, *Poesia italiana della contraddizione*, Roma, New. Compton, 1989.

2. PREMESSA

Quanto alla identità teorica, alla tradizione e all'orizzonte speculativi della «nuova fenomenologia critica», orientamento dottrinale di cui L. Anceschi è il principale teorico e il più autorevole esponente, e che sottende l'indagine condotta nelle *Poetiche*, si vedano: L. Rossi, *Situazione dell'estetica in Italia*, Torino, Paravia, 1976; Id., *Studi di estetica*, Bologna, Clueb, 1979; Id., *Fenomenologia critica e storiografia dell'estetica*, ivi, 1983; C. Gentili, *Nuova fenomenologia critica*, Torino, Paravia, 1981; G. Scaramuzza, *L'estetica fenomenologica*, in AA.VV., *Trattato di estetica*, a cura di M. Dufrenne e D. Formaggio, vol. I, Milano, Mondadori, 1981, pp. 343-60; Id., ad vocem *Banfi A. e l'Estetica post-crociana*, in *Dizionario critico della letteratura italiana*, vol. I, Torino, Utet, 1986², pp. 184-8, AA.VV., *Orizzonte e progetti dell'estetica*, Parma, Pratiche, 1980; AA.VV., *Statuto dell'estetica*, Modena, Mucchi, 1986; S. Givone, *Storia dell'estetica*, Roma-Bari, Laterza, 1988, pp. 150-3.

I citati studi di Rossi e di Gentili si raccomandano anche per la specifica attenzione che prestano al lavoro di L. Anceschi in tutti i suoi campi di applicazione. A questo riguardo, sono inoltre da consultare utilmente: F. Curi, *Un'idea della poesia* (1964), in *Ordine e disordine*, Milano, Feltrinelli, 1965, pp. 46-56; R. Barilli, *Anceschi* (1964), in *Per un'estetica mondana*, Bologna, Il Mulino, 1964, pp. 338-74; A. Trione, *Struttura e istituzioni dell'arte*, Lecce, Milella, 1974, pp. 69-120; G. Guglielmi, *Estetica, critica e poetica*, in «Lingua e stile», n. 1, 1977, pp. 147-59; F. Bastioli, *Il primo tempo della riflessione estetica di Luciano Anceschi*, in «Letteratura italiana contemporanea», n. 9, 1983, pp. 116-22; V. De Angelis, *L'estetica di Luciano Anceschi*, Bologna, Clueb, 1983; S. Verdino, *Luciano Anceschi: esperienza della poesia e metodo*, Genova, Il Melangolo, 1987; L. Vetri, *Postfazione*, in L. Anceschi, *Interventi per «il verri» (1956-1987)*, Ravenna, Longo, 1988, pp. 199-216.

Diffusa e profonda è stata e continua ad essere l'incidenza della «lezione» teorico-metodologica di L. Anceschi nel campo dell'estetica, della storiografia della letteratura e della critica militante. Numerosi sono gli studiosi, più o meno giovani, che a tale «lezione» liberamente si richiamano, come sta tra l'altro a testimoniare l'articolata linea di ricerca che quella chiamata ormai «Scuola di Bologna» svolge sin dall'anno 1952-53, in cui appunto Anceschi assume l'insegnamento di Estetica nell'Ateneo bolognese. Tale linea di ricerca, nei suoi svariati percorsi, è documentata da molteplici pubblicazioni. Si vedano, per cominciare, i volumi collettanei: *Arte, critica, filosofia*, Bologna, Pàtron, 1965; *Studi in onore di Luciano Anceschi*, Modena, Mucchi, 1982; *Estetica e metodo*, Bologna, La Nuova Alfa, 1990. Sono inoltre da considerare i singoli studi accolti nelle seguenti «collane»: *La tradizione del nuovo*, diretta da L. Anceschi, per l'editore Paravia di Torino; *Percorsi* e *Strumenti*, curate da E. Mattioli e A. Serra, per l'editore Mucchi di Modena; *Materiali per la storia dell'estetica*, diretta da P. Bagni, per l'Alinea editrice di Firenze; *Biblioteca di estetica*, diretta da L. Rossi per la Nuova Alfa Editrice di Bologna. Infine, si consultino le collezioni delle riviste «il verri» (che lo stesso Anceschi indica come «organo militante della "nuova fenomenologia critica"») e «Studi di estetica», rispettivamente dal 1956 e dal 1973.

In generale, sulla nozione di «poetica» e per una panoramica delle sue diverse pronunzie, si vedano: R. Pajano, *La nozione di poetica*, Bologna, Pàtron, 1970; S. Givone, *Estetiche e poetiche del Novecento*, Torino, SEI, 1973; E. Mattioli, ad vocem *Poetica*, in AA.VV., *Letteratura*, a cura di G. Scaramuzza, vol. II, Milano, Feltrinelli, 1976, pp. 347-64; C. Segre, *Poetica*, in *Avviamento all'analisi del testo letterario*, Torino, Einaudi, 1985, pp. 280-306; A. Battistini-E. Raimondi, *Retoriche e poetiche dominanti*, in AA.VV., *Letteratura italiana*, vol. III, t. I, ivi, 1984, pp. 5-339. Per ulteriori approfondimenti settoriali, si vedano: AA.VV., *Le istituzioni e la retorica*, in «il verri», nn. 35-36, 1970; Id., *Istituzione aperta e istituzione chiusa. (Approccio neofenomenologico e approccio strutturale)*, in «Strutture ambientali», n. 3, 1970; U. Eco, *Opera aperta*, Milano, Bompiani, 1962, 1967[2]; Id., *La struttura assente*, ivi, 1968; R. Barilli, *Poetica e retorica*, Milano, Mursia, 1969, 1984[2]; L. Nanni, *Per una nuova semiologia dell'arte*, Milano, Garzanti, 1980; Id., *Contra dogmaticos*, Bologna, Cappelli, 1987; E. Mattioli, *Studi di poetica e retorica*, Modena, Mucchi, 1983; P. Bagni, *Profili e frammenti di idee estetiche*, ivi, 1984; C. Gentili, *Poetica e mimesis*, ivi, 1984.

Più in particolare, con riferimento alle distinte pronunzie che la nozione di «poetica» ha nelle prospettive dottrinali cui si accenna in modo specifico nello studio anceschiano, si vedano rispettivamente:

— per la prospettiva di B. Croce: V. Stella, *Benedetto Croce*, in AA.VV., *I classici italiani nella storia della critica*, vol. III, Firenze, La Nuova Italia, 1977, pp. 313-88 (con vasta ed esauriente bibliografia specifica); Id., *Il giudizio su Croce. Momenti per una storia delle interpretazioni*, Pescara 1971; Id., *Croce*, in AA.VV., *Questioni di storiografia filosofica. Il pensiero contemporaneo*, a cura di A. Bausola, vol. V, t. I, Brescia, La Scuola, 1978; M. Boncompagni, *Ermeneutica dell'arte in Benedetto Croce*, Napoli, 1980; P. D'Angelo, *L'estetica di Benedetto Croce*, Roma-Bari, Laterza, 1982; AA.VV., *Croce e l'estetica*, Palermo, Aesthetica, 1983; R. Wellek, *La teoria letteraria e la critica di Benedetto Croce*, in AA.VV., *Letteratura italiana*, vol. IV, Torino, Einaudi, 1985, pp. 351-412; G. Cattaneo, *Benedetto Croce teorico e critico della letteratura*, in AA.VV., *Storia della letteratura italiana. Il Novecento*, vol. IX, t. I, cit., pp. 612-29; E. Giammattei, *Retorica e idealismo. Croce nel primo Novecento*, Bologna, Il Mulino, 1987;

— per la prospettiva di G. Gentile: L. Russo, *La critica letteraria contemporanea* (1942-43), Firenze, Sansoni, 1967[4], pp. 267-375; R. Assunto, *Su alcune difficoltà del-*

l'estetica gentiliana, in AA.VV., *Giovanni Gentile. La vita e il pensiero*, vol. V, Firenze, Sansoni, 1951, pp. 1-51 [nel vol. IX (1961) di questa stessa opera, si vedano anche i saggi di: A. Moscato, *Saggio sulle teorie estetiche di Giovanni Gentile*, pp. 5-55; A. Negri, *Le teorie estetiche di Giovanni Gentile*, pp. 57-181; Id., *Il concetto di critica e gli studi leopardiani di Giovanni Gentile*, pp. 189-218; nel vol. XI (1966): A. Plebe, *Importanza del concetto gentiliano di inattualità dell'arte*, pp. 195-202; nel vol. XIII (1967): V.A. Bellezza, *L'estetica e la critica letteraria del Gentile negli studi dell'ultimo ventennio*, pp. 347-71]; A. Attisani, *L'estetica di Giovanni Gentile*, in AA.VV., *Momenti e problemi di storia dell'estetica*, vol. IV, Milano, Marzorati, 1961, pp. 1508-23; S. Banchetti, *Profilo dell'estetica gentiliana*, in «Giornale di Metafisica», n. 3, 1961, pp. 738-56; Id., *L'estetica di G. Gentile tra il romanticismo e l'esistenzialismo*, ivi, n. 1, 1963, pp. 436-62; D. Formaggio, *L'idea di artisticità*, Milano 1962, pp. 104-10; V. Stella, *L'apparizione sensibile e l'idea. Analisi e revisione critica*, Roma 1979; R. Franchini, *Per la storia del rapporto Croce-Gentile*, in «Rivista di Studi crociani», n. 1, 1980;
— per la prospettiva di L. Russo: R. Scrivano, *Luigi Russo*, in AA.VV., *I critici*, vol. III, Milano, Marzorati, 1969, pp. 2123-64; AA.VV., *Scritti su Luigi Russo*, in «Belfagor», n. 6, 1961; P. Di Stefano, *Luigi Russo*, Manduria, Lacaita, 1967; F. Bettini-M. Bevilacqua (a cura di), *Marxismo e critica letteraria*, Roma, Ed. Riuniti, 1975, pp. 15-8; U. Carpi, *La critica storicistica*, in AA.VV., *Sette modi di far critica*, a cura di O. Cecchi e E. Ghidetti, ivi, 1983, pp. 36-54; AA.VV., *Lo storicismo di Luigi Russo: lezione e sviluppi*, Firenze, Vallecchi, 1983;
— per la prospettiva di W. Binni: I. Viola, *Critica letteraria del Novecento*, Milano, Mursia, 1969, 1974², pp. 215-73; M. Turchi, *Walter Binni*, in AA.VV., *I critici*, vol. V, Milano, Marzorati, 1969, pp. 3819-30; F. Bettini-M. Bevilacqua, *Marxismo e critica letteraria*, cit., pp. 19-22; L. Mastrofrancesco, *Il dibattito critico negli anni Trenta. La poetica del decadentismo di W. Binni*, in «Stagione», nn. 1-2, 1976; M. Costanzo, *Estetica senza soggetto*, Roma, Bulzoni, 1979; N. Merola, *Primi paragrafi sulla «poetica» di W. Binni*, in «Trimestre», nn. 3-4, 1977; A. Resta, *Walter Binni*, in «Belfagor», n. 1, 1978; i saggi di E. Garin, E. Ghidetti, M. Costanzo nel vol. miscellaneo *Poetica e metodo storico-critico nell'opera di Walter Binni*, Roma, Bulzoni, 1985;
— per la prospettiva di A. Banfi: F. Fanizza, *Letteratura come filosofia*, Manduria, Lacaita, 1963, pp. 127-43; AA.VV., *Antonio Banfi e il pensiero contemporaneo*, Firenze, La Nuova Italia, 1969 (qui, in particolare, i saggi di R. Barilli, G. Scaramuzza, R. Assunto, F. Curi, D. Formaggio, E. Mattioli, A. Pellegrini, L. Rognoni, C. Sughi); Id., *Antonio Banfi tre generazioni dopo*, Milano, Il Saggiatore, 1980; G. Scaramuzza, *La ragione e l'estetica*, Padova 1984;
— per la prospettiva di G. Della Volpe: G. Prestipino, *L'arte e la dialettica in Lukács e Della Volpe*, Messina-Firenze, D'Anna, 1961; R. Musolino, *Marxismo ed estetica in Italia*, Roma, Ed. Riuniti, 1971²; M. Modica, *L'estetica di Galvano Della Volpe*, Roma, Officina, 1978; E. Romagna, *Sistema e ricerca in G. Della Volpe*, Napoli, Tempi Moderni, 1983;
— per la prospettiva di L. Pareyson: E. Pera Genzone, *L'estetica di Luigi Pareyson*, Torino, Ed. di «Filosofia», 1963; U. Eco, *La definizione dell'arte* (1968), Milano, Garzanti, 1978, pp. 9-31; G. Vattimo, *Poesia e ontologia* (1967), Milano, Mursia, 1985², pp. 76-84; per altre indicazioni si veda la *Nota bio-bibliografica* in L. Pareyson, *Filosofia dell'interpretazione. Antologia degli scritti*, a cura di M. Ravera, Torino, Rosenberg & Sellier, 1988, pp. 22-6.

3. PARTE PRIMA

In generale, sulla critica ottocentesca si vedano le relative pagine in A. Borlenghi, *La critica letteraria dal De Sanctis ad oggi*, in AA.VV., *Letteratura italiana. Le correnti*, vol. II, Milano, Marzorati, 1956, pp. 937-1051; inoltre: G. Getto, *Storia delle storie letterarie* (1942), Firenze, Sansoni, 1981⁴; R. Wellek, *Storia della critica moderna* (1955-1965), vol. IV, Bologna, Il Mulino, 1969; gli ampi volumi I e II di AA.VV., *Letteratura italiana. I critici*, cit. Un'utile scelta di testi si deve a C. Cappuccio, *Critici dell'età romantica* (1961), Torino, Utet, 1968².

Sul De Sanctis

Per la storia e la bibliografia della critica e per un profilo generale, si vedano: S. Romagnoli, *Francesco De Sanctis*, in AA.VV., *I classici italiani nella storia della critica*, vol. II, Firenze, La Nuova Italia, 1955, 1961², pp. 485-537; AA.VV., (B. Croce, R. Wellek, G. Getto, C. Muscetta), *De Sanctis e il capolavoro della critica romantica*, in *I critici*, vol. I, cit., pp. 179-233; C. Muscetta, *Francesco De Sanctis*, Roma-Bari, Laterza, 1985; M. Paladini, *Il punto su: De Sanctis*, ivi, 1988. Si aggiungano, tra gli studi specifici più recenti: M. Aurigemma, *Lingua e stile nella critica di Francesco De Sanctis*, Ravenna, Longo, 1969; G. Guglielmi, *Da De Sanctis a Gramsci: il linguaggio della critica*, Bologna, Il Mulino, 1976; P. Luciani, *L'«Estetica applicata» di Francesco De Sanctis. Quaderni napoletani e lezioni torinesi*, Firenze, Olschki, 1983. Di particolare interesse, infine, i seguenti volumi collettanei: *De Sanctis e il realismo*, 2 voll., Napoli, Giannini, 1978; *Francesco De Sanctis nella storia della cultura*, a cura di C. Muscetta, 2 voll., Roma-Bari, Laterza, 1984; *Francesco De Sanctis un secolo dopo*, a cura di A. Marinari, 2 voll., ivi, 1985.

Sui rapporti tra poetiche, teorie della letteratura, teorie critiche e cultura positivista italiana

Si vedano: A. Asor Rosa, *La cultura*, cit.; C.A. Madrignani, *Scienza, filosofia, storia e arte nella cultura del positivismo*, in F. Angelini-C.A. Madrignani, *Cultura, narrativa e teatro nell'età del positivismo*, Roma-Bari, Laterza, 1975, pp. 1-45; P. Rossi, *1890-1900: alcuni letterati italiani e la loro immagine della scienza*, in «Paragone», n. 318, 1976, pp. 8-12 (ora in AA.VV., *Letteratura e scienza nella storia della cultura italiana*, Palermo, Manfredi, 1978); V. Spinazzola, *Verismo e positivismo*, Milano, Garzanti, 1977; A. Cavalli Pasini, *La scienza del romanzo. Romanzo e cultura scientifica tra Ottocento e Novecento*, Bologna, Pàtron, 1982; Id., *Scienza e letteratura tra processo e commedia*, in «Intersezioni», n. 3, 1983, pp. 563-86. Più in generale, per una considerazione del rapporto «letteratura-scienza» visto in tutta la complessa varietà dei suoi aspetti e manifestazioni, si veda A. Battistini (a cura di), *Letteratura e scienza*, Bologna, Zanichelli, 1977; Id., *Letteratura e scienza*, in AA.VV., *Letteratura italiana contemporanea*, vol. III, cit., pp. 761-88.

Sul Taine e sull'estetica del positivismo

Si vedano: D. Huisman, *L'estetica francese negli ultimi cento anni*, in AA.VV., *Momenti e problemi di storia dell'estetica*, vol. III, Milano, Marzorati, 1968, pp. 1083-91; A. Manesco, *La riflessione estetica nel positivismo*, in M. Dufrenne-D. Formaggio, *Trattato di estetica*, vol. I, Milano, Mondadori, 1981, pp. 259-83; E. Scolari, *Quattro studi sull'estetica del positivismo e altri scritti*, Modena, Mucchi, 1984.

Sulla «scuola storica» e i suoi principali esponenti

Si vedano i profili raccolti in AA.VV., *I critici*, voll. I e II, cit. Inoltre: F. Monteros-so, *La critica nell'epoca del metodo storico*, in «Cultura e scuola», nn. 57 e 58, 1976, pp. 5-14 e 11-22; nn. 61-62 e 63-64, 1977, pp. 84-98 e pp. 57-72; D. Consoli, *La scuola storica*, Brescia, La Scuola, 1979; C. Dionisotti, ad vocem *Scuola storica*, in *Dizionario critico della letteratura italiana*, vol. III, cit., pp. 139-48.

Sul Carducci critico

Oltre alle pagine del Croce e del Russo citate nel testo, si vedano: D. Mattalia, *L'opera critica di Giosuè Carducci*, Genova 1934; A. Momigliano, *Carducci critico* (1934), in *Studi di poesia* (1938), Bari, Laterza, 1948², pp. 215-22; L. Russo, *Carducci critico* (1935), in *La critica letteraria contemporanea*, cit., pp. 3-27; M. Santoro, *Introduzione al Carducci critico*, Napoli, Liguori, 1968; G. Innamorati, *Carducci critico*, in AA.VV., *I critici*, vol. I, Milano, Marzorati, 1970, pp. 619-60; Id., *Carducci critico* (I e II), in «Cultura e scuola», nn. 100 e 101, 1987, pp. 46-63 e 25-37; G. Petrocchi, *Carducci critico e il Romanticismo*, in «Lettere italiane», n. 3, 1986, pp. 26-39. Per un primo e generale orientamento sulla complessiva opera carducciana, si vedano: A. Piromalli, *Introduzione a Carducci*, Roma-Bari, Laterza, 1988; G. Salinari, *G. Carducci*, in AA.VV., *Storia della letteratura italiana*, vol. VIII, cit., pp. 801-906.

Sull'estetica del Labriola

Si veda il primo studio sull'argomento di R. Musolino, *Per una ricerca sull'estetica del Labriola* (1955), in *Marxismo ed estetica in Italia*, Roma, Ed. Riuniti, 1963¹, 1971²; e si aggiungano: C. Briganti, *Per un'analisi del problema estetico in Antonio Labriola*, in «Il lettore di provincia», n. 8, 1972, pp. 3-10; L. Rossi, *Autonomia ed eteronomia dell'arte in Antonio Labriola. Schema di ricerca*, in *Fenomenologia critica e storiografia estetica*, cit., pp. 81-94.

Sulla Scapigliatura

Per la storia e la bibliografia della critica, oltre agli apparati che corredano le antologie ricordate nelle note al testo (antologie che si raccomandano anche per le *Introduzioni* dei rispettivi curatori) e oltre ai volumi di P. Nardi e G. Mariani più innanzi segnalati, si vedano: G. Catalano, *Alcuni problemi critici per una definizione della Scapigliatura*, in «Il Ponte», n. 1, 1968, pp. 79-84; R. Merolla, *Gli studi sulla Scapigliatura nel secondo dopoguerra*, in «Cultura e scuola», n. 37, 1971, pp. 22-40; F. Bettini, *La critica e gli scapigliati*, Bologna, Cappelli, 1976; F. Vittori, *Recenti studi sulla Scapigliatura*, in «Cultura e scuola», nn. 63-64, 1977, pp. 29-38; S. Romagnoli, ad vocem *Scapigliatura*, in Enciclopedia Europea, vol. X, Milano, Garzanti, 1980, pp. 231-3; G. Mariani, ad vocem *Scapigliatura*, in AA.VV., *Dizionario critico della letteratura italiana*, vol. IV, cit., pp. 123-31.

Tra i numerosi studi di carattere generale vanno segnalati: P. Nardi, *Scapigliatura. Da Giuseppe Rovani a Carlo Dossi*, Bologna, Zanichelli, 1924 (II ed., Milano, Mondadori, 1968); W. Binni, *La poetica del decadentismo italiano*, Firenze, Sansoni, 1936, 1988⁷; A. Romanò, *Il secondo romanticismo lombardo e altri studi sull'Ottocento*, Milano, Fabbri, 1958; G. Petronio, *I poeti del secondo romanticismo e della Scapigliatura*, in *Dall'illuminismo al Verismo*, Palermo, Manfredi, 1962; J. Moestrup, *La Scapigliatura. Un capitolo della storia del Risorgimento*, Copenhagen, Munksgaard, 1966; A. Balduino, *Letteratura romantica dal Prati al Carducci*, Bologna, Cappelli, 1967; G. Mariani, *Storia della Scapigliatura*, Caltanissetta-Roma, Sciascia, 1967, 1969²; R. Bigazzi, *I colori del vero. Vent'anni di narrativa: 1860-1880*, Pisa, Nistri-Lischi, 1969; N. Bonifazi, *L'avanguardia scapigliata e il realismo*, in *L'alibi del realismo*, Firenze, La Nuova Italia, 1972; G. Mariani, *Ottocento romantico e verista*, Napoli, Giannini, 1972; L. Bolzoni, *Le tendenze della Scapigliatura e la poesia fra tardo-romanticismo e realismo*, in L. Bolzoni-M. Tedeschi, *Dalla Scapigliatura al Verismo*, Roma-Bari, Laterza, 1975, pp. 1-103; F. Portinari, *Narrativa tra idillio e rivolta*, in *Un'idea di realismo*, Napoli, Guida, 1976; G. Scarsi, *Scapigliatura e Novecento. Poesia. Pittura. Musica*, Roma, Studium, 1979; A. Girardi, *La lingua poetica tra Scapigliatura e verismo*, in «Giornale critico della letteratura italiana», n. 5, 1981, pp. 573-99; S. Giovanardi, *La presenza ignota. Indagini sulla poesia simbolista italiana tra Otto e Novecento*, Roma, Istituto della Enciclopedia Italiana, 1982; M. Garré, *Il dibattito critico sulla Scapigliatura lombarda: una questione novecentesca*, in «Otto-Novecento», n. 2, 1983, pp. 189-213; D. Isella, *Approccio alla Scapigliatura*, in *I lombardi in rivolta*, Torino, Einaudi, 1984; G. Cattaneo, *Prosatori e critici dalla Scapigliatura al Verismo*, in AA.VV., *Storia della letteratura italiana*, vol. VIII, cit., pp. 433-622; G. Cusatelli, *La poesia dagli Scapigliati ai decadenti*, ivi, pp. 663-800; A. Ferrini, *Invito a conoscere la Scapigliatura*, Milano, Mursia, 1988. Vanno infine ricordati: il fascicolo n. 4, 1962 de «il verri» (con saggi di Anceschi, G. Mariani, G. Finzi, G. Bàrberi Squarotti); i fascicoli della rivista «Otto-Novecento», nn. 5-6, 1980, e n. 1, 1981; la pubblicazione dell'interessante volume *La pubblicistica nel periodo della Scapigliatura*, a cura di G. Farinelli, Milano, IPL, 1984.

Per la bibliografia critica sui singoli esponenti della Scapigliatura considerati nel testo anceschiano si rimanda alle antologie citate nel corso della trattazione e agli studi appena sopra ricordati. Qui, bastino alcune essenziali indicazioni.

Su Rovani

C.C. Secchi, *Giuseppe Rovani*, in AA.VV., *Letteratura italiana. I minori*, vol. IV, Milano, Marzorati, 1962, pp. 2739-64; R. Merolla, *Il protagonista di una vicenda scapigliata: Giuseppe Rovani*, in «Angelus Novus», nn. 9-10, 1966; G. Baldi, *Giuseppe Rovani e il problema del romanzo nell'Ottocento*, Firenze, Olschki, 1967; R. Tordi, *Giuseppe Rovani tra avanguardia e tradizione*, in «La rassegna della letteratura italiana», n. 1, 1968; C. Cordiè, *Rovani*, in «Cultura e scuola», n. 101, 1987, pp. 14-24.

Su Boito

P. Nardi, *Arrigo Boito*, in AA.VV., *Letteratura italiana. I minori*, vol. IV, cit., pp. 2973-85; Id., ad vocem *Boito Arrigo*, in AA.VV., *Dizionario critico della letteratura italiana*, vol. I, cit., pp. 733-4; M. Pagliai, *Un manifesto della Scapigliatura: «Il libro dei versi» di A. Boito*, in «Letteratura», n. 44, 1967, pp. 85-7; V. Marini, *Arrigo Boito tra Scapigliatura e classicismo*, Torino 1968; G. Scarsi, *Rapporto poesia-musica in Boito*, Roma 1972; M. Lavagetto, *Introduzione* a A. Boito, *Opere*, Milano, Garzanti, 1979; M. Dell'Aquila, *La lacerazione delle forme e l'allegoria della morte nel «Libro dei versi» di Arrigo Boito*, in «Otto-Novecento», n. 1, 1981, pp. 55-80.

Su Praga

M. Petrucciani, *Emilio Praga*, Torino, Einaudi, 1962; Id., *Emilio Praga*, in AA.VV., *Letteratura italiana. I minori*, vol. IV, cit., pp. 2929-52; Id., ad vocem *Praga Emilio*, in *Dizionario critico della letteratura italiana*, vol. III, cit., pp. 517-9; V. Paladino,

Emilio Praga, Ravenna, Longo, 1967; G. Catalano, *Introduzione* a E. Praga, *Opere*, Napoli 1969; A. Marinari, *Emilio Praga poeta di una crisi*, Napoli 1969; F. Bettini, *Emilio Praga*, in «La rassegna della letteratura italiana», nn. 1-2, 1976, pp. 120-50; M. Garrè, *La matrice mistica come elemento unitario della poesia praghiana*, in «Itinerari», nn. 1-2, 1980; E. Paccagnini, *Praga e la poesia civile*, in «Otto-Novecento», n. 2, 1984, pp. 141-51; Id., *Emilio Praga: versi italiani e francesi dispersi*, ivi, n. 2, 1986, pp. 67-98.

Su Camerana

G. Petrocchi, *Sulla poesia di Giovanni Camerana* (1948), in *Poesia e tecnica narrativa*, Milano, Mursia, 1962, pp. 16-33; G. Bàrberi Squarotti, *Il lungo inverno di Camerana*, in «il verri», n. 4, 1962, pp. 132-43; G. De Rienzo, *Camerana, Cena e altri studi piemontesi*, Bologna, Cappelli, 1972, pp. 13-82; Id., ad vocem *Camerana Giovanni*, in *Dizionario critico della letteratura italiana*, vol. I, cit., pp. 473-5; M. Dell'Aquila, *La poesia di Camerana*, Bari 1972; W. Moretti, *Lettura di Camerana*, in «Lettere italiane», n. 1, 1973, pp. 71-83; O. Giannangeli, *La bruna armonia di Camerana*, Roma 1978; G. Scarsi, *Il dibattito sulle tre arti nella Scapigliatura: poesia e pittura in Camerana*, in «Italianistica», n. 3, 1978, pp. 546-72.

Su Tarchetti

E. Ghidetti, *Tarchetti e la Scapigliatura Lombarda*, Napoli, Libreria scientifica editrice, 1968; AA.VV., *Iginio Ugo Tarchetti e la Scapigliatura*, San Salvatore Monferrato 1977.

Su Graf

C. Curto, *Arturo Graf*, in AA.VV., *Letteratura italiana. I minori*, vol. IV, cit., pp. 3127-45; F. Ulivi, *Graf critico*, in AA.VV., *I critici*, vol. II, cit., 1969, pp. 799-825; G. Lonardi, *Graf, il lavoro perduto, la rima*, Padova, Liviana, 1971; G. Bellisario, *Graf e i Crepuscolari*, in «Trimestre», giugno 1970, pp. 291-312; G. De Liguori, *Un episodio di solitudine. Rassegna di studi su Arturo Graf*, in «Problemi», n. 59, 1980, pp. 246-63; Id., *I baratri della ragione. Arturo Graf e la cultura del secondo Ottocento*, Manduria, Lacaita, 1986; G. Bergami, *Da Graf a Gobetti. Cinquant'anni di cultura militante a Torino (1876-1925)* Torino 1980; A. Cavalli Pasini, *Tra critica e scienza: il positivismo inquieto di Arturo Graf* (1988), in *Tra eversione e consenso. Pubblico, donne e critici nel positivismo letterario*, Bologna, Clueb, 1989, pp. 119-63.

Su Betteloni

M. Bonfantini, *Vittorio Betteloni*, in AA.VV., *Letteratura italiana. I minori*, vol. IV, cit., pp. 2957-72; E. Catalano, *Vittorio Betteloni e la poesia verista del secondo Ottocento*, Napoli, De Simone, 1972; P. Leoncini, ad vocem *Betteloni Vittorio*, in *Dizionario critico della letteratura italiana*, vol. I, cit., pp. 304-8.

Su Bettini

M. Guglielminetti, *P. Bettini poeta inattuale della società umbertina*, in «Letteratura», nn. 56-57, 1962; G. Baroni Palli, *La poesia di Pompeo Bettini*, in «Convivium», n. 1, 1967, pp. 1-27; F. Ulivi, *Introduzione* a P. Bettini, *Poesie e prose*, Bologna, Cappelli, 1970, pp. 5-28.

Su Gnoli

U. Bosco, *Realismo romantico*, Caltanissetta-Roma, Sciascia, 1959; F. Ulivi, *I poeti della scuola romana dell'Ottocento*, Bologna, Cappelli, 1964; G. Bàrberi Squarotti, *Domenico Gnoli*, in AA.VV., *Letteratura italiana contemporanea*, vol. I, cit., pp. 173-6.

4. PARTE SECONDA

Su Pascoli

Per la bibliografia e la storia della critica, si vedano: F. Felcini, *Bibliografia della critica pascoliana (1879-1979), degli scritti dispersi e delle lettere del poeta*, Ravenna, Longo, 1982; A. Traina, *Cento anni di Studi pascoliani*. (Addenda alla Bibliografia del Felcini), in «Studi e problemi di critica testuale», n. 25, 1982, pp. 335-42; S. Antonielli, *Giovanni Pascoli*, in AA.VV., *I classici italiani nella storia della critica*, vol. II, cit., pp. 647-83; Id., *Rassegna pascoliana*, in «Giornale critico della letteratura italiana», nn. 410-411, 1958, pp. 416-22; W. Moretti, *Rassegna pascoliana*, in «Lettere italiane», n. 3, 1964, pp. 197-208; A. Prete, *La critica e Pascoli*, Bologna, Cappelli, 1975.

Tra i numerosissimi studi, indichiamo anzitutto alcuni fondamentali volumi collettanei: *Studi pascoliani*, 4 voll., Bologna, Zanichelli, 1927-36; *Studi pascoliani*, a cura della Società di Studi romagnoli-Comitato per le onoranze a Giovanni Pascoli, Faenza, F.lli Lega, 1958; *Pascoli. Discorsi nel centenario della nascita*, a cura dell'Università di Bologna, Bologna, Zanichelli, 1958; *Studi per il centenario della nascita* (Bologna, marzo 1958), a cura di R. Spongano, 3 voll., Bologna, Commissione per i Testi di Lingua, 1962; *Nuovi studi pascoliani*. Atti del Convegno internazionale di studi pascoliani (Bolzano, settembre 1962), Bologna-Cesena, La Bodoniana, 1963; *Pascoli*. Atti del Convegno nazionale di studi pascoliani (1962), Santarcangelo di Romagna, STEM, 1965; *Giovanni Pascoli. Poesia e poetica*. Atti del Convegno di studi pascoliani (San Mauro, aprile 1982), Rimini, Maggioli, 1984.

Meritano inoltre segnalazione almeno i seguenti studi: B. Croce, *Note sulla letteratura italiana nella seconda metà del secolo XIX - Giovanni Pascoli* (1907), in *La letteratura della nuova Italia*, vol. IV, Bari, Laterza, 1915, pp. 71-127, 179-221, 228-9; Id., *Giovanni Pascoli. Studi critici*, ivi, 1920; R. Serra, *Giovanni Pascoli* (1909), in *Scritti critici*, vol. I, Firenze, Le Monnier, 1958, pp. 1-47 (nel vol. II, una *Commemorazione* del 1912, pp. 499-522); E. Cecchi, *La poesia di Giovanni Pascoli*, Napoli, Ricciardi, 1912 (poi *La poesia di Giovanni Pascoli con altri studi pascoliani. 1911-1962*, Milano, Garzanti, 1968); W. Binni, *La poetica di Giovanni Pascoli*, in *La poetica del decadentismo italiano*, cit., pp. 95-114; P.P. Pasolini, *Pascoli e Montale*, in «Convivium», n. 2, 1947, pp. 199-205; Id., *Pascoli* (1955), in *Passione e ideologia*, Milano, Garzanti, 1960, 1973, pp. 267-75; R. Viola, *Pascoli*, Padova, Liviana, 1949, 1955[4]; L. Russo, *La fortuna critica del Pascoli* (1954) e *Politica e poetica del Pascoli* (1956), in *Il tramonto del letterato*, Bari, Laterza, 1960, pp. 357-408, 409-34; N. Sapegno, *Nota sulla poesia del Pascoli* (1955), in *Saggi di storia letteraria*, Palermo, Manfredi, 1960, pp. 269-79; A. Schiaffini, *Forma e rivoluzione poetica di Giovanni Pascoli*, in «Siculorum Gymnasium», n. 2, 1955, pp. 509-21; G. Debenedetti, *Statura di poeta* (1955) e *Il gelsomino e la Donna di Eresso*, in *Saggi critici. Terza serie*, Milano, Il Saggiatore, 1959, pp. 235-53; Id., *Pascoli e la rivoluzione inconsapevole*, Milano, Garzanti, 1979; S. Antonielli, *La poesia di Pascoli*, Milano, Edizioni della Meridiana, 1955; G. Getto, *Carducci e Pascoli*, Bologna, Zanichelli, 1957 (Caltanissetta-Roma, Sciascia, 1977²); Id., *Ispirazione cosmica nella poesia di Giovanni Pascoli*, in «Lettere italiane», n. 2, 1958, pp. 154-88; U. Bosco, *Il Pascoli tra Ottocento e Novecento* (1957), in *Realismo romantico*, Caltanissetta-Roma, Sciascia, 1959, 1967², pp. 233-50; A. Piromalli, *La poesia di Giovanni Pascoli*, Pisa, Nistri-Lischi, 1957; G. Contini, *Il linguaggio del Pascoli* (1958), in *Varianti e altra linguistica*, Torino, Einaudi, 1970, pp. 219-24; Id., *Giovanni Pascoli*, in *Letteratura dell'Italia unita: 1861-1968*, cit., pp. 249-316; P. Bonfiglioli, *Pascoli e il Novecento*, in «Palatina», n. 7, 1958, pp. 14-39; Id., *Pascoli, Gozzano, Montale e la poesia dell'oggetto*, in «il verri», n. 4, 1958, pp. 34-54; Id., *Pascoli e Montale*, in AA.VV., *Studi per il Centenario...*, vol. I, cit., pp. 219-43; Id., *Dante, Pascoli e Montale*, in AA.VV., *Nuovi studi pascoliani*, cit., pp. 35-62; Id., *Il «Ritorno dei morti», da Pascoli a Montale*, in AA.VV., *Pascoli. Atti del Convegno...*, cit., pp. 55-72; C. Varese, *La poesia politica del Pascoli* (1958), in *Pascoli politico, Tasso e altri saggi*, Milano, Feltrinelli, 1961, pp. 241-54; Id., *Pascoli decadente*, Firenze, Sansoni, 1964; Id., *Pascoli e Leopardi*, in AA.VV., *Leopardi e il Novecento*, Firenze, Olschki, 1974, pp. 65-82; C. Salinari, *«Il fanciullino»*, in *Miti e coscienza del decadentismo italiano*, Milano, Feltrinelli, 1960, pp. 107-83; G. Bàrberi Squarotti, *Appunti sulla sintassi pascoliana* (1960), in *Astrazione e realtà*, Milano, Rusconi e Paolazzi, 1960, pp. 53-81; Id., *Simboli e strutture della poesia del Pascoli*, Messina-Firenze, D'Anna, 1966; Id., *Gli inferi e il labirinto. Da Pascoli a Montale*, Bologna, Cappelli, 1974, pp. 13-61; Id., *In carcere a Ginevra e alla Martinica: l'ideologia di «Odi e inni»*, in «Quaderni pascoliani», n. 11, Barga, Gasperetti, 1977; Id., *Sublimazione e morte del poeta*, in «Sigma», nn. 2-3, 1978, pp. 269-86; Id., ad vocem *Pascoli, Giovanni*, in *Dizionario critico della letteratura italiana*, vol. III, cit., pp. 365-77; A. Traina, *Saggio sul latino del Pascoli*, Padova, Ed. Antenore, 1961 (nuova ed. aggiornata e accresciuta, Firenze, Le Monnier, 1971); M. Luzi, *I «Canti di Castelvecchio»* (1962), in *L'inferno e il limbo*, Milano, Il Saggiatore, 1964, pp. 138-91; Id., *Giovanni Pascoli*, in AA.VV., *Storia della letteratura italiana*, vol. IX, t. I, cit., pp. 291-373; E. Sanguineti, *Attraverso i «Poemetti pascoliani» (1962)*, in *Ideologia e linguaggio*, Milano, Feltrinelli, 1975³, pp. 7-37; Id., *La tragedia familiare nella poesia di Giovanni Pascoli* (1968), in *La missione del critico*, Genova, Marietti, 1978, pp. 4-20; Id., *Introduzione* a *La poesia italiana del Novecento*, cit., pp. XXXIII-IX; Id., *Introduzione* a G. Pascoli, *Poemetti*, Torino, Einaudi, 1971, pp. VII-XXI; G. Nava, *La storia di «Romagna» e la poesia giovanile del Pascoli*, in «Studi di filologia italiana», n. 2, 1969, pp. 175-227; Id., *Introduzione* a G. Pascoli, *Poesia*, Bergamo, Minerva Italica, 1971, pp. 9-27; Id., *Introduzione* a G. Pascoli, *Myricae*, Firenze, Sansoni, 1974, pp. XI-CCCVIII; Id., *Pascoli e Leopardi*, in «Giornale critico della letteratura italiana», n. 4, 1983, pp. 506-23; G.L. Beccaria, *Metrica e sintassi nella poesia di Giovanni Pascoli*, Torino, Giappichelli, 1970; Id., *L'autonomia del significante*, Torino, Einaudi, 1975, 1989², pp. 136-208; C. Colicchi, *Giovanni Pascoli*, Firenze, Le Monnier, 1970; M. Petrucciani-M. Bruscia Mariani, *Materiali critici per Giovanni Pascoli*, Roma, Ed. dell'Ateneo, 1971; O. Giannangeli, *Pascoli e lo spazio*, Bologna, Cappelli, 1975; M. Del Serra, *Giovanni Pascoli*, Firenze, La Nuova Italia, 1976; E. De Michelis, *Novecento e dintorni*, Milano, Mursia, 1976, pp. 43-59; T. Ferri, *Pascoli: il labirinto del segno*, Roma, Bulzoni, 1976; M. Tropea, *Giovanni Pascoli*, in G. Savoca-M. Tropea, *Pascoli, Gozzano e i crepuscolari*, Roma-Bari, Laterza, 1976, 1988², pp. 1-94; G. Leonelli, *Giovanni Pascoli*, in AA.VV., *Letteratura italiana contemporanea*, vol. I, cit., pp. 189-214; Id., *Metamorfismo dei «Poemetti»*, in «Paragone», n. 354, 1979, pp. 47-57; M. Perugi, *Introduzione* a G. Pascoli, *Opere*, vol. I, Milano-Napoli,

Ricciardi, 1980, pp. IX-XL; Id., *James Sully e la formazione dell'estetica pascoliana*, in «Studi di filologia italiana», n. 4, 1984, pp. 225-310; Id., *La «vivificazione» nell'estetica pascoliana*, in «L'altro versante», n. 2, 1982, pp. 42-8; G. Agamben, *Premessa* a G. Pascoli, *Il Fanciullino*, Milano, Feltrinelli, 1982, pp. 7-21; P. Daverio, *Invito alla lettura di Giovanni Pascoli*, Milano, Mursia, 1983; R. Barilli, *Giovanni Pascoli*, Firenze, La Nuova Italia, 1986; G. Borghello, *Il simbolo e la passione. Aspetti della linea Pascoli-Pasolini*, Milano, Mursia, 1986.

Su D'Annunzio

Per la bibliografia e la storia della critica, si vedano: E. Falqui, *Bibliografia dannunziana*, Roma, Ulpiano, 1939 (II ed. accresciuta, Firenze, Le Monnier, 1941); S. Antonielli, *Gabriele D'Annunzio*, in AA.VV., *I classici italiani nella storia della critica*, vol. II, cit., pp. 659-84; G. Luti, *Situazione della critica dannunziana* (1969), in *La cenere dei sogni*, Pisa, Nistri-Lischi, 1973; E. Circeo, *Il D'Annunzio notturno e la critica dannunziana di un settantennio*, Pescara, Trimestre, 1975; G. Petronio, *D'Annunzio. Storia della critica*, Palermo, Palumbo, 1977; A. Baldazzi, *Bibliografia della critica dannunziana*, Roma, Cooperativa Scrittori, 1977; N. Lorenzini, *Rassegna di studi dannunziani (1963-1982)*, in «Lettere italiane», n. 1, 1983, pp. 101-27; A. Andreoli-N. Lorenzini, *Bibliografia*, in G. D'Annunzio, *Versi d'amore e di gloria*, vol. II, Milano, Mondadori, 1984, pp. 1359-85; E. Raimondi, *Bibliografia* del saggio *Gabriele D'Annunzio*, in AA.VV., *Storia della letteratura italiana*, vol. IX, t. I, cit., pp. 446-56.

Per un'informazione bibliografica continuamente aggiornata è indispensabile la consultazione dei «Quaderni dannunziani» e dei «Quaderni del Vittoriale», ove sono raccolti gli Atti di alcuni importanti convegni e tavole rotonde; per esempio: su *D'Annunzio e la lingua letteraria del Novecento* (QD, XL-XLI, 1972), su *D'Annunzio, la musica e le arti figurative* (QV, 34-35, 1982), su *D'Annunzio, il testo e la sua elaborazione* (QV, 5-6, 1977), su *D'Annunzio e il classicismo* (QV, 23, 1980), su *D'Annunzio politico* (QD, 1-2, 1987), su *D'Annunzio e il dannunzianesimo nel cinema italiano* (QV, 11, 1978), su *Il teatro di D'Annunzio oggi* (QV, 24, 1980), su *D'Annunzio e Pirandello* (QV, 36, 1982), sul *Teatro dannunziano* (QV, 11, 1978).

Sono altresì di estremo interesse i seguenti volumi collettanei: *D'Annunzio romano ed altri saggi nel centenario della nascita*, Roma, Palombi, 1963; *Gabriele D'Annunzio nel primo centenario della nascita*, Roma, Centro di Vita Italiana, 1963; *Gloria alla terra!*, Pescara, Editrice Dannunziana Abruzzese, 1968; *L'Arte di Gabriele D'Annunzio. Atti del Convegno internazionale* (Venezia-Gardone Riviera-Pescara, 7-13 ottobre, 1963), Milano, Mondadori, 1968; *D'Annunzio e il Simbolismo europeo. Atti del Convegno* (Gardone, 1973), Milano, Il Saggiatore, 1976; *D'Annunzio giovane e il verismo. Atti del Convegno* (Pescara, 1979), Pescara, Centro di Studi dannunziani, 1981; *Canto novo nel centenario della pubblicazione. Atti del Convegno* (Pescara, 1987), ivi, 1983; *D'Annunzio e la cultura germanica. Atti del Convegno* (Pescara, 1984), ivi, 1985.

Si aggiungano, infine, i fascicoli monografici delle seguenti riviste: «Letteratura» (1936), «Sigma», nn. 29-30, 1971 (dedicato all'autobiografismo in D'Annunzio); «il verri», nn. 9 e 10, 1975 (dedicati alla «fine del secolo», con scritti su D'Annunzio e Nietzsche); «ES.», nn. 12-13, 1980 (dedicato a *D'Annunzio, la scrittura e l'immagine*); «il verri», nn. 5-6 e 7-8, 1985 (*Ego sum Gabriel*).

Tra i numerosissimi studi, ricordiamo: B. Croce, *Gabriele D'Annunzio* (1903), in *Letteratura della nuova Italia*, vol. IV, cit., pp. 7-66; Id., *L'ultimo D'Annunzio*

(1935), ivi, vol. VI, 1940; F.T. Marinetti, *Les Dieux s'en vont, D'Annunzio reste* (1908), ora in *Scritti francesi*, a cura di P. Jannini, Milano, Mondadori, 1983; G.A. Borgese, *D'Annunzio*, Napoli, Ricciardi, 1909 (nuova ed., col titolo *Gabriele D'Annunzio*, e con introd. di A.M. Mutterle, Milano, Mondadori, 1983); R. Serra, *«La Fattura». Episodio di uno studio intorno a Gabriele D'Annunzio* (1911) e *Le lettere* (1914), in *Scritti*, vol. I, cit., pp. 179-201 e 275-86 (nel vol. II, cit., lo scritto *Di Gabriele D'Annunzio e di due giornalisti*, pp. 373-401); A. Gargiulo, *Studio critico su G. D'Annunzio*, Napoli, Perrelle, 1912 (ristampa con aggiunte, Firenze, Sansoni, 1941); G.P. Lucini, *Antidannunziana*, Milano, Studio ed. Lombardo, 1914; Id., *D'Annunzio al vaglio dell'Humorismo*, a cura di E. Sanguineti, Genova, Costa & Nolan, 1989; F. Flora, *D'Annunzio*, Napoli, Ricciardi, 1926; M. Praz, *D'Annunzio e l'amor sensuale della parola*, in *La carne, la morte e il diavolo nella letteratura romantica*, Firenze, Sansoni, 1930 (III ed. accresciuta, ivi, 1948; 1988, pp. 379-428); Id., *Il patto col serpente*, Milano, Mondadori, 1972; W. Binni, *La poetica del decadentismo*, cit., pp. 57-94; L. Russo, *Gabriele D'Annunzio*, Firenze, Sansoni, 1938; L. Bianconi, *D'Annunzio critico*, ivi, 1940; A. Noferi, *L'«Alcyone» nella storia della poesia dannunziana*, Firenze, Vallecchi, 1946; N.F. Cimmino, *Poesia e poetica in Gabriele D'Annunzio*, Firenze, Centro Internazionale del Libro, 1959; C. Salinari, *Miti e coscienza del decadentismo italiano*, cit.; E. De Michelis, *Tutto D'Annunzio*, Milano, Feltrinelli, 1960; Id., *Roma senza lupa*, Roma, Bonacci, 1976; Id., *Novecento e dintorni*, Milano, Mursia, 1976; E. Mariano, *Il sentimento del vivere ovvero Gabriele D'Annunzio*, Milano, Mondadori, 1962; Id., *Poetiche e poesia di Gabriele D'Annunzio*, Venezia, Ed. Clnee, 1974; E. Raimondi, *Il D'Annunzio e l'idea di letteratura* (1963), poi ampliato e col titolo *Gabriele D'Annunzio*, in AA.VV., *Storia della letteratura italiana*, vol. IX, Milano, Garzanti, 1969 (nuova ed., vol. IX, t. I, 1987, pp. 375-456) e col titolo *D'Annunzio: una vita come opera d'arte*, in *Il silenzio della Gorgone*, Bologna, Zanichelli, 1980, pp. 41-111 (in questo stesso vol., un altro scritto del 1973, alle pp. 113-47); M. Guglielminetti, *L'orazione di D'Annunzio*, in *Strutture e sintassi del romanzo italiano del primo Novecento*, Milano, Silva, 1964 (nuova ed., rivista e ampliata, col titolo *Il romanzo del Novecento italiano. Strutture e sintassi*, Roma, Ed. Riuniti, 1986, pp. 11-54); Id., *Interpretazione dei «Taccuini» di Gabriele D'Annunzio*, in *Petrarca fra Abelardo ed Eloisa e altri saggi di letteratura italiana*, Bari, Adriatica, 1969; P.V. Mengaldo, *Da D'Annunzio a Montale* (1966) e *D'Annunzio e la lingua poetica del Novecento* (1972) con altri studi, in *La tradizione del Novecento* (1975), Milano, Feltrinelli, 1980[2], pp. 13-106, 190-216, 301-13; E. Paratore, *Studi dannunziani*, Napoli 1966; A. Rossi, *D'Annunzio e il Novecento*, in «Paragone», nn. 222 e 226, 1968, pp. 23-54 e pp. 49-93; U. Eco, *Joyce et D'Annunzio*, in «L'Arc», n. 36, 1968, pp. 29-38; G. Bàrberi Squarotti, *Il gesto improbabile. Tre saggi su G. D'Annunzio*, Palermo, Flaccovio, 1971; Id., *Il simbolo dell'artifex*, in *Gli inferi e il labirinto*, cit., pp. 81-103; Id., *Bellezza e volgarità: D'Annunzio e l'ideologia borghese*, in *Poesia e ideologia borghese*, Napoli, Liguori, 1976, pp. 298-382; Id., *Invito alla lettura di D'Annunzio*, Milano, Mursia, 1982, 1988[2]; Id., *Il «fanciullo» dannunziano ovvero il mito della poesia*, in AA.VV., *Risalire il Nilo. Mito, fiaba, allegoria*, a cura di F. Masini e G. Schiavoni, Palermo, Sellerio, 1983, pp. 219-33; L. Testaferrata, *D'Annunzio «paradisiaco»*, Firenze, La Nuova Italia, 1972; A. Jacomuzzi, *Una poetica strumentale: Gabriele D'Annunzio*, Torino, Einaudi, 1974; G. Laffi-I. Nardi, *Gabriele D'Annunzio*, Firenze, La Nuova Italia, 1974; G.L. Beccaria, *Figure ritmicosintattiche della prosa dannunziana*, in *L'autonomia del significante*, cit., pp. 285-318; M.T. Marabini Moeves, *Gabriele D'Annunzio e le estetiche della fine del secolo*, L'Aquila, Japadre, 1976; E. Scarano Lugnani, *Gabriele D'Annunzio*, Bari, Laterza,

1976; V. Roda, *La strategia della totalità. Saggio su Gabriele D'Annunzio*, Bologna, Boni, 1978; Id., *Il soggetto centrifugo*, Bologna, Pàtron, 1984; R. De Felice, *D'Annunzio politico*, Roma-Bari, Laterza, 1978; N. Merola, *D'Annunzio e la poesia di massa*, ivi, 1979; F. Gavazzeni, *Le sinopie di «Alcione»*, Milano-Napoli, Ricciardi, 1980; A.M. Mutterle, *Gabriele D'Annunzio*, Firenze, Le Monnier, 1980; G. Fabre, *D'Annunzio esteta per l'informazione (1880-1900)*, Napoli, Liguori, 1981; S. Scotoni, *D'Annunzio bizantino*, Azzate, Otto-Novecento, 1983; A. Mazzarella, *Il piacere e la morte. Sul primo D'Annunzio*, Napoli, Liguori, 1983; N. Lorenzini, *Il segno del corpo (saggio su D'Annunzio)*, Roma, Bulzoni, 1984; P. Gibellini, *Logos e mytos. Studi su Gabriele D'Annunzio*, Firenze, Olschki, 1985; A. Andreoli, *Gabriele D'Annunzio*, Firenze, La Nuova Italia, 1985.

5. PARTE TERZA

Sul Crepuscolarismo

Per la storia e la bibliografia della critica, sono da consultare: E. Ghidetti, *Gozzano e i crepuscolari*, in AA.VV., *I classici italiani nella storia della critica*, vol. III, Firenze, La Nuova Italia, 1977, pp. 199-258; A. Benevento, *La poesia crepuscolare*, in «Cultura e scuola», nn. 63-64, 1977, pp. 39-56; P. Tuscano, *Gozzano e i crepuscolari nella critica dell'ultimo decennio*, ivi, nn. 81 e 82, 1982, pp. 30-50 e 38-48; L. Mondo, ad vocem *Crepuscolarismo*, in *Dizionario critico della letteratura italiana*, cit., pp. 58-62. Si vedano, inoltre, i seguenti studi d'insieme: G.A. Borgese, *Poesia crepuscolare. Moretti, Martini, Chiaves* (1910), in *La Vita e il Libro*. Seconda serie con un Epilogo, Torino 1911, pp. 149-60; G. Petronio, *Poeti del nostro tempo. I crepuscolari*, Firenze, Sansoni, 1937; Id., *Poesia e poetica dei crepuscolari*, in «Poesia», IX, 1937, pp. 29-60; A. Gargiulo, *Letteratura italiana del Novecento* (1910), nuova ed. ampliata, Firenze, Le Monnier, 1958, pp. 262-72 e 285-91; C. Calcaterra, *Con Guido Gozzano e altri poeti*, Bologna, Zanichelli, 1944; A. Vallone, *I crepuscolari*, Palermo, Palumbo, 1960, 1973⁴; L. Baldacci, *I crepuscolari*, Torino, ERI, 1961, 1971²; A. Marcovecchio, *I crepuscolari*, in «Terzo programma», n. 3, 1965, pp. 169-80; N. Tripodi, *I Crepuscolari. Saggio e composizioni*, Milano, Edizioni del Borghese, 1966; G. Farinelli, *Storia e poesia dei crepuscolari*, Milano, IPL, 1969; F. Livi, *Dai simbolisti ai crepuscolari*, ivi, 1974; Id., *La parola crepuscolare*, ivi, 1986; G. Mariani, *Crepuscolari e futuristi: contributo a una chiarificazione* (1974), in *La vita sospesa*, Napoli, Liguori, 1978, pp. 77-92; G. Savoca, *I crepuscolari e Guido Gozzano*, in G. Savoca-M. Tropea, *Pascoli, Gozzano e i crepuscolari*, cit.; N. Tedesco, *La condizione crepuscolare*, Firenze, La Nuova Italia, 1977; A. Nozzoli-I. Sodateschi, *I crepuscolari*, ivi, 1978; S. Jacomuzzi, *Situazione dei crepuscolari*, in AA.VV., *Letteratura italiana contemporanea*, vol. I, cit., pp. 445-570; M. Guglielminetti, *La «scuola dell'ironia». Gozzano e i viciniori*, Firenze, Olschki, 1983; D. Marinari, *Per leggere Gozzano e i poeti «crepuscolari»*, Roma 1985; M. Carlino-F. Muzzioli, *La letteratura italiana del primo Novecento (1900-1915)*, Roma, NIS, 1986, pp. 90-137; A. Quatela, *Il Crepuscolarismo*, Milano, Mursia, 1988.

Su Corazzini

Per la storia e la bibliografia della critica (aggiornata fino al 1969) si vedano i repertori che corredano i fondamentali studi di F. Donini, *Vita e poesia di Sergio Corazzini*, Torino, De Silva, 1949 e di S. Jacomuzzi, *Sergio Corazzini*, Milano, Mursia

1970². Integrazioni e aggiornamenti consentono: E. Ghidetti, *Gozzano e i crepuscolari* cit., pp. 238-46, 254-6; A. Benevento; *La «fortuna» editoriale e critica di Sergio Corazzini*, in «Cultura e scuola», n. 53, 1975, pp. 15-31. Si consultino, inoltre, le altre opere già citate sul crepuscolarismo in generale. Un'ampia bibliografia correda anche l'utile studio di M.C. Papini, *Sergio Corazzini*, Firenze, La Nuova Italia, 1977. Di particolare interesse le pagine (con bibliografia) che a Corazzini dedica F. Livi nei suoi volumi *Dai simbolisti ai crepuscolari* cit., pp. 167-230 e *La parola crepuscolare*, cit., pp. 13-80, 223-302.

Su Moretti

Per la storia e la bibliografia della critica si vedano le indicazioni date in AA.VV., *Moretti 90*, Milano, Quaderni dell'Osservatore, 1975, da integrare con quanto segnalano C. Toscani in M. Moretti, *In verso e in prosa*, a cura di G. Pampaloni, Milano, Mondadori, 1979 e G. Amaduzzi, *Bibliografia della critica morettiana*, in «Il lettore di provincia», nn. 41-42, 1980, pp. 90-106. In particolare, segnaliamo: F. Casnati, *Marino Moretti*, in AA.VV., *Letteratura italiana. I contemporanei*, vol. I, cit., pp. 649-68; V. Coletti, *Fonti e precedenti del linguaggio poetico di Marino Moretti*, in «Studi novecenteschi», n. 5, 1973, pp. 181-226; Id., *Varianti e mutamenti di struttura nelle raccolte di Marino Moretti*, in «Il lettore di provincia», n. 19, 1974, pp. 5-25; Id., *Il linguaggio poetico di Marino Moretti*, in «Studi di filologia e letteratura», n. 3, 1975, pp. 421-60; C. Toscani, *Marino Moretti*, Firenze, La Nuova Italia, 1975; AA.VV., *Atti del Convegno su Marino Moretti* (Cesenatico, ottobre 1975), a cura di G. Calisesi, Milano, Il Saggiatore, 1977; A. Folli, *Moretti da Pascoli a Govoni*, in «La Rassegna della letteratura italiana», nn. 1-2, 1977, pp. 90-102; AA.VV., *Marino Moretti*, in «Il lettore di provincia» (fascicolo monografico), nn. 41-42, 1980; G. Zaccaria, *Invito alla lettura di Marino Moretti*, Milano, Mursia, 1981; M. Biondi, *Uno scrittore nel secolo. Marino Moretti. I libri e i manoscritti, i luoghi e gli amici*. Catalogo della mostra a cura di S. Santucci, Rimini, Maggioli, 1983; F. Livi, *Marino Moretti alle frontiere della poesia*, in *La parola crepuscolare*, cit., pp. 157-204.

Su Gozzano

Per la bibliografia e la storia della critica, tra i contributi più recenti, si vedano: G. De Rienzo, *Gozzano e la critica (1916-1966)*, in *Camerana, Cena e altri studi piemontesi*, cit., pp. 203-37; M. Masoero, *I Crepuscolari*, in «Studi Piemontesi», n. 1, marzo, 1973, pp. 137-42; Id., *Nuove indagini critiche su Gozzano*, ivi, n. 2, novembre 1974, pp. 393-8; E. Ghidetti, *Gozzano e i crepuscolari*, cit., pp. 199-258, 284-54; N. Dillon Wanke, *Altre schede per Guido Gozzano*, in «Studi Piemontesi», n. 2, 1984, pp. 461-73; A. Benevento, *Gozzano oltre il centenario (1983-1986)*, in «Cultura e scuola», n. 102, 1987, pp. 11-25; A. Rocca, *Bibliografia*, in G. Gozzano, *Tutte le poesie*, Milano, Mondadori, 1980.

Tra i numerosissimi studi ci limitiamo a segnalare i seguenti, con riferimento a quanto edito dagli anni Cinquanta in poi (per i contributi di data anteriore si ricorra ai repertori sopra citati): E. Sanguineti, *Da Gozzano a Montale* (1955) e *Da D'Annunzio a Gozzano* (1959), in *Tra liberty e crepuscolarismo*, cit., pp. 17-39 e 40-79; Id., *Guido Gozzano*, in AA.VV., *Letteratura italiana. I contemporanei*, vol. I, cit., pp. 519-29; Id., *Guido Gozzano. Indagini e letture*, Torino, Einaudi, 1966; Id., *Dante e Gozzano* (1984), in *La missione del critico*, cit., pp. 82-98; G. Mariani, *L'eredità ottocentesca di Gozzano e il suo nuovo linguaggio*, in *Poesia e tecnica nella lirica del Nove-*

cento, Padova, Liviana, 1958, pp. 3-69 (nuova ed. aggiornata e accresciuta, ivi, 1983); P. Bonfiglioli, *Pascoli, Gozzano, Montale e la poesia dell'oggetto*, in «il verri», n. 4, 1958, pp. 35-54; G. Bàrberi Squarotti, *Realtà, tecnica e poetica di Gozzano*, in *Astrazione e realtà*, cit., pp. 73-119; Id., *Il poeta fra le rovine e la città, la provincia, l'amore*, in *Poesia e ideologia borghese*, cit., pp. 84-151; G. Getto, *Guido Gozzano e la letteratura del Novecento* (1966), in *Poeti del Novecento e altre cose*, Milano, Mursia, 1977, pp. 75-97; G. Contini, *Guido Gozzano*, in *Letteratura dell'Italia unita. 1861-1968*, cit., pp. 635-59; L. Mondo, *Natura e storia in Guido Gozzano*, Milano, Silva, 1969; H. Martin, *Guido Gozzano*, Milano, Mursia, 1971; A. Piromalli, *Ideologia e arte in Guido Gozzano*, Firenze, La Nuova Italia, 1972; E. Salibra, *Lo stile di Gozzano*, Firenze, Vallecchi, 1972; A. Staüble, *Sincerità e artificio in Gozzano*, Ravenna, Longo, 1972; L. Lugnani, *Guido Gozzano*, Firenze, La Nuova Italia, 1973; B. Porcelli, *Gozzano. Originalità e plagi*, Bologna, Pàtron, 1974; U. Pirotti, *Guido Gozzano e la poesia novecentesca*, in «Studi e problemi di critica testuale», n. 8, 1974, pp. 195-216; L. Angioletti, *Invito alla lettura di Guido Gozzano*, Milano, Mursia, 1975; P.V. Mengaldo, in *Poeti italiani del Novecento*, cit., pp. 89-96; G. Spagnoletti, *Guido Gozzano: una svolta*, in *Il verso è tutto. Alle fonti della poesia italiana del primo Novecento*, Lanciano, Carabba, 1979, pp. 141-200; S. Jacomuzzi, *Guido Gozzano*, in AA.VV., *Letteratura italiana contemporanea*, vol. I, cit., pp. 507-30; F. Contorbia, *Il sofista subalpino. Tra le carte di Guido Gozzano*, Cuneo, L'Arciere, 1980; M. Guglielminetti, *Introduzione* a G. Gozzano, *Tutte le poesie*, cit., pp. XI-XLVI; F. Curi, *Gozzano ou les prospérités du vice* (1980), in *Parodia e utopia*, Napoli, Liguori, 1987, pp. 111-26; F. Antonicelli, *Capitoli gozzaniani. Scritti editi e inediti*, a cura di M. Mari, Firenze, Olschki, 1982; A. Casella, *Le fonti del linguaggio poetico di Gozzano*, Firenze, La Nuova Italia, 1982; G. De Donato, *Lo spazio poetico di Guido Gozzano*, Bari, Adriatica, 1982; P. Menichi, *Guida a Gozzano*, Firenze, Sansoni, 1984; G. Savoca, *Tra testo e fantasma. Analisi di poesia da Gozzano a Montale*, Roma, Bonacci, 1985; AA.VV., *Guido Gozzano. I giorni, le opere*. Atti del Convegno nazionale di Studi (Torino, 26-28 ottobre 1983), Firenze, Olschki, 1985; M. Guglielminetti, ad vocem *Gozzano, Guido*, in *Dizionario critico della letteratura italiana*, vol. II, cit., pp. 423-9; F. Livi, *Guido Gozzano e l'amore delle belle immagini*, in *La parola crepuscolare*, cit., pp. 81-156.

Su Govoni

Si veda la fondamentale monografia di F. Curi, *Corrado Govoni*, Milano, Mursia 1964, 1981[3], che reca un'ampia bibliografia — cui si rimanda per i contributi di data anteriore — e che è da integrare con, almeno, le seguenti voci più recenti: A. Folli, *Il laboratorio poetico di Govoni: 1902-1908*, in «La rassegna della letteratura italiana», n. 3, 1974, pp. 245-67; L. Caretti, *Govoni «inedito»*, in *Sul Novecento*, Pisa, Nistri-Lischi, 1976, p. 4; S. Jacomuzzi, *Corrado Govoni*, in AA.VV., *Letteratura italiana contemporanea*, vol. I, cit., pp. 465-79; F. Livi, *Corrado Govoni*, in *Dai simbolisti ai crepuscolari*, cit., pp. 275-315; Id., *Corrado Govoni esploratore del liberty*, in *Tra crepuscolarismo e futurismo: Govoni e Palazzeschi*, Milano, IPL, 1980, pp. 71-185; Id., *L'ambiguo futurismo di Corrado Govoni*, in AA.VV., *Studi in onore di Giovanni Macchia*, vol. I, Milano, Mondadori, 1983, pp. 707-19; E. Salibra, *Le due edizioni delle «Fiale» di Govoni*, in «Italianistica», n. 1, 1979, pp. 38-49; Id., *La metrica delle «Fiale» di Corrado Govoni*, in «Trimestre», n. 2, 1981, pp. 241-60; AA.VV., *Corrado Govoni. Atti delle giornate di studio (Ferrara, 5-7 maggio 1983)*, a cura di A. Folli, Bologna, Cappelli, 1984; AA.VV., *Corrado Govoni e l'ambiente letterario del primo*

Novecento, Ferrara 1985; G. Tellini, *Linea della poesia govoniana*, in «Paragone», nn. 422-24, 1985, pp. 54-77; S. Briosi, ad vocem *Govoni Corrado*, in *Dizionario critico della letteratura italiana*, vol. II, cit., pp. 420-3.

Su Palazzeschi

Anche per la bibliografia e la storia della critica, si vedano: G. Pullini, *Aldo Palazzeschi* (1965), Milano, Mursia, 1972²; S. Giovanardi, *La critica e Palazzeschi*, Bologna, Cappelli, 1975; S. Ferrone, *Nota Bibliografica*, in AA.VV., *Palazzeschi oggi. Atti del Convegno* (Firenze, 6-8 novembre 1976), a cura di L. Caretti, Milano, Il Saggiatore, 1978, pp. 341-65. Tra i numerosissimi studi, tralasciando i più remoti, di cui è data notizia nei suddetti repertori, segnaliamo: E. Sanguineti, *Palazzeschi tra liberty e crepuscolarismo* (1961), in *Tra liberty e crepuscolarismo*, cit., pp. 80-105; Id., *L'incendiario* (1976), in *La missione del critico*, cit., pp. 60-81; A. Borlenghi, *Aldo Palazzeschi*, in AA.VV., *Letteratura italiana. I contemporanei*, vol. I, cit., pp. 625-48; Id., *L'ultimo Palazzeschi*, in «Forum Italicum», n. 1, 1970; G. Spagnoletti, *Palazzeschi*, Milano, Longanesi, 1971; M. Miccinesi, *Aldo Palazzeschi*, Firenze, La Nuova Italia, 1972; AA.VV., *Palazzeschi*, in «il verri», n. 6, 1974 (fascicolo monografico); Id., in «Galleria», nn. 2-4, 1974 (fascicolo monografico), F. Curi, *Edipo, Empedocle e il saltimbanco* (1974), in *Perdita d'aureola*, Torino, Einaudi, 1977, pp. 49-134; Id., *«Buffo», parodia, utopia* (1976), in *Parodia e utopia*, cit., pp. 127-58; F.M. Memmo, *Invito alla lettura di Palazzeschi*, Milano, Mursia, 1976; G. Savoca, *Eco e Narciso. La ripetizione nel primo Palazzeschi*, Palermo, Flaccovio, 1979; S. Jacomuzzi, *Aldo Palazzeschi*, in AA.VV., *Letteratura italiana contemporanea*, vol. I, cit., pp. 481-504; G. Guglielmi, *L'udienza del poeta. Saggi su Palazzeschi e il futurismo*, Torino, Einaudi, 1979; F. Livi, *Aldo Palazzeschi*, in *Dai simbolisti ai crepuscolari*, cit., pp. 349-86; Id., *Tra crepuscolarismo e futurismo: Govoni e Palazzeschi*, cit., pp. 187-302; P. Pieri, *Ritratto del saltimbanco da giovane. Palazzeschi 1905-1914*, Bologna, Pàtron, 1980; L. Lugnani, *La prima raccolta di Palazzeschi, ovvero l'apocalisse per scherzo*, in «Linguistica e letteratura», nn. 1-2, 1983, pp. 81-151; G. Silingardi, *Modalità e pratiche nel testo palazzeschiano*, in «Inventario», n. 10, 1984, pp. 75-107; F. Bagatti, *Per un'indagine sulle varianti del primo Palazzeschi poeta*, in «Autografo», n. 7, 1986, pp. 27-43.

Su Lucini

Vanno anzitutto segnalati i fascicoli monografici delle riviste «La Martinella di Milano» (vol. VIII, fasc. IX, 1954; vol. XVII, fasc. VIII-IX, 1964) e «il verri» (nn. 33-34, 1970). Inoltre: C. Cordiè, *«Gian Pietro da Core» e la società italiana della fine dell'Ottocento* (1964), Catania, Facoltà di Lettere e Filosofia, 1965; M. Artioli, *«Fenomenalogia» e simbolismo nel pensiero poetico di Gian Pietro Lucini*. Tesi di laurea inedita, Bologna, a.a. 1966-67; Id., *Rassegna critica*, in «il verri», n. 38, 1972, pp. 118-23; Id., *Introduzione* a G.P. Lucini, *Marinetti. Futurismo. Futuristi*, a cura di M. Artioli, Bologna, Boni, 1975, pp. 5-47; E. Sanguineti, *Introduzione* a *Poesia italiana del Novecento*, Torino, Einaudi, 1969; Id., *Introduzione* a G.P. Lucini, *D'Annunzio al vaglio dell'Humorismo*, cit., pp. V-XIII; F. Curi, *Per uno straniamento di Lucini* (1970), in *Metodo, storia, strutture*, Torino, Paravia, 1971, pp. 69-120; L. De Maria, *Lucini e il futurismo* (1970), in *La nascita dell'avanguardia*, Venezia, Marsilio, 1986, pp. 21-46; G. Viazzi, *Studi e documenti per Lucini*, Napoli, Guida, 1972; R. Baldassari, *Gian Pietro Lucini*, Firenze, La Nuova Italia, 1974; I. Ghidetti, *Gian Pietro Lucini*, in AA.VV., *Letteratura italiana. I contemporanei*, vol. IV, cit., pp. 1-38 (con ampia bibliografia); G. Bàrberi Squarotti, *Il martire e il popolo: lettura del «Gian Pietro da Core»* (1978), in *Dall'anima al sottosuolo*. *Problemi della letteratura dell'Ottocento da Leopardi a Lucini*, Ravenna, Longo, 1982; G. Viazzi, *Gian Pietro Lucini e il simbolismo*, in AA.VV., *Letteratura italiana contemporanea*, vol. I, cit., pp. 571-86; A. Bertoni, *Lucini e l'anomalia del romanzo*, in «Lingua e stile», n. 1, 1981; E. Villa, ad vocem, *Lucini, Gian Pietro*, in *Dizionario critico della letteratura italiana*, vol. II, cit., pp. 637-41.

Sul Futurismo letterario e Marinetti

In particolare, per un orientamento bibliografico si ricorra a: E. Falqui, *Bibliografia e iconografia del futurismo*, Firenze, Sansoni, 1959 (ivi, Le Lettere, 1988); I. Gherarducci Ghidetti, *Marinetti e il futurismo*, in AA.VV., *I classici italiani nella storia della critica*, vol. III, cit., pp. 259-312; AA.VV., *Contributo a una bibliografia del futurismo letterario italiano*, Roma, Cooperativa Scrittori, 1977. Si vedano, inoltre, i repertori che corredano i seguenti due volumi, entrambi a cura di L. De Maria: F.T. Marinetti, *Teoria e invenzione futurista*, Milano, Mondadori, 1968, 1983² e *Marinetti e il futurismo*, ivi, 1973.

Fra i numerosissimi studi vanno almeno segnalati i seguenti: L. De Maria, *Marinetti e il futurismo letterario*, in «Evento», nn. 12-13, 1960; Id., *Marinetti poeta ideologo*, in F.T. Marinetti, *Teoria e invenzione futurista*, cit., pp. XV-C; Id., *La nascita dell'avanguardia*, cit.; G. Scalia, *Introduzione* a *«Lacerba»-«La Voce» (1914-1916)*, Torino, Einaudi, 1961, pp. 11-76; P. Bergman, *«Modernolatria» et «simultaneità»*, Uppsala, Svenska Bokförlaget, 1962; A. Frattini, *Marinetti e il futurismo* (1963), in *Dai crepuscolari ai Novissimi*, Milano, IPL, 1969, pp. 77-82; C. Baumgarth, *Geschichte des Futurismus*, Reinbak bei Hamburg, Rowohlt Taschenbuch, 1966; E. Sanguineti, *L'estetica della velocità* (1966), in *La missione del critico*, cit., pp. 127-49; Id., *Introduzione* a *Poesia italiana del Novecento*, cit.; Id., *La guerra futurista* (1968), in *Ideologia e linguaggio*, cit., pp. 38-43; AA.VV., *Il futurismo fiorentino. Documenti per l'avanguardia*, a cura di M. Verdone, in «Il Caffè», nn. 2-3, 1969; C. Ossola, *Tecniche di costruzione dell'espressione figurativa e letteraria futurista*, in «Sigma», n. 21, 1969, pp. 20-40; S. Briosi, *Marinetti*, Firenze, La Nuova Italia, 1969; Id., *Marinetti e il futurismo*, Lecce, Milella, 1986; L. Baldacci, *Il futurismo a Firenze* (1969), in *Libretti d'opera e altri saggi*, Firenze, Vallecchi, 1974, pp. 45-71; B. Eruli, *Preistoria francese del futurismo*, in «Rivista di letterature moderne e comparate», vol. 23, dicembre 1970, pp. 245-90; AA.VV., *Lucini e il futurismo*, in «il verri», nn. 33-34, 1970 (fascicolo monografico); R. Barilli, *Marinetti e il nuovo sperimentalismo*, ivi, pp. 89-102; M. Verdone, *Che cosa è il futurismo*, Roma, Ubaldini, 1970; G. Mariani, *Il primo Marinetti*, Firenze, Le Monnier, 1970; Id., *Preistoria del futurismo. La formazione letteraria di F.T. Marinetti*, Roma, La Goliardica, 1970; G.B. Nazzaro, *Introduzione al futurismo*, Napoli, Guida, 1973; M. Verdone, *Prosa e critica futurista*, Milano, Feltrinelli, 1973; R. Tessari, *Il mito della macchina*, Milano, Mursia, 1973, pp. 209-75; G. Guglielmi, *Dialettica del futurismo*, in *Ironia e negazione*, Torino, Einaudi, 1974, pp. 180-90; C. Gentili, *A proposito di F.T. Marinetti e M. Morasso*, in Atti e Memorie della Accademia Clementina, vol. XI, Bologna 1974, pp. 1-16; I. Gherarducci, *Il futurismo italiano*, Roma, Ed. Riuniti, 1976; G. Viazzi, *Il futurismo come organizzazione. Tecniche e strumenti di gruppo*, in «ES.», n. 5, 1976, pp. 36-60; Id., *Filippo Tommaso Marinetti e il futurismo*, in AA.VV., *Letteratura italiana contemporanea*, vol. I, cit., pp. 589-605; U. Piscopo, *Questioni e aspetti del futurismo*, Napoli, Ferraro, 1976; G. Lista, *Marinetti*, Parigi, Seghers, 1976; Id., *Marinetti e le Fu-*

turisme, Losanna, L'Age d'Homme, 1977; Id., *Ancora su Marinetti prefuturista*, in «ES.», n. 14, 1980; Id., *Arte e politica. Il futurismo di sinistra in Italia*, Milano, Multhipla, 1980; M.C. Papini, *Introduzione* a «*L'Italia Futurista» (1916-1918)*, Roma, Ed. dell'Ateneo, 1977, pp. 29-55; AA.VV., *Scrittura visuale e poesia sonora futurista*, a cura di L. Caruso e S.M. Martini, Firenze 1977; L. Paglia, *Invito alla lettura di Marinetti*, Milano, Mursia, 1977; AA.VV., *Marinetti futurista*, Napoli, Guida, 1977; S. Lambiase-G.B. Nazzaro, *Marinetti e i futuristi*, Milano, Garzanti, 1978; M. Pinottini, *L'estetica del futurismo. Revisioni storiografiche*, Roma, Bulzoni, 1979; AA.VV., *La fortuna del futurismo in Francia*, ivi, 1979; G. Silingardi, *Alcuni modi della metafora marinettiana in «Zang Tumb Tumb»*, in «il verri», nn. 13-16, 1979, pp. 222-54; A. Saccone, *Marinetti e il futurismo*, Napoli, Liguori, 1974; C. Salaris, *Storia del futurismo*, Roma, Ed. Riuniti, 1985; Id., *Filippo Tommaso Marinetti*, Firenze, La Nuova Italia, 1988; G. Baldissone, *Marinetti*, Milano, Mursia, 1986; R. De Felice, *L'avanguardia futurista*, in *F.T. Marinetti, Taccuini. 1915-1921*, a cura di A. Bertoni, Bologna, Il Mulino, 1987, pp. VII-XXXV; E. Raimondi, *Il testimone come attore*, ivi, pp. XXXVII-LVII; AA.VV., *Futurismo, Cultura e Politica*, a cura di R. De Felice, Torino, Ed. Fondazione Giovanni Agnelli, 1988.

Per quanto riguarda, al di là di quello letterario, gli altri campi di intervento del Futurismo, si vedano: AA.VV., *Teatro futurista italiano*, in «Sipario», n. 260, 1967 (fascicolo monografico); M. Verdone, *Cinema e letteratura del futurismo*, Roma, Ed. di «Bianco e Nero», 1968; Id., *Teatro del tempo futurista*, Roma, Lerici, 1969; G. Bartolucci, *Il «Gesto» futurista*, Roma, Bulzoni, 1969; E. Crispolti, *Il mito della macchina e altri temi del futurismo*, Trapani, Celebes, 1969; AA.VV., *Teatro italiano d'avanguardia. Drammi e sintesi futuriste*, a cura di M. Verdone, Roma, Officina, 1970; G. Antonucci, *Lo spettacolo futurista in Italia*, Roma, Studium, 1974; Id., *Cronache del teatro futurista*, Roma, Abete, 1975; U. Artioli, *La scena e la dynamis*, Bologna, Pàtron, 1975; P. Fossati, *La realtà attrezzata*, Torino, Einaudi, 1977; L. Lapini, *Il teatro futurista italiano*, Milano, Mursia, 1977; G. Lista, *Futurismo e fotografia*, Milano, Multhipla, 1979; AA.VV., *Il teatro futurista a sorpresa. (Documenti)*, a cura di L. Caruso e G. Longone, Firenze, Salimbeni, 1979; *Ricostruzione futurista dell'universo*, Catalogo della Mostra a cura di E. Crispolti, Torino 1980; A.M. Ruta, *Arredi futuristi*, Palermo, Novecento, 1985; *Futurismo & Futurismi*, Catalogo della Mostra a cura di P. Hulten, Milano, Bompiani, 1986; E. Crispolti, *Storia e critica del futurismo*, Roma-Bari, Laterza, 1986; Id., *Il futurismo e la moda*, Venezia, Marsilio, 1987; AA.VV., *Futurismi postali*, a cura di M. Scudiero, Rovereto, Longo, 1986; A. D'Elia, *L'universo futurista. Una mappa: dal quadro alla cravatta*, Bari, Dedalo, 1988; C. Salaris, *Il futurismo e la pubblicità*, Milano, Lupetti & Co., 1988.

Su «La Voce», «Lacerba» e «La Voce» letteraria

Oltre agli studi segnalati tra le opere di carattere generale, si vedano: C. Martini, *«La Voce». Storia e bibliografia*, Pisa, Nistri-Lischi, 1956; G. Luti, *La «Voce letteraria»* (1958), in *Italo Svevo ed altri studi sulla letteratura italiana del primo Novecento*, Roma, Lerici, 1961, pp. 419-38; A. Romanò, *Introduzione* a «*La Voce» (1908-1914)*, Torino, Einaudi, 1960; G. Scalia, *Introduzione* a «*Lacerba»-«La Voce» (1915-1916)*, cit., pp. 77-118; Id., ad vocem «*La Voce»*, in *Dizionario critico della letteratura italiana*, cit., vol. IV, pp. 456-62; G. Prezzolini, *Il tempo della «Voce»*, Milano-Firenze, Longanesi-Vallecchi, 1960; Id., *La Voce 1908-1913, cronaca, antologia e fortuna di una rivista*, Milano, Rusconi, 1974; A. Acciani, *L'operazione vociana di Giuseppe De Robertis*, in «Angelus Novus», n. 4, 1969; M. Guglielminetti, *L'esperienza del «Leo-*

nardo». «*La Voce*», in AA.VV., *Letteratura italiana contemporanea*, cit., vol. I, pp. 609-32; A. Accame Bobbio, *Da «La Voce» a «Lacerba»*, ivi, pp. 677-92; G. Debenedetti, *I vociani contro il romanzo*, in *Il romanzo del Novecento*, Milano, Garzanti, 1971, pp. 13-55; U. Carpi, *«La Voce». Letteratura e primato degli intellettuali*, Bari, De Donato, 1973; Id., *Giornali vociani*, Roma, Bonacci, 1979; G. Langella, *La prima «Voce» prezzoliniana e gli intellettuali*, in «Critica letteraria», n. 1, 1977; R. Luperini, *Gli esordi del Novecento e l'esperienza della «Voce»*, Roma-Bari, Laterza, 1978; A. Nozzoli-C.M. Simonetti, *Il tempo de «La Voce» (editori, tipografi e riviste a Firenze nel primo Novecento)*, Firenze, Vallecchi, 1982; M. Campanile, *Prezzolini, l'intellettuale, «La Voce»*, Napoli 1985; D. Della Terza, *F.T. Marinetti e i futuristi fiorentini: l'ipotesi politico-letteraria di «Lacerba»*, in «Italica», n. 2, 1984.

Su Soffici

Per la storia e la bibliografia della critica, si vedano: M. Richter, *Nota critica sulla bibliografia di Soffici*, in *Ardengo Soffici*. Catalogo della Mostra di Poggio a Caiano (giugno 1975), Firenze 1975; Id., ad vocem *Soffici, Ardengo*, in *Dizionario critico della letteratura italiana*, vol. IV, cit., pp. 202-6; Id., in *Ardengo Soffici*. Catalogo della Mostra di Prato (maggio-giugno 1979), a cura di L. Cavallo, Firenze 1979, pp. 49-53.

Tra gli studi, in particolare segnaliamo: E. Sanguineti, *Poetica e poesia in Soffici* (1954), in *Tra liberty e crepuscolarismo*, cit., pp. 133-48; G. Raimondi-L. Cavallo, *Ardengo Soffici*, Firenze 1967; M. Richter, *La fortuna francese di Ardengo Soffici. 1900-1914*, Firenze, Vita e Pensiero, 1969; AA.VV., *Ardengo Soffici. L'artista e lo scrittore nella cultura del Novecento*, Firenze, Centro Di, 1976; S. Ramat, *Oggetto e genio nei taccuini di Ardengo Soffici* (1976) e *La Verna, Campana e Soffici*, in *Protonovecento*, Milano, Il Saggiatore, 1978, pp. 335-44 e pp. 285-343; M. Giacon, *Simbolismo 'avant-garde' e plurilinguismo in «Simultaneità. Chimismi lirici» di Ardengo Soffici*, in AA.VV., *Poetica e stile*, Padova 1976, pp. 105-49; G. Marchetti, *Appunti per una rilettura del Soffici poeta*, in «Paragone», n. 232, 1976, pp. 148-52; Id., *Ardengo Soffici*, Firenze, La Nuova Italia, 1979; Id., *Ardengo Soffici dall'«Ignoto Toscano» al «Giornale di Bordo»*, in «Otto-Novecento», n. 4, 1978; AA.VV., *L'uomo del Poggio. Ardengo Soffici*, a cura di S. Bartolini, Roma 1979; C. Vitiello, *BIF ZF+18: dal verso libero al versoliberismo* (1980), in *Teoria e tecnica dell'avanguardia*, Milano, Mursia, 1984, pp. 90-101; A. Parronchi, *Soffici critico*, in «Antologia Vieusseux», n. 58, 1980, pp. 33-8; L. Cavallo, *Soffici. Immagini e documenti (1897-1964)*, Firenze, Vallecchi, 1986.

Su Papini

Si vedano: G. Grana, *Giovanni Papini*, in AA.VV., *Letteratura italiana. I contemporanei*, vol. I, Milano, Marzorati, 1963, pp. 309-76; L. Rossi, *Papini e il futurismo fiorentino* (1970), in *Fenomenologia della critica e storiografia estetica*, Bologna, Clueb, 1983, pp. 57-79; M. Isnenghi, *Giovanni Papini*, Firenze, La Nuova Italia, 1972; J.L. Borges, *Introduzione* a G. Papini, *Lo specchio che fugge*, Parma, F.M. Ricci, 1975; L. Baldacci, *Introduzione* a G. Papini, *Opere. Dal «Leonardo» al Futurismo*, Milano, Mondadori, 1977; pp. IX-XXXVI; AA.VV., *Giovanni Papini 1881-1981*. Catalogo della mostra, a cura di M. Marchi e J. Soldateschi, Firenze 1981; AA.VV., *Giovanni Papini. L'uomo impossibile*. Atti del Convegno fiorentino, a cura di P. Bagnoli, Firenze, Sansoni, 1982; AA.VV., *Giovanni Papini nel centenario della nascita*. Atti del Convegno di studio (Firenze, 4-6 febbraio 1982), a cura di S. Gentili, Milano 1983.

Su Sbarbaro

Per una panoramica della storia della critica, si vedano: G. Taffon, *Un ventennio di studi sui poeti liguri contemporanei. I. Camillo Sbarbaro*, in «Cultura e scuola», n. 73, 1980, pp. 33-48; A. Benevento, *Sbarbaro e la critica nel Centenario della nascita*, ivi, n. 107, 1988, pp. 16-30. In particolare, si consultino le seguenti monografie: L. Polato, *Camillo Sbarbaro*, Firenze, La Nuova Italia, 1969, 1974²; G. Bàrberi Squarotti, *Camillo Sbarbaro*, Milano, Mursia, 1971; L. Nanni, *L'idea di oggettivazione artistica in Camillo Sbarbaro*, Napoli, Guida, 1973; G. Lagorio, *Sbarbaro controcorrente*, Parma, Guanda, 1973; AA.VV., *Atti del Convegno nazionale di studi su Camillo Sbarbaro* (Spotorno 6-7 ottobre 1973), Genova, «Resine», 1974; D. Puccini, *Lettura di Sbarbaro*, Firenze, Nuove edizioni Vallecchi, 1974; G. Lagorio, *Sbarbaro. Un modo spoglio di esistere*, Milano, Garzanti, 1981; G. Taffon, *Le parole di Sbarbaro*, Roma 1985.

Su Michelstaedter

Ci limitiamo a segnalare i seguenti studi, cui si può attingere per ogni ulteriore indicazione bibliografica: M. Cerruti, *Carlo Michelstaedter* (1967), Milano, Mursia, 1987; S. Campailla, *Pensiero e poesia di Carlo Michelstaedter*, Bologna, Pàtron, 1973; P. Pieri, *La scienza del tragico. Saggio su Carlo Michelstaedter*, Bologna, Cappelli, 1989.

Su Boine

Si vedano: M. Costanzo, *Giovanni Boine*, Milano, Mursia, 1961; A. Mazzotti, *Giovanni Boine*, in AA.VV., *Letteratura italiana. I contemporanei*, vol. I, cit., pp. 811-42; L. Lugnani, *Giovanni Boine: critica e poetica*, in «La rassegna della letteratura italiana», n. 1, 1964, pp. 419-40; U. Carpi, *Giovanni Boine: idee sulla poesia*, in «Belfagor», n. 2, 1966, pp. 72-81; D. Valli, *Croce e Boine: la condizione della letteratura italiana tra filosofia e vita*, in «Lettere italiane», n. 2, 1970, pp. 325-50; F. Curi, *Di un «Caos in travaglio»* (1973), in *Perdita d'aureola*, cit., pp. 179-232; Id., *Il nome, l'aforisma, l'afasia* (1977), in *Parodia e utopia*, cit., pp. 159-94; AA.VV., *Giovanni Boine*. Atti del Convegno nazionale di studi, a cura di F. Contorbia, Genova, Il Melangolo, 1981; M. Guglielminetti, ad vocem *Boine, Giovanni*, in *Dizionario critico della letteratura italiana*, vol. I, cit., pp. 369-72; G. Bertone, *Il lavoro e la scrittura. Saggio in due tempi su Giovanni Boine*, Genova, Il Melangolo, 1987.

Su Jahier

Anche per la bibliografia e la storia della critica, si vedano le monografie di A. Testa, *Piero Jahier*, Milano, Mursia, 1970, di A. Benevento, *Studi su P. Jahier*, Firenze, Le Monnier, 1972 e di A. Giordano, *Invito alla lettura di Jahier*, Milano, Mursia, 1974, oltre al saggio di A. Benevento, *Rassegna di studi su Piero Jahier (1970-1983)*, in «Cultura e scuola», n. 92, 1984, pp. 23-33. Tra gli studi ricordiamo: R. Macchioni Jodi, *Sanità di Jahier*, in «Il Ponte», n. 10, 1957, pp. 1525-33; G.A. Peritore, *Piero Jahier*, in «Belfagor», n. 5, 1962, pp. 537-59; P. Gonnelli, *Piero Jahier*, in AA.VV., *Letteratura italiana. I contemporanei*, vol. I, cit., pp. 531-45; U. Carpi, *Poesie di Jahier*, in «Belfagor», n. 2, 1965, pp. 751-53; Id., *Premesse vociane per una lettura del Gino Bianchi*, in «Rassegna della letteratura italiana», n. 4, 1965, pp. 635-43; R. Luperini, *Rivolta e ideologia in Jahier* (1966), in *Letteratura e ideologia nel primo Novecento*,

Pisa, Pacini, 1974; V. Mattevi, *Biblicità nel linguaggio poetico di Jahier*, in «Studi novecenteschi», n. 8, 1972, pp. 63-102; R. Tordi, in AA.VV., *Letteratura italiana contemporanea*, vol. I, cit., pp. 693-712; F. Bandini, *Varianti d'autore e autocensura: per un libro sommerso di Jahier*, in AA.VV., *Studi di filologia romanza e italiana offerti a G. Folena*, Modena, Mucchi, 1980, pp. 513-24; P. Briganti, *Per l'edizione critica delle poesie di Jahier*, in AA.VV., *Studi in onore di Raffaele Spongano*, Bologna, Pàtron, 1980, pp. 499-524; Id., *Introduzione* a P. Jahier, *Poesie in versi e in prosa*, Torino, Einaudi, 1981, pp. V-XXIII; AA.VV., *Per Jahier. Avanguardia e impegno*, Parma 1983; AA.VV., *Per Jahier*, in «Letteratura italiana contemporanea», nn. 13-14-15, 1985, pp. 121-82; M. Del Serra, *L'uomo comune. Claudelismo e passione ascetica in Jahier*, Bologna, Pàtron, 1986.

Su Rebora

Per la bibliografia della critica, si vedano: M. Marchione, *L'immagine tesa* (1960), Roma, Edizioni di Storia e Letteratura, 1974 e le indicazioni fornite da A. Folli sia nel suo saggio *"Viaggio a Maria". Lettura di Clemente Rebora*, in «Rassegna della letteratura italiana», n. 3, 1981, pp. 521-9 sia in appendice al volume, a sua cura, C. Rebora, *Per veemente amore lucente* (Lettere a Sibilla Aleramo), Milano, Scheiwiller, 1986, pp. 87-9. Una buona bibliografia correda la monografia di M. Guglielminetti, *Clemente Rebora*, Milano, Mursia, 1961, 1982². Tra gli studi, segnaliamo inoltre: G. Bàrberi Squarotti, *Tre note su Clemente Rebora*, in *Astrazione e realtà*, cit.; A. Mazzotti, *Clemente Rebora*, in AA.VV., *Letteratura italiana. I contemporanei*, vol. I, cit., pp. 591-624; D. Banfi Malaguzzi, *Il primo Rebora*, Milano 1964; F. Bandini, *Elementi di espressionismo linguistico in Rebora*, in AA.VV., *Ricerche sulla lingua poetica contemporanea*, Padova, Liviana, 1966, pp. 3-38; R. Lollo, *La scelta tremenda. Santità e poesia nell'itinerario spirituale di Clemente Rebora*, Milano, IPL, 1967; Id., *Clemente Rebora*, in «Otto-Novecento», nn. 4-5, 1977, pp. 171-82; Id., *Clemente Rebora*, in «Testo», n. 4, 1983, pp. 73-88; AA.VV., *Omaggio a Clemente Rebora*, Bologna, Boni, 1971; M. Del Serra, *Clemente Rebora. Lo specchio e il fuoco*, Milano, Vita e Pensiero, 1976; P. Giovannetti, *Clemente Rebora*, in «Belfagor», n. 4, 1987, pp. 405-30.

Su Onofri

Anche per la bibliografia e la storia della critica, si vedano le seguenti monografie: S. Salucci, *Arturo Onofri*, Firenze, La Nuova Italia, 1972; F. Lanza, *Arturo Onofri*, Milano, Mursia, 1973; A. Dolfi, *Onofri*, Firenze, La Nuova Italia, 1976. Segnaliamo inoltre: O. Macrì, *Il magistero poetico di Arturo Onofri* (1954), in *Caratteri e figure della poesia italiana contemporanea*, Firenze, Vallecchi, 1956, pp. 46-61; D. Valli, *Il misticismo della forma: il primo Onofri*, in *Anarchia e misticismo nella poesia italiana del primo Novecento*, Lecce, Milella, 1973, pp. 143-235; Id., *Onofri e la razionalizzazione del simbolo. Premessa a una poetica del «frammento»*, in «L'Albero», n. 53, 1975, pp. 30-52; A. Vecchio, *Arturo Onofri negli scritti critico-estetici inediti*, Bergamo, Minerva Italica, 1979; A. Cassola, *Arturo Onofri polemista nella rivista «Lirica»*, in «Critica letteraria», n. 2, 1979; A. Dolfi, *Introduzione* a A. Onofri, *Poesie edite e inedite (1900-1914)*, Ravenna, Longo, 1982, pp. 7-45; S. Salucci, ad vocem *Onofri, Arturo*, in *Dizionario critico della letteratura italiana*, vol. III, cit., pp. 289-92.

Su Campana

È indispensabile consultare A. Corsaro-M. Verdenelli, *Bibliografia campaniana (1914-1985)*, Ravenna, Longo, 1985. In particolare segnaliamo: S. Solmi, *I «Canti Orfici»*, in *Scrittori negli anni* (1963), Milano, Garzanti, 1976, pp. 47-55; C. Bo, *Dell'infrenabile notte* (1937), in *Otto studi*, Firenze, Vallecchi, 1939; G. Contini, *Dino Campana* in *Esercizi di lettura*, Torino, Einaudi, 1974, pp. 16-24; M. Petrucciani, *I «Canti orfici». Appunti per un saggio su Campana*, Roma, Gismondi, 1955; O. Macrì, *Caratteri e figure della poesia italiana contemporanea*, cit., pp. 107-24; P. Bigongiari, *La materia plastica di Dino Campana* (1959), in *Poesia italiana del Novecento*, vol. I, cit.; E. Falqui, *Per una cronistoria dei «Canti orfici»*, Firenze, Vallecchi, 1960; G. Bàrberi Squarotti, *Un'insofferenza per Campana* (1957), in *Gli inferi e il labirinto*, cit., pp. 159-78; F. Ulivi, *Dino Campana*, in AA.VV., *Letteratura italiana. I contemporanei*, vol. I, cit., pp. 669-90; N. Bonifazi, *Dino Campana* (1964), Roma, Ed. dell'Ateneo, 1978²; C. Galimberti, *Dino Campana*, Milano, Mursia, 1967; AA.VV., *Dino Campana oggi*, Firenze, Vallecchi, 1973; M. Del Serra, *L'immagine aperta. Poetica e stilistica dei «Canti orfici»*, Firenze, La Nuova Italia, 1973; Id., *Dino Campana*, ivi, 1974; G. Turchetta, *Cultura di Dino Campana e significati dei Canti orfici*, in «Comunità», n. 7, 1985, pp. 359-417; AA.VV., *Materiali per Dino Campana*, a cura di P. Cudini, Lucca 1986; R. Mazza, *La Forza il Nulla la Chimera. Saggio su Dino Campana*, Roma 1986.

Su Serra

Per la bibliografia della critica, si vedano: L. Reina, *Rassegna di studi critici su Renato Serra*, in «Critica letteraria», n. 21, 1978; D. Rasi, *Rassegna serriana (1955-77)*, in «Il lettore di provincia», nn. 33-34, 1978, pp. 36-47. Tra gli studi segnaliamo: AA.VV., *Studi in onore di Serra*, Milano 1948; G. Contini, *Serra e l'irrazionale* (1948), in *Altri esercizi*, Torino, Einaudi, 1972, pp. 77-106; E. Raimondi, *Il lettore di provincia*, Firenze, Le Monnier, 1964; F. Curi, *Serra e la cultura vociana* (1965), e *Intorno ad un modo di leggere Serra* (1967), in *Metodo, storia, strutture*, cit., pp. 121-51 e pp. 21-38; Id., *Il mondo innumerevole*, in *Parodia e utopia*, cit., pp. 195-247; S. Briosi, *R. Serra*, Milano, Mursia, 1968; C. Bo, *La religione di Serra*, Firenze 1967; G. Pacchiano, *Serra*, Firenze 1970; M. Isnenghi, *Introduzione* a R. Serra, *Scritti letterari, morali e politici*, Torino, Einaudi, 1974, pp. 5-44; Id., *L'«effetto Serra» tra le due guerre*, in «Studi novecenteschi», n. 19, 1980; AA.VV., *Tra provincia ed Europa. R. Serra e il problema dell'intellettuale moderno*, a cura di F. Curi, Bologna, Il Mulino, 1984; AA.VV., *Renato Serra. Il critico e la responsabilità delle parole*, a cura di P. Lucchi, Ravenna, Longo, 1985; AA.VV., *Per Renato Serra*, in «Il lettore di provincia», n. 63, 1985 (fascicolo monografico).

Su De Robertis

Si vedano: E. Falqui, *Introduzione* a G. De Robertis, *Scritti vociani*, Firenze, Le Monnier, 1967, pp. I-XXXII; O. Macrì, *La «mente» di De Robertis. Il critico come scrittore* (1964), in *Realtà del simbolo*, Firenze, Vallecchi, 1968, pp. 295-402; F. Del Beccaro, *Giuseppe De Robertis*, in AA.VV., *Letteratura italiana. I critici*, vol. III, cit., pp. 2329-56; M. Apollonio, *De Robertis e la «forma» tra antico e moderno*, ivi, pp. 2357-62; M. Bruscia, *Novecento e tradizione: «sotto il segno dello stile» - gli studi di Giuseppe De Robertis*, in «Letteratura italiana contemporanea», n. 5, 1982.

Su Gargiulo

Si vedano: E. Falqui, *A. Gargiulo e la «Ronda»* (1956), in *Novecento letterario*, vol. I, cit.; G. Savarese, *A. Gargiulo*, in AA.VV., *Letteratura italiana. I critici*, vol. III, cit., pp. 2271-92; C. Pacini, *Alfredo Gargiulo*, in «Belfagor», n. 4, 1975, pp. 429-46; Id., *La metodologia critica di Alfredo Gargiulo*, in «Critica letteraria», n. 7, 1975; V. Stella, *Borgese, Croce e l'estetica*, in *Forma e memoria*, Roma, Ianua, 1985, pp. 211-43.

Su «La Ronda»

Si vedano: R. Scrivano, *«La Ronda» e la cultura del XX secolo* (1955) e *Dalla «Ronda» a «Solaria»* (1957), in *Riviste, scrittori e critici del Novecento*, Firenze, Sansoni, 1965, pp. 11-62; Id., *Gli scrittori della «Ronda»*, in AA.VV., *Letteratura italiana contemporanea*, vol. II, cit., pp. 41-82; C. Di Biase, *La «Ronda» e l'impegno*, Napoli, Liguori, 1971; L. Guzzetta Fava, *La «Ronda» cinquant'anni dopo: ideologia e letteratura*, in «Lettere italiane», n. 5, 1971, pp. 111-28; G. Manacorda, *Dalla «Ronda» al «Baretti»*, Roma, Argilento, 1973; A. Cicchetti-G. Ragone, *Le muse e i consigli di fabbrica. Il progetto letterario della «Ronda»*, Roma, Bulzoni, 1979 (il cui cap. VII è dedicato alla *Lettura dei critici*).

Su Cardarelli

Per una informazione generale sulla critica, si vedano la *Bibliografia ragionata* di G. Bonifazi in G. Cardarelli, *Opere complete*, Milano, Mondadori, 1969², pp. 1139-53 e la *Bibliografia* di C. Martignoni, in V. Cardarelli, *Opere*, ivi, 1981. Qui segnaliamo soltanto alcuni dei più recenti contributi: B. Romani, *Cardarelli*, Firenze, La Nuova Italia, 1968; C. Di Biase, *Invito alla lettura di Cardarelli*, Milano, Mursia, 1975; V. Coletti, *La funzione mitica in Vincenzo Cardarelli* (1975), in *Momenti del linguaggio poetico novecentesco*, Genova, Il Melangolo, 1978, pp. 62-95; A. Dei, *La speranza è nell'opera. Saggio sulle poesie di Cardarelli*, Milano, Vita e Pensiero, 1979; AA.VV., *Atti delle giornate di studio su Vincenzo Cardarelli*, Tarquinia 1981; G. Grasso, *La poesia di Vincenzo Cardarelli*, Roma 1982; C. Martignoni, *Alle radici della prosa cardarelliana*, in «Letteratura italiana contemporanea», n. 11, 1984, pp. 161-86; C. Langella, *Cardarelli e Nietzsche* (I, II, III), in AA.VV., *Letteratura italiana contemporanea*, Appendice VI (1986), cit., pp. 23-57, 169-89, 275-88.

Su Ungaretti

Per la bibliografia della critica fino al 1971, si veda R. Frattarolo, *Materiali per uno studio su Giuseppe Ungaretti*, I e II, in «Accademie e Biblioteche d'Italia», a. XXXIX, n. 6, 1971, pp. 379-406 e a. XL, n. 2, 1972, pp. 129-44; per l'aggiornamento sui contributi di data posteriore, si vedano: C. Ossola, *Giuseppe Ungaretti*, Milano, Mursia, 1975, pp. 450-6 (nuova ed. riveduta e ampliata, ivi, 1982, pp. 464-7); A. Balduino, ad vocem *Giuseppe Ungaretti*, in AA.VV., *Dizionario critico della letteratura italiana*, Torino, Utet, 1986², pp. 361-3; S. Simone, *Bibliografia della critica ungarettiana, degli scritti e delle lettere del poeta (1979-1986)*, in «Letteratura italiana contemporanea», a. VIII, nn. 20-21, 1987, pp. 429-45 (il fascicolo è interamente dedicato ad Ungaretti). Per la storia della critica, si vedano: G. Luti, *Giuseppe Ungaretti*, in AA.VV., *I classici italiani nella storia della critica*, vol. III, Firenze, La Nuova Italia, 1977, pp. 441-87; G. Faso (a cura di), *Ungaretti e la critica*, Bologna, Cappelli, 1977;

G. Baroni, *Giuseppe Ungaretti*, Firenze, Le Monnier, 1980. Ci limitiamo qui a segnalare — oltre a quello già citato di C. Ossola — solo alcuni studi fondamentali in volume. Ormai classici sono quelli di G. Contini (in *Esercizi di lettura*, Firenze, Parenti, 1939; nuova ed., Torino, Einaudi, 1974), di A. Gargiulo (in *Letteratura italiana del Novecento*, Firenze, Le Monnier, 1940; nuova ed., ivi, 1958), di G. De Robertis (in *Scrittori del Novecento*, ivi, 1940). Inoltre: il fascicolo speciale di «Letteratura» (nn. 35-36, 1958); G. Cavalli, *Ungaretti*, Milano, Fabbri, 1958; J. Gutia, *Linguaggio di Ungaretti*, Firenze, Le Monnier, 1959; G. Bàrberi Squarotti, *Alcune premesse per una descrizione del linguaggio ungarettiano*, in *Astrazione e realtà*, Milano, Rusconi e Paolazzi, 1960, pp. 145-73; E. Sanguineti, *Documenti per l'Allegria* (1955), in *Tra liberty e crepuscolarismo*, Milano, Mursia, 1961, pp. 107-19; L. Rebay, *Le origini della poesia di Giuseppe Ungaretti*, Roma, Edizioni di Storia e Letteratura, 1962; F. Portinari, *Giuseppe Ungaretti*, Torino, Borla, 1967; i fascicoli speciali delle riviste «L'Approdo letterario» (1968), «Galleria» (1968), «L'Herne» (1969), «Il Dramma» (1969); L. Piccioni, *Vita di un poeta. Giuseppe Ungaretti*, Milano, Rizzoli, 1970; i fascicoli speciali delle riviste «L'Approdo letterario» (n. 57, 1972) e «Forum Italicum» (n. 2, 1972); M. Petrucciani, *Segnali e archetipi della poesia*, Milano, Mursia, 1974; G. Luti, *Invito alla lettura di Giuseppe Ungaretti*, ivi, 1974; G. Bàrberi Squarotti, *Gli inferi e il labirinto*, Bologna, Cappelli, 1974; G. De Benedetti, *Ungaretti*, in *Poesia italiana del Novecento*, Milano, Garzanti, 1974; E. Giachery, *Civiltà e parole: studi ungarettiani*, Roma 1974; S. Ramat, *Storia della poesia italiana del Novecento*, Milano, Mursia, 1976, pp. 128-38, 253-76; G. Cambon, *La poesia di Ungaretti*, Torino, Einaudi, 1976; M. Del Serra, *Giuseppe Ungaretti*, Firenze, La Nuova Italia, 1977; P. Bigongiari, *Poesia italiana del Novecento*, vol. II, Milano, Il Saggiatore, 1980, pp. 9-320; L. Piccioni, *Ungarettiana. Lettura della poesia, aneddoti, epistolari inediti*, Firenze, Vallecchi, 1980; AA.VV., *Atti del Convegno internazionale su Giuseppe Ungaretti* (Urbino, ottobre 1979), Urbino, 4 Venti, 1981; AA.VV., *Ungaretti e la cultura romana*, Roma, Bulzoni, 1983; A. Zanzotto, ad vocem *Giuseppe Ungaretti*, in AA.VV., *Dizionario critico della letteratura italiana*, Torino, Utet, 1986², pp. 357-61; M. Petrucciani, *Il condizionale di Didone. Studi su Ungaretti*, Napoli, ESI, 1986; E. Giachery, *Nostro Ungaretti*, Roma, Studium, 1988; G. Guglielmi, *Interpretazione di Ungaretti*, Bologna, Il Mulino, 1989.

Su Saba

Per la bibliografia e la storia della critica si vedano: P. Tuscano, *Umberto Saba*, in «Cultura e scuola», n. 13, 1973, pp. 14-29; F. Muzzioli, *La critica e Saba*, Bologna, Cappelli, 1976; G. Savarese, *Umberto Saba*, in AA.VV., *I classici italiani nella storia della critica*, vol. III, Firenze, La Nuova Italia, 1977, pp. 489-549; M. Lavagetto (a cura di), *Per conoscere Saba*, Milano, Mondadori, 1981; L. Polato, *Rassegna di studi sabiani (1974-1982)*, in «Lettere italiane», a. XXXV, n. 4, 1983, pp. 530-49; F. Muzzioli, *La critica e Saba: contributi e problemi dell'ultimo decennio (1975-1984)*, in «Metodi e Ricerche», a. IV, n. 1, 1985, pp. 25-34 e *Saba e la sua «fortuna»*, in AA.VV., *Atti del Convegno internazionale «Il punto su Saba»*, Trieste, Lint, 1985, pp. 83-8; E. Guadagnini (a cura di), *Il punto su: Saba*, Bari, Laterza, 1987; A. Stara, *Bibliografia*, in U. Saba, *Tutte le poesie*, Milano, Mondadori, 1988, pp. 1166-81. Tra i numerosissimi studi, ricordiamo qui gli interventi di G. Debenedetti raccolti nella prima serie dei *Saggi critici* (1929), nuova ed. Milano, Il Saggiatore, 1969 e in *Intermezzo*, Milano, Mondadori, 1963; e inoltre: P. Raimondi, *Invito alla lettura di Saba*, Milano, Mursia, 1974; A. Pinchera, *Umberto Saba*, Firenze, La Nuova Italia, 1974; M.

Lavagetto, *La gallina di Saba*, Torino, Einaudi, 1974; R. Aymone, *Saba e la psicoanalisi*, Napoli, Guida, 1971. Infine, sono da segnalare i volumi che raccolgono gli atti di due Convegni svoltisi entrambi nel 1984: il già citato *Il punto su Saba* e AA.VV., *Umberto Saba, Trieste e la cultura mitteleuropea*, Milano, Fondazione Mondadori, 1986.

Su Montale

Per l'ormai vastissima bibliografia, si vedano: A. Quondam-R. Pettinelli, *Bibliografia della critica montaliana (1925-1966)*, in «La rassegna della letteratura italiana», nn. 2-3, 1966, pp. 377-91; G. Ioli, *Rassegna di studi montaliani da «Satura» a «Altri versi»*, in «Lettere italiane», n. 2, 1983, pp. 200-67.

Dedicati a Montale sono i seguenti fascicoli di rivista: «La fiera letteraria» del 12 luglio 1953 (a cura di V. Sereni e G. Soavi); «Letteratura», nn. 79-81, 1966 (a cura di S. Ramat; poi — con ampliamenti — in AA.VV., *Omaggio a Montale*, Milano, Mondadori, 1966); «La rassegna della letteratura italiana», n. 2, 1966; «Nuova Antologia», n. 2047, 1971; «L'Approdo letterario», n. 53, 1971.

Vanno poi ricordati i seguenti volumi collettanei: *Contributi per Montale*, a cura di G. Cillo, Lecce 1976; *Profilo di un autore. E. Montale*, a cura di A. Cima e C. Segre, Milano, Rizzoli, 1977; *Letture montaliane (in occasione dell'80° compleanno del Poeta)*, Genova, Bozzi, 1977; *I poeti per Montale*, Genova 1977; *La poesia di Montale*. Atti del Convegno (Milano-Genova, settembre 1982), Milano, Librex, 1983; *La poesia di Montale*, Atti del Convegno internazionale (Genova-Sanremo, novembre 1982), Firenze, Le Monnier, 1984; *Per la lingua di Montale*. Atti dell'Incontro di studio (Firenze, 26 novembre 1987), a cura di G. Savoca, Firenze, Olschki, 1989. E si veda anche il bel volume *Immagini di una vita*, a cura di F. Contorbia, Milano, Librex, 1985.

Tra i numerosissimi studi, vanno anzitutto ricordati quelli, più remoti, di E. Cecchi (ripresi in *Letteratura italiana del Novecento*, vol. II, cit.), di S. Solmi (in *Scrittori negli anni*, cit.), di A. Gargiulo (in *Letteratura italiana del Novecento*, Firenze, Le Monnier, 1958²), di G. Ravegnani (in *I Contemporanei*, Torino, Bocca, 1930), di G. De Robertis (in *Scrittori del Novecento*, Firenze, Le Monnier, 1940), di G. Contini (in *Una lunga fedeltà. Scritti su E. Montale*, Torino, Einaudi, 1974), di P. Pancrazi (in *Scrittori italiani del Novecento*, III serie, Bari, Laterza, 1934 e in *Scrittori italiani del Novecento*, IV serie, ivi), di O. Macrì (in *Esemplari del sentimento poetico contemporaneo*, Firenze, Vallecchi, 1941; ma si veda anche il successivo *Esegesi del terzo libro di Montale*, in *Realtà del simbolo*, ivi, 1968, pp. 73-146), di C. Bo (in *Otto studi*, ivi, 1939), di P. Bigongiari (in *Poesia italiana del Novecento*, vol. II, cit., ove si leggono scritti datati tra il 1939 e il 1977), di S. Antonielli (in *Aspetti e figure del Novecento*, Parma, Guanda, 1955), di F. Flora (in *Scrittori italiani contemporanei*, Pisa, Nistri-Lischi, 1952), di G. Getto (in *Poeti, critici e cose varie del Novecento*, Firenze, Sansoni, 1953 e in *Poeti del Novecento e altre cose*, Milano, Mursia, 1978).

Sono, inoltre, almeno da segnalare i seguenti studi di data più recente: E. Sanguineti, *Da Gozzano a Montale* (1955), in *Tra liberty e crepuscolarismo*, cit., pp. 17-39; Id., *Documenti per Montale* (1962), in *Ideologia e linguaggio*, cit., pp. 44-61; M. Petrucciani, *La poetica dell'ermetismo italiano*, Torino, Loescher, 1955, *passim*; Id., *«La bufera» di Montale*, in *Poesia pura e poesia esistenziale*, ivi, 1957, pp. 57-76; M. Forti, *Montale nella bufera e dopo* (1956), in *Le proposte della poesia e nuove proposte*, Milano, Mursia, 1971, pp. 155-68; Id., *Eugenio Montale, la poesia, la prosa di fantasia e d'invenzione*, ivi, 1973, 1974²; Id., *Per conoscere Montale*, Milano, Mondadori, 1976, 1986²; C. Salinari, *Montale dopo la bufera (1956)*, in *La questione del realismo*, Firenze, Parenti, 1960, pp. 131-40; P. Bonfiglioli, *Pascoli, Gozzano, Montale, e la poesia dell'oggetto*, in «il verri», n. 4, 1958, pp. 34-54; *Pascoli e Montale*, in AA.VV., *Studi per il centenario della nascita di G. Pascoli*, vol. I, cit., pp. 219-43; Id., *Dante, Pascoli, Montale*, in AA.VV., *Nuovi studi pascoliani*, cit.; D.S. Avalle, *Alcune ipotesi sugli «Orecchini» di Montale* (1960), in *Tre saggi su Montale*, Torino, Einaudi, 1975⁴, pp. 91-9; P.P. Pasolini, *Montale*, in *Passione e ideologia*, Milano, Garzanti, 1960, pp. 295-8; G. Bàrberi Squarotti, *La metrica e altro* (1961), con altri studi montaliani, in *Gli inferi e il labirinto*, cit., pp. 193-268; Id., *L'Apocalisse durante la villeggiatura* (1974), in *Poesia e ideologia borghese*, Napoli, Liguori, 1976, pp. 365-76; Id., *Contro la storia: La storia di Montale* (1976), in *Poesia e narrativa del secondo Novecento*, Milano, Mursia, 1978⁴, pp. 119-30; E. Bonora, *La poesia di Montale (lettura degli «Ossi di seppia»)*, Torino, Gheroni, 1962; Id., *La poesia di Montale dalle «Occasioni» alla «Bufera»*, ivi, 1967; Id., *Le metafore del vero. Saggi sulle «Occasioni» di E. Montale*, Roma, Bonacci, 1981; S. Jacomuzzi, *Nota sul linguaggio di Montale: l'elencazione ellittica* (1963), in *La poesia di Montale. Dagli «Ossi» ai «Diari»*, Torino, Einaudi, 1978, pp. 3-13; S. Ramat, *Montale*, Firenze, Vallecchi, 1963, 1968²; Id., *La pianta della poesia*, ivi, 1972, pp. 293-343, 349-51; Id., *Storia della poesia italiana del Novecento*, cit., pp. 189-241, 382-410, 636-43; Id., *L'acacia ferita e altri saggi su Montale*, Venezia, Marsilio, 1986; L. Rosiello, *Le sinestesie nell'opera poetica di Montale*, in «Rendiconti», n. 7, 1963; Id., *Analisi statistiche della funzione poetica nella poesia di Montale*, in *Struttura e funzioni della lingua*, Firenze, Vallecchi, 1965, pp. 45-114; P.V. Mengaldo, *Da D'Annunzio a Montale: ricerche sulla formazione del linguaggio poetico montaliano* (1966), *Montale «fuori di casa»* (1970) e *Primi appunti su «Satura»* (1972), in *La tradizione del Novecento*, cit., pp. 13-106; G. Nascimbeni, *Montale*, Milano 1969 (nuova ed. accresciuta, ivi, 1975); G. Manacorda, *Montale*, Firenze, La Nuova Italia, 1969, 1970²; L. Rebay, *I diàspori di Montale*, in «Italica», n. 1, 1969, pp. 33-53; Id., *La rete a strascico di Montale*, in «Forum Italicum», n. 3, 1971, pp. 329-50; U. Carpi, *Montale dopo il fascismo. Dalla «Bufera» a «Satura»*, Padova, Liviana, 1971; M. Corti, *Un nuovo messaggio di Montale: «Satura»*, in «Strumenti critici», n. 15, 1971, pp. 217-55; O. Macrì, *Analisi del quarto libro di Montale*, in «Quaderni dell'Albero», n. 47, 1971, pp. 60-71; Id., *L'«Angelo nero» e il demonismo nella poesia montaliana*, ivi, n. 54, 1975, pp. 3-75; Id., *L'«improprietas» tra sublimità e satira nella poesia di Montale*, ivi, n. 58, 1977; G. Orelli, *L'«upupa» e altro*, in «Strumenti critici», n. 15, 1971; Id., *Accertamenti montaliani*, Bologna, Il Mulino, 1984; A. Rossi, *Il punto su Montale, dopo il quarto libro*, «Satura», in «L'Approdo letterario», n. 53, 1971, pp. 3-20; A. Zanzotto, *In margine a «Satura»*, in «Nuovi argomenti», nn. 23-24, 1971, pp. 215-20; S. Agosti, *Forme transcomunicative in «Xenia»*, in *Il testo poetico*, Milano, Rizzoli, 1972; Id., *Il testo della poesia: «Sul lago d'Orte»* e *Testo del sogno e testo poetico: il «mottetto» degli sciacalli*, in *Cinque analisi*, Milano, Feltrinelli, 1982; A. Valentini, *Le ragioni espressive*, Roma, Bulzoni, 1973; C. Scarpati, *Invito alla lettura di Montale*, Milano, Mursia, 1973; A. Marchese, *Visiting Angel. Interpretazione semiologica della poesia di Montale*, Torino, Sei, 1977; M. Martelli, *Il rovescio della poesia. Interpretazioni montaliane*, Milano, Longanesi, 1977; Id., *Eugenio Montale*, Firenze, Le Monnier, 1983; E. Graziosi, *Il tempo in Montale. Storia di un tema*, Firenze, La Nuova Italia, 1978; M. Marchi, *Sul primo Montale*, Firenze, Vallecchi, 1978; R. Scrivano, *E. Montale: «Quaderno di quattro anni», o i modi della ragione*, in «Critica letteraria», n. 20, 1978, pp. 466-94; Id., *Marginalità montaliane*, in «Rassegna della letteratura italiana», nn. 1-2, 1978, pp. 73-84; G. Baldissone, *Il male di scrivere. L'inconscio e Mon-*

tale, Torino, Einaudi, 1979; G. Lonardi, *Il Vecchio e il Giovane e altri studi su Montale*, Bologna, Zanichelli, 1980; G. Mariani, *I primi giudizi sulla poesia di Montale. Il decennio 1925-1935*, in «Cultura e scuola», n. 85, 1983, pp. 41-68; R. Luperini, *Montale o l'identità negata*, Napoli, Liguori, 1984; Id., *Storia di Montale*, Roma-Bari, Laterza, 1986; E. Giachery, *Metamorfosi dell'orto e altri scritti montaliani*, Roma, Bonacci, 1985; G.P. Biasin, *Il vento di Debussy*, Bologna, Il Mulino, 1986; M.A. Grignani, *Prologhi ed epiloghi. Sulla poesia di Montale con una prosa inedita*, Ravenna, Longo, 1987.

Su Quasimodo

Per la bibliografia e la storia della critica, si vedano G. Finzi, *Quasimodo e la critica*, Milano, Mondadori, 1969, 1975[2]; Id., *Bibliografia*, in S. Quasimodo, *Poesia e discorsi sulla poesia*, ivi, 1971, 1983[6], pp. 998-1007; M. Bevilacqua, *La critica e Quasimodo*, Bologna, Cappelli, 1976; M. Tondo, *Lineamenti di una storia della critica quasimodiana*, in AA.VV., *Studi storici in onore di G. Pepe*, Bari 1969, pp. 773-99. Tra gli studi, parte remoti e parte recenti, ricordiamo: O. Macrì, *La poetica della parola e S. Quasimodo* (1938), in *Esemplari del sentimento poetico contemporaneo*, cit.; Id., *La poesia di Quasimodo*, Palermo, Sellerio, 1987; C. Bo, *Condizione di Quasimodo* (1937), in *Otto studi*, cit., pp. 13-21; S. Solmi, *Quasimodo e la lirica moderna* (1936), in *Scrittori negli anni*, cit., pp. 159-66; G. Bàrberi Squarotti, *Pretesti intorno a Quasimodo* (1956) e *Quasimodo tra mito e realtà* (1958), in *Poesia e narrativa del secondo Novecento*, cit., pp. 57-70; N. Tedesco, *Salvatore Quasimodo e la condizione della poesia del nostro tempo*, Palermo, Flaccovio, 1959; P. Mazzamuto, *Salvatore Quasimodo*, Palermo 1967; B. Pento, *La poesia di Quasimodo*, Roma, Gismondi, 1956; Id., *Lettura di Quasimodo*, Milano 1966; G. Zagarrio, *Salvatore Quasimodo*, Firenze, La Nuova Italia, 1969; M. Gigante, *L'ultimo Quasimodo e la poesia greca*, Napoli 1970; M. Tondo, *Salvatore Quasimodo*, Milano, Mursia, 1970, 1976[3]; G. Finzi, *Invito alla lettura di Quasimodo*, Milano, Mursia, 1972; AA.VV., *Salvatore Quasimodo*. Atti del Convegno nazionale di studi (Siracusa-Modica, 26-28 ottobre 1973), a cura di M.P. Sipala ed E. Scuderi, Catania 1975; G. Munafò, *Quasimodo poeta del nostro tempo*, Firenze, Le Monnier, 1977; N. Tedesco, *L'isola impareggiabile: significati e forme del mito di Quasimodo*, Firenze, La Nuova Italia, 1977; AA.VV., *Quasimodo e l'ermetismo*. Atti del I Incontro di studio (15-16 febbraio 1984), Modica 1986; E. Salibra, *S. Quasimodo*, Roma 1985; N. Lorenzini, *Postfazione*, in S. Quasimodo, *Lirici greci*, Milano, Mondadori, 1985, pp. 215-69; AA.VV., *S. Quasimodo. La poesia nel mito e oltre*. Atti del Convegno nazionale di studi (Messina, 10-12 aprile 1985), a cura di G. Finzi, Roma-Bari, Laterza, 1986.

INDICE ANALITICO

con referente scientista, 21-42; di reazione allo scientismo (dell'irrazionale), 43-108, 109-10; della Scapigliatura (v.), 44-73, 244-7; del Graf, 60-5; del Betteloni, 65-7; del Bettini, 68-9; dell'Orsini, 69-71; del Pascoli (v. *Oggetto*), 77-87: *poesia delle cose, cose e fatti poetici in sé, esattezza e meraviglia, infanzia,* 79 ss.; del *particolare,* 79 ss.; visione dell'*occhio interiore,* 79 ss.; poetica negativa, 82-3; poesia *lirica* e *soggettiva, 79;* forza rivelatrice, analogica *(poesia pura),* 84; Pascoli e Montale, 85; Pascoli e Corazzini, 141; del D'Annunzio, 88-108: arte e vita, 88, 94, 101-3, 110; sperimentazione letteraria e morale, 88 ss.; poetica giovanile panica e satanica, 89-90; poetica dell'*artifex gloriosus,* 92-4; estetismo, 93-4; e *esperienza rara,* 97-8; *comprensiva intuizione,* 100; della parola, *100-1,* 104, e *passim; forma vivente e stile,* 102 ss.; *forma nuova, poema moderno, prosa moderna,* 103-4; analogia (v.), 96-7, 107-8, 132; D'Annunzio e Corazzini, 142-3; della lirica del Novecento, 133-236 (ma anche 109-32), 249-61; (v. *Crepuscolari;* v. *Futurismo;* v. *Impressionismo;* v. *Vociani;* v. *Rondismo;* v. *Ermetismo;* v. *Analogia;* v. *Irrazionale;* v. *Stile).*

POSITIVISMO, come referente di significazione per la «fine del secolo» (v.), 22-132; e in particolare, 22-7, 27-42; reazione al P. (v. *Irrazionale),* 43 ss.; secondo il Graf, *61;* ed estetica (v.) secondo Taine: organicità dell'arte e suo condizionamento, 24-7, 241-2; e «Scuola storica», 27-30; P. e classicismo nel Carducci, 30-8; e Idealismo nello Zumbini, 29-30.

RAZIONALE, (poetica del R.), (v. *Irrazionalismo).*

REFERENTE, (v. *Storia),* di situazione, VII, 32 ss.; come strumento per ritrovare il significato storico, 32-4, *passim,* 135, 141; e poetiche, 261-279; situazione dei Vociani e dei Rondisti, 195-7; situazione in movimento, 199-200; aspetti comuni del R. del Pascoli e del D'Annunzio, 130-1; della lirica del Novecento, 137 ss.; dei Crepuscolari, 141-2; del Futurismo, 158; dei Vociani, 177-8, 195, 201; dei Rondisti, 209-10; della poesia europea del dopoguerra, 214; dell'Ermetismo, 218 ss.

RILIEVI, (v. *Metodo;* v. *Referente),* di poetica: non van confusi con la critica (v.) letteraria; implicano una critica dei Modelli; si distinguono dai rilievi di estetica, VII, VIII, IX; e

referente (v.) di situazione; delle istituzioni poetiche della «fine del secolo» e del Novecento, 241-61; sulle istituzioni poetiche in generale, 263-80.

RONDISMO, (v. *Vociani;* v. *Impressionismo),* 111, 113, 196, 199 ss., 209 ss.; dall'impressionismo della *Voce* al classicismo della *Ronda,* 163 ss.; Gargiulo e la critica (v.) e lo stile (v.); classicismo europeo, 214; Cardarelli e l'ideologia dello stile, 215-9, 258-9; ispirazione e indifferenza, 216; moralità letteraria, *217-8;* Leopardi e lo *Zibaldone* secondo «La Ronda», 214-5.

SCAPIGLIATURA, (v. *Poetiche;* v. *Positivismo),* X; situazione della S., 44-59, 109; e «fine del secolo» (v.), 244, 245, 250; poetiche della S., 44-59; protesta, 43-5 *passim;* e Futurismo (Lucini), 151; poetica della contaminazione delle arti, e primato della poesia, 47, 55, 56-7; secondo il Graf, 60-1; *arte dell'avvenire,* 48; *canto anatemico,* 51; *torva musa, arte reproba,* 50, 52; l'ispirazione *lues deifica,* 53, *53;* simboli oggettivi (v. *Oggetto),* 52, 59; sperimentazione linguistica, 55; poetica del melodramma, 53; *la grigia strofa indefinita,* 57; e Novecento (v.); limiti della S., 59-60.

SCIENZA, (v. *Positivismo),* ed estetica, 24-7; e poesia (v. *Fine del secolo),* 241-7.

SIMBOLISMO, 127-8; e Scapigliatura, 52, 61; e Graf, 60, 61, *61;* secondo Betteloni, 66-7 *passim;* e Crepuscolari (v.); secondo Lucini, 153-5; e Futurismo, 158-9.

SISTEMA, di poetica, VIII, IX, 116, 127, 128-31, 279; secondo Baudelaire, 127; molteplicità dei sistemi, 126-7; della lirica del Novecento, 130-1; secondo Lucini, 152; della Ragione, 4; aperto o chiuso, 4, 5; che *significa le strutture* o che *si significa attraverso le strutture,* 264.

SITUAZIONE, (v. *Referente;* v. *Poetica).*

STILE, secondo il D'Annunzio: lo stile «di ragione corporale», 101; lo stile, forma vivente, 102; l'ideologia dello S. in generale, 260; e nella *Ronda,* 259; *analogico,* secondo i Futuristi, 159-60 (v. *Analogia);* Gargiulo e lo S., 210 ss.; Ungaretti e lo S., 224-5; Montale e lo S., 227.

STORIA, (v. *Referente*), non pregiudicata, VIII; continuità delle forme (v. *Forma*); continuità e innovazione nell'arte (v.); ottimismo idealistico, 137; tradizione e continuità, 139; *continuità* e *rottura*, 173-4.

VOCIANI, e altri gruppi (v. *Crepuscolari*; v. *Futurismo...*), poetica impressionista (v. *Impressionismo*); «La Voce», *101*, 138, 163-6, 170, 171, 187 ss., 195 ss., 256-7; «Lacerba», 162, 163, 170, 195; futurismo di «Lacerba»

(v. *Futurismo*); «Il Leonardo», 138, 195; «Hermes», 195; limite del significato delle riviste, 195; *cose non serie* (anche in Gozzano), e *clownismo lirico*, e *divertimento* in Soffici, 169 ss.; in Palazzeschi, 192; Jahier, «lavorare nel reale», 178; Boine, «intensità di vita», 179; Rebora, «comunicare a distanza con simboli», 182; Onofri, e l'analogia universale (v. *Analogia*); Palazzeschi, e l'*Antidolore*, 188 ss.; Campana, 193-4; Serra, De Robertis (v. *Critica*).

INDICE DEI NOMI

Finito di stampare nel mese di marzo 1990
per conto di Marsilio Editori ® in Venezia
da La Grafica & Stampa editrice s.r.l.